BREXIT-Revolution

Rudolf G. Adam · Gill Mertens

BREXIT-Revolution

Das Vereinigte Königreich in der Verfassungskrise

Rudolf G. Adam
Prien am Chiemsee, Deutschland

Gill Mertens
München, Deutschland

ISBN 978-3-658-28365-0   ISBN 978-3-658-28366-7 (eBook)
https://doi.org/10.1007/978-3-658-28366-7

Die Deutsche Nationalbibliothek verzeichnet diese Publikation in der Deutschen Nationalbibliografie; detaillierte bibliografische Daten sind im Internet über http://dnb.d-nb.de abrufbar.

© Springer Fachmedien Wiesbaden GmbH, ein Teil von Springer Nature 2020
Das Werk einschließlich aller seiner Teile ist urheberrechtlich geschützt. Jede Verwertung, die nicht ausdrücklich vom Urheberrechtsgesetz zugelassen ist, bedarf der vorherigen Zustimmung des Verlags. Das gilt insbesondere für Vervielfältigungen, Bearbeitungen, Übersetzungen, Mikroverfilmungen und die Einspeicherung und Verarbeitung in elektronischen Systemen.
Die Wiedergabe von allgemein beschreibenden Bezeichnungen, Marken, Unternehmensnamen etc. in diesem Werk bedeutet nicht, dass diese frei durch jedermann benutzt werden dürfen. Die Berechtigung zur Benutzung unterliegt, auch ohne gesonderten Hinweis hierzu, den Regeln des Markenrechts. Die Rechte des jeweiligen Zeicheninhabers sind zu beachten.
Der Verlag, die Autoren und die Herausgeber gehen davon aus, dass die Angaben und Informationen in diesem Werk zum Zeitpunkt der Veröffentlichung vollständig und korrekt sind. Weder der Verlag, noch die Autoren oder die Herausgeber übernehmen, ausdrücklich oder implizit, Gewähr für den Inhalt des Werkes, etwaige Fehler oder Äußerungen. Der Verlag bleibt im Hinblick auf geografische Zuordnungen und Gebietsbezeichnungen in veröffentlichten Karten und Institutionsadressen neutral.

Planung/Lektorat: Isabella Hanser
Springer ist ein Imprint der eingetragenen Gesellschaft Springer Fachmedien Wiesbaden GmbH und ist ein Teil von Springer Nature.
Die Anschrift der Gesellschaft ist: Abraham-Lincoln-Str. 46, 65189 Wiesbaden, Germany

Vorwort

Dieses Buch schließt an ein Buch an, das im März 2019 mit dem Titel „Brexit. Eine Bilanz" ebenfalls im Verlag Springer Gabler erschien.[1] Das genannte Buch war geplant als vorläufige Gesamtwertung des Brexit. Der Verfasser ging beim Schreiben noch von einem vollzogenen Brexit zum 31. März 2019 aus. Das vorliegende Buch ergänzt das vorige. Es ist jedoch so angelegt, dass es auch aus sich heraus verständlich ist. Wiederholungen zu dem, was das frühere Buch ausführte, wurden nach Möglichkeit vermieden. Wer den volleren Hintergrund sucht, wird allerdings nicht daran vorbeikommen, das vorige Buch zu konsultieren. Dieses Buch enthält einige Einschübe,

---

[1] Rudolf G. Adam: *Brexit. Eine Bilanz,* Wiesbaden, Springer (2019).

Das Buch ist wenig später in einer überarbeiteten und ergänzten Form auf Englisch erschienen: Rudolf G. Adam: *Brexit. Causes and Consequences,* Heidelberg, Springer (2019).

Beide Bücher werden abgekürzt BEB oder BCC zitiert.

die Hintergründe in größerem Detail aufhellen. Sie sind ein Angebot an neugierige Leser. Sie können aber übersprungen werden, ohne dass Wesentliches im Narrativ verloren geht.

Die seither eingetretenen wiederholten Verlängerungen der Austrittsfrist und die streckenweise turbulenten, wenn nicht chaotischen Ereignisse erforderten einen Folgeband, der hiermit vorgelegt wird. Er bringt das Narrativ der politischen Entwicklungen bis zum entscheidenden Zeitpunkt, zu dem der Austritt des Vereinigten Königreichs aus der EU in Kraft tritt. Er geht detaillierter auf die absehbaren und wahrscheinlichen Folgen dieses Brexit ein – auch wenn, wie bei allen Prophezeiungen, solchen Spekulationen weiterhin ein hohes Maß an Unsicherheit innewohnt. Versuchte der erste Band die Gegenwart aus der Vergangenheit zu erklären, so versucht der vorliegende Band, die Zukunft aus der Gegenwart herzuleiten. Das bedeutet das Betreten von unsicherem Terrain. Alle Aussagen über die Zukunft sollten deshalb skeptisch gelesen werden. Ich habe sie mit Argumenten abgestützt, bin mir aber bewusst, dass es Argumente gibt, die zu anderen Schlussfolgerungen führen. Ich habe mich bei der Schilderung der möglichen Folgen auf absehbare Grundtendenzen beschränkt. Es geht weniger um die Quantifizierung als um die Richtungsbestimmung künftiger Entwicklungen. Eine ausführliche Analyse der Brexit-Folgen enthalten die Bücher „Brexit. Eine Bilanz" und „Brexit. Causes and Consequences". Sie sind immer noch aktuell.

Ich bekenne, dass ich, wenn ich eine Stimme gehabt hätte, 2016 Remain gewählt hätte – nicht aus einer unreflektierten Idealisierung der EU heraus, sondern weil ich davon überzeugt bleibe, dass Alternativen zur EU für ein Land wie Großbritannien Wunschdenken reflektieren und in der Realität eher schlechter als besser zu werden versprechen. Die EU mag ihre Schwächen haben. Aber gilt nicht für sie, was Churchill schon von der Demokratie gesagt: Die schlechteste aller internationalen Institutionen – außer allen anderen, die von Zeit zu Zeit ausprobiert worden sind?

Das Buch besteht aus zwei Teilen. Der erste Teil zeichnet zeithistorisch die wichtigsten Ereignisse nach, die zum Brexit geführt haben. Es fängt dort an, wo der Band „Brexit. Eine Bilanz" aufhört: am 15. Januar 2019. Der zweite Teil erörtert, welche Folgen sich aus den nunmehr getroffenen Entscheidungen ergeben könnten und vor welchen Aufgaben und welchen Herausforderungen das Vereinigte Königreich nach vollzogenem EU-Austritt steht. Eigentlich müsste diesem Band ein dritter folgen, der die Ausgestaltung der künftigen Beziehungen zur EU und die globale Positionierung des Vereinigten Königreichs untersucht.

Ich spreche unterschiedslos vom Vereinigten Königreich und von Großbritannien. Die präzise Unterscheidung zwischen Vereinigtem Königreich, Großbritannien und England mache ich nur dort, wo dies begrifflich erforderlich ist.

Die persönliche Sympathie des Autors für einen Verbleib des Vereinigten Königreichs in einer reformbereiten EU mag dabei auf Zukunftserwartungen bzw. Einschätzungen drohender Gefahren abfärben. In solchen Umständen ist es kaum möglich, gänzlich ohne innere Anteilnahme zu schreiben, die unweigerlich auf Bewertungen und Urteile abfärbt. Dennoch versucht das Buch, so weit wie möglich objektive Distanz zu wahren. Es scheut keine Urteile, aber es hält sich von tendenziöser Voreingenommenheit fern. Nicht jeder Leser wird allen Urteilen zustimmen, manche werden ihnen entschieden widersprechen. Das ist unvermeidlich bei jedem Versuch, zeitgenössisches Geschehen historisch einzuordnen. Zu einigen Ereignissen werden noch Dokumente auftauchen, die neues Licht auf die hier geschilderten Vorgänge werfen. Und je mehr sich der Blick mit wachsender Distanz von einzelnen Details abhebt und den gesamten historischen Vorgang umfassend zu begreifen lernt, umso stärker werden sich auch einige Akzente in den Urteilen verschieben.

Dieses Buch will mit dem vorangehenden eine erste umfassende historische Einordnung des Brexit liefern. Ich habe ausführlich Originalquellen zitiert, einerseits, um die Darstellung und meine Urteile faktisch zu unterlegen, andererseits aber auch, um einem deutschen Leser ein Gefühl für die Begrifflichkeit, die Gefühle und die Ängste zu vermitteln, die für Engländer mit der Brexit-Thematik verbunden sind. Sie unterscheiden sich in vielem von den gängigen Annahmen, mit denen Kontinentaleuropäer aufwachsen. Wer aber den Brexit verstehen will, muss verstehen, in welchem emotionalen Nährboden er wurzelt und in welchem begrifflichen Treibhaus die Brexit-Vorstellungen herangewachsen sind. Diese Darstellung wird nicht die letzte bleiben; sie wird von folgenden ergänzt und vielleicht auch korrigiert werden. Sie will den Anstoß geben, das Brexit-Drama in seinen wichtigsten Dimensionen zu begreifen, die von Anfang an weit über reine Handelsstatistiken und ökonomische Potenziale hinausgingen. Wer versucht, den Brexit dadurch zu erklären, dass er ökonomische Wachstumspfade und Wirtschaftsleistung aufgrund selektiver Annahmen und simplifizierender Modelle extrapoliert, hat vom Brexit nichts verstanden. Deshalb trägt dieses Buch den Titel „Brexit-Revolution". Es will jenseits der zweifellos wichtigen ökonomischen und finanziellen Auswirkungen des Brexit den Blick auf die zu wenig beachteten verfassungsrechtlichen Probleme lenken, die der Brexit aufwirft: die Gefährdung des Zusammenhalts des Vielvölkerstaates Vereinigtes Königreich und das Ungleichgewicht, in das das Zusammenspiel der vier Machtzentren – Krone, Regierung, Parlament und Volk – in diesem Staate geraten ist.

Wie schon im vorigen Buch, nenne ich die Parteigänger eines EU-Austritts *Brexiteers*. *Brexiteer* folgt der Wortbildung von *mountaineer, engineer, pioneer, privateer* und *buccaneer,* alles seit langem im Englischen etablierte Worte. Es hat einen besseren Klang als *Brexiter,* obwohl das Oxford Dictionary beide Neologismen aufführt.

Zitaten aus dem Internet folgt nach Angabe der Fundstelle das Datum des letzten Zugriffs.

Ich danke meiner Mitautorin Gill Mertens, die mich zuverlässig bei der Sichtung und Bewertung der Fülle von Material unterstützt hat. Ich danke erneut Isabella Hanser vom Springer Verlag, die dieses Buch angeregt und betreut hat. Ich danke meinem Sohn Johannes Adam, der mich bei der Internet-Recherche und beim Lektorat tatkräftig und pünktlich unterstützt hat.

Für etwaige Fehler bleibe ausschließlich ich selbst verantwortlich.

Prien   Rudolf G. Adam
Februar 2020

Postscriptum

Seit der Niederschrift des Buchtextes hat die Corona-Pandemie das Vereinigte Königreich erreicht und einen dichten Nebel der Ungewissheit über die Zukunft gebreitet. Die Pandemie hat sämtliche ökonomischen, politischen und gesellschaftlichen Parameter grundlegend verändert und den meisten Annahmen über die Zukunft den Boden entzogen. Sämtliche finanziellen Kalkulationen sind hinfällig angesichts der unabsehbaren Summen, die zur Bewältigung der von Corona ausgelösten Verluste erforderlich werden. Arbeitslosigkeit, immense Staatsschulden und weitreichende staatliche Eingriffe in das Wirtschaftsgeschehen dürften die nächsten Jahre kennzeichnen.

Premierminister Boris Johnson musste einige Tage auf der Intensivstation verbringen. Es ist ungewiss, wann er seine Dienstgeschäfte wieder normal ausüben kann. Die Chefunterhändler David Frost und Michel Barnier haben sich infiziert, scheinen aber wieder arbeitsfähig. Sie wollen am 15. April eine Videokonferenz abhalten. Fast drei Monate sind ohne Verhandlungen verstrichen, an eine Wiederaufnahme regulärer Verhandlungen ist vorerst nicht zu denken. Die Reisebeschränkungen dürften bis Mitte Mai in Kraft bleiben. Die vertraglich vorgeschriebene Frist für eine Einigung bei Fischereirechten und Finanzdienstleistungen (Ende Juni) lässt sich nicht mehr einhalten. Derzeit sind sämtliche Ressourcen des Vereinigten Königreichs damit absorbiert, die Pandemie und ihre absehbaren Folgen zu bekämpfen. Auch in Brüssel und unter den EU-Mitglieder findet sich wenig Bereitschaft, sich unter den gegebenen Umständen mit Brexit-Fragen zu beschäftigen. Der *lockdown* könnte in EU-Ländern (Frankreich, Italien, VK, evtl. auch Deutschland) über den 20. April hinaus verlängert werden. Jedenfalls dürfte eine Rückkehr zur Normalität langsam und behutsam erfolgen und sich über einen längeren Zeitraum erstrecken.

Experten halten einen Einbruch der britischen Wirtschaftsleistung von über 10% im laufenden Jahr für möglich. Das stellt selbst die pessimistischsten Prognosen über mögliche Auswirkungen des Brexit in den Schatten. Eine wirtschaftliche Erholung wird dauern und mit tief greifenden strukturellen Verwerfungen einher gehen. Im Moment ist der Brexit weitgehend aus der öffentlichen Diskussion verschwunden. Die aufgeregten Debatten des letzten Jahres scheinen plötzlich einem anderen Zeitalter anzugehören. Die existenzielle Corona-Krise hat die Bevölkerung in Großbritannien auf einer neuen Ebene wieder zusammengebracht. Statt Brexit treibt die Leistungsfähigkeit und die Zukunft des Nationalen Gesundheitsdienstes NHS die Menschen um. Viele der hitzigen Debatten der letzten vier Jahre erscheinen plötzlich unbedeutend. Boris Johnson hat das Ende der Übergangsfrist auf Ende 2020 gesetzlich festschreiben lassen.

Die Corona-Katastrophe kann jedoch bewirken, dass diese Bestimmung aufgeweicht wird. Es könnte sein, dass der Brexit-Enthusiasmus in England einen Dämpfer erhält. Niemand wird Neigung verspüren, die langwierigen strukturellen Probleme, die Corona hinterlassen wird, durch einen forcierten und radikalen Brexit zusätzlich zu verstärken. Wenn Lieferbeziehungen global infrage geraten, ist es nicht ratsam, eingespielte regionale Lieferketten ohne zwingende Not obendrein zu zerschneiden. Die britische Wirtschaft könnte darauf dringen, den Brexit zu überdenken, zeitlich zu strecken oder abzumildern. Ob die Konservative Partei und die in den letzten Jahren zunehmend auf Brexit eingestimmte Öffentlichkeit eine solche Kehrtwendung mittragen würde, lässt sich derzeit kaum abschätzen.

Der Brexit bleibt für jeden Historiker ein Paradebeispiel, wie ein verdeckt schwelendes Problem zu einer Kernfrage nationalen Selbstbewusstseins empor lodert und wie es dann plötzlich von einer von außen kommenden Bedrohung überlagert und weitgehend erstickt wird. Ähnliches gilt für die EU, die im Kern ihres Selbstverständnisses herausgefordert ist. Angesichts streng geschlossener nationaler Grenzen und einer Suspendierung von drei der vier Grundfreiheiten des Binnenmarktes (Freizügigkeit, freier Güterverkehr und freie Dienstleistungen) stellt sich die Frage, wie belastbar die gemeinsamen Werte der EU-Mitglieder in Krisenzeiten sind.

Prien/München Rudolf G. Adam
14. April 2020 Gill Mertens

Inhaltsverzeichnis

1	**Der doppelte Brexit-Aufschub**	1
1.1	Theresa Mays Agonie	1
1.2	Nein kann nicht die Antwort sein	9
1.3	Mays Ende fällt in den Juni	35
	Quellen	45
2	**Boris Johnson und die dritte Fristverlängerung**	47
2.1	Boris Johnson am Ziel	47
2.2	Johnson erhöht den Zeitdruck und baut eine Drohkulisse auf	69
2.3	Johnson versucht, das Parlament zu umgehen	77
2.4	Ein neuer Brexit-Vertrag ohne *backstop*	94
2.5	Ein neuer Vertrag – alter Wein in neuen Schläuchen?	114
2.6	Der Weg zu Neuwahlen	145
	2.6.1 Die konservative Partei	151
	2.6.2 Labour	157

	2.6.3	Liberal Democrats	161
	2.6.4	Brexit-Partei	163
	2.6.5	Wahlprogramme	166
2.7	Das Wahlergebnis vom 12. Dezember 2019		168
Quellen			176

3 Der Brexit und seine Folgen — 187

3.1	Das Vereinigte Königreich beendet seine Mitgliedschaft in der EU		187
3.2	Wohin steuert das Vereinigte Königreich?		194
	3.2.1	Gesellschaft und Migration	255
3.3	Die Republik Irland und Nordirland		259
3.4	Die EU und ihre Mitgliedstaaten		278
	3.4.1	Die EU	278
	3.4.2	Deutschland	296
	3.4.3	Frankreich	300
	3.4.4	Niederlande	307
	3.4.5	Skandinavien einschließlich Norwegen	309
	3.4.6	Die Mittelmeerländer	311
	3.4.7	Mittel- und Osteuropa	313
3.5	USA und Commonwealth		315
	3.5.1	USA	315
	3.5.2	Das Commonwealth	321
3.6	China, Japan, Russland und die arabische Welt		326
	3.6.1	China	326
	3.6.2	Japan	328
	3.6.3	Russland	329
	3.6.4	Arabische Länder	332
Quellen			333

4 Rückblick und Ausblick	343
Quellen	384
Literaturhinweise	387

Über die Autoren

Rudolf G. Adam Großbritannien ist dem Autor vertraut, seit er als Schüler noch zu Zeiten von Harold Macmillan in seinen Sommerferien auf einer Farm in Hampshire unweit von Winchester arbeitete. Von 1968 bis 1974 studierte er in Oxford Modern History, erst als Robert-Birley-, dann als Rhodes-Stipendiat (1971: B.A., 1974: D. Phil.). 1976 trat er in den Auswärtigen Dienst ein. Nach Stationen in Singapur und Peking arbeitete er drei Jahre lang als Redenschreiber für Bundespräsident von Weizsäcker. Anschließend ging er als politischer Referent an die Botschaft Moskau, wo er die Wiedervereinigung Deutschlands und den Zusammenbruch der Sowjetunion miterlebte. Nach verschiedenen Verwendungen in der Zentrale (Planungsstab, Nukleare Abrüstung und Rüstungskontrolle, Europäischer Korrespondent) ging er 2001, zwei

Monate vor den Attentaten vom 9. September, als Vizepräsident zum Bundesnachrichtendienst. Terrorismus und gemeinsame Terrorabwehr wurden dort zum Schwerpunkt seiner Tätigkeit. 2004 wurde er Präsident der Bundesakademie für Sicherheitspolitik. Danach führte ihn der Weg als Gesandter zurück an die Botschaft Moskau. Er beschloss seine Laufbahn als Gesandter an der Botschaft London, die er 2013/4 als Chargé d'Affaires leitete. Danach trat er in den Ruhestand. Rudolf Adam kennt Großbritannien seit nahezu 60 Jahren. Seine Beiträge erscheinen regelmäßig im Cicero und in der Süddeutschen Zeitung. Er hat einen Lehrauftrag in München, hält Vorträge und ist Senior Consultant bei Berlin Global Advisors. Sein Buch über den Brexit basiert auf umfangreichen Recherchen, persönlichen Interviews und direkten Kontakten aus seiner Zeit als Diplomat.

Gill Mertens Gill Mertens ist Lawyer-Linguist und in einem Münchener DAX-Unternehmen als Legal Counsel tätig. Sie ist auf die Rechtsgebiete Vertrags-, Verfassungs-, Finanz- und Aufsichtsrecht spezialisiert und verfügt über langjährige Erfahrung als Rechts- und Sprachsachverständige, sowie als juristische Übersetzerin und Dozentin. Die gebürtige Britin hat mehrere Fachliteraturwerke für führende juristische Fachverlage in Deutschland und Großbritannien übersetzt.

Als Brexit-Spezialistin setzt sie sich für die Förderung deutsch-britischer Beziehungen ein.

1

Der doppelte Brexit-Aufschub

1.1 Theresa Mays Agonie

Dismaying Mayhem

Am 29. März 2017 hat die britische Regierung ihre Absicht, die Europäische Union zu verlassen, offiziell in Brüssel übermittelt. Damit begann die im EU-Vertrag vorgesehene Zweijahresfrist, nach deren Ablauf das Vereinigte Königreich aus der EU ausscheiden würde – es sei denn, es käme zu einem einstimmigen Beschluss, diesen Termin zu verschieben. Am 14. November 2018, vier Monate vor Fristende, legte Premierministerin Theresa May den Entwurf eines Austrittsvertrags ihrem Parlament und der britischen Öffentlichkeit vor. Wie in einem Schachspiel hatte May in einer kühnen Spieleröffnung zunächst keinen Zweifel daran gelassen, dass sie auf einen harten Brexit abzielte, also einen EU-Austritt ohne Zugang zum Binnenmarkt und ohne Zollunion. Ihr Mantra hatte noch bis zum September 2018 gelautet: *No deal is better than a bad deal.* Die Verhandlungen entfalteten sich dann in einem langwierigen Mittelspiel mit hartnäckigen Positionskämpfen und erstaunlichen gedanklichen Kapriolen. Mit der Vorlage eines Austrittsvertrags gelangte diese Schachpartie jetzt ins Endspiel. Jetzt musste sich erweisen, ob May die Erwartungen getroffen hatte, die mit dem Volksentscheid vom Juni 2016 verbunden waren.

Ihr Vertragstext enthielt neben den bekannten Materien (Finanzausgleich, rechtliche Stellung der Staatsangehörigen in den jeweils anderen Gebieten, Übergangsregelung) einen *backstop,* der Nordirland bis auf weiteres in einer Zollunion mit der EU halten sollte. Nur so ließ sich vermeiden, dass an der Grenze zwischen Nordirland und der Republik Irland, die weiterhin EU-Mitglied bleiben wollte, eine EU-Außengrenze mit entsprechenden Kontrollen und Inspektionen entstand. Der *backstop* war gedacht als Hilfskonstrukt, um über den EU-Austritt des Vereinigten Königreichs hinaus sicherzustellen, dass es keine Veränderungen am gegenwärtigen Grenzregime auf der irischen Insel gibt. Denn dies war ein zwischen allen beteiligten Parteien unumstrittenes Ziel. Der *backstop* war kein Selbstzweck, sondern ein Sicherheitsnetz, eine Rückfallposition. Alle Beteiligten wollten ihn so schnell durch eine umfassendere und dauerhaftere Lösung ersetzen – nur wusste noch niemand anzugeben, wie eine solche Lösung aussehen konnte. Bis sie gefunden war, sollte der *backstop* gelten.

Backstop

Der *backstop* war eine zwischen Michel Barnier und Theresa Mays Regierung ausgehandelte Sonderlösung, die ursprünglich nur für Nordirland gelten sollte, dann aber von Theresa May auf das gesamte Staatsgebiet des

Vereinigten Königreichs ausgedehnt wurde. Es sollte der besonderen Lage auf der irischen Insel Rechnung tragen. Der *backstop* sollte

- verhindern, dass an der Grenze zwischen Nordirland und der Republik Irland Warenkontrollen erforderlich werden,
- die Wirtschaftsbeziehungen zwischen beiden Inselteilen bewahren,
- die Rahmenbedingungen für das Karfreitagsabkommen sichern und
- die Common Travel Area erhalten, die seit fast 100 Jahren sicherstellt, dass zwischen dem Vereinigten Königreich und der Republik Irland keine Personenkontrollen stattfinden.

Der *backstop* war, wie der Name impliziert, als Übergangslösung, bzw. als Rückversicherung gedacht. Er wurde von Irlands Premierminister (Taoiseach) Leo Varadkar ins Spiel gebracht, als sich abzeichnete, dass das Vereinigte Königreich entschlossen war, sowohl den Binnenmarkt wie die Zollunion zu verlassen. Ein solcher Schritt hätte unweigerlich Kontrollen und Inspektionen an der Grenze auf der irischen Insel erfordert. Sowohl die britische Regierung wie auch die EU waren sich jedoch einig, dass es an dem bestehenden Grenzregime zu keinen Veränderungen kommen sollte. Varadkar verlangt den *backstop* als Garantie für diese Zusage. Der *backstop* sollte den *status quo* auf der irischen Insel bewahren, und zwar so lange, bis er von einer dauerhaften Lösung ersetzt werden konnte, die dem *backstop* äquivalent ist. Zwar hatte niemand eine klare Vorstellung davon, wie eine solche Lösung aussehen könnte, aber gerade deshalb war der *backstop* so wichtig. Denn die britische Regierung hatte sich in ein logisch unlösbares Trilemma manövriert: Sie wollte Binnenmarkt, Zollunion und Jurisdiktion des EuGH verlassen. Das bedeutete, dass Schnittstellen und Kontrollen zum Binnenmarkt unvermeidlich wurden. Gleichzeitig hatte sie zugesagt, am Grenzregime auf der irischen Insel nichts zu verändern. Und drittens hatte sie, um die DUP in Nordirland zu beruhigen, erklärt, dass es niemals Binnenkontrollen zwischen den einzelnen Teilen des Vereinigten Königreichs geben könne.

Sowohl das Vereinigte Königreich wie die EU waren sich einig, dass sie gleich nach dem Brexit ein umfassendes Handelsabkommen schließen wollten, das möglichst viel von den historisch gewachsenen Beziehungen erhalten sollte. Beide Seiten erklärten, dass sie das gegenwärtige Grenzregime und das Karfreitagsabkommen in keiner Weise gefährden wollten. Beide Seiten hofften, bis zum Ablauf der Übergangsperiode (Ende 2020) eine Lösung zu finden, die diesen Kriterien gerecht wird. Nur für den Fall, dass eine solche Lösung bis zu diesem Zeitpunkt nicht erreichbar sein sollte, wurde der *backstop* vereinbart. Der *backstop* war also nur als temporärer Notbehelf gedacht, bis ein besserer Rahmen für die gegenseitigen Beziehungen gefunden war, der sicherstellte, dass weder Waren- noch Personenkontrollen zwischen Nordirland und der Republik Irland erforderlich werden. Sollte bis Ende 2020 kein neues Kooperationsabkommen abgeschlossen sein, verlängerte sich der *backstop* automatisch und sollte dann einem beiderseitigen Überprüfungsmechanismus unterliegen. Er konnte nur in beiderseitigem Einvernehmen aufgehoben werden.

Zunächst sollte der *backstop* nur für Nordirland gelten. Nach heftigen Protesten auf dem Parteitag der Konservativen im Oktober 2018, in denen der Premierministerin vorgeworfen wurde, Nordirland vom Rest des Vereinigten Königreichs faktisch abzuspalten, schlug May vor, das gesamte Vereinigte Königreich dem *backstop* zu unterwerfen.

Konkret bedeutete der *backstop,* dass das gesamte Vereinigte Königreich bis auf weiteres in einer Zollunion mit der EU bleiben würde und erst ausscheiden konnte, wenn eine Lösung für die künftigen Gesamtbeziehungen gefunden war, die implizit auch den *status quo* auf der irischen Insel garantieren könnte.

Die Zielsetzung, ein neues Kooperationsabkommen innerhalb von zwei Jahren, d. h. bis Ende 2020 ausgehandelt zu haben, war ehrgeizig, um nicht zu sagen unrealistisch. Das Austrittsabkommen hatte ja schon allein eineinhalb Jahre benötigt. Ähnliche Verträge über ein umfassendes Handelsregime benötigen in der Regel mehrere Jahre.

> Abgeordnete des House of Commons befürchteten nicht ohne Grund, dass der *backstop* ihr Land gegen seinen Willen auf unabsehbare Zeit in einer Zollunion mit der EU halten könnte, weil es diese nur mit Zustimmung der EU würde verlassen können. Denn niemand konnte angeben, wie ein solches künftiges Gesamtregime aussehen könnte, sofern das Vereinigte Königreich bei seiner Forderung blieb, Binnenmarkt und Zollunion zu verlassen. Viele misstrauten der EU und witterten hinter dem *backstop* eine üble Intrige, um den Brexit insgesamt zu verhindern oder auf den Sankt Nimmerleinstag zu verschieben und auf diese Weise das Vereinigte Königreich durch die Hintertür gegen seinen Willen in der EU zu halten. Sie befürchteten, das Provisorium könne zur Dauerlösung werden. Und solange das Vereinigte Königreich in einer Zollunion an die EU gebunden war, konnte es selbst keine eigenen Handelsverträge im eigenen Namen in Kraft setzen. Es bliebe ohne festes Enddatum an die EU gefesselt, müsste allerdings mit dem Austritt sämtliche Mitspracherechte in Brüssel aufgeben. Das war für zu viele einfach unannehmbar.

Hier zeigte Theresa May ein ungewöhnliches Maß an taktischem Ungeschick. Sie war nicht müde geworden zu verkünden: *Brexit means Brexit*. Sie hatte eine harte Variante verfochten und damit die Hardliner in ihrer Partei ermutigt. Jetzt legte sie einen Vertrag vor, der auf die überraschte britische Öffentlichkeit wie das genaue Gegenteil wirkte: Brexit sollte nach ihrem Entwurf eben nicht Brexit bedeuten, sondern eine zunächst unbefristete Fortsetzung der Zugehörigkeit zur Zollunion und zwar ohne jegliches Mitspracherecht. Dies war kein harter Brexit, sondern ein völlig aufgeweichter Brexit. Für viele war dies überhaupt kein Brexit. Mays Position geriet ins Wanken. Es war der Anfang vom Ende ihrer kurzen Zeit als Premierministerin.

Die Reaktion fiel entsprechend aus. Nach einer kurzen Phase ungläubiger Überraschung formierte sich massiver

Widerstand. May hatte die Problematik des *backstop* vollkommen unterschätzt. Sie hatte versäumt, die nordirische Democratic Unionist Party (DUP) rechtzeitig einzubinden, obwohl sie auf deren Unterstützung im Unterhaus angewiesen war. Ohne die Stimmen der DUP verfügte sie über keine Mehrheit, seit sie die von ihr ebenfalls in unbedachter Überschätzung der eigenen Lage vorzeitig angesetzten Parlamentswahlen und damit ihre komfortable Mehrheit verloren hatte. Sie hatte die Idee eines *backstop* weder in der eigenen Partei antizipierend vorbereitet noch ihrer Fraktion erklärt. Sie hatte es versäumt, die Abgeordneten mit ihrem Vertragsentwurf und insbesondere mit dem Mechanismus des *backstop* begrifflich und rhetorisch vertraut zu machen. Das Parlament, ihre Partei und vor allem die gesamte Öffentlichkeit fühlten sich von einem ihnen fremden, unverständlichen und bedrohlich erscheinenden Konstrukt überrumpelt. Die einen machten sofort Front dagegen, weil sie einen Brexit ohne Sonderbedingungen forderten und einen vertraglosen Austritt *(no-deal)* dieser Speziallösung vorzogen. Sie wetterten, das Vereinigte Königreich werde auf den Status einer EU-Kolonie herabgedrückt, der gesamte Sinn des Brexit gerate ins Wanken, wenn das Vereinigte Königreich nicht sofort nach vollzogenem Brexit eine unabhängige, nationale Handels- und Zollpolitik verfolgen könne. Andere gaben zu bedenken, dass das Vereinigte Königreich damit in eine geschwächte Verhandlungsposition gedrängt werde, weil die Zeit für die EU arbeite und ihr zugleich den Schlüssel zur Beendigung dieses Provisoriums in die Hände lege.

In all den Diskussionen über den Brexit und selbst noch in dem Weißbuch, das May im Sommer 2018 hatte publizieren lassen, war von einem *backstop* nie die Rede. May hatte es nicht nur versäumt, die Reaktion ihrer Partei auf einen derartigen Vorschlag vorher auszutesten.

Sie hatte sich nicht einmal bemüht, offensiv für diese Idee zu werben, bevor sie sie auf den Kabinettstisch legte. Dass ihr für den Brexit zuständige Minister Dominic Raab nach Veröffentlichung des Vertragsentwurfs sofort zurücktrat, könnte darauf hindeuten, dass das Ausmaß der *backstop*-Vereinbarung selbst ihn überraschte.

Hätte Theresa May das Überraschungsmoment des Augenblicks genutzt und sofort über den Vertragsentwurf abstimmen lassen, hätte sie vielleicht noch unter den verunsicherten Abgeordneten eine Mehrheit finden können. Sie setzte eine Abstimmung aber erst für den 11. Dezember an. Das gab dem Widerstand im Parlament genügend Zeit, sich zu organisieren. Einen Tag vorher (10. Dezember) setzte die Regierung die Abstimmung ab und verschob sie auf den 15. Januar – volle zwei Monate nach Vorlage des Vertragsentwurfs. Bis dahin konnte sich der Widerstand weiter verfestigen. May erlitt die schlimmste Abstimmungsniederlage eines britischen Premierministers seit hundert Jahren: 432 Abgeordnete stimmten gegen die Regierung, nur 202 waren bereit, May zu unterstützen. Über ein Drittel ihrer Fraktion stimmte gegen die eigene Fraktionsführung. Der 10. Dezember 2018 markiert den Tag, an dem das britische Verfassungsmagma ins Brodeln kam. Seither hat es mehrere Erdbeben ausgelöst. Zu einem gewaltsamen Ausbruch ist es noch nicht gekommen. Aber die wachsenden tektonischen Spannungen sind unverkennbar. Sie in einen neuen Ruhezustand zu überführen, wird hohe Staatskunst und kreative Vernunft erfordern. Das Vereinigte Königreich ist in eine grundlegende Verfassungskrise geraten, die noch auf Jahre hinaus fortwirken wird: Nach der *Glorious Revolution* von 1688 nunmehr die *Inglorious Revolution?*

Nach britischer Verfassungstradition hätte ein Premierminister nach einer solch überwältigenden Niederlage in einer Grundsatzfrage von elementarer Bedeutung für das gesamte Land zurücktreten und Neuwahlen ansetzen müssen. Das von Cameron verabschiedete Gesetz von 2011 schreibt jedoch eine feste fünfjährige Wahlperiode fest, die nur durch ein Misstrauensvotum oder eine Zweidrittelmehrheit im Parlament verkürzt werden kann.[1] Die Konservative Partei lag in einem bedrohlichen Umfragetief. Eine Neuwahl hätte für viele Abgeordnete das Risiko bedeutet, nicht wieder gewählt zu werden. Eine Zweidrittelmehrheit konnte im Parlament nur zustande kommen, wenn etwa die Hälfte der konservativen Abgeordneten dafür stimmte. Da die Fraktion damit rechnen musste, die kommende Wahl zu verlieren, stemmte sie sich resolut dagegen.

Mit fast roboterhafter Persistenz beharrte May auf ihrem Vorschlag und bestand darauf, dass es keine bessere Alternative gebe. Sie machte sich dann im Februar aber doch auf, um die Präsidenten des Europäischen Rates und der Kommission, Donald Tusk und Jean-Claude Juncker, in Straßburg zu treffen und Nachbesserungen zu erreichen. Die Gespräche blieben ergebnislos – wie alle anderen Versuche, substanzielle Nachbesserungen

---

[1] *Fixed Term Parliaments Act 2011*. Dies war der Preis, den David Cameron für die Koalition mit den Liberal Democrats zu zahlen hatte. Zuvor stand es im Belieben jedes Premierministers, nach eigener Einschätzung Neuwahlen anzusetzen, sofern die Gesamtdauer eines Parlaments von fünf Jahren nicht überschritten wurde. John Major war vier Jahre, elf Monate und zwei Tage Premierminister ohne Wahlen von 1992 bis 1997. Der *Fixed Term Parliaments Act* ist eines der Gesetze, die unter Cameron verabschiedet wurden, ohne sich viel Gedanken zu machen, welche Konsequenzen sie nach sich ziehen könnten. Ebenso undurchdacht waren das *Referendum-Lock*-Gesetz und das Gesetz, auf dem das Referendum von 2016 beruhte. Premierminister Boris Johnson ist im Herbst 2019 dreimal mit seinem Versuch gescheitert, Neuwahlen zu erzwingen. Er hatte seine eigene Mehrheit im Parlament verloren, und die Unfähigkeit, die Blockade durch Neuwahlen aufzulösen, bedeutete faktisch dass die Regierung in der Brexit-Frage gelähmt war.
Boris Johnson hat angekündigt, dass eine seiner höchsten Prioritäten darin besteht, dieses Gesetz wieder aufzuheben.

zu erreichen. May insistierte, dass der Wille des Volkes eindeutig sei und das Parlament diesem Willen den politischen Weg freigeben müsse. Vor allem hielt sie bedingungslos am Austrittsdatum, dem 29. März 2019, fest. Sie wiederholte endlos ihre zu stereotypen Schablonen erstarrten Formeln, sie gab sich unbeugsam – andere bezeichneten sie als verbohrt und halsstarrig, – sie hämmerte verbissen die einzigen beiden Botschaften, die ihr noch geblieben waren, in die Köpfe des Parlaments: Ihr Vertragsentwurf sei der beste, der zu haben ist, und Brexit sei nicht dadurch zu erreichen, indem man ständig ein "Nein" wiederholt, sondern nur, indem man schließlich zu einem Vorschlag ein eindeutiges und nachhaltiges "Ja" sagt. Mit der ersten Bemerkung lag sie nachweislich falsch; sie selbst bemühte sich ja seit November, ihren eigenen Vertragstext nachzubessern. Und ihr Nachfolger bewies in wenigen Wochen, dass sogar substanzielle Alternativen zu haben waren. Mit der zweiten Bemerkung lag sie allerdings völlig richtig: Das Parlament verstrickte sich immer tiefer in ein Gespinst von ablehnenden Abstimmungen, über die schließlich kaum noch jemand eine Übersicht behielt, die auch so schnell aufeinander folgten, dass für eine systematische Prüfung ihrer wechselseitigen Kompatibilität kaum noch Zeit blieb.

1.2 Nein kann nicht die Antwort sein

Difficile est saturam non scribere.
Es fällt schwer, keine Satire zu schreiben.
Juvenal

Die zehn Wochen zwischen der ersten Abstimmung im Parlament am 15. Januar 2019 und dem vorgesehenen Austrittsdatum am 29. März werden vermutlich in die

Geschichte eingehen als die verworrenste, chaotischste und turbulenteste Periode eines demokratischen Parlaments.[2] Es wird künftigen Historikern vorbehalten bleiben, die einzelnen Winkelzüge, die Intrigen, die flüchtigen Absprachen in Hinterzimmern und die bizarren politischen Verrenkungen dieser Zeit nachzuzeichnen. Eine detaillierte Analyse würde den Rahmen dieser Darstellung sprengen. Zeitgenössische Journalisten sprachen von blinden Toren, die Einhörner jagten, von entrückten Träumern, die nach dem Regenbogen griffen, von Eseln, die sich von Maulwürfen leiten ließen.[3] Andere sprachen offen von unverfrorener, himmelschreiender Lügnerei.

Nachdem das Parlament Mays Text zurückgewiesen hatte, forderte es eine rechtlich bindende Alternative zum *backstop* – ohne allerdings anzugeben, wie eine solche Alternative aussehen könnte und welche Kernelemente sie enthalten sollte. Die Daily Mail jubelte bereits: *Theresa's Triumph* [1] Aber dieses Triumphgeheul war verfrüht. Aus Brüssel kam nur der ebenso kurze wie trockene Kommentar, der ausgehandelte Vertragstext sei abgeschlossen, er stelle einen ausgewogenen Interessenausgleich dar und könne nicht geöffnet werden, um nachträglich einseitige Veränderungen einzuflechten. Daraufhin verwarf das Westminster Parlament explizit die Option eines vertragslosen Ausscheidens *(no-deal)*. Es

---

[2]Inzwischen gibt es einen umfangreichen Beitrag auf Wikipedia: *Parliamentary Votes on Brexit*. Er gibt einen guten, sachlichen Überblick mit jeweiligen Abstimmungsergebnissen.

[3]Die Formulierung greift die Kritik auf, die 1918 an der britischen Kriegsführung in Flandern geäußert worden war. Damals hieß es, die britischen Soldaten seien Löwen unter der Führung von Eseln gewesen. Alan Clark: *The Donkeys*, (New York, Morrow 1961).

war das erste derartige Votum, sollte aber nur der Auftakt einer langen Reihe von weiteren Abstimmungen sein, die alle darauf abzielten, diese Option endgültig zu verbauen. Das Parlament verwarf ebenso den Vorschlag aus seiner Mitte, um Verlängerung der Zweijahresfrist zu bitten und über Alternativen an der Regierung vorbei abzustimmen *(indicative votes)*. Normaler Weise liegt die Gesetzesinitiative nach britischer Tradition bei der Regierung. Sie bestimmt die Tagesordnung des Parlaments. *Indicative votes* liefen auf eine Selbstermächtigung des Parlaments hinaus. Sie deuteten an, wie verzweifelt die Lage geworden war. May geriet zwischen das Parlament, das auf sie einhämmerte, den Vertragstext substanziell zu revidieren, und den Amboss einer EU, die mit stoischer Starre an dem ausgehandelten Vertrag festhielt und jede nachträgliche Anpassung ablehnte.

Der verworrene Knoten widersprüchlicher Forderungen zog sich in den vier Wochen im März 2019 so zu, dass alle Parteien sich gegenseitig blockierten. In einem letzten verzweifelten Versuch, die EU doch noch zu Zugeständnissen zu bewegen, traf sich May ein weiteres Mal mit Juncker am 11. März zu politischen Gesprächen in Straßburg. Gleichzeitig sollte ihr Attorney General (Generalstaatsanwalt) Geoffrey Cox in Brüssel den juristischen Weg für eine Aufweichung des *backstop* ebnen. Beide zeigten sich schlecht vorbereitet, beide waren unzureichend über die Position der EU unterrichtet. Beide kamen mit leeren Händen zurück. Es ist erstaunlich, wie wenig Cameron und May sich darum kümmerten, sich hinreichend detailliert über die Position derjenigen zu informieren, von denen sie Zugeständnisse haben wollten. Beide gaben vor britischem Publikum immer wieder Zusagen ab, die keinerlei Chancen hatte, sich gegen den Widerstand der

EU durchsetzen zu lassen. Sie verspielten damit wertvolles Vertrauenskapital, sie schürten Erwartungen, die sie niemals erfüllen konnten. Am britischen diplomatischen Dienst kann es kaum gelegen haben. Der ist nicht nur hoch professionell, sondern scheut auch keineswegs ein offenes Wort. So wird es wohl eher daran gelegen haben, dass die politische Ebene in Wunschdenken verharrte und diese für sie schmerzhaften Einsichten verdrängte.[4]

Zwei Monate nach ihrer ersten vernichtenden Niederlage wagte May am 12. März 2019 eine zweite Abstimmung *(second meaningful vote)*[5] im Parlament. Die Zeit drängte. Noch bestand Einigkeit über alle Parteien hinweg, dass man am Austrittstermin, dem 29. März, festhalten wolle. Sie hatte gehofft, aus ihren Gesprächen mit der EU verkünden zu können, der *backstop* sei nicht mehr rechtlich verbindlich. Ihr Generalstaatsanwalt sah sich jedoch außerstande, das schriftlich zu bestätigen. [2] Damit war eine abermalige Niederlage Mays unvermeidlich. Die Abstimmung fiel zwar nicht ganz so vernichtend wie im Januar, aber eindeutig genug aus: Gegen die Annahme des Vertrags stimmten 391, dafür lediglich 242 Abgeordnete, eine Mehrheit von 150 Stimmen.

---

[4] Die Affäre um den britischen Botschafter in Washington, Kim Darroch, zeigte im Sommer 2019, wie klar und unbestechlich die Informationen waren, die die britischen Auslandsvertretungen nach Whitehall übermittelten. Auch Ivan Rogers, der von 2014 bis zu seinem Rücktritt 2017 sein Land bei der EU in Brüssel vertrat, hatte ein glänzendes Verständnis davon, was in der Substanz und was taktisch erforderlich gewesen wäre. Der Fehler lag wohl eher darin, dass die politische Ebene derartige Informationen nicht an sich heran ließ, nicht ernst nahm, innenpolitischen Erwägungen Vorrang einräumte oder sie schlichtweg einfach nicht verstand.

[5] Der Sprachgebrauch war halb amüsant, halb deprimierend. Wenn für den Austrittsvertrag eine *meaningful vote* im Parlament gefordert wurde, impliziert das ja, dass andere Abstimmungen dort bedeutungslos bzw. sinnlos sind.

Das Parlament hatte erneut fast mit Zweidrittelmehrheit Mays Vertrag verworfen.[6]

Spätestens jetzt hätte May nach traditioneller Übereinkunft zurücktreten müssen. Spätestens jetzt musste ihr klar sein, dass sie gescheitert war, dass es keinen Weg gab, ihr Projekt durch dieses Parlament zu bringen. Den Weg zu Neuwahlen hatte sie bereits zwei Jahre zuvor ausgeschöpft. Es bleib ihr kein Mittel mehr, eine Mehrheit im Parlament zu gewinnen. Ein Rücktritt Mitte März hätte ihrem Land die Situation erleichtert: Eine beträchtliche Verlängerung der Austrittsfrist wäre unter solchen Umständen unausweichlich geworden. Eine neue Regierung hätte dann bis zum Sommer einen neuen, unvorbelasteten Anlauf nehmen können und zur Not erneut vorgezogene Neuwahlen ansetzen können – was Boris Johnson ein halbes Jahr später dann auch getan hat. May aber gab sich unbeugsam. Eine Mischung aus Eitelkeit und Starrsinn ließ sie an ihrem Kurs festhalten. Sie verweigerte sich der Einsicht, dass sie sich und ihr Land in eine Sackgasse manövriert hatte und klammerte sich an die Hoffnung, doch noch irgendwie eine Mehrheit zusammen zimmern zu können. Sie gab sich jedenfalls ungeschlagen und ließ halb gequält, halb zwanghaft verbreiten, sie wolle den Brexit auf jeden Fall bis zum 29. März vollenden. Angesichts der unauflöslichen Verschlingungen, in denen sich Regierung und Parlament gefangen hatten, kam dies reinem Wunschdenken, wenn nicht dem Hoffen auf ein

---

[6]Während der Debatte im Parlament war May heiser und konnte kaum einen Ton herausbringen. Das kommentierte ein Beobachter treffend: *"Another absolute drubbing for Theresa May. Her Brexit plan is obviously dead as a dodo. But how in good conscience can she carry on as Prime Minister? She's lost her vote, her authority, even her voice. Surely the only option left to her now is to resign?"* Piers Morgan, Tweet 12. März 2019.

Wunder gleich. Mehrere seriöse Beobachter hatten den Eindruck, dass die Regierung May dazwischen schwankte, mit magischen Beschwörungen das Unmögliche doch noch möglich zu machen, oder mit subtiler Wortakrobatik das Unvereinbare so zu verschleiern, dass es vereinbar erschien.

Denn während May sich immer verbissener an ihren *deal* klammerte, brach nicht nur die Fraktions-, sondern auch die Kabinettsdisziplin auseinander. Im Parlament bildeten sich spontane, teilweise parteiübergreifende Subgruppen wie die *Alternative Arrangement Working Group* oder die *One Nation Group*.[7] Kabinettsminister enthielten sich in entscheidenden Abstimmungen der Stimme oder stimmten offen gegen die Regierung, der sie selbst angehörten. Zusammen mit der unglücklichen Freigabe der Positionierung in der Referendumskampagne 2016 war dies ein weiteres Symptom, dass ungeschriebene Grundsätze des politischen Lebens im Vereinigten Königreich ins Rutschen gekommen waren. Seit über zweihundert Jahren galt der eiserne Grundsatz, dass das Kabinett als *Her Majesty's Government* geschlossen auftritt, kollektiv die Regierungslinie verantwortet, diese gemeinsam nach außen vertritt und einheitlich abstimmt. Die Denkfigur, dass die Regierung lediglich im Auftrag des Monarchen handelt – immer wieder bei der Eröffnung einer neuen Sitzungsperiode des Parlaments durch die *Queen's Speech* unterstrichen – lässt nicht zu, dass das

---

[7]In die *Alternative Arrangements Working Group* hatte die Regierung sowohl Brexiteers wie Remainers aus den Reihen der Tory-Fraktion berufen. Ihr Ziel war es, den *Malthouse Plan B* durchs Parlament zu bringen. Der Name des Plans zeigte bereits, wie verworren die Lage bereits war und zu welchen Gedankenspielen sich einige Abgeordnete verstiegen. Der *Malthouse Plan B* wurde deshalb in Brüssel hinter verschlossenen Türen nur der *Madhouse Plan Blur* genannt.

Kabinett etwas anderes als einen einheitlichen Willen vertritt, weil es ja fiktiv der Wille des Monarchen ist.

May plante gleich am Folgetag das Parlament erneut abstimmen zu lassen. Sie hatte eine Abstimmung frei von Fraktionszwang angekündigt. Die Drohung, eine erneute Verweigerung des Parlaments werde das Land unweigerlich in den Abgrund eines *no-deal* Brexit stürzen, sollte eine hinreichende Anzahl von Abgeordneten bewegen, ihrem Vorschlag, wenn auch nur zähneknirschend, zu folgen. Sie hatte nicht damit gerechnet, dass das Parlament, bevor es zur Abstimmung über den Austrittsvertrag kam, einen Zusatzantrag billigte, der eben diese Option eines *no-deal* kategorisch ausschloss (312:308). Daraufhin geriet May in Panik und verschob die Abstimmung ein weiteres Mal. May hob nochmals hervor, ein *no-deal* Brexit lasse sich nicht dadurch abwenden, dass man ihn negativ ausschließt, sondern nur, indem man positiv für eine konstruktive Alternative stimmt.[8]

Am 14. März hatte der Vorschlag, um Fristverlängerung zu bitten, eine Mehrheit im Parlament (413:202) gefunden, wohingegen eine Initiative, dem Parlament Kontrolle über seine eigene Agenda zu übertragen und damit den Weg für *indicative votes* frei zu machen, *to enable the House of Commons to find a way forward that can command majority support,* ein zweites Mal zurück gewiesen worden war, wobei die Mehrheit allerdings hauchdünn ausfiel (314:312).

---

[8]Ein sarkastischer journalistischer Kommentar: *15 April 1912, 23.35h: The crew of the Titanic votes not to change course, not to collide with the iceberg, not to wreck the ship, not to sink, and not to drown the passengers. It votes for the iceberg to get out of the way.*
Daniel Boffey/Jennifer Rankin: *EU on no-deal Brexit motion: 'like Titanic voting for iceberg to move',* Guardian 13. März 2019 (https://www.theguardian.com/politics/2019/mar/13/eu-extend-brexit-talks-complete-barnier-brussels-assurance, 19. Dezember 2019).

Unbeirrt verkündete May, dass sie ihren Vertragsentwurf umgehend erneut dem Parlament unterbreiten werde. Sie wollte unbedingt in den letzten Momenten vor Ablauf der Austrittsfrist die Initiative behalten. Und sie hoffte immer noch, durch Zeitnot und den drohenden *no-deal* Brexit irgendwie eine Mehrheit zusammen schustern zu können. Der Sprecher des Unterhauses, John Bercow, machte ihr jedoch einen Strich durch die Rechnung. Er zitierte einen Präzedenzfall aus dem Jahr 1604 (!), wonach es unzulässig sei, den gleichen Gesetzentwurf unverändert ein drittes Mal dem Parlament vorzulegen. Damit zwang er May, substanzielle Änderungen an ihrem Vertragstext vorzunehmen.

May fühlte sich eingekesselt. Sie geriet in Zeitnot, die Initiative drohte ihr zu entgleiten Sie musste sich eingestehen, dass die Chancen, doch noch eine Mehrheit hinter ihren Vertrag zu bringen, mit jedem Tag schwand. Sie wurde nervös, vielleicht sogar hektisch. Sie beging einen Fehler, der ihre Position noch aussichtsloser machte. Sie wandte sich in einer Fernsehansprache an das Volk und rügte das Parlament. Sie warf ihm Obstruktion vor und versuchte in populistischer Weise, das Volk auf ihre Seite zu ziehen und gegen das Parlament aufzustacheln:

> *"Two years on, MPs have been unable to agree on a way to implement the UK's withdrawal. As a result, we will now not leave on time with a deal on 29 March. And of this I am absolutely sure: you the public have had enough. You are tired of the infighting. You are tired of the political games and the arcane procedural rows. You want this stage of the Brexit process to be over and done with. I agree. I am on your side. It is now time for MPs to decide. Do they want to leave the EU with a deal which delivers on the result of the referendum—that takes back control of our money, borders and laws while protecting jobs and our national security? Do they want to*

leave without a deal? Or do they not want to leave at all, causing potentially irreparable damage to public trust— not just in this generation of politicians, but to our entire democratic process? It is high time we made a decision. So far, Parliament has done everything possible to avoid making a choice. Motion after motion and amendment after amendment have been tabled without Parliament ever deciding what it wants. All MPs have been willing to say is what they do not want. I passionately hope MPs will find a way to back the deal I have negotiated with the EU. A deal that delivers on the result of the referendum and is the very best deal negotiable. But I am not prepared to delay Brexit any further than 30 June." [3]

Das waren revolutionäre Worte. May sprach wie ein Volkstribun, der das Volk gegen seine Unterdrücker aufwiegelt. May schien zu vergessen, dass sie ihre Position der Unterstützung eben diesen Abgeordneten verdankte, die sie gerade so unnachsichtig schalt. Sie trat entschlossen die Leiter weg, auf der sie selbst noch stand. Nach dieser öffentlichen Schelte fühlten sich nur noch weniger Abgeordnete bereit, über ihren Schatten zu springen und May ihre Stimmen zu geben. Ein Abgeordneter beobachtete Mays Auftritt jedoch genau: Boris Johnson. Er wollte sie unbedingt beerben und sollte wenige Wochen später am Ziel seiner Wünsche stehen. Er machte den Ansatz, das breite, anonyme Volk gegen ein verknöchertes, in negativer Ablehnung erstarrtes Parlament in Stellung zu bringen, mit rücksichtsloser Radikalität zu seinem eigenen Regierungsprogramm.

Am 24. März zog die größte Demonstration in der Geschichte des Vereinigten Königreichs durch die Straßen Londons. Menschenmassen füllten Whitehall, Horse Guards, die Mall und Constitution Hill bis zu Wellington's Arch. Die wogenden Massen waren ein

Indikator, wie sich die Stimmung an der Basis polarisierte und radikalisierte. Sie waren ein Anzeichen für die Frustration über eine ineffektive Regierung und das Patt im Parlament. Sie war aber auch ein Anzeichen, dass immer mehr Briten fürchteten, der bevorstehende Brexit werde nicht wie versprochen Milch und Honig bringen, sondern Rationierung von Lebensmitteln, knappe Medikamente und Verkehrschaos.

Am gleichen Tag rief Theresa May ihr Kabinett mit einigen führenden Abgeordneten aus der Fraktion zu einer letzten Krisensitzung auf ihrem Landsitz in Chequers zusammen. Dort hatte sie im Sommer 2018 das damalige Kabinett auf ihr Weißbuch eingeschworen, damit allerdings nur den Rücktritt von zwei Ministern und eine Abfuhr aus Brüssel bewirkt. Auch dieses Mal gelang es ihr nicht, den offensichtlichen Auflösungsprozess von Disziplin und parteiinterner Solidarität aufzuhalten. Das Treffen endete ohne greifbares Ergebnis.

Im Parlament hing man derweil weiter Luftschlössern und Schimären nach. Immer grotesker wurden die Vorschläge, die in die Debatte geworfen wurde, immer verstiegener die Phantasmagorien, immer verschachtelter und unübersichtlicher die kühnen Konstruktionen, die vorgaben, den Ausweg aus der mehrfachen Blockade aufzuzeigen. Wenige kümmerten sich darum, einen nationalen Konsens in einer existenziellen Grundsatzfrage von nationaler Bedeutung zu finden. Mays Tage waren offensichtlich gezählt. Jedes Manöver im Parlament wurde damit zur Chance, sich die beste Ausgangsposition für die Nachfolge zu sichern. Persönlicher Ehrgeiz wog bei vielen schwerer als die Sorge um eine sachlich tragfähige Lösung. Manche zeigten sogar ein Interesse daran, das Chaos zu verstärken, um den Impuls des Strudels um das sinkende Schiff von Theresa May zu nutzen, sich selbst nach vorn zu katapultieren.

Das Parlament erkannte endlich, dass die Regierung gelähmt war, und entschloss sich, die Dinge in die eigene Hand zu nehmen. Am 25. März nahm es den Vorschlag Oliver Letwins an, alternative Lösungsansätze aus den eigenen Reihen zur Abstimmung zuzulassen (329:302). 29 Tories hatten dafür gestimmt und somit der eigenen Regierung das Heft des Handelns aus der Hand geschlagen. Der Weg war frei für *indicative votes*. Damit betrat das Parlament Neuland. Niemand wusste, welche Folgen *indicative votes* nach sich ziehen würden. War es nur, wie der Name suggerierte, ein unverbindlicher Hinweis darauf, welche Option eine Parlamentsmehrheit finden könnte, also nicht viel mehr als eine Probeabstimmung? Oder hatte ein solches Votum des Parlaments verbindlichen Charakter und verpflichtete die Regierung, einen entsprechenden Gesetzesentwurf einzubringen? Oder war dies nicht mehr als eine richtungsweisende Handreichung? Konnte sich die Regierung über *indicative votes* des Parlaments hinwegsetzen, oder war sie gehalten, ihr Handeln an diesen Vorgaben auszurichten? Wie so vieles in der englischen Verfassung, blieb diese Frage unbeantwortet. Sie benötigte auch keine Antwort, denn am 27. März, zwei Tage bevor die ursprüngliche Frist ablief, stimmte das Parlament über acht Vorschläge ab, die aus den eigenen Reihen gekommen waren. Keiner dieser Vorschläge erhielt eine Mehrheit (Abb. 1.1).

Der Vorschlag einer Zollunion kam einer Mehrheit am nächsten (264:272). Am deutlichsten fiel die Ablehnung einer zweijährigen Verlängerung (139:422) und eines *no-deal* (160:400) aus.

Damit war die Lähmung der britischen Verfassungsorgane komplett: Das Parlament hatte die Regierung zwei Jahre zuvor mit überwältigender Mehrheit ermächtigt, den Austrittsprozess in Gang zu setzen und

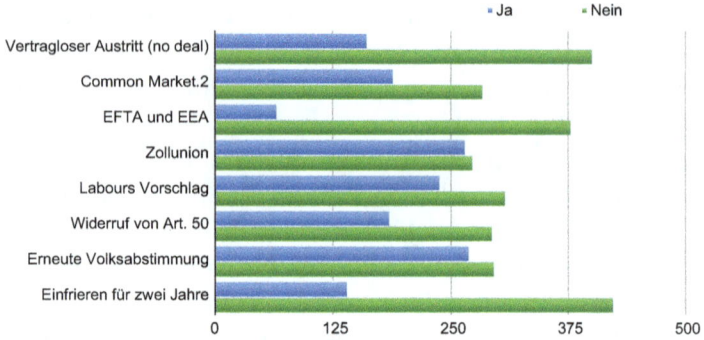

Abb. 1.1 *Indicative Votes* im Parlament vom 27. März 2019, Abstimmungsergebnisse

die Absichtserklärung nach Art. 50 des EU-Vertrag abzugeben.[9] Nun verweigerte das gleiche Parlament beharrlich dieser Regierung die Zustimmung zu dem, wozu sie es zwei Jahre zuvor ermächtigt hatte. Das Parlament schlug der Regierung sämtliche Instrumente aus der Hand, um das zu erreichen, was es selbst ursprünglich einmal gefordert hatte. Das Parlament nahm jetzt das Recht für sich in Anspruch, selbst Vorgaben für einen Brexit zu machen. Dies war im Grunde nichts anderes als eine Usurpation von Rechten der Exekutive durch die Legislative. Und selbst damit scheiterte das Parlament, indem es sich als unfähig erwies, für irgend einen der acht Vorschläge eine Mehrheit zu generieren.

Am 29. März erlitt May ihre letzte demütigende Niederlage *(third meaningful vote)*. Sie hatte die Einwände

---

[9]Am 1. Februar 2017 hatten 498 Abgeordnete für die *European Union (Notification of Withdrawal) Bill* gestimmt, nur 114 dagegen. (https://hansard.parliament.uk/Commons/2017-02-01/debates/5B0251FC-94E6-4216-8830-4F85E0EC2250/EuropeanUnion(NotificationOfWithdrawal)Bill; 1. November 2019). Das war eine parteiübergreifende Mehrheit von mehr als 80 %.

des Speaker dadurch umgangen, dass sie die Politische Erklärung über künftige Beziehungen einfach fortließ, als sie ihren Vertrag zum dritten Mal dem Parlament zur Abstimmung vorlegte. Sie bot sogar den eigenen Rücktritt an, sollte das Parlament dieses Mal zustimmen. Dies war ein eigenartiges Angebot: Sie bot an, eine inzwischen gründlich missliebige Premierministerin los zu werden, sofern das Parlament bereit war, einen verhassten Vertrag zu billigen, den es bereits zweimal verworfen hatte. Dieses Angebot zeigt das Ausmaß von Mays Verzweiflung. Sie konnte selbst mit diesem Angebot eines Selbstopfers nicht genügend Abgeordnete für sich gewinnen. Viele grollten ihr immer noch wegen der Rügen, die sie eine Woche zuvor in ihrer Fernsehansprache gegen das Parlament erhoben hatte. Sie verlor ein drittes Mal, dieses Mal zwar deutlich knapper als in den beiden vorigen Abstimmungen (286:344),[10] aber 58 Stimmen waren eindeutig und angesichts ihrer verzweifelten Zugeständnisse und des Zeitdrucks vernichtend.

May hatte bereits am 20. März in Brüssel um Fristverlängerung über den 29. März hinaus gebeten. Sie wiederholte jetzt ihre Bitte und schlug den 30 Juni 2019 als Austrittsdatum vor. Die Antwort der EU fiel knapp und bündig aus: Die EU bot eine Fristverlängerung bis zum 22. Mai an, sofern das britische Parlament bis Anfang April den Brexit-Vertrag billigen würde.[11] Falls nicht, wurde der 12. April 2019 als Datum festgesetzt, an dem das Brexit-Fallbeil fallen sollte.

May war in das Brexit-Abenteuer ohne Strategie und ohne klare Zielvorstellung gestolpert. Dass sie keine

---

[10]Am 15. Januar 2019 hatte sie mit 230 Stimmen verloren, am 12. März mit 130.

[11]Das Datum 22. Mai 2019 erklärt sich aus den Wahlen zum EU-Parlament, die vom 23. bis 26. Mai stattfinden sollten.

Strategie hatte und im Grunde auch keine Vorstellung von der Neupositionierung, in die sie ihr Land manövrieren wollte, störte sie nicht im mindesten. Der Verlauf der Verhandlungen zeigt, dass sie nicht einmal eine durchdachte Taktik hatte. Der Vorschlag ihres Weißbuches vom Sommer 2018 *(Common Rulebook, Facilitated Customs Arrangement, frictionless access to markets)* ging in seiner gekünstelten Verschachtelung völlig an der Wirklichkeit vorbei.[12] Vor allem enthielt er nicht einmal eine Andeutung von so etwas wie einem *backstop*. Stolz hatte sie verkündet, dass ein Ausscheiden ohne Vertrag besser sei als ein schlechter Austrittsvertrag – *no deal is better than a bad deal*. Diese hochmütigen Worte hatte sie im September 2018 noch einmal wiederholt. Sie hatte in ihren Reden im Lancaster Haus und in Florenz[13] rote Linien gezogen: Keine Zollunion, keine Teilhabe am Binnenmarkt, keine Jurisdiktion des EuGH. Sie hatte im Sommer 2018 schließlich Vorschläge unterbreitet, die man freundlich gesonnen als kompliziert, weniger freundlich als abstrus und wirr bezeichnen konnte. Sie hatte sich von ihrem Kurs nicht abbringen lassen, nur um in letzter Minute doch auf die Bedingungen der EU-Kommission

---

[12]HMG White Paper: *The Future Relationship between the United Kingdom and the European Union,* Juli 2018 (https://assets.publishing.service.gov.uk/government/uploads/system/uploads/attachment_data/file/786626/The_Future_Relationship_between_the_United_Kingdom_and_the_European_Union_120319.pdf, 2. Januar 2020).

[13]Rede im Lancaster Haus am 17. Januar 2017: *The government's negotiating objectives for exiting the EU: PM speech* (https://www.gov.uk/government/speeches/the-governments-negotiating-objectives-for-exiting-the-eu-pm-speech, 1. November 2018).

Rede in Santa Maria Novella in Florenz am 22. September 2017: *PM's Florence speech: A new era of cooperation and partnership between the UK and the EU* (https://www.gov.uk/government/speeches/pms-florence-speech-a-new-era-of-cooperation-and-partnership-between-the-uk-and-the-eu, 1. November 2019) Siehe: BEB, S. 174 ff. und 190 ff.

einzuschwenken und einen auf das gesamte Vereinigte Königreich ausgeweiteten *backstop* zu akzeptieren, was bei einer Mehrheit der Abgeordneten den Eindruck hinterließen, hier werde durch die Hintertür das Land auf unabsehbare Zeit in einer Zollunion gehalten. Sie hatte den Vertragsentwurf im November 2018 als unveränderlich bezeichnet, nur um dann selbst drei Monate später auf Änderungen zu drängen. Sie hatte den 29. März als Brexit-Endpunkt proklamiert – und dann doch um Fristverlängerung gebeten, allerdings mit einem Datum (30. Juni), das die EU-Kommission bereits mehrfach abgelehnt hatte. Sie hatte versucht, mit taktischem Finessieren die Entscheidung des Speaker zu umgehen, und ihren Plan zum dritten Mal zur Abstimmung gebracht, nur um eine dritte Niederlage zu erleiden. Sie war auf ganzer Linie gescheitert. Sie hatte Dinge für unverrückbar erklärt – und sie dann verrückt. Sie hatte Dinge als inakzeptabel bezeichnet – und sie dann hingenommen. Die meisten sahen sie auf unrettbar verlorenem Posten. Aber May gab immer noch nicht auf.

Am 2. April erklärte sie, sie werde jetzt auf die Opposition zugehen und gemeinsam mit Labour-Führer Jeremy Corbyn eine Lösung suchen, die von beiden großen Parteien getragen werden könne. Ausgerechnet auf den Oppositionsführer, an dem sie seit Amtsantritt kein gutes Haar gelassen hatte, setzte sie nun ihre Hoffnung. Um fünf nach zwölf begann sie sich um einen konstruktiven, parteiübergreifenden Konsens zu bemühen, den sie zuvor schroff abgelehnt hatte. Sie war viel zu sehr ein Geschöpf ihrer Partei als dass sie es vermocht hätte, nach dem knappen Ergebnis der Volksabstimmung vom Sommer 2016 die Notwendigkeit einer nationenweiten Verständigung und einer tragfähigen Basis für einen Kompromiss zu sehen. Ihr ging es nicht um einen belastbaren, dauerhaften Konsens, sondern um einen knappen, konfrontativ gewonnenen Sieg. Vor allem ging es ihr auch jetzt weniger darum, eine Verständigung über einen dauerhaften neuen Zielhafen zu finden als zunächst einmal das grüne Licht zum Auslaufen zu erhalten.

Mays oberste Priorität war, ebenso wie die Camerons, ihre Partei zusammen und UKIP klein zu halten. Ihr ging es darum, die rechte Flanke ihrer Partei vor schleichender Erosion zu schützen und zu verhindern, dass UKIP sichere Mehrheiten ihrer Partei untergraben und damit Labour zu einem Gewinn verhelfen könnte. Denn schon eine geringfügige Schwächung der Konservativen Partei konnte unter einem Wahlrecht, das allein relative Mehrheiten belohnt, bewirken, dass die Partei den ersten Platz und damit das Mandat verlor. Das Mehrheitswahlrecht begünstigt den Stärksten und bestraft Zersplitterung.

May tat alles, um Labour schwach und gespalten zu halten, suchte aber in ihrer Verzweiflung doch noch letzte Rettung bei der Opposition. Sie setzte auf die Unterstützung der nordirischen DUP-Abgeordneten, um ihre knappe Mehrheit zu sichern. Die nordirische DUP wandelte sich jedoch vom Mehrheitsbeschaffer zum unversöhnlichen Gegner, weil sie sich in einer Existenzfrage von May übergangen fühlte. May hatte auf allen Seiten Unterstützung, Vertrauen und Ansehen verloren. Sie erkannte viel zu spät, dass eine Entscheidung über einen Brexit viel zu gravierend war, um mit taktischen Winkelzügen durchs Parlament gepresst zu werden. Taktik verstellte ihr auch den Blick für die große strategische Aufgabe. Im Ergebnis hat sie ihre Partei an den Rand der offenen Spaltung gebracht: Die *European Research Group* (ERG) gerierte sich zunehmend als Partei in der Partei. Der Widerstand aus den Reihen der eigenen Fraktion war stärker als der aus der Opposition. UKIP verlor jegliche Bedeutung. Aber das Ergebnis war eine UKIPisierung der Konservativen Partei, die noch nationalistischer, radikaler und EU-feindlicher wurde.

European Research Group

Die European Research Group ist eine Aktionsgruppe innerhalb der Parlamentsfraktion der Konservativen Partei. Sie wurde 1993 von Sir Michael Spicer gegründet, um nach der Ratifikation des Maastricht Vertrags die Stimmen derer besser zu koordinieren, die gegen den Vertrag gestimmt hatten und jede weitere Integration innerhalb der EU verhindern wollten. Anfänglich bestanden Berührungspunkte mit der Referendum Partei und mit UKIP. Die Gruppe umfasste etwa 20 bis 25 Mitglieder, darunter so prominente Parteimitglieder wie Michael Gove, Priti Patel, Iain Duncan Smith, Chris Grayling, Liam Fox, Steve Baker, Douglas Carswell und Jacob Rees-Mogg. Sie konnte darüber hinaus auf etwa sechzig bis achtzig Sympathisanten in der Fraktion zählen.

Nach dem Sieg der Leave-Kampagne wurde die ERG unter der tatkräftigen Führung von Steve Baker der Motor innerhalb der Fraktion, der auf einen schnellen, harten, radikalen Brexit drängte. 2018 übernahm Jacob Rees-Mogg den Vorsitz.

Obwohl die Gruppe nie mehr als 10 % der Fraktionsmitglieder umfasst, übte sie einen überproportionalen Einfluss aus: Sie konnte angesichts der prekären Mehrheitsverhältnisse seit den für May unglücklich verlaufenen Wahlen von 2017 damit drohen, die Regierung mit ihren Brexit-Vorschlägen scheitern zu lassen und die Premierministerin zu stürzen. Steve Baker hat das in den letzten Monaten des Jahres 2018 wiederholt und glaubwürdig angedroht. Baker war der Initiator des Misstrauensvotums gegen May in der Fraktion, den May allerdings im Dezember 2018 unbeschadet überstand. Die Gruppe gab einige Analysen in Auftrag, die erheblichen Einfluss auf andere Parteimitglieder hatten und sie in ihren Brexit-Auffassungen radikalisierten. Die Analysten, die für die ERG arbeiten, stehen Open Europe oder Brexit Central nahe.

Die ERG ist scharf kritisiert worden: Sie nehme die rechtmäßig gewählte Premierministerin in Geiselhaft, sie gebärde sich wie eine Partei innerhalb einer Partei, sie verfolge monoman eine einzige radikale Position, ohne sich um größere politische Zusammenhänge zu kümmern.

Nach dem Erdrutschsieg der Konservativen am 12. Dezember 2019, ist die Mitgliederzahl der ERG auf über 40 emporgeschnellt. Sie vereint damit etwa 12 % der Parlamentsfraktion der Konservativen Partei.

Mays Erwartungsmanagement war nicht weniger kurzsichtig und verheerend wie das ihres Vorgängers. Sie peitschte erst radikale Erwartungen hoch mit Sprüchen, dass ein *no-deal* besser sei als ein schlechter *deal,* dass die Jurisdiktion des EuGH prinzipiell und ausnahmslos mit dem Brexit ein Ende finden und das Vereinigte Königreich ungeteilt und uneingeschränkt seine volle Souveränität zurückgewinnen müsse. Nach diesen vollmundigen Ankündigungen legte sie einen Vertragsentwurf vor, der das gesamte Vereinigte Königreich bis auf weiteres in der Zollunion beließ, damit eine Abhängigkeit von Brüssel ohne Mitspracherecht auf unbestimmte Zeit festschrieb, weitreichende Materien weiterhin der Jurisdiktion des EuGH unterwarf und die Frage nach der künftigen Stellung des Vereinigten Königreichs in der Weltwirtschaft mit nebulösen Allerweltsphrasen und der hohlen Versicherung guter Absichten beantwortete. Viele Abgeordnete fühlten sich verraten und verargten es May, dass sie nach so hochtrabenden Ankündigungen so schäbig geliefert hatte.

May ist ihre Partei wichtiger gewesen als die Nation, und die Partei hatte sie im Stich gelassen. Sie hatte das Parlament ignoriert, und das Parlament hatte sie auflaufen lassen. Sie hatte das Volk durch einen dynamischen, mitreißenden Brexit einen wollen. Statt dessen hatte sie den Brexit in den Sumpf gefahren und die Kluft im Volk weiter aufgerissen. Ein Ire hat ihre Politik als Mischung aus Erpressung, Bestechung und Verrat bezeichnet. [4] Erpressung, weil sie versucht hat, das Parlament in Zeitnot zu bringen und mit der Drohung eines *no-deal* Brexit auf ihre Linie zu zwingen; Bestechung, weil sie die Stimmen der nordirischen DUP mit enormen Mittelzuweisungen gekauft und im letzten Moment riesige Investitionen in den NHS und den Nordosten des Landes versprochen hatte, um wankelmütige Labour-Abgeordnete doch noch auf ihre Seite zu ziehen; und Verrat, weil sie zunächst eine Sonderlösung für Nordirland hinzunehmen bereit war, um einen Brexit-Vertrag hin zu bekommen, der primär für England und die in England dominierenden Tories vorteilhaft gewesen wäre.

Unterdessen setzte sich die tragische Farce im Unterhaus fort. Am 1. April fand eine zweite Serie von *indicative votes* statt. Wieder fand kein Vorschlag aus den Reihen der Abgeordneten eine Mehrheit. Der Vorschlag von Kenneth Clark, der auf eine permanente Zollunion hinauslief, fand um ein Haar sogar eine Mehrheit (273:276), gefolgt von dem Vorschlag für eine zweite Volksabstimmung (280:292). Der Vorschlag von Nick Boles, eines prominenten Torys, der sich sichtlich bemüht hatte, einem sachlich begründeten Kompromiss den Weg zu ebnen, wurde ebenfalls knapp, aber hinreichend deutlich abgelehnt (261:282). Mit Tränen in den Augen erklärte er seinen Austritt aus der Konservativen Partei. Am deutlichsten fiel die Ablehnung des Vorschlags aus, dem Parlament, d. h. der Legislative, auf Kosten der Exekutive weitreichende Initiativrechte zuzubilligen (191:292).[14]

Zuvor hatte das Parlament zum dritten Mal einem *no-deal* eine Absage erteilt (160:400). Es war eine ungewöhnlich deutliche Abstimmung. Denn bei den Abstimmungen dieser sechs Wochen fällt auf, dass die

---

[14]Die jeweiligen Abstimmungsergebnisse sind deshalb wichtig, weil sie die einzigen Indikatoren für die Meinungsströmungen innerhalb des Parlaments sind.

meisten extrem knapp ausgefallen sind; bei einigen lässt sich vermuten, dass ein wenig Zufall auch andere Ergebnisse hätte liefern können. Kontinuierlich eindeutig sind jedoch die Abstimmungen, die einen *no-deal* verwerfen und eine aktivere eigene Rolle für das Parlament in der Suche nach der magischen Brexit-Formel ablehnen.

Das Abstimmungsergebnis über den *no-deal* gibt einen guten Hinweis auf die Gruppierungen, die sich im Parlament gegenseitig blockierten. Etwa zur gleichen Zeit hatten 170 Abgeordnete (Tories und DUP) einen Brief an Theresa May gerichtet, in dem sie auf einen *no-deal*-Brexit drängten. Es standen sich drei etwa gleich große Gruppierungen über alle Parteigrenzen hinweg gegenüber: Die *diehard*-Brexiteers, die den Brexit notfalls mit der Brechstange durchsetzen wollten ohne Rücksicht auf Kosten oder Folgen. Das waren diese 170 MPs. Ihnen gegenüber standen die unbedingten Remainers, zu denen die meisten Liberal Demokraten und alle SNP-Abgeordnete zählten, mit denen aber auch eine beträchtliche Zahl aus Labour und einige Tories sympathisierten. Deren Zahl lag in einer entsprechenden Größenordnung. Dazwischen befand sich die größte Gruppe von MPs, nämlich diejenigen, die sich opportunistisch verhielten und einfach das Gezerre beenden wollten, die entweder überzeugt waren, das Ergebnis der Volksabstimmung sei für sie verbindlich oder die zumindest glaubten, irgendetwas, das die Bezeichnung Brexit verdient, sei überfällig – sofern es nur kein *no-deal* war. Keine dieser Gruppen brachte eine Mehrheit im Parlament zustande, und wenn sich zwei Gruppen gegen den Vorschlag der dritten zusammen fanden, konnten sie immer eine negative Mehrheit mustern.

Die Kommentare in britischen und internationalen Medien wurden von Tag zu Tag sarkastischer. May wurde als LINO *(leader in name only)* bezeichnet, ihr Vorschlag als BINO *(Brexit in name only)* und die Implikationen als SINO *(sovereignty in name only)*. Andere zitierten süffisant die letzten Zeilen des Songs von Hotel California: *"You can check out any time you like. But you can never leave."* Aus Brexit wurde das Verb *to brexit,* womit jemand bezeichnet wird, der seinen Aufbruch ankündigt, dann aber noch endlos bleibt und den anderen Partygästen lästig wird. Eine australische Zeitung kommentierte: *"It is like watching a loved grandparent in physical and mental decay."* [5]

Brexit war degeneriert zu einer Schlammschlacht persönlicher Animositäten, momentaner Effekthascherei, verschwommener Visionen, realitätsfernen Wunschdenkens und endloser taktischer Manöver. Selten ist der Graben zwischen dem Volk und seinen Repräsentanten so deutlich geworden – und doch spiegelte das Parlament in seiner Zerrissenheit, seiner Ratlosigkeit und seinem Zaudern ziemlich gut den Keil wider, den der Brexit täglich tiefer in die britische Gesellschaft trieb. Regierung und Parlament hatten den Kontakt miteinander verloren, und beide trieben immer weiter ab von den Sorgen, die die Wähler tatsächlich bewegten. Noch mehr verloren beide den Kontakt zu den EU-Partnern. Der war nie besonders eng gewesen, aber in den zahllosen Patzern britischer Diplomatie seit dem Sommer 2018 zeigte sich in bedrückender Weise, wie wenig das politische Establishment in London in der Lage war, den mentalen Rahmen und die politischen Prämissen ihrer kontinentalen Partner korrekt einzuschätzen.

Seit dem Europäischen Rat vom 22. März 2019 war die Initiative im künftigen Brexit-Prozess an die EU gefallen. Die restlichen 27 Mitgliedstaaten bestimmten jetzt nicht nur, wie lange die Austrittsfrist verlängert werden konnte. Sie bestimmten auch, welche Bedingungen an eine solche Verlängerung geknüpft werden sollten.

Mit dem 29. März 2019 hatte der Brexit-Prozess den vertraglich vorgezeichneten Rahmen verlassen. Jetzt war er völlig von gegenseitigem Einvernehmen abhängig. Die schriftlich fixierten Spielregeln galten nicht mehr. Damit bestimmte die EU von nun an nicht nur die Struktur der Verhandlungen, sondern auch deren Spielregeln. In dem Maße, wie das Vereinigte Königreich in die Rolle eines *demandeur* abdriftete, wuchs die Verhandlungsmacht der EU-27. Einzige Bedingung blieb dabei, dass die EU-Mitglieder sich nicht auseinander dividieren ließen. Das aber hielten sie durch, auch weit über Theresa May hinaus – sehr zur Verwunderung und zum Ärger radikaler Brexiteers, die fest damit gerechnet hatten, in letzter Minute doch noch die Phalanx der 27 aufbrechen zu können. Es gab erkennbare Spannungen zwischen Deutschland und Frankreich; einige osteuropäische Länder deuteten ein Sondervotum an. Aber sobald es zum Schwur kam, zeigten sich die 27 einig und fest an der Seite Dublins. Dass die verachteten, provinziellen Iren über die Notwendigkeit einer Sonderlösung für die Grenze auf der irischen Insel einen Hebel in die Hand bekamen, der sie auf Augenhöhe mit der Weltmacht Großbritannien hinaufhob, erbitterte jeden patriotisch-englischen Tory ganz besonders. Um so törichter war der tweet, den Jacob Rees-Mogg am 5. April 2019 absetze: *"If a long extension leaves us stuck in the EU, we should be as difficult as possible. We could veto any increase in the budget, obstruct the putative EU army and block Mr Macron's integrationist schemes."* [6]

Der Brexit entartete zu einer unendlichen, irritierenden Geschichte. Die nächste Etappe war die Sondersitzung des Europäischen Rates am 10. April 2019, der den Briten eine Fristverlängerung bis zum 31. Oktober 2019 gewährte, allerdings unter der Bedingung, dass das Vereinigte Königreich sich an den Wahlen zum EU-Parlament zu beteiligen hatte. Das neue Zieldatum verschaffte Großbritannien einen Aufschub von fast sechs Monaten – in die allerdings die Sommermonate Juli/August fielen, in denen normalerweise keine substanziellen politischen Aktivitäten stattfinden, schon gar nicht in Brüssel. Der neue Termin lag fast einen Monat nach der jährlichen Parteikonferenz der Konservativen Partei.[15] Er war objektiv damit begründet, dass am 1. November eine neue Kommission ihre Arbeit aufnehmen sollte. Diese absehbare Zäsur sollte auch den Austritt des Vereinigten Königreichs besiegeln. Es gab durchaus Gründe zur Hoffnung, dass das Brexit-Drama bis dahin durchgestanden sein könnte. Im Übrigen blieb das Vereinigte Königreich frei, eher auszuscheiden, sofern es zu einer Einigung zwischen den britischen Verfassungsorganen kommen sollte. Es musste jedoch zusagen, kein Votum in Zukunftsfragen der EU abzugeben, also ganz besonders sich im Streit um den künftigen siebenjährigen EU-Finanzrahmen (2020–2027) nicht zu Worte zu melden.

Eine erschöpfte und verbitterte Premierministerin verkündete diese Bedingungen der EU, ermahnte alle Abgeordnete, dass es noch keine Entscheidung in der Brexit-Frage gebe und schickte das Parlament in die wohl verdienten Osterferien.

Fast drei Jahre nach der Volksabstimmung, mehr als zwei Jahre nach der Austrittserklärung, nachdem Milliarden für Studien, Eventualplanungen, Verhandlungen und administrative Vorkehrungen vergeudet worden waren, nachdem Tausende von hoch bezahlten Beamten und Beratern Millionen Stunden für etwas gearbeitet hatten, das immer noch nicht erreicht war,

---

[15]Der Parteikongress der Konservativen Partei war angesetzt für den 29 September bis 2. Oktober in Manchester.

nachdem das beherrschende Brexit-Thema alle übrigen politischen Themen wie Gesundheit, Infrastruktur, Bildung, Sicherheit, Wohnungen, Verkehr, Energie und Umwelt überschattet hatte – war es da nicht an der Zeit einzusehen, dass die Brexit-Idee eine Fata Morgana war – ein vielleicht in manchem wünschenswertes, aber letztlich unrealistisches Ziel? Die ursprüngliche Crux des ganzen Brexit-Gedankens lag darin, dass er der negativen Abkehr von der EU singulären Vorrang vor der Frage einräumte, was denn realistisch an die frei gewordene Stelle treten könnte. Das Vereinigte Königreich glich einem Schiff, dessen Kapitän den Befehl zum Ablegen erteilt hat ohne eine Vorstellung davon zu haben, wo eigentlich der Zielhafen liegt und welchen Kurs er steuern muss. Es war ein Aufbruch ins Ungewisse. Hamlet wusste, dass bekannte Übel leichter zu ertragen sind als unbekannte: *"And makes us rather bear those ills we have Than fly to others that we know not of"*. [7] Das Vereinigte Königreich hatte sich 2016 anders entschieden: Die vorgeblichen Übel der EU-Mitgliedschaft wogen schwerer als die Ungewissheit einer schwer zu beschreibenden Zukunft.

Wer den Brexit fordert, muss angeben können, wohin er sein Land führen will. Die Gegenwart abzulehnen macht wenig Sinn, wenn nicht klar ist, wie die Zukunft aussehen soll. Kein Brexit ohne Brither – wenn diese noch unelegantere sprachliche Neuschöpfung zulässig ist. Die neue Wortschöpfung soll andeuten, dass jeder Austritt *(exit)* die Frage aufwirft, wo es danach hingehen soll *(whither?)*. Wer sich für den Brexit ausspricht, muss auch auf die Frage Wohin? eine Antwort finden. Wer springt, muss wissen, wo er landen kann. Kein Aufbruch ohne eine Vorstellung vom Ankommen. Mit anderen Worten: Es macht keinen Sinn, sich von der EU abzuwenden, solange es keine klare, überzeugende und realistisch fundierte alternative Zielvorstellung gibt. Die strukturelle

Schwäche der Brexit-Idee lag von Anfang an darin, dass sie rein negativ war. Sie war Ausfluss von Verdruss und Verbitterung, von Protest und Enttäuschung. Wie weit die EU tatsächlich hierfür verantwortlich war, blieb unerheblich. Sie wurde der bequeme Sündenbock und musste herhalten für Fehlleistungen, die zum großen Teil von der nationalen Regierung und weniger von der Brüsseler Bürokratie zu verantworten waren. Aber wen interessierte das? Der Brexit gab niemals eine umfassende Antwort, welch realistischer Zustand dem gegenwärtigen vorzuziehen sei. Die Rhetorik aller Leavers zeichnet sich durch exaltierte Beschwörung künftiger Chancen, durch vagen, ungezügelten Optimismus und triviale Plattitüden aus. Kein Brexiteer kann bis heute angeben, wo genau welche Handelsvorteile sich mit welchen Partnern eröffnen sollen und welche Wettbewerbsvorteile sich für das Vereinigte Königreich ergeben, wenn es auf sich gestellt ist.

Das Brexit-Zwischenergebnis ist Ende März, nach Ablauf der vertraglich vorgesehenen Zweijahresfrist, ernüchternd. Im Grunde ist sich das Vereinigte Königreich nur über zwei Extrempositionen einig: Es will keine Fortsetzung des *status quo* einer EU-Mitgliedschaft. Und es will nicht ohne vertragliche Vereinbarung seine gegenwärtige Mitgliedschaft aufgeben – wobei der Begriff des *no-deal* zunehmend eine doppelte, aber deutlich divergierende Bedeutung annimmt: Zunächst bedeutete *no-deal* ganz wortgetreu ein Verlassen der EU ohne Trennungsvertrag, d. h. ohne Regelung der drei großen Themen: Finanzausgleich, Rechte der jeweiligen Staatsangehörigen und Grenze auf der irischen Insel. Hier vertreten radikale Brexiteers die Auffassung, dass die dauerhafte Rückgewinnung uneingeschränkter Handlungs- und Handelsfreiheit die momentanen Verwerfungen einer chaotischen Trennung aufwiegt – vor allem, weil sie wissen, dass es nicht zu abrupten

Einschnitten kommen wird, denn beide Seiten werden durch abgestimmte einseitige Maßnahmen zunächst einmal einen *cliff-edge*-Absturz verhindern. Daneben aber tritt eine zweite Bedeutung, die im Grunde viel weiter reicht und deshalb gefährlicher ist – oder vielversprechender, je nachdem, von welcher Perspektive man sich leiten lässt: Ein Austritt nicht nur ohne Scheidungsvertrag, sondern auch ohne vertragliche Regelung des künftigen Verhältnisses, die sogenannte Singapore-on-Thames- oder reine WTO-Lösung. *No deal* bedeutet also nicht nur eine taktische Bereitschaft, auch ein vertragloses Ausscheiden aus der EU zu riskieren – was durchaus Sinn machen könnte, – sondern darüber hinaus eine dauerhafte Abwendung von der EU und die Suche nach neuen Handelspartnern jenseits von Europa – was auf eine viel problematischere und weiter reichende strategische Neuorientierung hinausläuft. Wer nach dem 31. Januar 2020 noch vom *no-deal* spricht, meint nicht mehr ein vertragloses Ausscheiden des Vereinigten Königreichs aus der EU, sondern künftige Beziehungen zur EU, die keines besonderen vertraglichen Rahmens mehr bedürfen. Eine solche Option würde die Politische Erklärung hinfällig machen und darauf hinauslaufen, dass die britischen Beziehungen zur EU erheblich schlechter geregelt wären als die zu weniger wichtigen Partnern, mit denen Handelsverträge abzuschließen, erklärtes Ziel aller Brexiteers ist.

Diese begriffliche Verwirrung macht Debatten über die Zukunft des Landes nicht einfacher. Brexit ist nicht nur dabei, die Parteienlandschaft grundlegend neu zu ordnen. Brexit vertieft die erbitterten Gegensätze in der britischen Gesellschaft und facht alte nationale und nationalistische Strömungen in den vier Landesteilen neu an. Im Vorgriff auf die Wahlen zum EU-Parlament ließ Nigel Farage seine mittlerweile bedeutungslose UKIP im Stich und setzte sich an die Spitze einer neugegründeten Brexit-Partei, die, wie schon UKIP, im Wesentlichen aus ihm selbst besteht. Der Brexit, einst gefeiert als Befreiung von bürokratischer Knechtschaft, als Aufbruch in eine lichte Zukunft, entpuppte sich mehr und mehr als Morast begrifflicher Verwirrung und politischer Lähmung. Gab es eine schlimmere Zumutung für einen überzeugten Brexiteer, als dass sein Land drei Jahre nach dem Leave-Votum von Brüssel gezwungen wurde, Wahlen zum verhassten EU-Parlament durchzuführen? Zeigte diese Entwicklung nicht, wie stark sich gerade die Wortführer des Brexit verrannt hatten?

1.3 Mays Ende fällt in den Juni

End of May in June

Als das Parlament aus den Osterferien zurückkehrte, lagen Mays Brexit-Pläne in Trümmern. Der von ihr ausgehandelte Vertrag mit dem *backstop* war tot. Ihr Vorschlag einer Fristverlängerung bis 30. Juni war von der EU abgelehnt worden. Sie bestand statt dessen auf einer Verlängerung bis zum 31. Oktober mit der Bedingung, dass das Vereinigte Königreich an den Wahlen zum EU-Parlament im Mai teilzunehmen hatte. May ließ sich dennoch nicht beirren und ging auf den verhassten Oppositionsführer Jeremy Corbyn zu, um ihn zu einer von beiden großen Parteien getragenen Brexit-Lösung zu überreden.

Jeremy Corbyn

Jeremy Corbyn ist ein Bilderbuch-Politik-Profi. Mit 16 Jahren trat er der Labour Partei bei und wurde schnell Gewerkschaftsfunktionär. 1983 wurde er ins Parlament gewählt. Seinen Wahlkreis Islington North hat er seither verteidigen können. Als Abgeordneter schrieb er eine Kolumne für den Morning Star, eine marxistische Tageszeitung, die aus dem Parteiorgan der Kommunistischen Partei hervorgegangen war. Corbyn hat sich einen Namen gemacht durch öffentliche Teilnahme an anti-Faschismus- und anti-Apartheid-Demonstrationen und an der Kampagne gegen nukleare Bewaffnung. Er wurde bald ein enger Mitarbeiter von Tony Benn, der den linken Flügel innerhalb der Labour Partei fast 50 Jahre als MP verkörperte und zum Schreckgespenst pragmatischer Führer wie Wilson, Callaghan oder Blair wurde. Corbyn tritt für ein vereinigtes Irland und für die Sache der Palästinenser ein. Er befürwortet die Abschaffung der Monarchie und die Kodifizierung der britischen Verfassung. 2003 übernahm er den Vorsitz der *Stop-the-War*-Kampagne, die sich gegen die Teilnahme seines Landes am Irak-Krieg richtete.

Corbyn wurde 2015 wider Erwarten an die Spitze von Labour katapultiert. Der Wahl voraufgegangen war eine Kampagne, in der um neue Mitglieder geworben wurde. Die Zahl eingeschriebener Mitglieder sprang von etwa 350.000 auf 500.000 empor. Nach dem Brexit-Referendum putschte die Parlamentsfraktion gegen ihn. Die Abgeordneten verlangten seinen Rücktritt. Die Abstimmung ging 172:40 gegen ihn aus. Corbyn vertagte die Entscheidung. Auf dem Parteitag wenige Monate später konnte er einen eindeutigen Triumph über seine Gegner feiern. Corbyns Machtposition beruht auf der Zustimmung der Parteibasis, nicht der Parteigremien und schon gar nicht der Fraktion. Dort ist Corbyn seit dem 2016 gescheiterten Versuch, ihn zu stürzen, weiterhin heftig umstritten. Corbyn hat sich deshalb mit einer Kamarilla von ihm treu ergebenen Mitarbeitern umgeben – einige sagen, er hat sich hinter ihnen verbarrikadiert.

In der vorgezogenen Parlamentswahl von 2017 konnte Labour seinen Stimmenanteil auf 40 % erhöhen – ein Zugewinn von fast 10 % – und 30 Sitze hinzugewinnen. Die Tories konnten nicht mehr allein regieren, aber Labour blieb in der Opposition. 2019 fiel das Ergebnis um so

> katastrophaler aus: Der Stimmenanteil sank auf 32 %, die Partei verlor 60 Sitze.
>
> Corbyn hat im Referendum von 1975 gegen die EWG-Mitgliedschaft gekämpft und seither gegen jeden EU-Vertrag gestimmt – oft genug im Widerspruch zur Fraktionsführung und zur Regierung der eigenen Partei. Er hat sich 2016 geweigert, gemeinsam mit einem Politiker der Konservativen Partei für Remain aufzutreten, und hat das damit erklärt, er sei zwar grundsätzlich für Remain, aber gegen viele Einzelaspekte der EU. 2017 zwang er seine Fraktion mit dem schärfsten Disziplinierungsinstrument *(three-line whip)*, für den Antrag auf EU-Austritt nach Art. 50 zu stimmen. Trotzdem stimmten 47 Labour MPs dagegen. Sein Wahlprogramm von 2019 mit seinen weitreichenden Verstaatlichungs- und Beihilfeplänen wäre vermutlich am Einspruch der Brüsseler Behörden gescheitert.
>
> Corbyn vertritt Auffassungen, die sozialistische Ideen der 60er Jahre reflektieren. Er bezeichnet sich selbst nicht als Marxisten, aber als überzeugten Sozialisten. Seine Pläne umfassender Verstaatlichung der Versorgungsunternehmen, der Eisenbahn und der Telekom sind scharf kritisiert worden. Er wärme damit nur Ansätze auf, die sich bereits unter früheren Labour-Regierungen als irreführend herausgestellt hätten. Andere betonen, dass die Vorstellungen seines Widersachers Boris Johnson nicht weniger nostalgisch sind und an Vorstellungen anknüpfen, die schon unter Churchill und Eden keine Basis in der Wirklichkeit mehr hatten.

Doch Corbyn war zu schlau, um sich zum Handlanger einer Premierministerin zu machen, die sichtlich am Ende war. Weshalb sollte er ihr helfen, den Brexit-Karren, den sie heillos in den Dreck gefahren hatte, wieder flott zu machen, weshalb die Kastanien aus dem Feuer holen, die May unbedacht hineingeworfen hatte, und sich dabei die Finger verbrennen? Seine Partei hatte in sämtlichen Abstimmungen Mays Austrittsvertrag abgelehnt, war allerdings selbst über den Brexit zutiefst gespalten. Jetzt, nachdem May so offensichtlich gescheitert war, sich an ihre Seite zu stellen und ihrem Vertrag doch noch über die Hürde zu helfen, hätte nicht nur Corbyns eigene Glaubwürdigkeit untergraben, sondern auch seine Partei einer Zerreißprobe ausgeliefert, die sie kaum überlebt hätte. Mit letzter Verbissenheit suchte May noch eine Absprache mit Labours Corbyn, als dieser längst schon öffentlich gesagt hatte: *"There has to be an alternative found. And if the prime minister can't accept that, then she must go, not at an indeterminate date in the future but now"*. [8] Die Gespräche über parteiübergreifende Zusammenarbeit versandeten schon nach wenigen Wochen. May hatte schon am 27. März gegenüber ihrer Fraktion *(1922 Committee)*[16] erklärt, sie werde ihre Partei nicht in die nächsten Wahlen führen. Zwei Tage später hatte sie den eigenen Rücktritt angeboten in der verzweifelten Hoffnung, damit doch noch Stimmen für ihren Vertragsentwurf gewinnen zu können. Mays Tage waren gezählt. Weshalb also ihren absehbaren Abgang in letzter Minute noch mit einem unverdienten Triumph krönen?

Mays Versuch, in einer nationalen Grundsatzfrage doch noch einen parteiübergreifenden Konsens zu suchen, kam zu spät. Hätte May gleich zu Beginn ihrer Amtszeit eine derartige Verständigung gesucht oder zumindest nach ihrer unerwarteten Wahlniederlage 2017 die Zeit genutzt,

---

[16]Im *1922 Committee* versammeln sich sämtliche Mitglieder der Tory-Fraktion, soweit sie keine Regierungsämter bekleiden *(backbencher)*. Das Komitee umfasst etwa 200 MPs. Wichtige Meinungsumschwünge zeichnen sich hier zuerst ab. Das Komitee kann einen Misstrauensantrag gegen den eigenen Parteiführer in Gang setzen (den May am 12. Dezember 2018 überstanden hatte). Der Name leitet sich von einer Initiative her, mit der *backbencher* 1922 die eigene Parteiführung zwangen, die Kriegskoalition, in der sie den Liberalen David Lloyd George als Premierminister seit 1916 im Amt hielten, zu beenden und Neuwahlen anzustreben. In den Wahlen vom 19. November 1922 gewannen die Konservativen eine Mehrheit zurück und stellten mit Bonar Law den Premierminister – allerdings nur für ein Jahr, denn im Dezember 1923 gelang es Labour zum ersten Mal, eine Minderheitsregierung mit Ramsay MacDonald an der Spitze zu bilden.

die Spaltung, die die Volksabstimmung von 2016 hinterlassen hatte, durch einen nationalen Konsens zu überbrücken – vielleicht hätte sie eine Lösung gefunden, die breitere Unterstützung gefunden hätte. Schon damals war das allerdings extrem unwahrscheinlich. Aber zumindest als Geste hätte dies vielleicht die Polarisierung und Radikalisierung der britischen Öffentlichkeit in der Brexit-Frage gedämpft.

Jedermann war klar, dass May am Ende war – nur offenbar ihr selbst nicht. Im Verlauf des April wurden die Rufe aus der Konservativen Partei nach einem Wechsel an der Spitze immer lauter. Am 22. April forderten 70 Kreisverbände den Rücktritt von May. Diese zögerte den endgültigen Schritt jedoch noch über einen Monat hinaus. Erst nachdem die Gespräche mit Labour endgültig gescheitert waren, erklärte sie am 24. Mai, dass sie am 7. Juni den Weg für einen neuen Parteiführer frei machen werde.

Zum letzten Mal erwies May ihrem Land einen schlechten Dienst. Ihr langes Zögern und dann die nochmalige Zweiwochenfrist bis zu ihrem definitiven Rücktritt am 7. Juni[17] lief darauf hinaus, dass erneut wertvolle Zeit ungenutzt verstrich. Sie hatte schon 2017 gezeigt, dass der Zeitfaktor ihr gleichgültig war. Jetzt führte ihr zögerliches Abtreten erneut dazu, dass von den mehr als sechs Monaten, die die EU ihrem Land als zusätzliche Austrittsfrist gewährt hatte, viereinhalb Monate ungenutzt verstrichen. Denn die Wahl eines Nachfolgers beanspruchte mehr als einen Monat, und sein Amtsantritt

---

[17]Sie hatte dieses Datum vermutlich gewählt, weil Präsident Donald Trump dem Vereinigten Königreich vom 3. bis 5. Juni 2019 einen offiziellen Staatsbesuch abstatten wollte. May hatte sich gleich nach Trumps Amtsantritt für diesen Besuch stark gemacht. Sie wollte den protokollarischen Prunk dieses Besuches wohl noch in der ungeschmälerten Würde ihres Amtes genießen.

fiel in die Sommermonate, die für substanzielle Arbeit verloren waren. Damit wurde die Ausarbeitung eines neuen Brexit-Konzepts extrem erschwert. Ihr Nachfolger konnte erst Anfang September beginnen, den Brexit-Karren dort, wo ihn May festgefahren hatte, wieder flott zu machen. Damit schrumpften die sechseinhalb Monate die die EU am 10. April gewährt hatte, faktisch auf zwei. Und von diesen zwei Monaten mussten nochmals mindestens zwei Wochen abgezogen werden, um die bis zum Austrittstermin notwendige Gesetzgebung rechtzeitig durchs Parlament zu bringen – vorausgesetzt, die Grundsätze eines neuen Trennungsvertrags fanden überhaupt Zustimmung auf beiden Seiten. Außerdem fielen in diese Zeit die traditionellen Parteitage, während derer alle wichtigen Politiker London verlassen und somit weder die britische Regierung noch das Parlament handeln können.

May hat eine miserable Amtszeit mit einem jämmerlichen Abgang gekrönt. Sie hatte einen Auftrag übernommen, von dem sie nicht überzeugt war; sie war für Remain eingetreten, wenn auch nicht mit Enthusiasmus. Sie musste etwas umsetzen, von dem sie innerlich nicht überzeugt war. Sie beging dabei fünf schwere strategische und taktische Fehler:

- Sie optierte für den harten Brexit, indem sie Zollunion und Binnenmarkt voreilig eine Absage erteilte.
- Sie preschte mit dieser Brexit-Interpretation vor und löste den Austrittsprozess aus, ohne sich um einen Konsens über eine Zielvorstellung außerhalb der EU bemüht zu haben; vermutlich hatte sie selbst keine klare Vorstellung, wohin sie eigentlich wollte. Wie anders lassen sie ihre wolkig-verschwommenen Wunschvorstellungen erklären? Sie setzte sich selbst unter unnötigen Zeitdruck, ohne eine klare Vorstellung des strategischen Ziels oder der taktischen Etappen für

die bevorstehenden Verhandlungen zu haben. Ihr Verhandlungsführer David Davis war stolz darauf, ohne Unterlagen nach Brüssel zu kommen. Michel Barnier zeigte sich hinter verschlossenen Türen verzweifelt, weil die britische Seite die eigenen Ziele nicht einmal ansatzweise konkret und realistisch umreißen konnte.
- Mit den vorgezogenen Wahlen verlor sie wertvolle Zeit und ihre parlamentarische Mehrheit. Sie vertiefte den Riss in der Gesellschaft.
- Sie fuchtelte bis zuletzt mit der leeren Drohung eines *no deal* herum, obwohl sie wusste, dass diese Option wesentlich schlimmere Folgen für ihr eigenes Land (und für Irland) beinhaltete als für die restliche EU. Die damit verbundenen leeren Eventualplanungen haben ihr Land mehrere Milliarden Pfund gekostet.
- Sie überfiel das Parlament und die eigene Partei mit einem Vertragsvorschlag, auf den niemand vorbereitet war. Sie hatte mit ihrer Rhetorik und ihrem eigenartigen Weißbuch vom Sommer 2018 genau entgegengesetzte Erwartungen geschürt. Und als sie merkte, auf welche Widerstände sie im Parlament stieß, verkrallte sie sich nur um so verbissener in ihren Vorschlag.

Wie ihr Vorgänger, wird sie vornehmlich für ihr Scheitern erinnert werden. Sie hatte ein Land geerbt, dass durch eine manichäische Kampagne zutiefst gespalten, verunsichert und traumatisiert war. Ihre erste Aufgabe wäre es gewesen, diese Spaltung zu überbrücken. Statt dessen trieb sie den Keil nur tiefer. Ihr Versuch, die beiden Flügel der eigenen Partei auszubalancieren, führte dazu, dass sich eine innerparteiliche Opposition (*European Research Group,* ERG) bildete, an der sie schließlich scheiterte. Sie dämonisierte nicht nur den Oppositionsführer Corbyn, sondern Labour insgesamt. Damit verstärkte sie die antithetischen Spannungen mit der Opposition. Erst viel zu spät machte sie den halbherzigen Versuch, Labour in ihre Pläne einzubinden. Sie machte sich die Abgeordneten der nordirischen DUP, mit denen sie sich 2017 zur Absicherung ihrer Mehrheit verbündet hatte, zu erbitterten Feinden. Sie blieb im Gestrüpp widersprüchlicher Interessen und Ziele stecken, nicht zuletzt, weil es ihr nie gelang, den Blick über die Austrittsmodalitäten hinauf zu heben auf das eigentliche positive Ziel eines Brexit. Es ging ja weniger um die Beendigung der Mitgliedschaft in der EU. Es ging primär darum, für das Vereinigte Königreich eine überzeugende, realistische Position zu finden, die zu erreichen der Brexit lediglich der erste notwendige Schritt war. Statt klare Optionen auszuloten und auf logische Konsistenz zu prüfen, beschwor sie mit nebulösen Wunschvorstellungen eine Zukunft, in der Begriffe, die sich gegenseitig logisch ausschließen, durch magische Vernebelung in scheinbare Harmonie gebracht werden. Sie hatte Binnenmarkt und Zollunion eine Absage erteilt. Sie wollte gleichzeitig die Grenze zwischen Nordirland und der Republik offen halten. Und sie lehnte entscheiden jede Kontrollen zwischen Nordirland und dem Rest des Vereinigten Königreichs ab. Und sie sah nicht ein, dass von diesen drei Zielen sich maximal zwei gleichzeitig verwirklichen ließen, aber niemals alle drei. Sie ließ sich dann auf eine Verhandlungstaktik ein, die ihr Land von Anfang an in die schwächere Position zwang. Dabei war spätestens seit dem Auftauchen der Grenzproblematik auf der irischen Insel klar, dass es einen überzeugenden Austrittsvertrag nicht geben konnte ohne überzeugende Vorstellung, wie das künftige Verhältnis zur EU aussehen sollte. Hier aber schwankte May, je länger desto mehr, bis sie zum Schluss bereit war, ihr ganzes Land in einer Zollunion mit der EU zu belassen. Dass dies nach ihrer vorhergehenden radikalen Rhetorik auf schroffe Ablehnung stoßen würde, war absehbar. Gewiss: Sie hatte wenig eigene Erfahrung und fand bei Amtsantritt keine Blaupause vor, wie der Brexit zu bewerkstelligen sei.[18] Sie ließ sich wohl auch als Premierministerin vor allem von der Notwendigkeit leiten, Einwanderung strikt zu begrenzen. Aber um so wichtiger wäre es gewesen, sich erst in Ruhe einen Überblick über die Optionen zu verschaffen, sich dann um einen starken, möglichst parteiübergreifenden Konsens über die künftige Stellung des Landes in der Weltwirtschaft zu bemühen und dann erst den Austrittsmechanismus in Gang zu setzen. Statt dessen ließ sie zu, dass lautstarke, radikale Brexiteers sie vor sich her trieben. Der Fehlgriff, vorgezogene Neuwahlen anzusetzen, zeigte nur, wie sehr die Partei für sie Vorrang vor der Brexit-Frage hatte.

May war Politikerin aus Pflichterfüllung. Sie operierte mit einer verbissenen Sturheit, die selbst ihre engsten

---

[18]Ihr späterer Chefunterhändler Olli Robbins erklärte im Oktober 2019 vor dem Auswärtigen Ausschuss des Parlaments, selbst wenn es Pläne gegeben hätte, wie ein Brexit zu bewerkstelligen sein könnte, hätte dies nicht viel am Verlauf der Verhandlungen geändert. Diese Aussage überrascht mehrfach: Erstens fehlten jegliche Unterlagen über die faktische Verwobenheit der britischen und kontinentalen Wirtschaft und Kalkulationen, welche wirtschaftlichen Auswirkungen ein Brexit haben könnte. Zweitens fehlte ein Konsens darüber, wohin der Brexit eigentlich führen sollte. Drittens wurde schnell klar, dass die Problematik der irischen Grenze zum Stolperstein der gesamten Verhandlungen werden konnte. In dieser Problematik waren die Austrittsbedingungen und die Ausgestaltungen künftiger Beziehungen unauflöslich verwoben. Gerade deshalb wäre ein Konsens über die künftige Stellung des Vereinigten Königreichs in der Weltwirtschaft von vordringlicher Bedeutung gewesen. Viertens gab es keinerlei Überlegungen, mit welchen strategischen Zielen und welchen taktischen Prioritäten Verhandlungen mit der EU geführt werden sollten. Es war keineswegs zwingend, diese Aufgabe einem völlig neu gegründeten Ministerium zu übertragen. Und fünftens fehlte es an Personal mit der Erfahrung, der Vernetzung und der Sensitivität für die Kernanliegen der EU 27. Dass May so unvorbereitet in diese komplexen Verhandlungen hineingestolpert ist, hat die britische Verhandlungsposition erheblich geschwächt. Der Kommentar von Olli Robbins deutet darauf hin, dass auch er, ein Spitzenvertreter des Civil Service, die Bedeutung eines stimmigen strategischen Verhandlungskonzepts unterschätzt hat.

Mitarbeiter bisweilen zurückzucken ließ. Statt vorausschauend in die eigene Partei und werbend ins Parlament hineinzuwirken und rechtzeitig Unterstützung aufzubauen, überfiel sie die eigene Partei und das Parlament mit einem Vertragstext, auf den niemand vorbereitet war und der meilenweit entfernt von dem lag, was sie seit zwei Jahren angekündigt hatte. Viele Abgeordnete fühlten sich übertölpelt. Wie sollte sie auch um Zustimmung zu einer strategischen Zielsetzung werben, wenn sie selbst keine hatte? Ihre Amtszeit war eine der kürzesten und erfolglosesten der neueren Geschichte.[19]

May ist von Natur aus scheu, zwar nicht introvertiert, aber jeder zur Schau gestellten Geselligkeit abgeneigt. Sie war allerdings ernsthaft und stand zu ihrer Verantwortung. Als sie am Mittwoch, dem 24. Juli, zum letzten Mal vor 10 Downing Street zur Nation sprach, verfiel sie zwar wieder in vorgestanzte Phrasen, klang aber aufrichtig. Sie verlor kurzfristig die Fassung, als sie erklärte, wie sehr sie ihr Land liebe. Der Gegensatz zu ihrem Nachfolger, der tags darauf in diesen Amtssitz einzog, konnte kaum größer sein. Johnson verliert niemals die Selbstbeherrschung. Er ist ein perfekter, bisweilen frivoler Schauspieler, stets auf Außenwirkung bedacht, selten aufrichtig und immer kalkulierend. Er liebt beides: Die Show und das Spiel. Und anders als seine unglückliche Vorgängerin, konnte er Erfolge in Wochen erzielen, wo May monatelang nicht vom Fleck kam.

---

[19]Gordon Brown kam auf eine Amtszeit von 1050 Tagen. May war 1107 Tage im Amt, also 57 Tage länger. Seit dem Zweiten Weltkrieg waren nur Anthony Eden (645 Tage) und Sir Alec Douglas-Home (364 Tage; er kam nicht einmal auf ein volles Jahr!) kürzer im Amt.

Quellen

1. Jason Groves/Jack Doyle: *Theresa's Triumph!*, Daily Mail 29. Januar 2019 (https://www.pressreader.com/uk/daily-mail/20190130/281487867577060, 19. Dezember 2019)
2. Brief des Generalstaatsanwalts (*Attorney General*) an die Premierministerin vom 12. März, der seine *Legal Opinion on Joint Instrument and Unilateral Declaration concerning the Withdrawal Agreement* enthält (https://de.scribd.com/document/401686634/Legal-Opinion-on-Joint-Instrument-and-Unilateral-Declaration-concerning-the-Withdrawal-Agreement; 1 November 2019)
3. HMG: PM Statement on Brexit 20 March 2019 (https://www.gov.uk/government/speeches/pm-statement-on-brexit-20-march-2019, 1. November 2019)
4. Brendan O'Leary: *How Theresa May's Brexit Deal Collapsed. The Return of the Irish Question*, Foreign Affairs 25 May 2019 (https://www.foreignaffairs.com/articles/ireland/2019-03-25/how-theresa-mays-brexit-deal-collapsed?utm_medium=newsletters&utm_source=fatoday&utm_content=20190403&utm_campaign=040319%20FA%20Today%20Europe%27s%20China%20Policy%2C%20A%20New%20Americanism%2C%20The%20Irish%20Question%20Returns&utm_term=FA%20Today%20-%20112017, 1. November 2019)
5. Nick Rowley: *Why Brexit may see Australia's special relationship with the UK go up in flames*, ABC News 9 April 20129 (https://www.abc.net.au/news/2019-03-10/brexit-and-australias-relationship-with-britain/10879914, 1. November 2019)
6. Jacob Rees-Mogg, Twitter 5. April 2019
7. William Shakespeare, Hamlet, 3. Akt, 1. Szene
8. *Brexit: MPs reject May's EU withdrawal agreement*, BBC News 30. März 2019 (https://www.bbc.com/news/uk-politics-47752017 1. November 2019)

2

Boris Johnson und die dritte Fristverlängerung

2.1 Boris Johnson am Ziel

Alexander und der Gordische Brexit-Knoten

Boris Alexander de Pfeffel Johnsons Ehrgeiz war schon immer darauf gerichtet, Premierminister zu werden. 2016 glaubte er sich am Ziel, musste aber in letzter Minute seine Kandidatur zurückziehen. Johnson galt seit langem als Favorit für die Nachfolge von Theresa May. Er selbst hatte in den drei Jahren keine Gelegenheit ausgelassen, Mays Position immer wieder zu untergraben. Die Sun hatte Anfang 2018 getitelt: *We NEED Boris Johnson in charge – he's the obvious choice!* [1] In einem komplexen Auswahlverfahren, in dem zunächst zehn Kandidaten antraten und die letzten zwei sich einer Abstimmung der Parteibasis zu stellen hatten, setzte sich schließlich der langjährige Favorit und Liebling der Parteirechten, Boris Johnson, gegen den liberaleren Jeremy Hunt durch.

Allerdings war das Wahlergebnis alles andere als überwältigend. In der Fraktion erhielt Johnson in der letzten Abstimmungsrunde 160 Stimmen. Seine Vorgängerin hatte drei Jahre zuvor 190 erhalten. Faktisch war Boris Johnson von knapp 100.000 eingeschriebenen Parteimitgliedern zum Fraktionsführer und damit ins Amt des Premierministers katapultiert worden.[1] Am 24. Juli 2019 ernannte ihn Queen Elizabeth II. zum 77. Premierminister des Vereinigten Königreichs. Boris Johnson war am Ziel seiner Wünsche: Er war der mächtigste Mann im Vereinigten Königreich Es lag nun an ihm, den Brexit zu vollziehen und ihm eine dauerhafte Gestalt zu verleihen.

Boris Johnson

Alexander Boris de Pfeffel Johnson wurde 1964 in New York geboren. Sein Vater, Stanley Johnson, war leitender Beamter in der Weltbank, später in der EU-Kommission und Enkel des letzten Innenministers des Osmanischen Reichs. Über seine Großmutter war er mit den Freiherrn von Pfeffel in Bayern verwandt. Dieser Familienzweig ist erzkatholisch. Boris Johnson wurde katholisch getauft – und damit der erste britische Premierminister, der in dieser Konfession getauft ist.[i] Er trat jedoch während der Schulzeit zur Anglikanischen Kirche über (wie sich das für einen zünftigen, künftigen Tory gehört). Er hat drei jüngere Geschwister: Rachel, Leo und den um zehn Jahre jüngeren Joseph.

Der schulische Werdegang war exquisit und brachte ihm hohes Prestige. Es war die klassische Sprossenleiter eines überdurchschnittlich begabten Kindes, das auf ein Leben in der politischen und finanziellen Elite vorbereitet wurde: Das Internat Eton (wo heute noch Schüler im Frack

---

[1]Am 22. Juli 2019 stimmten von der Parteibasis 92.153 für Boris Johnson, 46.656 für Jeremy Hunt. Die Wahlbeteiligung betrug 87 %; insgesamt waren etwa 160.000 Parteimitglieder stimmberechtigt. In der letzten Abstimmung innerhalb der Parlamentsfraktion hatten Boris Johnson 160, Jeremy Hunt 77 und Michael Gove 75 Stimmen erhalten.

2 Boris Johnson und die dritte Fristverlängerung

herumlaufen), eine der ganz wenigen noch verbleibenden Privatschulen, die nur Jungen aufnehmen, die Brutstätte künftiger Staatsmänner, eine Schule, die pro Jahr 50.000 € an Gebühren verlangt. Boris Johnson hatte Glück: Er ergatterte eines der begehrten King's Scholarships. Damit war nicht nur eine bedeutende Reduzierung der Kosten verbunden. King's Scholars wurden mit einem KS hinter dem Namen ausgezeichnet und erhielten zahlreiche kleinere Privilegien, die sie von den normalen Schülern abhoben. Sie bildeten in dem elitären Internat eine kleine Sonderelite für sich. Boris fiel schon als Schüler auf. Sein ehemaliger Tutor im Internat von Eton, Martin Hammond, charakterisierte den Siebzehnjährigen wie folgt:

"Boris sometimes seems affronted when criticised for what amounts to a gross failure of responsibility. I think he honestly believes that it is churlish of us not to regard him as an exception, one who should be free of the network of obligation which binds everyone else. Boris is pretty impressive when success can be achieved by pure intelligence unaccompanied by hard work. Boris has something of a tendency to assume that success and honours will drop into his lap: not so, he must work for them."[ii]

Danach geht es die Stufenleiter zügig weiter hinauf: Balliol College, damals das intellektuell führende College in Oxford. Johnson studiert Latein und Griechisch, eine Gelehrsamkeit, die er immer wieder gerne heraushängen lässt. Johnson wird Präsident der Oxford Union, in der angehende Politiker ihre rhetorischen Fähigkeiten gegenseitig messen und nützliche Netzwerke für die Zukunft knüpfen. Johnson gibt als Student eine satirische Universitätszeitschrift heraus: Tributary. Zusammen mit David Cameron und George Osborne wird Johnson in den exklusiven Bullingdon Club aufgenommen, von dem nur bekannt ist, dass seine Mitglieder in maßgeschneiderten Uniformen üppige Gelage feiern, an deren Ende auch schon einmal Mobiliar, Geschirr und Gläser zu Bruch gehen. Die Mitgliedsbeiträge liegen weit über dem, was sich normale Studenten leisten können. Anders als Cameron oder Osborne hat Johnson jedoch nie das

Etikett angehangen, ein *toff* zu sein, d. h. ein verwöhnter, abgehobener Schnösel, der aufgrund von Herkunft und Reichtum glaubt, zum Herrschen berufen zu sein.

Johnson gelang es nicht, sein Abschlussexamen mit dem begehrten *First Class Degree* abzuschließen. Er muss sich mit einem *Upper Second* begnügen, ein Makel, der ihn lange noch wurmt. Einige Beobachter meinen, dass er dies als Zurücksetzung empfand und bis heute darunter leidet. Als Kind hat Boris Johnson angegeben, sein Lebensziel sei, König der Welt zu werden. Sein unbändiger Ehrgeiz, seine Überzeugung, etwas Besonderes und zu Höherem berufen zu sein, sein unbekümmerter Egoismus und sein aufdringlicher Narzissmus waren schon früh ausgeprägt und fielen bereits seinen Mitschülern und -studenten auf.

Johnson war immer für eine gewisse Bonhomie, für eine bisweilen kindisch anmutende Naivität, eine sorgsam inszenierte Unordentlichkeit bekannt, die ihn als sorglos, spontan, unbekümmert und uneitel erscheinen lassen sollte. Sein strubbeliges Haar, sein schlecht sitzender Fahrradhelm und das leicht abgenutzte Fahrrad vermitteln den Eindruck eines jugendlich-unbekümmerten, unkonventionellen und deshalb spontan-aufrichtigen Mannes. Johnson trägt gern leicht zerbeulte Kleidung und gibt sich als Mann des Volkes.

Johnson begann sein Berufsleben als Journalist bei der renommierten Times, die bis 1981 von William Rees-Mogg herausgegeben wurde, dem Vater von Jacob Rees-Mogg. Nach kurzer Zeit verlor er jedoch diese Position, weil ihm falsche Zitate und erfundene Tatsachen nachgewiesen wurden. Unbeeindruckt wechselte Johnson zum Daily Telegraph. Von 1989 bis 1994 berichtete er als Korrespondent aus Brüssel, von 1994–1999 war er Mitherausgeber *(assistant editor)* dieses Flaggschiffs journalistischen Konservatismus. Seine kritische, wenn nicht sogar polemische Berichterstattung grenzte häufig an Verleumdung. Sein Parteifreund Chris Patten nannte ihn den führenden Vertreter des Schwindel-Journalismus *(fake journalism)*.[iii]

Von 1999 bis 2005 gab Boris Johnson die der Konservativen Partei nahe stehenden Zeitschrift The

2 Boris Johnson und die dritte Fristverlängerung

Spectator heraus. Er stolperte über einen Aufsatz, den er zwar nicht selbst geschrieben, als Herausgeber jedoch mit zu verantworten hatte.[iv]

Boris Johnson landete weich. Er hatte 2001 einen Sitz im Unterhaus (Henley-on-Thames) erobert, den er bis 2008 behielt. In diesem Jahr gelang es ihm, Bürgermeister von London zu werden und dort den Radikallinken Ken Livingstone *(Red Ken)* abzulösen. Livingston hatte bereits an der Spitze des Greater London Council gestanden, bis dieser 1986 von Margaret Thatcher abgeschafft wurde. Im Jahre 2000 wurde das Amt eines direkt gewählten Bürgermeister neu eingerichtet und Ken Livingston gelang es, sich erneut an die Spitze der Verwaltung dieser Acht-Millionen-Stadt zu setzen. Livingston brachte es damit auf 13 Jahre als Bürgermeister von London. Vielen schien London eine uneinnehmbare Labour-Hochburg zu sein. Johnsons Triumph war um so spektakulärer. Er konnte sich in einer Wiederwahl behaupten und brachte es auf acht Amtsjahre.

Noch vor Ablauf dieser Amtszeit kehrte Johnson ins Parlament zurück. Er gewann 2015 den Sitz für Uxbridge and South Ruislip, einen westlichen Vorort von London, traditionell ein sicherer Wahlkreis der Konservativen Partei.[v] Nach langem Zögern sprach sich Johnson am 21. Februar 2016 für die Leave-Kampagne aus, in der er bald das allgemein bekannte Gesicht wurde.[vi] In dieser Kampagne machte er mehrere höchst umstrittene Äußerungen. Er versuchte zum Beispiel, Präsident Obama zu diskreditieren, indem er auf dessen kenianische Abstammung verwies, er rückte die EU in die Nähe von Napoleon und Hitler und er proklamierte den Abstimmungstag, den 23. Juni 2016, zum *Independence Day.*

Sein Versuch, sofort die Nachfolge Camerons als Parteiführer und Premierminister anzutreten, scheiterte, weil ihm sein wichtigster Gefolgsmann Michael Gove in letzter Minute die Unterstützung verweigerte. Der hielt ihn charakterlich für ungeeignet – was ihn nicht daran hinderte, drei Jahre später als wichtigster Minister in Johnsons Kabinett einzutreten.[vii] Theresa May wurde 2016 neue Regierungschefin und ernannte Johnson zum

Außenminister, nach der Treasury das prestigeträchtigste Portfolio im britischen Kabinett.

Auch seine Zeit als Außenminister war von Skandalen und fragwürdigen Äußerungen geprägt, vor allem von seinen ständigen Breitseiten gegen die eigene Premierministerin, der er wiederholt vorwarf, den Brexit zu verraten – nicht ohne kokett zu betonen, dass er selbst ein wesentlich besseres Konzept für den Brexit habe. Als May im Sommer 2018 versuchte, ihr Brexit-Konzept dem Kabinett aufzuzwingen, gab Johnson sein Amt auf. Frei von Kabinettsdisziplin, arbeitete er in enger Abstimmung mit einigen Brexit-Fundamentalisten daran, May immer wieder auflaufen zu lassen und so zu zermürben.

Mays lange hinausgezögerter Rücktritt am 7. Juni 2019 machte endlich den Weg frei. In einer ungewöhnlichen Urwahl durch alle Parteimitglieder setzte sich Johnson gegen seinen internen, moderateren Rivalen Jeremy Hunt durch und wurde Parteiführer und damit automatisch Premierminister. Gewählt wurde er mit 92.153 von insgesamt 159.320 abgegebenen Stimmen (66 %).

Boris Johnson pflegt einen affektierten, von überraschenden, oft treffenden und beeindruckenden Metaphern durchsetzten Sprach- und Schreibstil. Er liebt es, Zitate aus der klassischen Antike einzuflechten, er kultiviert eine leicht manierierte Ausdrucksweise und versteht es, in bester englischer Tradition, zynisch-satirische Anspielungen harmlos erscheinen zu lassen und fast unmerklich in seine Ausführungen einzuweben. Zu seinen eigenen politischen Ambitionen äußerte er sich unter anderem: *"I have as much chance of becoming Prime Minister as of being decapitated by a frisbee. My chances of being PM are about as good as the chances of finding Elvis on Mars, or my being reincarnated as an olive."*

Sein Ausspruch, er wolle lieber *"tot im Graben liegen" (dead in a ditch)* als den Brexit nochmals zu verschieben, wurde oft zitiert, scheint ihm aber kaum geschadet zu haben. Seine zu grotesken Übertreibungen neigende Redeweise, sein kauziger Stil, seine Wortspiele *(puns)* und seine überraschenden Vergleiche machen ihn einfach beliebt: Die Zuhörer sind überrascht von seinem Witz, er bringt sie zum Lachen, und dieses Lachen formt eine emotionale Brücke

2 Boris Johnson und die dritte Fristverlängerung

zu seinem Publikum. Seine ausgefallenen Sprachbilder prägen sich tief im Gedächtnis ein. So ist seine Bewertung von Theresa Mays Austrittsvertrag bis heute legendär: Sie habe Großbritannien einen Sprengstoffgürtel umgelegt und den Auslöser in Michel Barniers Hand gelegt. So gerät ihm selbst ein sprachlicher Fehltritt zum Vorteil, weil der Inhalt dessen, was er gesagt hat, schnell verblasst, den Menschen aber in Erinnerung bleibt, dass er ein unterhaltsamer, witziger Mann ist, dessen Fehlgriffe noch als Ausdruck unverstellter Authentizität und aufrichtiger Spontaneität gelten.

Außerhalb der Öffentlichkeit verfällt er schnell in eine vulgäre, verletzende Ausdrucksweise. David Cameron bezeichnete er in einem internen Vermerk als *girly swot* (etwa: Schlappschwanz),[viii] Jeremy Corbyn apostrophierte er im Unterhaus als *big girl's blouse* (etwa: Waschlappen).[ix] Im Wahlkampf warf er ihm vor, Großbritannien werde mit ihm in No 10 einen politischen Onanismus erleben.[x]

Johnsons Affären sind legendär und kaum noch nachzuzählen. Boris Johnson weigert sich hartnäckig, über die Zahl seiner Kinder Auskunft zu geben. Seine erste Frau hat sich von ihm getrennt. Just auf dem Höhepunkt der Brexitkrise kam eine weitere Affäre ans Licht. In seiner Zeit als Bürgermeister von London soll Johnson mit der amerikanischen Unternehmerin Jennifer Arcuri nicht nur eine leidenschaftliche Affäre gehabt haben, sondern ihr Unternehmen finanziell begünstigt haben. Befragt zu diesen Vorwürfen, wollte Jennifer Arcuri nicht explizit Stellung nehmen. Was sie zu sagen hatte, war implizit jedoch deutlich genug:

> *"Men just trip over themselves in front of me. They fall in love with me in about 10 minutes because I know what to say. I make men trip over their dicks. That's what happens. They go insane around me. I suppose that, literally speaking, Boris Johnson remains my prime minister. I had the best fucking flat in east London. The reason why Boris would stop over was because of the clusterfuck of emails. And he was like, 'Jen, what the fuck's a Google hangout? Where are you at three o'clock, I can, you know, stop over.'"*[xi]

Später beklagte sie sich in einem itv-Interview: *"I've been nothing but loyal, faithful, supportive, and a true confidante of yours. I've kept your secrets, and I've been your friend. And I don't understand why you've blocked me and ignored me as if I was some fleeting one-night stand or some girl that you picked up at a bar because I wasn't – and you know that. And I'm terribly heartbroken by the way that you have cast me aside like I am some gremlin."*[xii] Boris Johnson schweigt beharrlich zu dieser Affäre und bleibt bei der Behauptung, es sei nicht Unangemessenes *(inappropriate)* geschehen.

Johnson ist berüchtigt für seinen lockeren Umgang mit der Wahrheit. Wahrhaftigkeit ist für ihn eine Funktion seiner Ambitionen. Mit chamäleonhaftiger Wandelbarkeit versteht er es, sich den jeweils vorherrschenden Winden anzupassen – freilich versteht er sich ebenso gut darauf, mit demagogischer Rhetorik diese für ihn günstigen Winde überhaupt erst zu erzeugen. 2016 traf er die Entscheidung, sich auf die Seite von Leave zu schlagen, erst nachdem er zwei gleichwertige Aufsätze geschrieben hatte, einen für, einen gegen die EU-Mitgliedschaft. Nachdem er den Sprung gewagt hatte, scheute er keine Mühe und keine agitatorische Phrase, um Stimmung zu erzeugen. Auf Fakten nahm er dabei wenig Rücksicht: In seiner Rede auf dem Parteitag der Konservativen am 2. Oktober erwähnte er die Fusionsforschung am Tokamak in Culham als einzigartigen britischen Beitrag zur Erschließung neuer Energieformen. Großbritannien werde bald schon der ganzen Welt billige und günstige Mini-Fusionsreaktoren verkaufen – karbonfrei, versteht sich. Was er vergaß zu erwähnen, war, dass weite Teile der Fusionsforschung in Culham zum EU-Forschungsprojekt Joint European Torus (JET) gehören und die Zukunft von Culham völlig ungewiss ist, sobald diese EU-Mittel versiegen. Zu den Zukunftsaussichten meinte die BBC: *"Since the vote for Brexit, many at the centre have become ‚extremely nervous' amid uncertainty about future financing and freedom of movement. Five researchers have already returned to continental Europe with others said to be considering their positions."*[xiii]

2 Boris Johnson und die dritte Fristverlängerung

Aber das gehört zu den vielen Ungereimtheiten, die Johnson von sich gegeben hat. Seine getürkten Berichte als Journalist über angebliche Fehlleistungen in Brüssel, das Versprechen, durch den EU-Austritt würden wöchentlich £350 Mio. frei, seine verstiegene Behauptung, zahllose Länder warteten sehnlichst darauf, mit Großbritannien endlich Freihandelsverträge abzuschließen, das Versprechen, sobald der Austritt aus der EU erst einmal vollzogen sei, warte bereits ein Tsunami von Neuinvestitionen darauf, sich über das Land zu ergießen und schließlich die geschmacklose Prophezeiung, nach vollzogenem Brexit werde es einen Babyboom wie nie zuvor geben.

Eine Meinungsumfrage zu seinem Amtsantritt als Premierminister ergab, dass 53 % ihn für inkompetent halten, 58 % für unzuverlässig, 63 % für abgehoben und phantasievoll. 42 % würden ihn in Slytherin, sehen, nur 5 % in Gryffindor.[xiv] In einer anderen Umfrage hielten ihn fast 40 % für einen Marktschreier und einen Gaukler.

Im privaten Kreis soll Boris Johnson sich mit dem römischen Princeps Augustus verglichen haben: So wie Augustus zunächst als ruchloser Machtpolitiker auftrat, der über Leichen ging, dann aber dem römischen Volk Frieden und unerhörten Reichtum brachte, so werde auch er zunächst seine Macht festigen, dann aber als Versöhner und Friedensbringer auftreten. Johnson liebt Vergleiche mit der Antike. Sollte diese Episode wahr sein, verrät sie Einiges darüber, wie er sich selbst sieht. Johnson scheint vergessen zu haben, dass der Prinzipat des Augustus auch das Ende der Römischen Republik bedeutete: Wahlen verkümmerten zu reinen Ritualen. Mit Augustus beginnt die Alleinherrschaft der Kaiser.

[i]Tony Blair, dessen Ehefrau Cherie praktizierende Katholikin war, vollzog seine Konversion erst nachdem er sein Amt niedergelegt hatte.

[ii]Zamira Rahim: *Boris Johnson showed ‚disgracefully cavalier' attitude to studies, school letter reveals* Independent, 4. Oktober 2019 (https://www.independent.co.uk/news/uk/politics/boris-johnson-rory-stewart-eton-college-letters-live-a9142711.html, 3. November 2019)

Weitere Charakterisierungen von Boris Johnson unter *A question of character? Boris Johnson by those who know him*, Guardian, 22. Juni 2019 (https://www.theguardian.com/politics/2019/jun/22/boris-johnson-by-those-who-know-him, 3. November 2019)

[iii]Martin Fletcher: *The joke's over – how Boris Johnson is damaging Britain's global stature*, New Statesman 4. November 2017 (https://www.newstatesman.com/politics/uk/2017/11/joke-s-over-how-boris-johnson-damaging-britain-s-global-stature, 18. November 2019)

[iv]Es ging um Kenneth Bigley, der von islamistischen Terroristen im Irak als Geisel genommen und dann in brutaler Weise enthauptet worden war. Der Artikel suggerierte, die Empörung über diesen Mord sei übertrieben und leitete über zu einer Generalinvektive gegen die Stadt Liverpool und deren Einwohner. Boris Johnson entschuldigte sich persönlich in Liverpool für diesen Aufsatz.

[v]Der Wahlkreis war zwar erst 2010 neu zugeschnitten worden, der Bezirk lag aber seit 1970 fest in konservativer Hand. Johnsons Vorgänger hatte ihn mit 25 % Vorsprung gewonnen, Johnson selbst erzielte 2015 einen Vorsprung von 24 %, der allerdings 2017 auf 10 % zusammenschrumpfte.

[vi]Neben der blassen Gisela Stuart, die aus der Labour Partei kam.

[vii]Michael Gove sagte am 30. Juni 2016 wörtlich: *"I came in the last few days, reluctantly and firmly, to the conclusion that while Boris has great attributes he was not capable of uniting that team and leading the party and the country in the way that I would have hoped."* (https://www.bbc.com/news/uk-politics-36677028, 19. November 2019)

[viii]Peter Walker: *Boris Johnson calls David Cameron ‚girly swot' in leaked note*, Guardian 6. September 2019 (https://www.theguardian.com/politics/2019/sep/06/boris-johnson-calls-david-cameron-girly-swot-in-leaked-note, 30. November 2019)

[ix]Martin Belam: *You great big girl's blouse' – Johnson appears to insult Corbyn during PMQs*, Guardian 4. September 2019 (https://www.theguardian.com/politics/2019/sep/04/you-great-big-girls-blouse-boris-johnson-appears-to-insult-corbyn-during-pmqs, 30. November 2019)

2 Boris Johnson und die dritte Fristverlängerung 57

[x] Tom Newton Dunn: *Election: Boris Johnson warns voters that Britain faces ‚political onanism' of Brexit under Jeremy Corbyn"*, The Sun 12. November 2019 (https://www.thesun.co.uk/news/10333747/boris-johnson-end-onanism-brexit/, 1. Dezember 2019)
[xi] Marina Hyde: *Jennifer Arcuri came late to the party. But the Johnson franchise is unthinkable without her now*, Guardian 4. Oktober 2019 (https://www.theguardian.com/commentisfree/2019/oct/04/jennifer-arcuri-boris-johnson, 30. November 2019)
[xii] Angus Walker: *Jennifer Arcuri: Boris Johnson cast me aside as if I were a gremlin*, itv news 17. November 2019 (https://www.itv.com/news/2019-11-17/jennifer-arcuri-boris-johnson-cast-me-aside-as-if-i-were-a-gremlin/, 30. November 2019)
[xiii] David Shukman: *UK nuclear fusion lab faces uncertain future*, BBC News 29. November 2016 (https://www.bbc.com/news/science-environment-37777729, 30. November 2019)
[xiv] Umfrage von YouGov vom 23. Juli 2019 (https://yougov.co.uk/topics/politics/articles-reports/2019/07/23/everything-we-know-about-what-public-think-boris-j, 4. Dezember 2019)

Gleich nach seiner Rückkehr vom Buckingham Palace hielt er seine erste programmatische Rede vor der berühmten schwarzen Tür von 10 Downing Street. Er versprach mehr Polizisten für die innere Sicherheit, gewaltige Investitionen in den kriselnden nationalen Gesundheitsdienst und eine Aufstockung der Ausgaben für Bildung und Infrastruktur. Kern seiner Aussagen war jedoch sein vehementes Bekenntnis zum Brexit:

"It has become clear that there are pessimists at home and abroad who think that after three years of indecision, that this country has become a prisoner to the old arguments of 2016 and that in this home of democracy we are incapable of honouring a basic democratic mandate. And so I am standing before you today to tell you, the British people, that

those critics are wrong. The doubters, the doomsters, the gloomsters – they are going to get it wrong again. The people who bet against Britain are going to lose their shirts because we are going to restore trust in our democracy, and we are going to fulfil the repeated promises of parliament to the people and come out of the EU on October 31, no ifs or buts, and we will do a new deal, a better deal that will maximise the opportunities of Brexit while allowing us to develop a new and exciting partnership with the rest of Europe, based on free trade and mutual support. I have every confidence that in 99 days' time we will have cracked it, but you know what – we aren't going to wait 99 days, because the British people have had enough of waiting." [2]

Immer wieder hämmerte Johnson seinen Zuhörern ein, dass am 31. Oktober der Brexit über die Bühne sei – teilweise in grotesker rhetorischer Übertreibung: *"come what may"*, [3] *"do or die"*[2], oder er erklärte, lieber tot im Graben liegen zu wollen als erneut um Fristverlängerung zu bitten. [4]

Johnsons erste Handlung bestand darin, ein neues Kabinett zusammenzustellen. Er warf alle Minister hinaus, die er verdächtigte, insgeheim mit Remain zu liebäugeln, einen *no-deal* abzulehnen oder für enge künftige Beziehungen zur EU einzutreten. So verloren Philipp Hammond, Rory Stewart, David Gauke, David Lidington, Damian Hinds, Liam Fox, Penny Mordaunt

---

[2]Johnson zitierte damit die berühmten Zeilen aus Lord Tennysons Gedicht *The Charge of the Light Brigade*: *"Theirs not to make reply, Theirs not to reason why, Theirs but to do and die."* Die Tatsache, dass dieses Gedicht eine unnötige Niederlage und sinnloses Abschlachten beschreibt, scheint Johnson nicht beirrt zu haben. Diese Wortwahl zeigt einmal mehr – wie auch die Beschwörung des *Dunkirk Spirit*, wo nur gravierende strategische Fehler auf deutscher Seite, und nicht etwa heldenhafter Mut oder umsichtige Taktik das britische Expeditionskorps gerettet hatten – wie stark die politische Debatte in England von Mythen lebt. Ein kluger irischer Beobachter hat vom Kult des *heroic failure* gesprochen.
Fintan O'Toole: *Heroic Failure*, London Head of Zeus (2018).

2 Boris Johnson und die dritte Fristverlängerung 59

und Greg Clarks ihre Stühle am Kabinettstisch. Einige von ihnen hatten zuvor schon erklärt, dass sie nicht bereit seien, in eine Regierung Johnson einzutreten. Auf einen Schlag verloren 18 Regierungsmitglieder ihre Posten. Das war eine stille Revolution. Theresa May hatte während ihrer dreijährigen Amtszeit 15 Kabinettskollegen austauschen müssen – und das galt schon als ungeheuerlich. Johnsons Kabinettsumbildung bedeutete von Anfang an einen völlig neuen Kurs. Bleiben durfte nur Amber Rudd, die allerdings auf das weniger wichtige Sozialressort wechseln musste, und Geoffrey Cox, der seinen Posten als Attorney General behalten durfte. Es war die umfangreichste Regierungsumbildung ohne Neuwahl seit dem Zweiten Weltkrieg. Sie ging weit über die berüchtigte Nacht der langen Messer hinaus, in der Harold Macmillan 1962 sein Kabinett umgestaltet hatte.[3] Ein konservativer Abgeordneter sprach von einem Sommertagsmassaker. [5]

Johnson stellte sein Kabinett im Wesentlichen aus prominenten Brexiteers zusammen.[4] Wo May sich noch um einen Ausgleich zwischen den Flügeln der Partei bemüht hatte, setzte Johnson mit bemerkenswerter Brutalität ausschließlich auf den einen – den der radikalen Brexiteers. Er war der Erste, der begriff, welche revolutionäre Transformationskraft dem Brexit innewohnte, und er wollte die Rolle des Robespierre in diesem Drama spielen. Er beschwor Demokratie, die Rückkehr eines goldenen Zeitalters, den Traum von Freiheit und Wohlstand, er sprach von dem großartigsten Land der Welt. Der Superlativ wurde bei ihm zum Standard.

---

[3]Damals verloren sieben Minister ihre Position.
[4]Dominic Raab wurde Außenminister, Sajid Javid Finanzminister, Priti Patel Innenministerin. Michael Gove wurde als Chancellor of the Duchy of Lancaster mit der Koordination der Brexitvorbereitungen betraut.

Er setzte darauf, dass der Brexit im Grunde auf eine Revolution hinauslief und dass in einer Revolution derjenige gewinnt, der eine energische Schar anführt, die Arm in Arm handelt und sich zu allem entschlossen zeigt. Er rechnete, dass seine Gegner sich nicht zusammenraufen würden und dass der Widerstand der Remainers zersplittert und gelähmt bleiben würde. Wie jeder Revolutionär inszenierte sich Johnson als Volkstribun, der den Volkswillen gegen eine degenerierte Elite und gegen ein verstocktes Parlament durchsetzt. Er regierte plebiszitär, indem er die Polarisierung der Gesellschaft durch Polemik und Agitation vertiefte. Er sah sich an der Spitze einer Avantgarde, die sich über Konvention hinwegsetzt, den gesetzlichen Rahmen bis zum Bersten ausweitet und durch mitreißende Dynamik, Schnelligkeit und kompromisslose Radikalität einen Sog erzeugt, dem sich schließlich niemand mehr entziehen kann. Er machte aus seiner Verachtung für das Parlament kein großes Geheimnis. Sein Mitarbeiterstab war in weiten Teilen identisch mit der Gruppe, die 2016 die Leave-Kampagne gesteuert hatte, allen voran Dominic Cummings, der strategischer Berater und damit engster Mitarbeiter Johnsons wurde. Cummings erklärte unumwunden, dass sich das Brexit-Programm nicht innerhalb der traditionellen Strukturen von Westminster (Parlament) und Whitehall (Ministerien) würde durchsetzen lassen. Er versprach, alles Erforderliche zu tun, um den Brexit zum 31. Oktober 2019 zu vollziehen,[5] und sprach offen von einer Revolution. In vielem ähnelt er Stephen Bannon, der kurzzeitig Trumps Stratege im Weißen Haus war. Hinzu kamen einige prominente Köpfe der European Research Group (ERG), der gut organisierten, schlagkräftigen

---

[5]Der Sprachgebrauch erinnerte an Mario Draghis berühmten Ausspruch von 2012, die EZB werde *"whatever it takes"* unternehmen, um den Euro zu retten.

Truppe, in der sich die rechtsextremen Brexiteers innerhalb der Tory-Partei zusammengefunden und seiner Vorgängerin das Leben schwer gemacht hatten.[6] Leader of the House of Commons wurde Jacob Rees-Mogg, der nun weitgehend die Tagesordnung des Parlaments vorgeben konnte.

> **Dominic Cummings**
>
> Dominic Cummings wird oft als die Graue Eminenz, als der böse Geist, als der eigentliche Strippenzieher des Brexit bezeichnet. Sicher ist, dass der Brexit zwei maßgebliche Väter hat: Nigel Farage und Dominic Cummings.
> Cummings wurde 1971 geboren. Am Exeter College, Oxford, studierte er 1991–1994 antike Geschichte. Das Abschlussexamen legt er mit Auszeichnung (First) ab. Einer seiner Professoren erinnert sich: *"Cummings was something like a Robespierre – someone determined to bring down things that don't work."*[i] Gleich nach dem Studium ging er nach Russland, wo er bis 1997 blieb und sich in verschiedenen Unternehmungen versuchte. Unter anderem versuchte er, eine Flugverbindung zwischen Samara und Wien einzurichten, die jedoch nach dem ersten und einzigen Flug eingestellt wurde. Angeblich musste er dieses Geschäfts auf Druck des FSB, des russischen Inlandgeheimdienstes, aufgeben. Wenn dieses Gerücht stimmt, war er offensichtlich im Visier des russischen Geheimdienstes.[ii] Es muss Kontakte gegeben haben. Könnte es nicht ebensogut sein, dass der FSB erkannte, dass Dominic Cummings ihm in anderer Funktion nützlicher werden könnte? Die Frage, was einen 23-Jährigen Studenten, der sich drei Jahre mit der Athener Demokratie, den Perserkriegen, Alexander und Caesar beschäftig hat, bewogen haben mag, sein Glück ausgerechnet in Russland zu suchen, bleibt bis heute unbeantwortet. Russland war 1994 ein Land in einem chaotischen Umbruch. Cummings kannte weder Sprache

---

[6]Jacob Rees-Mogg, Andrea Leadsom, Sajid Javid. Bemerkenswert war allerdings auch, dass die gesamte alte Garde prominenter Leavers wie Chris Grayling, David Davis, Iain Duncan Smith, Owen Paterson, John Whittingdale und Liam Fox leer ausgingen.

noch Sitten. Niemand konnte damals Geschäfte in Russland ohne gute politische und polizeiliche Beziehungen machen. Gründung und Betrieb einer Fluggesellschaft erforderte auch in Russland erhebliches Kapital, es gab jedoch kaum Gründerkapital, noch schwieriger war es, einen entsprechend hohen Bankkredit zu bekommen.

Zurück in England, warf Cummings sich mit Leidenschaft in die Politik, schloss sich allerdings keiner Partei an. Dabei entwickelte er wegweisende neue Methoden. Insbesondere wurde er zum Pionier einer Technik, die die neuen Möglichkeiten elektronischer Datenauswertung und systematischer Meinungsumfragen mit modernsten Werbetechniken verband, die individuell zugeschnittene Werbespots ermöglichte. Ob und wie weit Cummings hierbei von den Neuerungen beeinflusst wurde, die Karl Rove zur gleichen Zeit in den USA für George W. Bush und die Republikaner entwickelte, ist ungewiss.

1999, mit nur 28 Jahren, übernahm er die Leitung der Kampagne *Business for Sterling*, die den Beitritt des Vereinigten Königreichs zum Euro verhindern sollte. In dieser Zeit sammelte er unersättlich Daten und baute weitreichende Netzwerke in der britischen Gesellschaft, in Wirtschaft, Finanzinstitutionen und in der Politik auf. 2002 diente er kurze Zeit dem Anführer der Konservativen, Iain Duncan Smith, als Strategieberater. 2003 bis 2005 stand er als Direktor an der Spitze von *New Frontiers Foundation*, eines *think tanks*, den er selbst zusammen mit James Frayne gegründet hatte. In dieser Zeit konzipierte und steuerte er die Kampagne gegen ein Regionalparlament in Nordost-England.

2007 lud ihn Michael Gove ein, für ihn zu arbeiten. Als Gove 2010 Minister wurde, nahm er Cummings als externen Berater *(PolAd)* mit in das Bildungsministerium. Bald stieg Cummings auf zu Goves Stabschef. In dieser Zeit erwarb er sich den Ruf eines leicht auffahrenden, rechthaberischen, befehlsgewohnten Mannes, der in einer Mischung aus verrückten und genialen Ideen einen Kreuzzug gegen träge, bürokratische Strukturen führt und von der Effizienz moderner Informationstechnologien besessen ist. David Cameron nannte ihn einen professionellen Psychopathen. Cummings revanchierte sich, indem er Cameron öffentlich eine Sphinx ohne Rätsel nannte. Bei den Kollegen in Goves Bildungsministerium war er verhasst und gefürchtet, weil

2 Boris Johnson und die dritte Fristverlängerung 63

er ein rücksichtsloses Freund-Feind-Denken vertrat und aus seiner Verachtung für bürokratische Prozeduren und politische Eitelkeiten kein Geheimnis machte. Cummings zeigt schon in seiner Kleidung, wie sehr er auf Riten und Rituale der traditionellen politischen Elite hinab blickt: Meist trägt er ein schlabbriges T-Shirt, Jeans und darüber einen abgetragenen Anorak. Er kümmert sich wenig um Umgangsformen. Er ist berüchtigt für seinen schneidenden, rabiaten Ton, seine Neigung, schon geringste Widerstände mit massiver Aggressivität bis hin zu Einschüchterung, Entlassung oder Rückstufung zu bedrohen. Cummings ist kein Operateur, aber ein gerissener, erfahrener Agitator. Er kann eine Kampagne führen und Anhänger fanatisieren, er kann einer Menge die richtigen Stichworte zurufen, um sie zu revolutionärem Elan anzuspornen. Er ist ein Mann, der den aufblitzenden Moment zu nutzen versteht. Aber er ist kein beharrlicher, stetiger Administrator. Er ist kein *team player*. Er ist ein Solitär, der in keine institutionelle Fassung passt, ein Pulverfass voller unerschöpflicher Energie, das allerdings die Gefahr birgt, durch unkontrollierte Explosion mehr zu zerstören als zu gestalten.

2015 übernahm Cummings die Leitung der Vote Leave-Kampagne. Die Idee, einen knallroten Bus auf die Straßen zu schicken mit der Verheißung, der Brexit werde jede Woche £350 Mio. freisetzen, die, statt nach Brüssel abzufließen, für den Not leidenden NHS zur Verfügung stünden, und der Wahlslogan *Take back control* gehen auf Cummings zurück. Er brachte seine einzigartig detaillierte Kenntnis der politischen Graswurzeln in England mit (Cummings hat sich nie um Schottland oder Nordirland gekümmert), und er entwickelte zusammen mit seinem Stab raffinierte und effektive – manche meinten: perfide und abgefeimte – Methoden der subtilen Beeinflussung des Wählerwillens. Der unerwartete Sieg von Leave am 23. Juni 2016 wird weitgehend ihm als dem *mastermind* zugeschrieben.

Nach diesem Erfolg, der ihn weit über die Grenzen des Landes hinaus bekannt gemacht hatte, verdiente er sich sein Geld durch verschiedene Beratertätigkeiten und durch einen stetigen Strom von Publikationen auf seinem Blog, in denen er unter anderem eine Totalreform des Civil Service, ständige und strenge Leistungskriterien und eine Verschlankung der Regierung forderte. Einer Vorladung des Parlamentsausschusses, zu Beschuldigungen Stellung zu nehmen, er habe während der *Leave*-Kampagne Informationen gefälscht und mit schwarzen Kassen gearbeitet, leistete er nicht Folge.

Kaum war Boris Johnson als Premierminister am 24. Juli 2019 in sein Amt eingeführt, ernannte er Dominic Cummings zu seinem wichtigsten strategischen Berater. In dieser Funktion hat Cummings ähnliche Aufgaben wie sie Stephen Bannon im ersten Amtsjahr von Donald Trump im Weißen Haus wahrnahm. Cummings steht schon seit langem in Kontakt mit Bannon. Cummings wird als der Inspirator hinter Johnsons ersten Schritten gesehen: Der Festlegung, den Austritt aus der EU auf jeden Fall zum 31. Oktober zu vollziehen, die Bildung eines rein auf einen radikalen Brexit festgelegten Kabinetts und der Rauswurf der 21 MPs, die nicht bereit waren, Johnson auf diesem Weg zu folgen, die aggressive Sprache und das Herausoperieren des Begriffs *backstop* aus dem Nordirland-Protokoll. Nur Cummings kann in engster Abstimmung mit Johnson der Verfasser des Memorandums gewesen sein, das am 7. Oktober dem Spectator zugespielt wurde. Es war offensichtlich als taktischer Zug gedacht, um den Druck auf Leo Varadkar kurz vor dem entscheidenden Treffen am 10. Oktober dramatisch zu erhöhen. Insofern hat es seinen Zweck erfüllt.

Cummings sprach von einer Revolution der politischen Kommunikations- und Entscheidungswege. Im Oktober 2016 veröffentlichte er auf seinem Blog folgende Aussage: *"Leaving the EU also requires the destruction of the normal Whitehall/Downing Street system and the development of new methods. A dysfunctional broken system is hardly likely to achieve the most complex UK government project since beating Nazi Germany"*[iii]

Auf seinen legeren Kleidungsstil anspielend bemerkte er, er habe keine Lust, sich von Befehlsempfängern in Anzügen Regeln vorschreiben zu lassen. Er sei es gewohnt, selbst Vorgaben zu machen. Cummings wird hinter dem überraschenden Rücktritt von Alex Cowley vermutet. Der hatte für Johnson die beiden Wahlkämpfe um das Londoner Bürgermeisteramt geleitet und ein Buch über Johnson geschrieben. Er galt als einer von Johnsons ältesten und engsten Vertrauten, unbedingt loyal, voller Ideen, umsichtig, aber gleichzeitig fair und höflich. Cummings muss dieser Mann im Weg gestanden haben.

2 Boris Johnson und die dritte Fristverlängerung   65

Es wird gemunkelt, er habe ihn durch Intrigen zur Amtsaufgabe gedrängt und in diesem Zusammenhang geäußert, es könne nur einen Mastermind hinter Johnson geben, und der sei er.[iv] Wenn Recht und Gesetz dem Willen des Premierministers im Wege stünden, müsse man sie eben brechen.

Cummings scheint trotz dieser unkonventionellen Art beste Verbindung zu Geldgebern zu haben. Es heißt, er habe nach einer stürmischen Besprechung mit Civil Servants aus dem Cabinet Office gemeint: *"There will be billions and billions and billions of pounds for the Treasury to splash. After this meeting I'm going to go and meet billionaire hedge fund managers and get a giant pot of cash from them."*[v]

Am 2. Januar 2020 publizierte Cummings auf seinem privaten Blog eine Stellenausschreibung: *"Two hands are a lot—we're hiring data scientists, project managers, policy experts, assorted weirdos..."* Darin suchte er ungewöhnliche *(unusual)* Experten und präzisierte: *"We need some true wild cards, artists, people who never went to university and fought their way out of an appalling hell hole."*[vi]

[i]Harry Lambert: *Dominic Cummings: The Machiavel in Downing Street,* New Statesman 25. September 2019 (https://www.newstatesman.com/politics/uk/2019/09/dominic-cummings-machiavel-downing-street, 26. Dezember 2019)

[ii]Wenn ein englischer Jungunternehmer ohne Berufserfahrung in ein so schwieriges Geschäft wie den Flugbetrieb in Russland einsteigt, zumal zu einer Zeit, in der dort an zweifelhaften Glücksrittern kein Mangel herrscht, muss das eigentlich die Aufmerksamkeit eines detektivisch interessierten Dienstes wachrufen.

[iii]Dominic Cummings: *On the referendum #20: the campaign, physics and data science – Vote Leave's ‚Voter Intention Collection System' (VICS) now available for all,* Blog 29. Oktober 2016 (https://dominiccummings.com/2016/10/29/on-the-referendum-20-the-campaign-physics-and-data-science-vote-leaves-voter-intention-collection-system-vics-now-available-for-all/, 9. Dezember 2019)

> ⁱᵛAm 29. August 2019 ließ Cummings Sonia Khan, die für Presse zuständige Mitarbeiterin aus dem Team von Finanzminister Sajid Javid, von bewaffneten Polizisten aus ihrem Büro abführen, ohne den Minister vorher zu informieren. Er erzeugte damit einen gewaltigen Skandal. Khan hatte schon Javids Vorgänger (und erbittertem Johnson-Gegner) Hammond gedient. Javid musste einen Redetermin absagen. Seine Remonstrationen beim Premierminister über diesen Eingriff in seinen Geschäftsbereich blieben folgenlos. Der Zwischenfall zeigt die Macht, die Cummings ausübte.
> Kate Proctor: *'Culture of fear' claims as Javid confronts PM over adviser's sacking,* Guardian 30. August 2019 (https://www.theguardian.com/politics/2019/aug/30/sajid-javid-confronts-boris-johnson-over-advisers-sacking, 11. Januar 2020)
> George Parker/Chris Giles/James Blitz: *Javid fury after adviser sacked and marched out of Downing Street,* Financial Times 30. August 2019 (https://www.ft.com/content/bd453b20-cb13-11e9-a1f4-3669401ba76f, 11. Januar 2020)
> ᵛPolly Toynbee: *A civil war state of mind now threatens our democracy,* Guardian 28. August 2019 (https://www.theguardian.com/commentisfree/2019/aug/28/proroguation-parliament-boris-johnson-brexit, 3. Januar 2020)
> ᵛⁱDie skurrile Stellenausschreibung, die aus mehr als einem Grund ungültig ist, findet sich im Internet. (https://dominiccummings.com/2020/01/02/two-hands-are-a-lot-were-hiring-data-scientists-project-managers-policy-experts-assorted-weirdos/, 4. Januar 2020)

Boris Johnson gibt vielen Beobachtern ein Rätsel auf. Eine Charakteristik findet sich in meinen früheren Büchern.[7] Johnson ist ein Meister öffentlicher Theatralik. Er ist fähig, völlig unterschiedliche Gesichter zu zeigen. Er kann charmant, eloquent, humorvoll, unterhaltsam sein. Er kann aber auch wie ein Bulldozer rhetorisch

---

[7] BEB, S. 96–97: BCC, S. 75–76.

2 Boris Johnson und die dritte Fristverlängerung

jeden Widerstand niederwalzen Er zögert nicht, alte Weggefährten mitleidlos fallen zu lassen, andere hingegen, die ihm in den Rücken gefallen sind wie Michael Gove, wieder in seinen engsten Umkreis aufzunehmen. Johnson ist durch und durch Opportunist, der für seine Triumphe über Leichen geht. Scharfe Polemik ist ihm ebensowenig fremd wie phantasievolle Metaphern, überströmende Schmeichelei oder subtile Pointen. Er ist wiederholt für seinen Sprachgebrauch kritisiert worden, wenn er Gegner als Verräter, Saboteure, Feiglinge brandmarkte, oder ihre vorsichtige Politik, einen *no-deal* zu vermeiden, als Unterwerfung und Kapitulation denunzierte. Auf die Verrohung der öffentlichen Debatte durch derartige Kampfbegriffe von Andrew Marr angesprochen, bezeichnete er sich selbst als Ausbund von Mäßigung. [6] Andererseits fand er so treffende und anerkennende Worte zum Abschied des Speaker John Bercow, dass dieser in haltlosem Lachen auf seinem grün gepolsterten Thron zusammensackte und das gesamte Unterhaus johlend Beifall jubelte. [7]

Johnson scheut sich nicht vor überschwänglichen Superlativen oder hymnischen Übertreibungen. Er spricht damit den Nationalstolz, den Exzeptionalismus seiner englischen Zuhörer an. Wenn er von einer *glorious future* spricht, ein Goldenes Zeitalter beschwört, von seiner Vision eines *open, global, free-trading UK with a high-wage, low-tax economy* schwärmt oder seinen Parteifreunden versichert, *this place is the greatest place to be, the greatest place on earth,*[8] dann beschleicht den kritischen Beobachter ein Gefühl infantilen Wunschdenkens und einer eigenartigen Wahrnehmung der Realität. Ist das Vereinigte Königreich als EU-Mitglied denn eine *closed, provincial, protectionist economy with low-wages and high-taxes?* Das wäre ja

---

[8]Das sind alles Ausdrücke aus seinen Reden als Premierminister.

die Gegenwartsdiagnose, wenn Johnsons Zukunftsbeschreibung zuträfe. Und selbst wenn dem so wäre, wer wäre dafür verantwortlich, wenn nicht die Konservative Partei, die das Land seit 2010 regiert hat? Ein selbstkritisches Wort, ein nachdenkliches Abwägen liegt nicht in Johnsons Art. Er ist der draufgängerische Heißsporn, jemand der erst sein Herz über die Hürde wirft und dann hinterher springt. Damit kommt er in England gut an, dem Land, in dem sich die Lust am Wagnis und am Risiko täglich in einer unwiderstehlichen Wettleidenschaft manifestiert.

Johnson ist ein Machiavellist genannt worden. Die Brutalität, mit der er das Kabinett umbildete, Anfang September 21 Parteifreunde aus der Fraktion warf,[9] nur um zehn von ihnen wenige Wochen später gnädig wieder aufzunehmen (nachdem sie ihn ausdrücklich ihrer Loyalität versichert hatten), verrät tyrannische Züge. Johnson will nicht Kooperation, sondern Unterwerfung. Mit seiner rüden Suspendierung des Parlaments Anfang September brachte er sein Land an den Rand eines offenen Verfassungskonflikts. Johnson ist als Spieler bezeichnet worden, der ungewöhnlich hohe Risiken eingeht und Niederlagen damit beantwortet, dass er den Einsatz verdoppelt. Sein Versuch, das Parlament beiseite zu schieben, seine Ambiguität gegenüber dem Benn Act[10] und seine unbekümmerte Taktik, den Zeitdruck und die Spannung

---

[9] *Withdrawing the whip* bedeutet, dass die betroffenen Abgeordneten von sämtlichen Verteilern, mit denen die Fraktionsdisziplin festgelegt wird, und von jeglicher Unterstützung durch die Parteizentrale abgeschnitten werden. Sie behalten ihren Sitz, haben jedoch kaum noch Aussicht, ihn bei der nächsten Wahl zu behalten.

[10] Der European Union (Withdrawal) (No.2) Act 2019 (Benn Act) verpflichtete ihn, einen Brief mit der Bitte um Fristverlängerung an die EU zu schreiben, falls ein vertraglich geregelter Austritt bis zum 31. Oktober nicht erreicht werden konnte. Johnson erklärte mehrfach, er fühle sich nicht an dieses Gesetz gebunden.

im Oktober auf die Spitze zu treiben, zeigen, dass er seine taktischen Optionen skrupellos und raffiniert auszuspielen bereit ist.

Weggenossen meinten, Boris Johnson sei unzuverlässig, inkompetent und charakterlich für ein öffentliches Amt ungeeignet, seine zügellose Phantasie und sein unbändiger Ehrgeiz führten ihn immer wieder dazu, die Grenze zwischen Tatsachen und Wunschdenken zu verwischen. Eine Kabinettskollegin meinte, er sei kein Mann, von dem man sich abends nach Hause fahren lassen möchte. Andererseits kann Johnson wie kaum ein anderer seine Anhänger zu Begeisterungsstürmen hinreißen. Er gibt sich siegessicher, und selbst wo er zurückstecken muss, weiß er eine Niederlage als persönlichen Gewinn zu inszenieren. Sein Verzicht, sich um die Nachfolge Camerons als Premierminister zu bewerben, war eine sorgfältig inszenierte (und vermutlich einstudierte) Show um das eigene Ich – einschließlich der langen Kunstpause, bevor er zu der entscheidenden Aussage ansetzte, dass er sich nicht um die Nachfolge Camerons bewerben werde. Er hatte die die Spannung der Zuhörer bis zum Zerreißen angespannt und ließ sie genüsslich eine Zeitlang dort auf dem Höhepunkt, bis er die entscheidenden Worte über die Lippen brachte.

2.2 Johnson erhöht den Zeitdruck und baut eine Drohkulisse auf

Stark erscheint, wer droht und Furcht verbreitet; wer leere Drohungen verbreitet, wirkt lächerlich.
Niccoló Machiavelli

Johnson war angetreten, um den Brexit zu liefern *(deliver Brexit, get Brexit done)*. Er wusste nur zu gut, dass dies ein Ritt über den Bodensee werden würde und dass seine historische Leistung daran gemessen werden würde, dass er einen Ausweg aus der Sackgasse zu finden wusste, in die seine Vorgänger das Land hinein manövriert hatten. Er durfte nicht so scheitern wie Cameron oder May! Um dieses Ziel zu erreichen, verbreitete er fatalistischen Optimismus: Er wurde nicht müde zu wiederholen, dass das Land am 31. Oktober die EU definitiv verlassen werde. Eine gewaltige Öffentlichkeitskampagne begleitete diese Rhetorik mit einer Plakataktion, in der die Regierung ihre Bürger aufforderte, sich auf den Brexit vorzubereiten (ohne dass ihnen freilich konkrete Ratschläge erteilt wurden, wie sie das zu bewerkstelligen hätten und worauf es hierbei ankam). Die Kampagne kostete £100 Mio., ihre Berechtigung war fragwürdig, ihre Wirkung minimal. Die Regierung setzte sie dennoch bis in die zweite Oktoberhälfte fort. [8]

Johnson hatte erkannt, dass Mays Taktik, die Spaltung innerhalb der Partei durch Einbindung beider Flügel zu überbrücken, zum Scheitern verurteilt war. Er setzte ganz auf den Brexit-Flügel, amputierte den Remainer-Flügel und suchte Abgeordnete, deren Ansichten flexibel und deren Positionierung opportunistisch genug waren, durch mitreißende Rhetorik und die Aussicht auf Sieg und Patronage für sich zu gewinnen. Er gab sich unerschütterlich siegesgewiss und erzeugte so einen Meinungssog, dem zu widerstehen immer schwerer wurde. Zugleich machte er mit erbarmungsloser Deutlichkeit klar, dass wer nicht für ihn, gegen ihn war und mit den härtesten Konsequenzen zu rechnen hatte. Für nahezu alle, denen er die Fraktionszugehörigkeit entzog, war dies das Ende ihrer politischen Karriere.

Johnson wusste aus eigener leidvoller Erfahrung, wie schwierig es werden würde, einen neuen Austrittsver-

2 Boris Johnson und die dritte Fristverlängerung

trag in so kurzer Zeit auszuhandeln und durchs Parlament zu bringen. Er ließ deshalb keine Gelegenheit aus, auf die Option eines *no-deal* hinzuweisen – so oft, dass viele Beobachter zu dem Schluss gelangten, er wolle ohnehin auf einen *no-deal* hinaus, indem er einfach nichts tat und den Brexit durch Zeitablauf abwartete; er wolle Verhandlungen mit Brüssel nur führen, um im Falle des absehbaren Scheiterns die Schuld der EU zuschieben zu können und sich selbst als Brexit-Märtyrer zu inszenieren. Denn die Fristverlängerung änderte nichts an der Regelung des Artikels 50 des Lissaboner Vertrags, wonach ein Mitgliedstaat, der die EU verlassen möchte, nach Fristablauf ohne vertragliche Regelung automatisch aus der EU ausscheidet. Johnson könnte, so die Vermutung, das Parlament kaltstellen und einfach keinen erneuten Aufschub beantragen. Denn einen Antrag auf Fristverlängerung konnte nur die Regierung stellen, nicht das Parlament selbst.

Nach seiner Ernennung zum Premierminister setzte er auf Angriff und zeigte demonstrativ mit seinen ersten Entscheidungen, dass er bereit war, Widerstand mit allen Mitteln aus dem Weg zu fegen. Seit seinem ersten Tag im neuen Amt wurde Johnson nicht müde zu verkünden, er werde sein Land zum 31. Oktober ohne weiteren Aufschub aus der EU hinausführen; er werde niemals einen Vertrag mit dem ‚undemokratischen' *backstop* unterzeichnen und den Brexit notfalls eben ohne Vertrag durchsetzen. Er trieb noch im August die Vorbereitungen für einen *no-deal* in allen Ministerien voran.[11] Beobachter wandelten Disraelis Worte über Peel ab und meinten,

---

[11]Diese Operation erhielt den Namen *Yellowhammer* (Goldammer). Die Arbeiten wurden erst am 28. Oktober auf Eis gelegt.

Johnson habe Farage beim Baden überrascht und sei mit dessen Kleidern davon gelaufen.[12] Wie May glaubte Johnson, er brauche die Drohung mit dem *no-deal,* um sowohl die EU zu Zugeständnissen zu zwingen wie auch den Widerstand im Parlament zu brechen. Anders als May bemühte er sich nicht, eine Mehrheit durch Zugeständnisse an Zweifler und Widersacher zu erreichen. Im Gegenteil: Er reklamierte für sich die einzige wahrhaftig demokratische Legitimation, weil er den Auftrag des Volkes erfülle, und stempelte alle, die sich ihm entgegen stellten, zu Verrätern ab. Er übernahm damit eine verhängnisvolle Terminologie, die die Daily Mail drei Jahre zuvor auf Richter angewandt hatte, die die Klage von Gina Miller für zulässig erklärt hatten.[13]

Johnson setzte ganz auf sein persönliches Charisma, seine mitreißende Dynamik und die Desorientierung, die er wie ein Wirbelwind mit widersprüchlichen und mehrdeutigen Äußerungen erzeugte. Anders als May, reizte Johnson den Zeitfaktor bis zur letzten Minute aus. May hatte dem Parlament mehr als vier Monate Zeit gelassen, ihren Vorschlag zu zerpflücken,[14] Johnson überfiel das Parlament mit einem neuen Vorschlag am 19. Oktober und zwang es, sich innerhalb von drei Sitzungstagen eine Meinung zu bilden. Er war nicht darauf aus,

---

[12]Benjamin Disraeli griff seinen Parteifreund Peel am 28. Februar 1845 im Parlament mit den Worten scharf an: *"The Right Honourable Gentleman caught the Whigs bathing and walked away with their clothes."* Disraeli spielte damit darauf an, dass Peel, anders als die Mehrheit seiner Partei, bereit war, die Korngesetze der Whigs zu unterstützen (http://www.historyhome.co.uk/pms/dizzy.htm, 4. November 2019). Dies führte ein Jahr später zu seinem Rücktritt. Die Neuausrichtungen dieser Jahre machten aus den Tories die Konservative und aus den Whigs die Liberale Partei.

[13]BEB, S. 178.

[14]Mays Vertragsentwurf war am 15. November 2018 bekannt geworden, viereinhalb Monate vor dem Austrittsdatum. Die erste Abstimmung war auf den 11. Dezember angesetzt gewesen, wurde dann aber auf den 15. Januar 2019 verschoben.

2 Boris Johnson und die dritte Fristverlängerung 73

mühselig immer wieder neue Kompromisse in endlosen Abstimmungen zu zimmern, um doch noch irgendwie eine hauchdünne Mehrheit zu gewinnen. Er warf sogar die knappe Mehrheit, die er übernommen hatte, als unnützen Ballast absichtlich über Bord, als er Anfang September 21 Abgeordneten ihre Mitgliedschaft in der konservativen Fraktion entzog. Dieser radikale Schritt war verfassungsmäßig bedenklich, denn er beseitigte damit die Voraussetzung, der er die Ernennung zum Premierminister überhaupt verdankte. Bevor die Queen einen Premierminister ernennt, fragt sie traditionell, ob dieser sich auf eine Mehrheit im House of Commons stützen könne. Das war zum Zeitpunkt seiner Ernennung am 24. Juli 2019 der Fall. Sechs Wochen später hatte er selbst diese Mehrheit achtlos beiseite geworfen.

Johnson verschärfte den Ton an allen Fronten: Er erklärte, er wolle sich mit keinem Vertreter der EU treffen, solange diese am *backstop* festhalte. Er begann, das Parlament öffentlich zu desavouieren, indem er betonte, er vollziehe lediglich den demokratisch geäußerten Volkswillen, und wer sich dem entgegenstelle, sei kein Demokrat, habe sein Mandat verspielt und sei nicht legitimiert, ihm weiterhin Steine in den Weg zu legen. Johnsons Rhetorik klang zunehmend revolutionär. Manche sahen in ihm Charles I., der von 1629 bis 1640 ohne Parlament regiert und damit den Bürgerkrieg heraufbeschworen hatte. Andere sahen ihn in der Nachfolge Cromwells, der, obwohl selbst eine Kreatur des Parlaments, 1653 das Parlament auseinander jagte und sich als Lord Protector zum Diktator auf Lebenszeit ernennen ließ.

Er lancierte Meldungen über die geheime Operation *Yellowhammer* (Goldammer). Unter diesem Namen trieb eine interministerielle Arbeitsgruppe, koordiniert von Michael Gove, Eventualplanungen für einen *no deal* voran. [9] Diese Operation hatte bereits unter May ihre

Arbeit aufgenommen, damals noch unter der fachlichen Koordinierung des Head of the Civil Service, Sir Mark Sedwill. Dieser hatte im April 2019 einen Brief an die damalige Premierministerin geschrieben, in dem er nachdrücklich vor den Folgen eines *no-deal* warnte. Dieser vertrauliche Brief gelangte im August an die Öffentlichkeit und wurde breit diskutiert. Seine Einschätzungen waren zusammengefasst:

- Nahrungsmittel würden sich um 10 % verteuern, der Handel mit der EU werde in einigen Sektoren wegbrechen.
- Unternehmen verlören Zugang zu Krediten. Die Regierung werde unter Druck geraten, Unternehmen vor einem Zusammenbruch mit Finanzspritzen zu retten, vor allem in Regionen, in denen die Arbeitslosigkeit ohnehin hoch liegt.
- Polizei und Sicherheitsdienste würden überfordert und könnten die öffentliche Ordnung nicht mehr garantieren; Massendemonstrationen und Straßenschlachten seien nicht auszuschließen. London und einige andere Städte hatten im August 2011 eine solche Welle von Gewalt, Vandalismus und Plünderungen erlebt.
- Gerichte und Justiz könnten von einem Tsunami von Verfahren überrollt werden. Rechtsunsicherheit werde sich in ungewisser Rechtsprechung niederschlagen und damit Konflikte verschärfen.
- Nordirland werde direkt von London aus verwaltet werden müssen *(direct rule)*. Damit seien sämtliche Fortschritte gefährdet, die seit 1998 zur Normalisierung der dortigen Lage erreicht worden waren.
- Das Vereinigte Königreich werde in eine Rezession stürzen, das Pfund massiv an Außenwert verlieren. Die dadurch ausgelöste Wirtschaftskrise könne schlimmer werden als die von 2008.

2 Boris Johnson und die dritte Fristverlängerung 75

- Die Stabilität des Staates könne gefährdet sein. [10]
In der Öffentlichkeit verfestigte sich Ende August
die Überzeugung, dass Johnson darauf aus war, einen
no deal zu erzwingen und die Schuld dafür einer
inflexiblen EU und einem gelähmten Parlament zuzuschieben.

Das Office of Budget Responsibility publizierte im Juli
eine Analyse, der zufolge ein *no-deal* Brexit die britische
Wirtschaftsleistung binnen eines Jahres um 2 % einbrechen, die Arbeitslosigkeit über 5 % ansteigen und
Immobilien um 10 % an Wert verlieren lassen werde. [11]
Diese düsteren Warnungen wurden von Mark Carney,
dem Gouverneur der Bank of England, verstärkt.

Am 13. Juli hatte der Polizeipräsident (Chief Constable
PSNI) in Belfast erklärt, ein *no-deal* werde absolut verhängnisvolle *(absolutely detrimental)* Folgen für Nordirland haben: Er warnte, die Existenz zahlreicher Farmer
stehe auf dem Spiel, ganze Tierbestände müssten gekeult
werden, weil Futter fehle und Milch nicht mehr abgesetzt
werden könne. Er befürchte einen Anstieg der Arbeitslosenquote, die gerade erst in den letzten Jahren von über
8 % auf 2,5 % (ein historisches Tief) gefallen war. Er sehe
sich nicht imstande, die weit mehr als 300 Grenzübergänge
hinreichend zu schützen. Er warnte ausdrücklich vor dem
Wiederaufflammen von Unruhen und Gewalt. [12]

Die Medien überschlugen sich mit Analysen und
Spekulationen über einen *no-deal*. Johnson geriet in den
Verdacht, er strebe ganz bewusst einen *no-deal* an – und er
selbst nährte diesen Verdacht mit geschickten Hinweisen.
Im Vereinigten Königreich machte sich Verunsicherung
und ein Hauch von revolutionärer Unabsehbarkeit breit:
Die Regierung gab sich rücksichtslos entschlossen, dem
Brexit bis zum 31. Oktober zum Durchbruch zu verhelfen,
und war dabei offensichtlich bereit, den Verfassungskonsens

bis zum äußersten zu dehnen, wenn nicht zu brechen: Ein Premierminister, der einen offenen Machtkampf mit dem Parlament vom Zaun bricht und keine Scheu zeigt, auch die Krone, das unantastbare Symbol staatlicher Einheit, in diesen Streit hinein zu zerren. Auf der anderen Seite ein Parlament, das sich in einer Schicksalsfrage ausgebootet sieht, darin ein gefährliches Präjudiz erblickt, eine Aushöhlung der eigenen Kompetenzen befürchtet und um so selbstbewusster alle Hebel in Bewegung setzt, um die eigenen Rechte zu wahren.

Johnson entzweite eine ohnehin polarisierte Nation immer noch weiter. Für die meisten gab es nur noch die Alternative eines katastrophalen *no-deal* Brexit und eines halbwegs erträglichen Austrittsvertrags. Die Angst vor einem *no-deal* führte zu absurden Sprachblüten: Im Parlament bildete sich eine *anti-no-deal*-Gruppe. Die Schlagzeilen in der Presse lauteten: *Labour still believes it can avert no-deal Brexit* oder *Can Parliament stop no-deal?*

Die Stimmen für Remain blieben kaum vernehmlich, zersplittert und uneinheitlich. Labour blieb zerrissen zwischen einem Flügel, der für Remain eintrat, und einem anderen, der ebenso entschlossen den Brexit vorantreiben wollte. Die LibDems schwenkten auf einen Remain-Kurs ein, hielten aber kritische Distanz zu Labour. Johnson musste keine einheitliche Lib-Lab-Opposition fürchten. Rückblickend hat George Osborne als Camerons Finanzminister den Brexiteers das größte Geschenk gemacht: Er hatte kurz vor der Volksabstimmung im Sommer 2016 eine Reihe von Analysen seines Ministeriums in Auftrag gegeben, die in schwärzesten Farben einen katastrophalen Zusammenbruch der britischen Wirtschaft und Finanzen unmittelbar nach einer Abstimmung für Leave vorhersagten. Diese Katastrophe war offensichtlich selbst über drei Jahre nach der Abstimmung nicht eingetreten. Das spielte den Brexiteers das zunächst überzeugende Argument in die

Hand, alle Kassandrarufe über die negativen Folgen eines Brexit entbehrten jeglicher Grundlage. Die Glaubwürdigkeit aller derer, die für ein Remain eingetreten waren, nicht weil sie positiv von den Vorteilen einer EU-Mitgliedschaft überzeugt waren, sondern weil sie die negativen Folgen maßlos übertrieben, war schwer erschüttert. Dagegen verblassten die nicht weniger unrealistischen Vorhersagen der Wortführer von Leave, die steif und fest behauptet hatten, ein Austritt aus der EU ließe sich mit den wichtigsten Privilegien des Binnenmarktes in Einklang bringen. Roland Rudd, Vorsitzender der Vereinigung *Business for New Europe* und von *People's Vote*, ein ausgewiesener Vertreter von Remain,[15] brachte im Herbst 2019 sämtliche Mitarbeiter von *People's Vote* gegen sich auf, nachdem er aus undurchsichtigen Gründen zwei leitende Direktoren fristlos entlassen hatte. Das führte dazu, dass die stärkste Organisation, die die Sache von Remain in der Öffentlichkeit vertreten sollte, in dieser kritischen Zeit weitestgehend verstummte. [13] Ein leicht irritierter Beobachter kommentierte: *"With Remainers like these – who needs Leavers?"*

2.3 Johnson versucht, das Parlament zu umgehen

> *You are grown intolerably odious to the whole nation! You who were deputed by the people to get grievances redressed, are yourselves become the greatest grievance You have sat too long for any good you have been doing lately.*

---

[15]Roland Rudd ist der Bruder von Amber Rudd, die unter Theresa May Innen- und unter Johnson kurze Zeit Sozialministerin war.

> *Depart, I say; and let us have done with you.*
> *In the name of God, go!*
> Oliver Cromwell, 20. April 1653
> (Auflösung des Rumpfparlaments)

Johnson hatte die Bemühungen von Theresa May genau studiert und seine eigenen Schlussfolgerungen gezogen. Er wusste: Das Westminster Parlament war die schwierigste Klippe, die es ohne Schiffbruch zu passieren galt. Die Zustimmung der EU sah er als geringere Hürde. Johnson war klar, dass der verhasste *backstop* zu einem infektiösen Begriff, zu einem malignen Tumor geworden war, der jeden Vertragsentwurf im Parlament zum Scheitern verurteilen würde. Ganz gleich, was sich hinter der verbalen Verpackung verbarg – ein Austrittsgesetz, das diesen Begriff noch enthielt, würde das gleiche Schicksal erleiden wie der Entwurf von Theresa May. Dies war die äußere Front, die er gegenüber Irland und der EU zu begradigen hatte.

Die innere Front war durch den Zeitfaktor bedingt. Johnson hatte mit wachsender Verzweiflung miterlebt, wie die mehr als viermonatige Frist, die May dem Parlament zur Meinungsbildung eingeräumt hatte, von verschiedenen Gruppierungen genutzt worden war, um eine unüberwindliche Opposition gegen das Austrittsgesetz zu schmieden. Er selbst hatte jedes Mal für Mays Entwurf gestimmt. Er durfte dem Parlament nicht die Zeit gönnen, den Brexit erneut zu zerreden. Er wusste auch, dass der Vertrag ein komplexer Text war, der bei genauer Analyse unzählige Fragen und Probleme aufwarf, ohne bereits abschließende Antworten zu enthalten. Er musste dafür sorgen, dass die Abgeordneten keine Zeit hatten, einen neuen Text zu analysieren, aber gleichzeitig Furcht bekamen, eine erneute Ablehnung könne einfach durch Zeitablauf in einem unbeabsichtigten *no-deal* münden. Johnson verfiel auf die Idee, das Parlament einfach für fünf Wochen zu suspendieren *(prorogation)*.

2 Boris Johnson und die dritte Fristverlängerung

> **Prorogation**
>
> Die Prorogation eines Parlaments bedeutet in der britischen Verfassung die formale Beendigung einer parlamentarischen Sitzungsperiode. Das Westminster-Parlament wird in der Regel alle fünf Jahre neu gewählt. Diese fünf Jahre werden unter normalen Umständen in fünf einjährige Sitzungsperioden unterteilt. Jede Sitzungsperiode beginnt mit der feierlichen Eröffnung des Parlaments und der Queen's Speech, in der die Monarchin das Programm der Regierung für das kommende Jahr verkündet. Mit der Ausrufung der Prorogation enden sämtliche Aktivitäten des Parlaments. Gesetzesentwürfe, die noch nicht abschließend behandelt wurden, müssen in der folgenden Sitzungsperiode erneut eingebracht werden. Die Prorogation dient dazu, das Regierungsprogramm für das kommende Jahr vorzubereiten und Raum für die notwendigen Abstimmungsprozesse zu gewähren. Das Recht, das Parlament zu prorogieren (bzw. zu suspendieren), liegt bei der Krone und ist eine der *royal prerogatives*, d. h. der Befugnisse, die die Krone aus eigener Machtvollkommenheit treffen kann. In der Regel konsultiert sie allerdings hierfür den Kronrat *(Privy Council)*. Seit dem 19. Jahrhundert hat sich das Gewohnheitsrecht herausgebildet, dass die Krone auch in diesen Fragen dem Rat ihrer Regierung folgt.
>
> Prorogation ist mehr als eine Vertagung (z. B. über Feiertage) oder als die üblichen sitzungsfreien Parlamentsferien *(recess)*. Prorogation ist aber deutlich weniger als eine Auflösung des Parlaments. Während der Prorogation behalten alle Abgeordneten ihre Sitze.
>
> Die Länge einer Prorogation ist nicht festgelegt. Sie liegt im Belieben der Krone, die hier allerdings den Rat ihrer Regierung berücksichtigt. Es liegt damit praktisch in der Hand des Premierministers, die Länge der Prorogation festzusetzen. Mit einigen wenigen Ausnahmen (Staatskrisen von 1832, 1911 und 1949, als das Wahlrecht reformiert und die Befugnisse des House of Lords gestutzt wurden) lag die Länge einer Prorogation zwischen 4 und maximal 14 Tagen.

Das Parlament hatte sich sofort nach Johnsons Amtseinführung am 25. Juli 2019 in die regulären Sommerferien zerstreut. Die Sitzungen sollten am 3. September wieder beginnen. Das hätte dem Parlament gut vierzig Sitzungstage bis zum Stichtag am 31. Oktober gesichert – eine lange Zeit, in der alle möglichen Initiativen aus den Reihen derjenigen zu erwarten waren, die nur darauf warteten, Johnsons Plänen zu durchkreuzen. Johnson ließ bereits Mitte August durchsickern, dass er mit dem Gedanken spiele, das Parlament gleich nach Sitzungsbeginn zu suspendieren und so die verfügbare Debattenzeit auf weniger als ein Viertel zu reduzieren.

Um dies zu vermeiden, hatte sich bereits im Juli, noch bevor Johnson sein Amt antrat, eine parteiübergreifende Allianz im Parlament gebildet, um eine Suspendierung des Parlaments und damit einen *no-deal* Brexit *by default* zu vereiteln. Gleich am 3. September sorgte Oliver Letwin dafür, dass der Weg für eine Abstimmung über einen entsprechenden Entschließungsantrag freigemacht wurde. 21 Tory MPs stimmten für Letwins Vorschlag, darunter so prominente Abgeordnete wie Philip Hammond,[16] Nicholas Soames,[17] Kenneth Clarke[18] sowie Greg Clark, David Gauke, Justine Greening, Dominic Grieve, Oliver Letwin, Caroline Nokes and Rory Stewart. Johnson reagierte sofort und entzog allen 21 die Mitgliedschaft in der Tory-Fraktion. Das degradierte sie nicht nur zu unabhängigen Abgeordneten mit gemindertem Zugang zu Informationen und reduzierten Initiativrechten. Es bedeute auch, dass keiner aus dieser so stigmatisierten

---

[16]Philipp Hammond hatte seit 2010 wichtige Kabinettsposten bekleidet: Verkehrs-, Verteidigungs- und Außenminister, bevor er unter Theresa May zum Finanzminister *(Chancellor of the Exchequer)* aufstieg.

[17]Nicholas Soames ist der Enkel von Winston Churchill und war seit 1983 konservativer Abgeordneter in West Sussex.

[18]Kenneth Clarke war mit einer kontinuierlichen Präsenz im Parlament seit 1970 der dienstälteste Abgeordnete *(Father of the House)*. Er hatte in wichtigen Kabinettsfunktionen gedient (Finanz- und Innenminister, Lord Chancellor und Gesundheits- und Bildungsminister).

2 Boris Johnson und die dritte Fristverlängerung

Gruppe auf Unterstützung aus der Parteizentrale bei den nächsten Wahlen rechnen konnte. Die meisten kündigten deshalb an, nicht mehr kandidieren zu wollen. Gleichzeitig warf Johnson damit die extrem knappe Mehrheit, die er rein rechnerisch noch im Parlament hatte, endgültig fort.[19] Die Toryfraktion zählte nach dieser Amputation weniger als 300 Abgeordnete, die Opposition kam auf etwa 340 Sitze.[20] Sie war allerdings zersplittert in acht zum Teil zutiefst verfeindete Gruppierungen.[21] Zehn der ausgestoßenen Abgeordneten erhielten zwei Monate später ihren Status in der Fraktion zurück. Die Wirkung dieser Säuberungen[22] war ungeheuer. Die einen bewunderten Johnsons *killer instinct,* der nicht zögerte,

---

[19]Die Mehrheit war auch dadurch abgeschmolzen, dass in einer spektakulären Nachwahl im östlichen Wales (Brexon and Radnorshire) der langjährige Tory-Sitz am 1. August an die LibDems verloren ging. Das Wahlergebnis war symptomatisch für die Volatilität und die tektonischen Verschiebungen in der Wahllandschaft: Eine satte Tory-Mehrheit von über 8000 Stimmen verwandelte sich in eine Mehrheit von fast 1500 für die Kandidatin der Liberal-Demokraten, Jane Dodds. Ein Menetekel war, dass Labour auf den vierten Platz abrutschte und nur noch halb so viel Stimmen gewann wie Nigel Farages frisch gegründete Brexit-Partei. Weitere Verluste waren Tory-MPs, die zu den LibDems überliefen wie Sarah Wollaston, Sam Gyimah und Philip Lee.

[20]Genaue Zahlen sind schwer zu ermitteln, weil die relativ große Gruppe der Fraktionslosen *(Independents)* sich weder der Regierung noch der Opposition klar zurechnen ließen.

[21]Labour, LibDems, SNP, Plaid Cymru, Grüne und die neu hinzugekommenen Gruppierungen Unabhängige und Die Unabhängige Gruppe für Wechsel *(Independent Group for Change)*.

[22]Dominic Cummings sprach davon, die Partei müsse von unzuverlässigen Elementen gesäubert werden. Die Daily Mail berichtete, Cummings habe die Abweichler angefahren: *"When are you fucking MPs going to realise we are leaving on October 31? We are going to purge you."* Jack Doyle: *'We are going to PURGE you': What Boris Johnson's enforcer Dominic Cummings 'warned a former cabinet minister in foul-mouthed rant ahead of the crucial Brexit vote',* Daily Mail 5. September 2019 (https://www.dailymail.co.uk/news/article-7429303/We-going-PURGE-Boris-Johnsons-enforcer-Dominic-Cummings-warned-minister.html?utm_source=POLITICO.EU&utm_campaign=3e9d1f05be-EMAIL_CAMPAIGN_2019_09_05_06_15&utm_medium=email&utm_term=0_10959edeb5-3e9d1f05be-189754181, 28. November 2019).

verdiente Politiker aus den eigenen Reihen den Wölfen zum Fraß vorzuwerfen um den eigenen Willen durchzusetzen. Andere rückten seine Art, Kritiker zum Schweigen zu bringen, in die Nähe von Mafia-Methoden. Amber Rudd, die Johnson trotz ihrer bekannten pro-EU-Haltung als Sozialministerin in seinem Kabinett behalten hatte, trat aus Protest zurück. Auch Jo Johnson, der jüngere Bruder des Premierministers, schied aus der Regierung aus und erklärte, bei der nächsten Wahl sein Mandat niederlegen zu wollen. Er begründete dies mit einem Konflikt zwischen Loyalität in der Familie und dem nationalen Interesse. [14]

Der Antrag selbst, den sowohl Alistair Burt für die Konservativen wie Hilary Benn für Labour im Sommer vorbereitet hatten, erhielt am 4. September eine klare Mehrheit (315:274). Vier Minister hatten den Fraktionszwang missachtet und waren der Abstimmung unentschuldigt fern geblieben. Hammond kündigte sogar an, er werde einen Misstrauensantrag gegen Johnson unterstützen, sollte dieser versuchen, einen *no-deal* unter Umgehung des Parlaments zu erzwingen. In einem ungewöhnlichen Eilverfahren durchlief der Entwurf sämtliche Stadien des parlamentarischen Verfahrens in wenigen Tagen und wurde am 9. September von der Königin ausgefertigt. Dies war die letzte Gelegenheit für das Parlament, dem unbändigen Premierminister noch Zügel anzulegen und den Weg zu einem *no-deal* durch Fristablauf zu verhindern. Johnson war nunmehr durch Gesetz verpflichtet, erneut um Fristverlängerung nachzusuchen, sollte bis zum 19. Oktober kein Austrittsvertrag die Billigung des Parlaments gefunden haben.

Johnson hatte sich entschieden: Er wollte nicht mehr eine Neuwahl im Oktober, um den Brexit zu durchzuboxen, sondern er wollte den Brexit, um die Türen für Neuwahlen aufzustoßen. Es war seine letzte Chance,

2 Boris Johnson und die dritte Fristverlängerung 83

denn er hatte seine Drohung wahr gemacht und sich von der Königin die Ermächtigung geholt, das Parlament zu suspendieren: Vom 9. September bis zum 14. Oktober sollten keine Sitzungen stattfinden. Die Zustimmung der Krone hierfür hatte ihm Jacob Rees-Mogg, der Leader of the House of Commons, am 28. August besorgt, als er überraschend die Königin auf ihrem Ferienlandsitz in Balmoral aufsuchte. Johnson begründete und verharmloste seine Verfügung:

"As you know, for some time parliamentary business has been sparse. The current session has lasted more than 340 days and needs to be brought to a close – in almost 400 years only the 2010-12 session comes close, at 250 days. Key Brexit legislation has been held back to ensure it could still be considered for carry-over into a second session. This cannot continue.

This morning I spoke to Her Majesty The Queen to request an end to the current parliamentary session in the second sitting week in September, before commencing the second session of this Parliament with a Queen's speech on Monday 14 October. A central feature of the legislative programme will be the Government's number one legislative priority, if a new deal is forthcoming at EU Council, to introduce a Withdrawal Agreement Bill and move at pace to secure its passage before 31 October.

Parliament will have the opportunity to debate the Government's overall programme, and approach to Brexit, in the run up to EU Council, and then vote on this on 21 and 22 October, once we know the outcome of the Council. Should I succeed in agreeing a deal with the EU, Parliament will then have the opportunity to pass the Bill required for ratification of the deal ahead of 31 October." [15]

Johnson hatte in zwei Punkten Recht: Die laufende Sitzungsperiode des Parlaments war ungewöhnlich lang – sie war die längste seit Oliver Cromwell 1653 seine

Soldaten geschickt hatte, um das Parlament auseinander zu treiben.[23] Eine Prorogation und damit die Eröffnung einer neuen Sitzungsperiode war überfällig. Johnson wollte der Öffentlichkeit mit dieser pompösen Zeremonie augenfällig vorführen, dass eine neue politische Ära mit einer neuen Agenda begonnen hatte. Er wollte sich für alle sichtbar von seiner unglücklichen Vorgängerin abgrenzen. Das alles war legitim. Johnson wies zudem darauf hin, dass die verfügte Suspendierung die Saison der Parteitage umfasste. Während dieser fast drei Wochen dauernden Zeit war ohnehin kein normaler Parlamentsbetrieb möglich.

Seine Gegner argumentierten, dass die ungewöhnliche Länge der laufenden Sitzungsperiode durch den unabsehbaren Brexit bedingt war und es wenig Sinn machte, eine neue Sitzungsperiode zu eröffnen und damit alle laufenden Gesetzesvorlagen zu verwerfen bzw. sie dann in der neuen Sitzungsperiode erneut einzubringen. Die meisten argwöhnten, dass Johnsons Argumente nur vorgeschoben waren. Sein eigentliches Ziel lag darin, die Sitzungstage des Parlaments vor dem 31. Oktober rigoros zu beschneiden, auf diese Weise die Zeitnot zu erhöhen und damit allen ausufernden Debatten (und eingehenderen Textprüfungen) das Wasser abzugraben. Unbestritten war, dass das Parlament vor der entscheidenden Sitzung des Europäischen Rates (17./18. Oktober) einen neuen Vertragsentwurf zu billigen hatte. Wenn die neue Parlamentssitzung erst am 14. Oktober eröffnet würde, blieben maximal zwei Sitzungstage, um über ein solches Dokument zu debattieren und

---

[23]Sie lief vom Juli 2017 bis zum 6. November 2019, über zwei Jahre mit mehr als 300 Sitzungstagen. Normalerweise wird jedes Jahr im Mai eine neue Sitzungsperiode eröffnet. Karl McDonald: *Brexit struggles lead to longest parliamentary session since the Civil War,* inews 6. September 2019 (https://inews.co.uk/news/politics/brexit-parliament-session-longest-civil-war-502076, 28. November 2019).

2 Boris Johnson und die dritte Fristverlängerung

den Premierminister zu ermächtigen, es verbindlich zu zeichnen. Das war extrem kurz. Da niemand wusste, wie weit ein neuer Vertragstext vom alten abweichen würde, war dieses Zeitfenster eindeutig zu kurz und bestärkte den Verdacht, dass Johnsons Taktik darauf hinaus lief, das Parlament in letzter Minute vor die Alternative zu stellen, entweder einen neuen Austrittsvertrag ungeprüft zu übernehmen oder einen *no deal* zu riskieren.

Johnson hatte eine markante Lücke in der britischen Verfassung gefunden. Prorogation war unbestritten Teil der durch Gewohnheit und konsistente Übung legitimierten Verfassungstradition. Die Länge der Prorogation war dem Gutdünken der Krone bzw. dem Ermessen des Premierministers überlassen. Die Briten vertrauen hier dem *common sense* und dem Gespür für *fair play* auch in der Politik. Dass Johnson jetzt den Zeitraum der Prorogation in einer kritischen Phase, in der Regierung und Parlament in einen Machtkampf verstrickt waren, einseitig auf fast fünf Wochen ausdehnte, warf die Frage auf, ob er hier nicht seinen Ermessensspielraum übermäßig ausgedehnt hatte, um sich einseitig taktische Vorteile zu sichern. Eine Prorogation von wenigen Tagen war unproblematisch. Wenn aber fünf Wochen gerechtfertigt sind, wirft das die Frage auf, ob vielleicht auch eine Prorogation von fünf Monaten legitim ist. Damit könnte eine Regierung das Parlament effektiv ausschalten. Es mussten Kriterien gefunden werden, die den Ermessensspielraum des Premierministers und die Dehnbarkeit der königlichen Prärogative begrenzten.

Wie sich herausstellte, hatte Johnson die Kräfteverhältnisse falsch eingeschätzt. Im Parlament formierte sich sofort erbitterter Widerstand, dem der an sich neutrale Speaker John Bercow wohlwollend gegenüber stand. Denn auch er erblickte in der Prorogation den Versuch, die Mitwirkungsrechte des Parlaments zu untergraben. [16] Einige Abgeordnete erhoben Klage. Selbst John Major, einer von

Johnsons Vorgängern als Premierminister und Parteiführer, schloss sich der Klage an.[24] Es war das erste Mal in der britischen Geschichte, dass eine Verfügung der Regierung gerichtlich überprüft wurde.

Um dem entgegenzuwirken, entfesselte Johnson eine Gegenkampe, die darauf hinauslief, sich selbst zum wahren Vollstrecker des Volkswillens zu erklären und das Parlament als Usurpator und Verräter an dem demokratischen geäußerten Willen zum Leave vom Sommer 2016 zu stigmatisieren und ihm damit seine Legitimationsgrundlage zu entziehen. Einige seiner Gefolgsleute schossen über das Ziel hinaus und warfen dem Parlament sogar einen Staatsstreich vor. [17]

Die Lage wurde dadurch nicht leichter, dass ein englisches Gericht ein anderes Urteil abgab als ein schottisches.[25] Natürlich wurde diese Diskrepanz gleich von Leuten um Dominic Cummings genutzt, die schottischen Richter der Voreingenommenheit zu zeihen, weil Schottland gegen den

---

[24]John Major publizierte einen Namensartikel, in dem er in ganz unerhörter Weise seinen Nachfolger im Amt des Premierminister angriff: *MPs of all parties must unite to rein in this reckless, divisive government*, Guardian 27. September 2019 (https://www.theguardian.com/commentisfree/2019/sep/27/mps-government-prime-minister-no-deal-brexit-parliament-john-major?utm_term=RWRpdG9yaWFs X0Jlc3RPZkd1YXJkaWFuT3BpbmlvblVLLTE5MDkyNw%3D%3D&utm_source=esp&utm_medium=Email&utm_campaign=BestOfGuardianOpinionU K&CMP=opinionuk_email, 20. Dezember 2019).

[25]Das Vereinigte Königreich vereint drei unterschiedliche Jurisdiktionen: England und Wales, Schottland und Nordirland. Gesetze und Gerichtswege weichen bis heute in einigen Fragen voneinander ab. In erster Instanz hatten sowohl das englische Gericht *(High Court)* wie das schottische Gericht *(Outer House of Court of Sessions)* die Klage abgewiesen mit der Begründung, es handele sich um eine rein politische Frage, die keiner gerichtlichen Überprüfung *(judicial review)* unterliegen könne. Die schottische Berufungsinstanz *(Inner House of Court of Sessions)* entschied jedoch anders und ließ die Klage zu. Es verkündete, dass die von Johnson verfügte Prorogation des Parlaments gesetzeswidrig sei (Die Vorwürfe wogen schwer: Johnson habe seine Vollmachten missbraucht um das Parlament mattzusetzen *(stymie)*, er habe die Königin getäuscht, seine Verordnung sei null und nichtig). Damit lag die englische Rechtsprechung mit der Schottlands überkreuz. Der Fall kam somit vor den Supreme Court in London. Der Supreme Court fungiert als oberste Berufungsinstanz für alle Rechtssachen im Vereinigten

2 Boris Johnson und die dritte Fristverlängerung 87

Brexit gestimmt hatte und bemüht war, seine Bindungen an England zu lockern.[26]

Am 24. September verkündete der Supreme Court seine Entscheidung. Sie war mit wachsender Nervosität erwartet worden. Hing doch der Fortgang des Kräftemessens zwischen Parlament und der Johnson-Regierung von diesem Urteil ab. Viele Beobachter erwarteten ein knappes Mehrheitsvotum zugunsten der Regierung, vielleicht auch eine Entscheidung, die sich mit nebulösen Formulierungen um die Kernfrage herumdrückte. Zu tief war der Grundsatz in der britischen Tradition verankert, dass politische Fragen nicht gerichtlich überprüft werden können, weder ihr Inhalt noch das Verfahren ihres Zustandekommens. Um so größer war die Überraschung als die vorsitzende Richterin *(President of the Supreme Court)*, Lady Hale of Richmond, mit brüchiger, aber strenger Stimme das einstimmige Urteil verkündete. Die Zahl der Richter war für diese Entscheidung von neun auf elf erhöht worden, um der Bedeutung des Falles Rechnung zu tragen.[27] Einstimmigkeit wog deshalb

---

Königreich. Er ist 2009 an die Stelle des House of Lords *(Lords of Appeal)* getreten, das bis dahin als letzte Instanz in der britischen Rechtsprechung galt. Der Supreme Court ist ausdrücklich kein Verwaltungs- oder gar Verfassungsgericht.

[26]Der Vorsitzende der Vereinigung der Kronanwälte *(Bar Council)*, Richard Atkins QC, meinte hierzu: *"It is a low point in the history of our nation when a faceless 'No 10 source' refers to 'remainiac lawyers' and issues threats to the judiciary about its constitutional role suggesting that judges take sides."* Peter Walker: *Boris Johnson refuses to rule out suspending parliament again*, Guardian 23. September 2019 (https://www.theguardian.com/politics/2019/sep/23/boris-johnson-refuses-to-rule-out-suspending-parliament-again, 28. November 2019).

[27]Die Erhöhung der Richterzahl mag auch damit zusammengehangen haben, dass das Urteil aufgrund des ungewöhnlichen Zeitdrucks im Eilverfahren zustande kam. Die Zahl der Richter und die Einstimmigkeit des Urteils entzogen so allen denkbaren formalistischen Einwänden den Boden.

besonders schwer. Der Wortlaut des Urteils war klipp und klar, knapp, scharf, präzise und vernichtend: Es gab keinen guten Grund, der Königin die Prorogation des Parlaments zu empfehlen. Es gab für diesen Rat keine Rechtsgrundlage. Dementsprechend war auch die darauf aufbauende Entscheidung, eine Prorogation vom 10. September bis zum 14. Oktober zu erlassen, unrechtmäßig und damit null und nichtig.

> *"The Court is bound to conclude, therefore, that the decision to advise Her Majesty to prorogue Parliament was unlawful because it had the effect of frustrating or preventing the ability of Parliament to carry out its constitutional functions without reasonable justification... The Prime Minister's advice to Her Majesty was unlawful, void and of no effect. This means that the Order in Council to which it led was also unlawful, void and of no effect and should be quashed. This means that when the Royal Commissioners walked into the House of Lords it was as if they walked in with a blank sheet of paper. The prorogation was also void and of no effect. Parliament has not been prorogued"* [18]

Boris Johnson hielt sich zu diesem Zeitpunkt in New York auf. Es war die Zeit der jährlichen Generalversammlung der Vereinten Nationen.[28] Er kommentierte das Urteil

---

[28]Johnson hatte vor der Generalversammlung eine Rede voller merkwürdigen Geschwafels gehalten. Er begann mit den Gefahren sozialer Medien und eines digitalen Autoritarismus, streifte dann Gutenberg und den Buchdruck, die Dampfmaschine, Luftfahrt, nukleare Technologien, Roboter, knochenlose Hühnchen und kam dann plötzlich mit der Emphase eines antiken Redners auf Prometheus und die Sage vom Goldenen Vlies und von der Seefahrt Jasons. In den Gesichtern der Zuhörer zeichnete sich eine Mischung von ungläubiger Ratlosigkeit, Unverständnis, Widerwillen und gelangweiltem Desinteresse ab. Aber Johnson konnte einmal mehr stolz sein Wissen der klassischen Antike unter Beweis stellen. Dass diese praktisch allen Zuhörern in New York nichts sagte, störte ihn nicht im mindesten. *PM Speech to the UN General Assembly: 24 September 2019* (https://www.gov.uk/government/speeches/pm-speech-to-the-un-general-assembly-24-september-2019, 28. November 2019).

2 Boris Johnson und die dritte Fristverlängerung

sofort: *"I totally disagree with this decision. We respect the judiciary of our country and we respect the courts. We will continue to implement the will of the people and leave the EU by 31 October 2019."* [19] Forderungen nach Rücktritt wies er brüsk zurück.

Das war unverhüllte Urteilsschelte. Johnson maßte sich an, das Recht besser zu kennen als elf der höchsten Richter seines Landes. Der Tenor des Urteils, der einer moralischen Verurteilung nahe kam, kümmerte ihn nicht. Das höchste Gericht hatte ihm attestiert, die Königin getäuscht und die Machtbalance, die für jede Demokratie lebenswichtigen *checks and balances,* ohne triftigen Grund zu seinen Gunsten verschoben zu haben. Eigentlich stand er da als Politgauner, als gerissener Machttaktiker, der vor keinen schattenhaften Geschäften zurückschreckt und dem die Grundsätze von *gentlemanlike fairness* und Ehrenhaftigkeit nichts bedeuten. Seiner Beliebtheit tat diese Episode jedoch keinen Abbruch. Er galt nach wie vor als etwas unseriöser Hasardeur, dem radikale Dynamik wichtiger ist als kleinliche Verfahrens- und Rechtsfragen, ein Politgigant, der sich wenig um die Fesseln kümmert, die ihm die Verfassung anlegt.[29] An Johnson zeigte sich, wie stark die Sehnsucht nach dem starken Mann selbst in England ausgeprägt ist. Denn Johnson stellte sich damit in die Reihe großer, fragwürdiger Gestalten der englischen Geschichte, von Francis Drake über Warren Hastings und Robert Clive bis hin zu Cecil Rhodes. Seinem nackten Willen zur Macht ordnet er alles unter: Wahrhaftigkeit, Fairness, Aufrichtigkeit und Geradlinigkeit. Darin weist er bedenkliche Parallelen zu einigen Figuren des vorigen Jahrhunderts auf, die sich mit ähnlichen Methoden zu diktatorischen Vollmachten emporgeschwungen haben.

---

[29] Es ist bezeichnend, dass Johnson später sein Land (und damit sich selbst) mit dem unglaublichen Hulk verglich.

Als noch viel wegweisender aber wird sich das Urteil des Supreme Court langfristig für das Gleichgewicht zwischen Exekutive, Legislative und Judikative herausstellen: Die von Montesquieu geforderte rigide Trennung dieser drei Ausprägungen politischer Macht war im Vereinigten Königreich nie sauber durchgesetzt worden.[30] Mit seinem Urteil vom 24. September hat der Supreme Court den ersten, entscheidenden Schritt in Richtung auf eine Verfassungsgerichtsbarkeit getan. Es war bezeichnend, dass ein englischer Gerichtshof erster Instanz nicht wagte, von der etablierten Rechtsprechung abzuweichen und die Klage als unzulässig abwies, weil er sich für politische Verfassungsfragen unzuständig hielt. Der Supreme Court hat diese Tendenz umgekehrt – und zwar mit überwältigender Einstimmigkeit. Er hat eine unfassbare Verfassung ein wenig fassbarer gemacht. Er hat damit die Tradition verstärkt, die zwei Jahre zuvor Gina Miller mit ihrer Klage gegen die Regierung May begründet hatte, als der Supreme Court ihr Recht gab und einen Missbrauch der königlichen Prärogative verhinderte.[31] Der Umfang dieser königlichen Prärogative, die ein Relikt aus absolutistischen Zeiten und mit der Souveränität des Parlaments unvereinbar ist, wird künftig ein Thema für Verfassungsexperten

---

[30]Am besten zeigt das das Amt des Lord Chancellor, der immerhin weit über 600 Jahre einer der mächtigsten Politiker war. Er führte gleichzeitig den Vorsitz im House of Lords (wo er auf einem Wollsack thronte, was ihm auch die Kurzbezeichnung *woolsack* eintrug), also eines Zweigs der Legislative; er war Kabinettsmitglied und somit eingebunden in die Exekutive; und das gesamte Gerichtswesen, also die Judikative, unterstand ihm. Die englische Verfassung ist ein heterogenes Konvolut pragmatischer Bestimmungen ohne System, ohne klare Normenhierarchie und ohne begriffliche Sauberkeit.

[31]Die Regierung May hatte argumentiert, das Ergebnis der Volksabstimmung ermächtige sie direkt, die Austrittserklärung nach Art. 50 des Lissaboner Vertrags abzugeben. Gina Miller erreichte, dass der Grundsatz, wonach ein Parlamentsakt nur durch einen anderen Parlamentsakt aufgehoben werden kann, in seiner Gültigkeit bekräftigt wurde.

2 Boris Johnson und die dritte Fristverlängerung

werden. Die Rechtsprechung des Supreme Court hat denen Aufwind gegeben, die eine systematisierte Kodifizierung der britischen Verfassung fordern.

> **Prärogative der Krone** *(royal prerogative)*
>
> Die Prärogative der britischen Monarchen ist ein Überbleibsel aus absolutistischen Zeiten, als sämtliche Staatsmacht in den Händen des Monarchen lag, der sie nach eigenem Gutdünken ausüben konnte. Die Glorious Revolution hat 1688 die unumschränkte Souveränität vom Monarchen auf das Parlament übertragen. Seither regelt das Parlament die Frage, wer König werden kann und welche Machtbefugnisse der Krone bleiben. Die englische Verfassungswirklichkeit hat sich evolutionär entwickelt, langsam, punktuell und in kleinen Schritten, selten systematisch, meistens durch stillschweigende Übereinkunft, Tradition und täglich geübte Praxis. Die Grenze zwischen realen Befugnissen und symbolischem Ritual ist oft nicht klar gezogen. Vor allem bleibt verschwommen, was ein britischer Monarch in einer Notstandsituation tun kann, tun sollte oder keinesfalls tun darf. Die Notstandsgesetzgebung von 1920 ist vage und lässt sich sehr weitreichend auslegen. Die britische Verfassung setzt im Grunde den Verhaltenskodex eines *gentleman* voraus, der die Ehre selbst seines Gegners wahrt, ihn respektiert und auf Waffengleichheit achtet.
>
> Die Kontinuität der britischen Monarchie besagt, dass auch heute noch Regierung und Justiz ihre exekutiven bzw. judikativen Befugnisse aufgrund königlicher Ermächtigung im Namen des jeweiligen Monarchen ausüben. Selbst das Parlament wird vom Monarchen formal einberufen und aufgelöst. Die Thronrede der Königin hält die Fiktion aufrecht, dass die Krone ihr politisches Programm verkündet, dessen Ausführung sie dann in die Hände ihrer Regierung legt. Natürlich wird die Thronrede vom Premierminister geschrieben und wörtlich von der Königin abgelesen. Auch die Befugnis, das Parlament zu suspendieren *(prorogation)*, fällt unter die königliche Prärogative. Diese Befugnis ist keinen weiteren gesetzlichen Einschränkungen unterworfen außer dem *common sense* und den Grundsätzen der Angemessenheit/Verhältnismäßigkeit.

Auch heute noch verfügt die britische Monarchie über Befugnisse, in denen sie eigenmächtig und nach eigenem Ermessen handeln kann. Diese Befugnisse machen die königliche Prärogative aus. Diese Befugnisse lassen sich grob in drei Gruppen einteilen:

- Fragen, in denen die Krone ohne Konsultation von Regierung oder Parlament handeln kann. Hierunter fällt beispielsweise das Begnadigungsrecht. Hierzu gehört auch die – inzwischen weitgehend fiktive – Vollmacht, Territorien zu annektieren oder abzutreten, Grenzen zu verändern oder fremde Schulden zu nationalen zu machen. Sämtliche Bodenschätze (und eigenartiger Weise sämtliche Schwäne) gelten als Eigentum der Krone.
- Zur zweiten Gruppe gehören Fragen, in denen der Monarch nach Beratung mit seinem Kronrat *(Privy Council)* bindende Entscheidungen treffen kann. Eine Zustimmung des Parlaments ist hier nicht erforderlich. Die Verwaltung der überseeischen Territorien stützt sich auf diese vom Kronrat dem jeweiligen Gouverneur verliehenen Vollmachten.
- Drittens umfasst die Prärogative den sehr weit gefächerte Bereich, in dem der Monarch zwar formal entscheidet, in seinen Entscheidungen durch Konvention und Tradition jedoch gehalten ist, dem Rat des Premierministers zu folgen. Hierzu gehören auch Fragen von Krieg und Frieden. Die Königin ist die Oberkommandierende der Streitkräfte. Die Polizei untersteht allerdings dem Innenminister *(Home Secretary)*. In sämtlichen Fragen, die das Parlament betreffen, gilt die Königin an den Rat ihres Premierministers gebunden. Umstritten bleibt, wie weit die Krone frei bleibt, vom Rat des Premierministers abzuweichen, wenn sie gravierende eigene Bedenken hat. Umstritten bleibt auch die Frage, welchen Ermessensspielraum die Krone bei der Ernennung eines Premierministers hat, wenn es keine klaren Mehrheiten im Parlament gibt bzw. wenn die Mehrheitspartei in zwei Flügel zerfällt, von denen jeder einen eigenen Kandidaten favorisiert. (Dies war das letzte Mal 1963 bei der Ernennung von Sir Alec Douglas-Home der Fall, der zum; Premierminister berufen wurde, obwohl sein innerparteilicher Konkurrent Rab Butler stärkeren Rückhalt in der Partei hatte).

2 Boris Johnson und die dritte Fristverlängerung

> Dem Parlament steht es frei, Umfang und Ausübung der königlichen Prärogative jederzeit durch einen Act of Parliament einzugrenzen. Ihre Ausübung kann von Gerichten überprüft werden. Das ist 2017 (Miller I)[i] und 2019 (Miller II)[ii] geschehen, beide Male gegen die Monarchie bzw. gegen die Regierung. Diese Urteile haben der Aufgabe neue Dringlichkeit verliehen, die Ausübung dieses Überbleibsels feudal-absolutistischer Willkür strenger an gesetzliche Grundlagen zu binden.
>
> [i] Miller & Anor, R (on the application of) v Secretary of State for Exiting the European Union (Rev 3) [2017] UKSC 5" (http://www.bailii.org/uk/cases/UKSC/2017/5.html, 11. Januar 2020)
> [ii] R (on the application of Miller) (Appellant) v The Prime Minister (Respondent) Cherry and others (Respondents) v Advocate General for Scotland (Appellant) (Scotland) [2019] UKSC 41 (https://www.supremecourt.uk/cases/uksc-2019-0192.html, 11. Januar 2020)

Eine Verfassungsgerichtsbarkeit kann sich nur etablieren, wenn die Verfassung klar und in eindeutiger juristischer Begrifflichkeit formuliert ist. Der Mischmasch aus einzelnen Parlamentsakten wie Magna Carta, Bill of Rights, Act of Union, den Reformen, die 1911 und 1949 die Vollmachten des House of Lords beschnitten, und Traditionen, informellen, oft nicht einmal schriftlich fixierten Absprachen *(Sewel Convention)*,[32] erweist sich zunehmend als unzureichend für ein modernes Staatswesen. Der Streit um die Befugnisse der Regierung

---

[32] Die *Sewel Convention* entstand als Folge der Devolution, d. h. der Einrichtung regionaler Parlament und Regierungen in den Landesteilen des Vereinigten Königreichs außerhalb Englands. Sie soll Konflikte zwischen der Gesetzgebung des Westminster Parlaments und den regionalen Parlamente verhindern. Sie besagt, dass das Westminster Parlament normaler Weise (!) kein Gesetz verabschiedet, das die Kompetenzen eines Regionalparlaments berührt, ohne zuvor dessen Zustimmung eingeholt zu haben. *(The UK Parliament will*

gegenüber dem Parlament hat verdeutlicht, dass eine Systematisierung und eine Hierarchie der Verfahrensvorschriften im Umgang der politischen Machtzentren in London überfällig ist.[33] Klare Verfassungsvorschriften sind der einzige Zügel, den ein Parlament hat, um die Tätigkeit einer Regierung zu lenken und notfalls zu bremsen.

2.4 Ein neuer Brexit-Vertrag ohne *backstop*

> *Things fall apart; the centre cannot hold*
> *The best lack all conviction, while the worst*
> *Are full of passionate intensity.*
> William Butler Yeats

Nach dem Donnerschlag des Urteils des Supreme Court versammelte sich das Parlament unverzüglich wieder. Die Ereignisse hatten die Entschlossenheit seiner Gegner, den Machenschaften Johnsons entgegenzutreten, nochmals

---

not normally legislate with regard to devolved matters without the consent of the devolved legislatures). Sie erhielt ihren Namen nach Lord Sewel, der dieses Prinzip mündlich im House of Lords verkündete, als der *Scotland Act* (Einrichtung eines schottischen Parlaments und einer schottischen Regierung) 1998 im Westminster Parliament beraten wurde. Sie war zunächst lediglich durch Konvention und Konsens getragen. Erst 2013 wurde sie in einem *Memorandum of Understanding* schriftlich fixiert. Das Memorandum hat jedoch keine rechtliche Verbindlichkeit. Es kann nicht eingeklagt werden und hat erst recht keinen Verfassungsrang. (https://assets.publishing.service.gov.uk/government/uploads/system/uploads/attachment_data/file/316157/MoU_between_the_UK_and_the_Devolved_Administrations.pdf, 29. November 2019). In der Brexit-Frage vertritt Boris Johnson die Auffassung, dass die Londoner Regierung zunächst keines der Regionalparlamente beteiligen muss, wenn es um die Neugestaltung der aus Brüssel zurückfließenden Kompetenzen geht.

[33]Hierfür setzen sich zahlreiche politische und juristische Experten ein wie z. B. Vernon Bogdanor: *Beyond Brexit. Towards a British Constitution* (I.B. Tauris London 2019).

2 Boris Johnson und die dritte Fristverlängerung

verstärkt. Das Problem lag darin, dass alle Skandale und Unaufrichtigkeiten, alle unbedachten Äußerungen und alle öffentlichen Missgriffe die Popularität Johnsons nicht schmälerten. Im Gegenteil: Es schien, dass er aus seinen Niederlagen nur verstärkt hervorging. Er selbst hatte im September in einem Interview die Parallele zu dem unglaublichen Hulk gezogen.[34] Darin sagte er wörtlich: *"If negotiations break down, I will ignore the Commons vote ordering me to delay the UK's departure. The madder Hulk gets, the stronger Hulk gets.Hulk always escaped, no matter how tightly bound in he seemed to be – and that is the case for this country. We will come out on 31 October and we will get it done."* Gleichzeitig ließ eine namenlose Quelle aus seinem Stab (mit Sicherheit jemand, der Dominic Cummings nahe stand oder Cummings selbst) verlauten:

"Parliament has failed the country – MPs have spent three years frustrating Brexit. All MPs can agree on is one delay after another. They want to send the PM to Brussels, cap doffed, begging for another pointless extension. Labour wants another delay, more talks, then another referendum in which they might vote against their own new deal – it's beyond a joke. Most people want this resolved, with a deal if possible but without if necessary, and this is what the Prime Minister is trying to do. Everyone said we would never get the Withdrawal Agreement opened. That has happened. We're making good progress. The PM will not negotiate a delay at the European Council on October 17 and 18. We expect

---

[34]Hulk war der Name eines Films, der 2003 in die Kinos kam, gefolgt von einer Fortsetzung unter dem Titel "Der unglaubliche Hulk". Es handelt sich um die Geschichte eines jungen Mannes, der durch genetische und radiologische Experimente übermenschliche Kräfte erhält – allerdings verbunden mit einem explosiven Temperament. Ein sonst normaler Bürger entfaltet, sobald er zur Wut gereizt wird, unbändige Kräfte, die er allerdings meist nur zur Zerstörung einsetzt.

a court battle afterwards and attempts to pass legislation revoking Article 50, which the Prime Minister will refuse to consider in any circumstances. [20]

Das war starke Sprache! Sie zeigte wie weit der Machtkampf zwischen Regierung und Parlament eskaliert war, wie stark die Johnson-Regierung zu revolutionären Metaphern und einer Sprache offenen Kriegs griff.

Die Verrohung der Sprache und der Verfall gemäßigter Umgangsformen wurde ein vorherrschendes Thema in der zweiten Septemberhälfte. Selten sind Ausdrücke wie Kapitulation, Unterwerfung, Sabotage, Ignoranz, Volksfeind, Verräter so leichtfertig gebraucht worden wie in der Brexit-Debatte. Gegner wurden angeprangert als feige, verworfen, verantwortungslos und verbohrt. Diese Wortwahl stieß auf scharfe Kritik. Journalisten und Abgeordnete beklagten öffentlich, dass eine Verrohung der Sprache auch die Handlungen verrohen lässt und so Gewalt und Chaos den Weg ebnet. Das Parlament rief zu Mäßigung im Sprachgebrauch auf. Eine wachsende Zahl von Abgeordneten erhielt Drohungen über die sozialen Medien. Johnsons sprachliche Exzesse bewogen seine Schwester Rachel zu öffentlicher Kritik – der zweiten scharfen Zurechtweisung aus der eigenen Familie, nachdem Jo Johnson sich einige Wochen zuvor von seinem älteren Bruder distanziert hatte: *"My brother is using words like surrender and capitulation as if the people standing in the way of the blessed will of the people as defined by 17.4 m votes in 2016 should be hung, drawn, quartered, tarred and feathered. I think that is highly reprehensible language to use."* Sie fügte hinzu, dass sie die Bemerkungen, die ihr Bruder am Vortag im Parlament gemacht hatte, als "geschmacklos" *(tasteless)* empfand. [21] Der Anlass für diese harsche Kritik war eine Parlamentsdebatte, in der einige Abgeordnete an die im Sommer 2016 ermordete

2 Boris Johnson und die dritte Fristverlängerung 97

Jo Cox erinnert hatten. Johnson erwiderte daraufhin, die größte Ehre erweise man Jo Cox, indem man den Brexit endlich vollziehe. Er vergaß dabei, dass Jo Cox mit voller Hingabe für ein Remain eingetreten war und genau dies der Grund war, weshalb ein geistesgestörter Fanatiker sie ermordet hatte.[35] Ermahnungen, sich in seiner Wortwahl zu mäßigen, tat er als Quatsch *(humbug)* ab. Wenige Tage später verteidigte er seine Wortwahl in der Andrew-Marr-Show:

"I've undertaken to lead my party and the country at a difficult time and I'm going to continue to do that. I believe it's my responsibility to do that. Military metaphors are old, standard, parliamentary terms. They have been used for centuries and should continue to be used. If you cannot use a metaphor like surrender, to describe the surrender act, you are diminishing parliamentary debate." Er schloss mit dem überraschenden Eigenlob: *"I think I've been the model of restraint."* [22]

Die drei Wochen zwischen dem Urteil des Supreme Court und der Sitzung des Europäischen Rates am 17./18. Oktober waren von wachsender Hektik, Verwirrung, Warnungen und gegenseitigen Vorwürfen gekennzeichnet. Der Ton verschärfte sich weiter. Jacob Rees-Mogg erhielt auf dem Parteitag der Konservativen stehende Ovationen, als er die Regierung mit Gulliver verglich:

---

[35]Jo Cox war eine Labour-Abgeordnete aus Yorkshire. Sie warb intensiv dafür, für einen Verbleib in der EU zu stimmen. Sie war auf einer öffentlichen Veranstaltung kurz vor der Volksabstimmung am 16. Juni 2016 von einem Mann mit drei Schüssen und fünfzehn Stichen ermordet worden. Er rief dabei: *"Britain first"*. Später vor Gericht äußerte er: *"This is for Britain. Britain will always come first."* Ihr Mörder, Thomas Mair, hatte im Internet häufig Nazi- und Ku-Klux-Klan-Seiten aufgesucht.

> *"Gulliver, tied down by a ragtag, motley collection of feeble, footling, feckless politicians, all in desperate pursuit of a single unworthy aim to renege on the solemn promise they made to the British people and to try to cancel the largest single democratic mandate in our history. We are not your leaders on high, we are your servants. Sovereignty of Parliament comes from the people. Parliament holds the People in contempt. We need a new Parliament."* [23]

Auf dem gleichen Parteitag beschwor Johnson seine Anhänger mit einigen dramatisch-suggestiven Fragen, auf die er die donnernde, unisono Antwort der Delegierten erhielt:

> *"Are we ready? YES!*
> *Are we determined to resolve this? YES!"* [24]

In kleinerem Kreis hatte er zuvor wie ein Demagoge gefragt:

> *"Do you think it's okay for me to call it the surrender act? YES!*
> *Do you want me to fight a losing battle? NO!*
> *Do you want me to abandon military metaphors? NO!*
> *Shall I stick to my guns? YES!"* [25]

Die frenetischen Antworten wurden nur noch übertroffen von dem gewaltigen Applaus auf Johnsons zwei kurze Sätze: *"We are coming out of the EU on October 31, come what may. Let's get Brexit done!"* Die Inszenierung berührte jeden unangenehm, der noch die berüchtigte Sportpalast-Rede von 1943 im Ohr hat.

Johnson war seit seinem Amtsantritt nicht müde geworden, die Öffentlichkeit auf einen EU-Austritt zum 31. Oktober vorzubereiten. Er hatte dabei immer wieder betonte, dass er auch einen *no-deal* nicht scheuen werde. Ab Ende September begann er vorsichtig Zuver-

2 Boris Johnson und die dritte Fristverlängerung

sicht zu verbreiten, dass ein neuer Vertrag vielleicht doch noch erreichbar sei. Sollte es trotz seiner Bemühungen zum *no-deal* kommen, liege die Schuld hierfür bei der Intransigenz der EU und der Uneinsichtigkeit des Parlaments.

Im Sommer hatte Johnson zwei Bedingungen für einen Austrittsvertrag genannt:

- Er müsse rechtzeitig bis zum 31. Oktober vorliegen und
- er dürfe nicht mehr den Begriff *backstop* enthalten.

In seinem ersten Telefongespräch mit Angela Merkel am 26. Juli hatte Johnson darauf bestanden, dass Verhandlungen nur stattfinden könnten, sofern die EU auf den *backstop* verzichte. Bei seinem Besuch der Marinebasis Faslane in Schottland bekräftigte er diese Forderung kurze Zeit später und erklärte, er werde keinen Politiker der EU treffen, sofern die Forderung nach einem *backstop* nicht fallen gelassen werde: *"The backstop is no good, it's dead. It's got to go. The withdrawal agreement is dead. It's got to go."*[36] Damit hatte er einen zunächst unlösbar scheinenden Streitpunkt mit der EU aufgerissen, denn die Linie der EU hatte seit November 2018 darin bestanden, den *backstop* zu einem unabänderlichen Bestandteil des Austrittsvertrag zu erklären, über den es keine Nachverhandlungen und zu dem es keine Alternativen geben könne.

---

[36]Boris Johnson besuchte am 29. Juli die Marinebasis in Faslane, die als Stützpunkt für die britische Flotte strategischer, nuklear angetriebener und bestückter U-Boote dient.
Rowena Mason/Libby Brooks/Jennifer Rankin: *Johnson refuses to meet EU leaders unless they scrap backstop*, Guardian 29. Juli 2019 (https://www.theguardian.com/politics/2019/jul/29/johnson-refuses-to-meet-eu-leaders-unless-they-scrap-backstop, 30. November 2019).

Er traf sich dann doch mit allen wichtigen EU-Politikern auf dem G7-Gipfel in Biarritz (24.–26. August 2019). Dort erklärte er kurz und bündig: *"We can easily cope with a no-deal scenario."* und schob die Schuld, sollte es hierzu kommen der Verstocktheit *(obduracy)* der EU zu. [26] Vor der Verkündigung des Urteils des Supreme Court erwähnte er zum ersten Mal, dass Aussicht auf einen Vertrag bestehe, der seinen Kriterien genügen könnte: *"As the law currently stands the UK leaves the EU on 31 October, come what may. But the interesting thing, the exciting thing for us now, is to get a good deal. And that's what we're working on."* [27]

Anfang Oktober stiegen die Spannungen, weil die Zeit knapp wurde und sich nirgends eine Einigung abzeichnete. Dominic Cummings deutete an, Johnson könne einfach die Rechtslage ignorieren und am 31. Oktober Fakten schaffen, die sich nicht mehr revidieren lassen.

Die sechs entscheidenden Punkte seines neuen Abkommens breitete Johnson am 3. Oktober im Unterhaus aus:

- Bewahrung des Karfreitagsabkommens
- Bewahrung der Common Travel Area und der Wirtschaftsbeziehungen zur Republik Irland
- Eine Zone einheitlicher Regeln für die gesamte irische Insel, um Kontrollen entlang der Grenze zwischen Nordirland und der Republik Irland zu vermeiden.
- Diese Zone bedarf der fortgesetzten demokratischen Legitimierung durch die betroffenen Menschen.
- Das Vereinigte Königreich bildet auch nach dem Brexit einen einheitlichen, unteilbaren Wirtschaftsraum.
- Kontrollen finden, sofern notwendig, elektronisch oder diskret statt entlang den logistischen Lieferketten. [28]

2 Boris Johnson und die dritte Fristverlängerung

Anfang Oktober waren die Nerven bis zum Zerreißen gespannt: Aus Johnsons nächster Umgebung wurde dem Spectator ein Memorandum zugespielt, das den unmittelbar bevorstehenden Abbruch sämtlicher Verhandlungen mit der EU vorhersagte und damit einen Austritt ohne Vertrag als unausweichlich hinstellte; allen EU-Staaten, die sich in der Brexit-Frage unkooperativ verhielten, wurde mit schmerzlichen Konsequenzen gedroht. Alle Beobachter waren sich einig, dass als Autor dieser angriffslustigen Sätze nur Dominic Cummings infrage kam. [29]

> **Anonymes Memorandum, das aus dem Stab des Premierministers am 7. Oktober dem Spectator zugespielt wurde (gekürzt)**
>
> *The negotiations will probably end this week. Varadkar doesn't want to negotiate. Varadkar has gone back on his commitments—he said if we moved on manufactured goods then he would also move but instead he just attacked us publicly. It's clear he wants to gamble on a second referendum and that he's encouraging Barnier to stick to the line that the UK cannot leave the EU without leaving Northern Ireland behind.*
>
> *There are quite a few people in Paris and Berlin who would like to discuss our offer but Merkel and Macron won't push Barnier unless Ireland says it wants to negotiate. Those who think Merkel will help us are deluded. As things stand, Dublin will do nothing, hoping we offer more, then at the end of this week they may say 'OK, let's do a Northern Ireland only backstop with a time limit', which is what various players have been hinting at, then we'll say No, and that will probably be the end.*
>
> *Varadkar's behaviour is arguably rational but his assumptions are, I think, false. Ireland and Brussels listen to all the people who lost the referendum, they don't listen to those who won the referendum and they don't understand the electoral dynamics here.*
>
> *We have to fight the election on the basis of 'no more delays, get Brexit done immediately'. They thought that if May went, then Brexit would get softer. It seems few have learned from this mistake. They think we're bluffing*

and there's nothing we can do about that, not least given the way May and Hammond constantly talked tough then folded.

So, if talks go nowhere this week, the next phase will require us to set out our view on the Surrender Act. The Act imposes narrow duties. Our legal advice is clear that we can do all sorts of things to scupper delay which for obvious reasons we aren't going into details about. Different lawyers see the "frustration principle" very differently especially on a case like this where there is no precedent for primary legislation directing how the PM conducts international discussions.

We will make clear privately and publicly that countries which oppose delay will go to the front of the queue for future cooperation—cooperation on things both within and outside EU competences. Those who support delay will go to the bottom of the queue. Supporting delay will be seen by this government as hostile interference in domestic politics, and over half of the public will agree with us.

We will also make clear that this government will not negotiate further so any delay would be totally pointless. They think now that if there is another delay we will keep coming back with new proposals. This won't happen. We'll either leave with no deal on 31 October or there will be an election and then we will leave with no deal.

When they say 'so what is the point of delay?', we will say "This is not our delay, the government is not asking for a delay—Parliament is sending you a letter and Parliament is asking for a delay but official government policy remains that delay is an atrocious idea that everyone should dismiss. Any delay will in effect be negotiated between you, Parliament, and the courts—we will wash our hands of it, we won't engage in further talks, we obviously won't give any undertakings about cooperative behaviour, everything to do with 'duty of sincere cooperation' will be in the toilet, we will focus on winning the election on a manifesto of immediately revoking the entire EU legal order without further talks, and then we will leave. Those who supported delay will face the inevitable consequences of being seen to interfere in domestic politics in a deeply unpopular way by colluding with a Parliament that is as popular as the clap.

2 Boris Johnson und die dritte Fristverlängerung

> *Those who pushed the Benn Act intended to sabotage a deal and they've probably succeeded. So the main effect of it will probably be to help us win an election by uniting the leave vote and then a no deal Brexit. History is full of such ironies and tragedies.*

Gleichzeitig veröffentlichte Johnson Inhalte eines Telefongesprächs mit Angela Merkel, in dem diese sich negativ über den Brexit und pessimistisch zu den laufenden Verhandlungen geäußert haben sollte. Angeblich habe sie ein Veto angedroht; ein Austrittsvertrag zu den Bedingungen, die Johnson fordert, sei ein für allemal unmöglich. Das war eine ungeheuerliche Indiskretion, zumal das, was veröffentlicht wurde, weder im Duktus noch in der Wortwahl zu Angela Merkel passte. Das Kanzleramt in Berlin hüllte sich in Schweigen.

Der irische Premierminister Leo Varadkar wurde beschuldigt, bewusst überzogene Forderungen zu erheben, diese der EU insgesamt aufzuzwingen und damit jede Einigung zu verhindern. In Brüssel machten sich Frustration, Ratlosigkeit und wachsender Unwille breit. Jean-Claude Juncker hatte schon eine Woche zuvor gefordert, die britische Seite möge endlich ihre Forderungen in schriftlicher Form auf den Tisch legen und sich damit verbindlich zu ihren Vorstellungen äußern. Aus dem Parlament in Brüssel war zu hören, die britischen Vorstellungen hätten nicht die entfernteste Chance, akzeptiert zu werden. Donald Tusk erklärte, was er aus London höre, könne ihn nicht überzeugen. Gleichzeitig versicherte er den Premierminister der Republik Irland der uneingeschränkten Solidarität der gesamten EU.

Michel Barnier erklärte klipp und klar: *"The proposal of the British government as things stand isn't something we can accept. It replaces an operational, practical, legal solution with one that is simply a temporary solution."* [30] Aus

Donald Tusk, dem Vorsitzende des Europäischen Rates, brach es heraus: *"What's at stake is not winning some stupid blame game. At stake is the future of Europe and of the UK as well as the security and interests of our people. You don't want a deal, you don't want an extension, you don't want to revoke. Quo vadis?"* Guy Verhofstadt, im Parlament der EU für den Brexit zuständig, meinte:

> *"I think that the proposal that Boris Johnson one week ago put forward was not serious at all. I call it a virtual proposal, not a real proposal. It is a blame game. A blame game against everybody. A blame game against the European Union, against Ireland, against Mrs Merkel, against the British judicial system, against Labour, against Lib Dems, even Mrs May. The only one who is not to be blamed is Mr Johnson apparently. All those who are not playing his game are traitors, are collaborators, are surrenderers. The real traitor is he or she who risks bringing disaster on his country, its economy and its citizens by pushing Britain out of the European Union. That in my opinion is a traitor."* [31]

Beamte äußerten sich unter dem Mantel der Anonymität deutlicher: *"It's incredibly immature. Kids in the kindergarten behave more maturely than this. It's amazing, that's all I can say. This is so strange and immature. This can't be government policy, this can't be a majority opinion in Downing Street."* [32]

Am gleichen Tag sickerte durch, dass fünf Kabinettsminister bereit seien, die Regierung zu verlassen. Die Medien überschlugen sich mit Spekulationen, was die nächste Woche bringen würde. Denn am 17./18. Oktober sollte der Europäische Rat tagen, und dies war die letzte Gelegenheit, einen neuen Austrittsvertrag zu billigen. Bis dahin blieb nur noch eine Woche. Und in dieser Zeit, einer knappen Woche, müsste ein Vertragstext stehen, für den Theresa May 18 Monate gebraucht hatte.

2 Boris Johnson und die dritte Fristverlängerung 105

Um so größer war die Überraschung, als am 10. Oktober an die Öffentlichkeit drang, dass sich Boris Johnson mit seinem irischen Kollegen Leo Varadkar in Thornton Manor, auf der Halbinsel Wirral in Mittelengland, treffen werde.[37] Das Treffen dauert über drei Stunden. Leo Varadkar äußerte nach dem Treffen gegenüber der Presse:

"It was a positive meeting and sufficient to allow negotiations to resume in Brussels. The talks were at a very sensitive stage but were very positive and very promising. I do see a pathway towards an agreement in the coming weeks. There are, of course, issues yet to be fully resolved: The first is the issue of consent and democracy, ensuring that any long-term arrangement that applies to Northern Ireland has the consent of the people of Northern Ireland; the second is the whole issue of customs, ensuring that there is no customs border between the north and the south; and also we had a good discussion looking forward to how relationships might look after Brexit, how we can strengthen cooperation north and south economically and politically, and also between Britain and Ireland." [33]

Boris Johnson äußerte sich ähnlich optimistisch: Statt des erwarteten Abbruchs der Verhandlungen nun der Durchbruch. Das Pfund machte einen Sprung nach oben[38] und lag nun wieder deutlich über dem historischen Tief Anfang August, als es der Parität mit dem Euro gefährlich nahe gekommen war. Die Medien überschlugen sich mit Spekulationen, was diese Ansagen zu bedeuten haben. Rückblickend war die Dramatik der voraufgehenden Tage offenbar bewusst inszeniert worden, ganz besonders das

---

[37] Der Tagungsort wurde zunächst geheim gehalten.
[38] Es gewann binnen 24 Stunden fast 3 % an Außenwert.

ominöse Memorandum, um Druck auf Varadkar auszuüben. Brexit-Minister Steven Barclay wurde sofort nach Brüssel entsandt, um die Absprachen mit Michel Barnier in Vertragstext zu gießen.

An der Heimatfront fand zunächst am 14. Oktober die angekündigte feierliche Eröffnung der neuen Sitzungsperiode des Parlaments statt. Es war das übliche Zeremoniell. Die Queen trug ihre Krone und Prunkgewänder. In ihrer Erklärung betonte die Königin, dass ein fristgerechter EU-Austritt die höchste Priorität ihrer Regierung sei. Boris Johnson war erkennbar daran gelegen, die ganze Aufregung über Prorogation und die Krisensituation in den Verhandlungen mit der EU vergessen zu machen und der Weltöffentlichkeit zu signalisieren: *Business us usual!* Noch am darauffolgenden Tag bekräftigte Johnson zur Eröffnung der Debatte über die Queen's Speech, dass er das Land zum 31. Oktober aus der EU führen werde. Er verfiel dann wieder in seine gewohnten Phrasen und Superlative: *"We aim to create a new age of opportunity for the whole country. We are setting out our vision of an open, global, free-trading UK, with a high-wage, low-tax economy. This place is the greatest place to be, the greatest place on earth."* [34]

Am 16. Oktober berief Boris Johnson das Unterhaus zu einer ungewöhnlichen Samstagssitzung ein. Die Medien sprachen bereits vom *Super Saturday* und spekulierten, ob Johnson jetzt nicht doch noch ein fristgerechter Austritt zum 31. Oktober gelingen könne.

Danach ging alles Schlag auf Schlag: In Brüssel wurde, wie es schien, Tag und Nacht durchgearbeitet. Der Europäische Rat billigte einen neuen Austrittsvertrag am 17. Oktober 2019 [35] und beauftragte Kommission, Parlament und Ratssekretariat, alle erforderlichen Schritte zu treffen, damit das Abkommen zum 1. November 2019 in Kraft treten könne.

2 Boris Johnson und die dritte Fristverlängerung 107

Die Erwartungen waren hoch, als das Unterhaus am 19. Oktober zusammenkam. Johnson gab sich siegessicher. Er glaubte, eine zuverlässige Mehrheit für seinen neuen Vertrag gefunden zu haben. Die letzte Oktoberwoche, die dann noch verblieb, musste nach seiner Berechnung ausreichen, um die notwendigen technischen Gesetze durchs Parlament zu peitschen.

Am gleichen Tag zog abermals eine gewaltige Menschenmasse durch London, angeführt vom Londoner Bürgermeister Sadiq Khan, um gegen den Brexit und für eine erneute Volksabstimmung zu demonstrieren *(March Together for the Final Say).*[39]

In den ersten Debattenbeiträgen zeichnete sich eine positive Grundstimmung ab, obwohl die meisten Abgeordneten keine Zeit gehabt hatten, den neuen Vertragstext kritisch durchzulesen und mit Rechtsexperten auf Schwachstellen abzuklopfen. Johnsons Kalkulation schien aufzugehen, wonach nur genügend Druck aufgebaut werden musste, um das Parlament auch blind für den Brexit stimmen zu lassen.

Johnsons Nemesis wurde wieder Oliver Letwin. Er hatte schon Theresa May das Leben schwer gemacht. Er hatte der Idee von *indicative votes* den Weg geebnet, er war einer der Initiatoren, die Johnson auf eine Fristverlängerung gesetzlich festgelegt hatten, er war Anfang September unter denen, die Johnson aus der Fraktion ausgestoßen hatte, obwohl er schon im August angekündigt hatte, nicht erneut fürs Parlament kandidieren zu wollen. Letwin spürte, dass die Grundstimmung sich zugunsten von Johnsons Vertragsentwurf zu neigen begann. Er

---

[39] Mark Townsend: *March organisers hail 'one of the greatest protest marches in British history',* Guardian 19. Oktober 2019 (https://www.theguardian.com/uk-news/2019/oct/19/peoples-vote-march-hailed-as-one-of-greatest-protest-marches-in-british-history, 11. Januar 2020).

legte einen Antrag vor, der durch seine Zurückhaltung, die Art, wie er ihn begründete, und die Wirkung, die er erzeugte, als einer der listigsten Vorschläge in der Parlamentsgeschichte gelten muss: Er versicherte dem Premierminister seine grundsätzliche Unterstützung. Das klang besonders glaubhaft und versöhnlich, nachdem Johnson ihn kurz zuvor aus der Fraktion geworfen und ihn damit gezwungen hatte, als Unabhängiger aufzutreten. Letwin beschwor die Gefahr, dass, wenn das Parlament jetzt den Austrittsvertrag grundsätzlich billige, es immer noch zu einem *no-deal* Brexit kommen könne, wenn nämlich die Implementierungsgesetzgebung scheitern sollte. Damit wollte der den Terminplan Johnsons durchkreuzen und ihn zu einer Fristverlängerung zwingen. Er rechnete vor, dass bis zum 31. Oktober nur noch acht Sitzungstage blieben. In dieser extrem knappen Zeit musste ein dickes Paket von Implementierungsgesetzen durchs Parlament gebracht werden. Seine Sorge, der Zeitplan sei zu ehrgeizig und es könne immer noch ein Austritt aus der EU stattfinden ohne gültige gesetzliche Grundlage, war angesichts dieses engen Zeitrahmens nicht unbegründet. Jedenfalls konnte er eine hinreichende Anzahl von Abgeordneten überzeugen. Sein Antrag erhielt zum Erstaunen aller eine deutliche Mehrheit: 322 stimmten dafür, nur 306 dagegen. Aufschlussreich war das Stimmverhalten der Fraktionen: Mit Johnson gegen den Antrag stimmte geschlossen, die gesamte Tory-Fraktion (die allerdings durch die Säuberungen vom September auf 283 abgesunken war), 17 Unabhängige (vermutlich die Mehrheit derer, die Johnson aus der Fraktion ausgeschlossen hatte, darunter allerdings auch Rory Stewart), und sechs Labour-Abgeordnete. Dafür stimmten 231 Labour-Abgeordnete, alle 35 Abgeordnete der SNP, alle 19 Liberaldemokraten, 10 nordirische DUP-MPs, 17 Unabhängige (darunter Hammond, Letwin, Grieve und

Greening), die fünf Abtrünnigen vom Frühjahr, die sich in der Minifraktion Change UK-The Independent Group (TIG) zusammen gefunden hatten, 4 MPs von Plaid Cymru und die eine Grüne. Das war zwar eine Niederlage für Johnson. Aber die Opposition war hoffnungslos zersplittert. Es war ihm immerhin gelungen, sechs Labour Abgeordnete auf seine Seite zu ziehen. Die Financial Times errechnete daraus eine knappe aber ausreichende Mehrheit (320:315) für Johnsons Austrittsvertrag. [36]

Die demütigende Niederlage am 19. Oktober entsprang nicht nur dem Zögern vieler Abgeordneter, die sich überfahren und nicht imstande fühlten, aus dem Stand heraus über einen so komplexen Text endgültig abzustimmen. Die Änderungen im Nordirland Protokoll und in der Politischen Erklärung waren in ihrer Tragweite schwer abzuschätzen. Sie erschlossen sich nicht bei der ersten Lektüre, ihre langfristigen Folgen blieben im Dunkeln. Tatsächlich erweckte unter allen Abgeordneten, die in dieser Debatte das Wort ergriffen, nur Sir Keir Starmer, der Brexit-Beauftrage der Labour Partei, den Eindruck, dass er diese Dokumente nicht nur gelesen sondern auch analysiert hatte. Johnsons Niederlage entsprang noch viel mehr einem abgrundtiefen Misstrauen gegen seine Person. Immer wieder tauchte in den Debattenbeiträgen der Vorwurf auf, Johnson verwickele sich in unauflösliche Widersprüche, sein ganzer Kurs sei opportunistisch, undurchdacht und auf Effekthascherei aus. Seine Glaubwürdigkeit, seine Integrität, sein Charakter wurden in Zweifel gezogen. Seine radikal-aggressive Rhetorik, ganz darauf abgestimmt, einzuschüchtern und zu diffamieren, hatte ihm unnötig viele persönliche Feinde gemacht. Das Abstimmungsergebnis war nicht so sehr eine Zurückweisung seiner Brexit-Pläne, sondern eine Ablehnung seiner Person.

Damit war Johnson mit seinem Zeitplan, wenn auch nicht mit der Substanz seines Austrittsplans gescheitert. Sein Verbindungsmann im Unterhaus, Jacob Rees-Mogg, gab sich ungnädig und sprach am Abend davon, die Abstimmung am Montag zu wiederholen, einige Stimmen seien eben relevant, andere nicht, und fügte einige wenig schmeichelhafte Ausdrücke über das Parlament hinzu. [37] Zuvor schon war der Attorney General Geoffrey Cox lautstark aufgetreten und hatte am 25. September das Parlament beschimpfte, es sei ein *"dead Parliament, it has no moral right to sit on these green benches, this Parliament is a disgrace! The time is coming, when even these turkeys will not be able to prevent Christmas!"* Er sprach dann ausdrücklich von *"cowards and traitors."* [38]

Am Abend des 19. Oktober musste sich zeigen, was Johnsons Versicherungen, er werde das Land fristgerecht zum 31. Oktober aus der EU heraus führen, wert waren. Das Gesetz[40] verpflichtete ihn, um Aufschub zu bitten. Seine Ehre bzw. seine Selbstachtung geboten ihm, das Gesetz zu missachten. Die Lösung, auf die er und seine Mitarbeiter verfielen, war ebenso infantil wie entwürdigend: Er ließ seinen Botschafter in Brüssel nicht einen, sondern gleich drei Briefe übergeben. Der erste enthielt die Bitte um Aufschub – allerdings in Formulierungen, die deutlich machen sollten, dass dies eine reine Pflichtübung war, zu der ihn das Parlament gezwungen hatte. Der Brief wurde als Fotokopie ohne Unterschrift übergeben. [39]

Gleichzeitig übergab der Botschafter Tim Barrow einen zweiten Brief, in dem Johnson erklärte, dass er und die britische Regierung keinerlei Fristverlängerung wollten. Johnson bat sogar ausdrücklich darum, einer Fristverlängerung

---

[40]European Union (Withdrawal) (No. 2) Act 2019.

2 Boris Johnson und die dritte Fristverlängerung 111

bis zum 31. Januar 2020 nicht zuzustimmen. Er widersprach damit als Regierungschef direkt der Willenserklärung, die er gleichzeitig ohne Unterschrift im Auftrag des Parlaments abgegeben hatte. Der dritte Brief enthielt eine Begleitnote des Botschafters, die das Verhältnis beider Briefe erklären sollte. Gefragt, was von dieser ungewöhnliche Art, einen Brief zu schreiben, zu halten sei, erwiderte der Sprecher von Johnson, das Parlament habe ihn verpflichtet, einen Brief zu schreiben, nicht aber, den Brief zu zeichnen. An der Tatsache, dass ein Brief ohne rechtsgültige Unterschrift eben kein Brief ist, ging diese kindisch-trotzige Begründung arrogant vorbei. Es gibt in der Geschichte der Demokratie kein anderes Beispiel für eine solche öffentliche, nach außen gerichtete Desavouierung eines Parlaments durch die von ihm zu kontrollierende Regierung. Johnson erklärte mit dieser eigenartigen Briefaktion, dass er zwar rein formal sich den Auflagen des Souveräns beugte, sie aber in der Substanz zu unterlaufen gedachte. Das war im Grunde nichts anderes als der erste Schritt zu einer Revolution.

Donald Tusk nahm in Brüssel jedoch umgehend allen Spekulationen über die rechtliche Qualität dieses fragwürdigen Dokuments die Spitze und bestätigte, er habe die Bitte der britischen Regierung mit der Bitte um Fristverlängerung erhalten. Er ignorierte einfach die formalen Fehler und behandelte den eigentlich ungültigen Brief als verbindliche Willensäußerung des Völkerrechtssubjekts Vereinigtes Königreich. Damit stellte er auch klar, dass diese Willensäußerung seiner Auffassung nach in Konformität mit den verfassungsmäßigen Vorschriften entstanden war und brach auf diese Weise allen Argumenten über die Qualität dieses Schreibens die Spitze ab.

Noch am Sonntag (20. Oktober) berieten die EU-Botschafter (AStV) in Brüssel und machten den Weg für eine Verlängerung der Austrittsfrist bis 31. Januar frei, die formal am 28. Oktober – drei Tage vor Ablauf der Frist – von Donald Tusk bestätigt wurde. Er nannte die erneute Fristverlängerung eine *flextension,* weil sie die Option enthielt, schon früher auszutreten, sofern der innerstaatliche Gesetzgebungsprozess in Großbritannien abgeschlossen werden konnte. Johnson bestätigte diese Fristverlängerung umgehend – dieses Mal sogar mit Unterschrift.

Johnson konnte sich noch zweier unerwarteter Triumphe freuen. Am 22. Oktober billigte das Unterhaus in zweiter Lesung seinen Austrittsvertrag (329:299). Damit war zum ersten Mal überhaupt in der Geschichte des Brexit eine parlamentarische Mehrheit für einen Austrittsvertrag zustande gekommen – auch wenn der nicht mehr in der knappen verbleibenden Zeit umgesetzt werden konnte. Der zweite Triumph war vielleicht noch entscheidender: Am 28. Oktober hatte das Parlament noch Neuwahlen verworfen, weil das Abstimmungsergebnis, obwohl in der Mehrheit eindeutig, die gesetzlich erforderliche Zweidrittelmehrheit (434) mit einem Ergebnis von 299:70 verfehlte. Eine erneute Abstimmung am folgenden Tag erbrachte jedoch die erforderliche Mehrheit von 438:20. Labour hatte sich enthalten. Johnson hatte im Gegenzug versprechen müssen, sein Austrittsgesetz vorerst fallen zu lassen und erst im neu gewählten Parlament wieder einzubringen. Er sagte zu, sämtliche Pläne für einen *no-deal,* die die Operation Yellowhammer immer noch voran trieb, einzustellen. Damit war die Gefahr eines *no-deal* gebannt. Der Knoten schien plötzlich lösbar. Die kommende Wahl würde fast wie eine erneute Volksabstimmung endgültig Klarheit in der Brexit-Frage bringen. Oder war dies eine Illusion? Erstens lag das Wahlergebnis völlig im Dunkeln, nachdem Meinungsumfragen in den letzten Monaten eine höchst ungewöhnlich

Fluktuation in den Wahlabsichten der Bevölkerung zutage gefördert hatten. Zweitens war klar, dass Johnson zwar den Wahlkampf ganz auf die Brexit-Frage zuspitzen würde, dass aber andere Parteien ebenso entschieden andere Themen in den Mittelpunkt rücken würden. Wer würde gewinnen? Welches Thema würde bei den Wählern die Entscheidung bringen?

Der Termin für die nächste Parlamentswahl wurde auf den 12. Dezember festgesetzt. Am 6. November wurde das Parlament aufgelöst. Es war vor nicht einmal 30 Monate erst frisch gewählt und weniger als vier Wochen zuvor feierlich von der Königin eröffnet worden. Johnson hatte das Parlament in seinem Machtkampf um den Brexit zum Spielball seiner Ambitionen gemacht und ihm seine Machtlosigkeit vor Augen geführt, sobald die Regierung sich nicht mehr an den ungeschriebenen Komment von Tradition und Gewohnheit hielt. Das Parlament, dessen stolzer Anspruch, die Souveränität des Landes zu verkörpern und höchste politische Entscheidungsinstanz zu sein, hatte viel von seinem Ansehen und seiner Glaubwürdigkeit eingebüßt. Seine strukturelle Schwäche ließ sich nicht mehr verbergen. Der Brexit, der die unangefochtene Stellung des Parlaments an der Spitze der innenpolitischen Machtpyramide wieder herstellen sollte, hat statt dessen das traditionelle Rollenverständnis dieses Parlaments untergraben und seine Ohnmacht evident werden lassen. In den Augen vieler verdiente ein Parlament nicht mehr ernst genommen zu werden, wenn es in einer Schicksalsfrage der Nation so wenig in der Lage war, einen klaren Kurs vorzugeben. Anderen kamen Zweifel, wie weit es mit der Vorbildlichkeit des als Modelldemokratie gepriesenen Westminster Parlaments her sei.

2.5 Ein neuer Vertrag – alter Wein in neuen Schläuchen?

> *Denn eben wo Begriffe fehlen,*
> *Da stellt ein Wort zur rechten Zeit sich ein.*
> Johann Wolfgang von Goethe

Am 14. Juli 2019 wurde England zum ersten Mal in seiner Geschichte Weltmeister im Cricket, nachdem es in einem nervenaufreibenden Spiel in der Verlängerung gegen Neuseeland einen äußerst knappen Sieg gewonnen hatte – und das noch zuhause, auf dem Cricketplatz von Lords, der für Cricket etwa das ist, was St. Peter in Rom für die katholische Kirche ist. Es war ein Sieg für das traditionelle England unter dem weiß-roten St. Georgskreuz – nicht für Großbritannien und schon gar nicht für das Vereinigte Königreich. Der Sieg gab dem englischen Nationalstolz ungeheuren Auftrieb. Wer das Cricket-Fieber nicht kennt, nicht weiß, dass Cricket-Stars in der englischen Gesellschaft einen höheren Status haben als die berühmtesten Hollywood-Schauspieler oder Basketball-Stars in den USA, wer nicht weiß, wie stark sich die Vorstellungen von Fairness, vom *gentlemanlike* Verhalten, von der englischen zivilisatorischen Mission und dem englischen Exzeptionalismus gerade an diesem Spiel festmachen lassen, wird kaum verstehen, wie stark dieses Ereignis Gemüter in England bewegte. Jacob Rees-Mogg kommentierte kokett (und ohne erkennbaren logischen Zusammenhang): *"We clearly don't need Europe to win."* [40]

In ihren Begeisterungsstürmen hatten die meisten Kommentatoren eines übersehen. Der Kapitän der englischen Mannschaft hieß Eoin Morgan und stammte aus Dublin. Er war dort aufgewachsen, hatte dort angefangen Cricket zu spielen und war dort zur Schule gegangen. Er war waschechter Ire! Der Regierungschef Irlands, Leo Varadkar, schlachtete diese Tatsache sofort genüsslich aus. Die zweischneidige Erfahrung dieses Siegs war symptomatisch für die gesamte Brexit-Debatte: Ein erstarkender englisch-partikularer Nationalismus zusammen mit einem triumphalistischen Anspruch auf Weltgeltung; ein Rückzug auf ein fast schon provinziell anmutendes Idyll von Tradition und abgegrenzter Englishness zusammen mit einem Begeisterungstaumel für Globalismus und Weltoffenheit; und plötzlich die ernüchternde Erkenntnis, dass der Schlüssel zu diesen Erfolgen in den Händen der Iren liegen könnte, einem Nachbarn, den noch kein Tory für voll genommen oder als ebenbürtig akzeptiert hat.

Zunächst scheint Johnson zweigleisig gefahren zu sein. Er wollte einen neuen Austrittsvertrag, aber er wollte, anders als seine Vorgängerin, die *no-deal* Alternative nicht bloß als verbale, sondern als reale Drohung behalten. Deshalb intensivierte er die Vorbereitungen für einen *no-deal (Operation Yellowhammer)*. Er glaubte, dass sowohl das Parlament wie auch die EU – und hier in erster Linie die Republik Irland – nur bereit sein würden, sich auf einen neuen Austrittsvertrag einzulassen, wenn sie überzeugt waren, dass sie sonst mit einem *no-deal* zu rechnen hatten. Vor allem für Irland war dies die schlechteste Option. So sehr Irland auf den *backstop* gedrängt hatte, so klar war Dublin zugleich, dass ein *backstop* eben nur im Rahmen eines Austrittsvertrags zu haben war und jede Alternative auf einen vertraglich ungeregelten Zustand der Grenze auf der irischen Insel hinauslaufen würde. Das war auch aus der Sicht Dublins die schlechteste aller Lösungen. Lieber also die *backstop*-Regeln noch einmal aufmachen und eine neue vertragliche Regelung bekommen als gar keine: Ohne Austrittsvertrag kein einvernehmliches Grenzregime! Je härter der Brexit, um so härter die Grenzproblematik auf der irischen Insel, um so härter der Zusammenprall zwischen EU-Normen und den neuen Normen eines selbstständigen Großbritanniens.

Johnson wusste nur zu gut, dass die *cliff-edge*-Szenarien eines *no-deal* übertrieben waren. Selbst ein *no-deal* Brexit hätte nicht das Ende aller Dinge bedeutet. In den Schubladen von EU und der britischen Regierung lagen längst schon einseitige, abgestimmte Notmaßnahmen, die dafür sorgen würden, dass nicht von einem Tag auf den anderen der gesamte Verkehr, sämtliche Lieferketten, der Geld- und Warenverkehr und die Zusammenarbeit in Sicherheit und Justiz abrupt zum Stillstand kommen würden. Danach würde eine hektische Betriebsamkeit einsetzen, um die wichtigsten Bereiche mittelfristig rechtlich abzusichern. Hierfür waren keine komplexen Verträge notwendig; simple, kurze Memoranden würden zunächst genügen. Und dann würde man sich mit vollem Elan daran machen, aus der Ungewissheit eines vertraglosen Zustands langsam wieder empor zu klimmen auf ein neues Plateau langfristiger Beziehungen.

Wie war es Johnson gelungen, in knapp zwei Monaten zu erreichen, was Theresa May nicht einmal in knapp zwei Jahren gelungen war? Nimmt man die besorgten Stimmen der ersten Oktoberwoche ernst, ist der Durchbruch sogar in weniger als einer Woche gelungen.

Natürlich konnten Boris Johnson und sein Chefunterhändler David Frost in dieser kurzen Zeit keinen völlig neuen Vertrag aushandeln. Johnson konzentrierte sich deshalb von Anfang an auf vier strategisch wichtige Punkte:

- Der Begriff *backstop* musste verschwinden. Er war negativ vorbelastet und drohte, mit seiner toxischen Wirkung den gesamten Vertrag zu vergiften.
- Das Nordirland-Problem musste in ambivalenter Schwebe gehalten werden: Nordirland musste technisch im Ver-

2 Boris Johnson und die dritte Fristverlängerung 117

bund des Vereinigten Königreichs bleiben; für die Praxis mussten Mechanismen gefunden werden, die Waren- und Personenkontrollen an der Landesgrenze zwischen Nord und Süd vermieden – selbst wenn dies bedeuten sollte, dass solche Kontrollen dann auf der Irischen See zwischen Ost und West stattzufinden haben.

- Die politische Erklärung über die künftigen Beziehungen musste abgeschwächt werden, um das Ausmaß künftiger Bindungen an EU-Regeln, Normen und Standards nicht zu stark zu präjudizieren.
- Das Ganze musste sich als völlig neuer Vertrag verkaufen lassen. *No lipstick on a pig!* war die Devise, die Johnson an seine Mitarbeiter ausgab.

Anders als seine Vorgängerin, die Binnenmarkt und Zollunion zwar verbal eine scharfe Absage erteilt hatte, dann aber pragmatisch Lösungen gesucht hatten, die unter anderem Namen auf eine weitgehende Annäherung hinausliefen,[41] verstand Johnson, dass Halbheiten und Kompromisse in dieser zentralen Frage seine Glaubwürdigkeit nur untergraben konnte. Er schlug einen radikalen Brexit-Kurs ein, der auf völlige Trennung von der EU und Rückgewinnung unumschränkter wirtschaftspolitischer Autonomie hinauslief. Er hatte schon zwei Jahre zuvor erklärt: *"There is no point in coming out of the EU and then remaining in a rotational orbit around it. That is the worst of both worlds. You have to be able to have control of your regulatory framework."* [41] Damit hatte er sich damals gegen den Kurs seiner Premierministerin und Parteiführerin gestellt, die sich hier eine engere Anbindung wünschte. Vor allem achtete er darauf,

---

[41]Das war im Grunde der Inhalt ihres Weißbuches vom Sommer 2018 mit seinen Vorschlägen eines *Common Rule book* und eines *Facilitated Customs Arrangement*. Siehe BEB, S. 207; BCC, S. 158–9.

dass das gesamte Brexit-Dossier ungeschmälert in seinen eigenen Händen blieb. Er ernannte zwar Stephen Barclay zum Brexit-Minister. Der hatte aber noch weniger eigenen Spielraum als sein unglücklicher Vorgänger in Mays Kabinett, Dominic Raab. Die Brexit-Verhandlungen wurden im engsten Kreis um Boris Johnson konzipiert und gesteuert, lediglich die Umsetzung in Vertragssprache war Aufgabe von David Frost,[42] der in dieser Aufgabe Olly Robbins[43] nachgefolgt war. Michael Gove war als Chancellor of the Duchy of Lancaster mit der Koordinierung der Brexit-Politik nach innen betraut.

Mit seiner siegessicheren Rhetorik setzte Johnson das Parlament und die Parteien unter steigenden Erfolgsdruck – sich selbst allerdings auch. Die zahllosen Vorhersagen, dass er den Brexit zum 31. Oktober liefern werde, fielen am 19. Oktober schmählich auf ihn selbst zurück, als er doch noch um Fristverlängerung bitten musste.[44]

Geschadet hat ihm aber auch diese Blamage nicht. Johnson wird oft mit einem Teflon-Mann verglichen, dem selbst die ärgsten Fehlleistungen nicht wirklich schaden können, weil er sie nicht als schädlich akzeptiert. Wie ein Boxer, der nach einem schweren Treffer vielleicht kurz wankt, dann aber nicht in seine Ecke zurückkehrt, um sich zu berappeln, sondern sofort zum Gegenangriff übergeht,

---

[42]David Frost war ein Karrierediplomat, der Boris Johnson als engster Mitarbeiter im Foreign and Commonwealth Office zugearbeitet hatte, als Johnson kurzzeitig Außenminister war (2017–2018).

[43]Olly Robbins trat im Juli 2019 zusammen mit der Regierung Theresa May zurück und verließ den Civil Service. Obwohl noch keine 45 Jahre alt, übernahm er eine gut dotierte Dozentur an der Blavatnik School of Government in Oxford und wurde Managing Director in der Investment-Abteilung bei Goldman Sachs.

[44]Einige bissige Kommentatoren suchten öffentlich nach einem geeigneten Graben, in dem man den Premierminister nunmehr entsorgen könne, nachdem er erklärt hatte, er wolle lieber tot im Graben liegen als um Fristverlängerung bitten.

2 Boris Johnson und die dritte Fristverlängerung 119

so schlägt Johnson nach jeder Schlappe mit verstärkter Kraft zurück.[45]

Johnsons Vertragsentwurf ist zu 98 % der Vertrag, den Theresa May ein knappes Jahr zuvor vorgelegt hatte. Er unterscheidet sich in dem Protokoll zu Nordirland und in der Politischen Erklärung. Diese beiden Dokumente umfassen 13[46] bzw. 26 Seiten. Die nahezu 600 Seiten des eigentlichen Vertrags, die die Austrittsmodalitäten regeln, blieben unverändert. [42]

Die entscheidende Neuerung in dem Austrittsvertrag, den Johnson ausgehandelt hat, liegt im Nordirland Protokoll. Sie verdient deshalb eingehende Analyse. Mays Entwurf betrachtete den *backstop* als Übergangslösung. Er nennt den 31. Dezember 2020, das Ende der Übergangsperiode, als vorgesehenes Auslaufdatum. Im Idealfall wäre der *backstop* also gar nicht in Kraft getreten, weil er vor Ende 2020 in einem neuen umfassenden Freihandelsabkommen aufgehoben worden wäre. Nur für den Fall, dass bis dahin kein Rahmenabkommen vereinbart sein sollte, hätte Nordirland – in der zweiten Version das gesamte Vereinigte Königreich – so lange in der Zollunion bleiben müssen, bis eine befriedigende Lösung für die Grenzproblematik gefunden war. Der *backstop* war, wie der Name nahelegte, eine Rückfallposition, ein Sicherheitsnetz. Er beschrieb kein anzustrebendes Ziel, sondern einen Zustand, den es zu überwinden galt. Er garantierte, dass das bestehende Grenzregime auf der irischen Insel auch unter den unwahrscheinlichsten Bedingungen unverändert

---

[45]Darin zeigt er beängstigende Parallelen zu Donald Trump und einigen fragwürdigen Gestalten aus dem vorigen Jahrhundert, deren Machthunger stets jeden Selbstzweifel überschattete. Trump und Johnson sind aus ähnlichem Holz geschnitzt, verstehen sich bestens und scheuen keine Klischees, sich gegenseitig Größe und einzigartige Fähigkeiten zu attestieren.

[46]Sieht man von den 48 Seiten von Annexen ab, die juristische Verweise und technische Klarstellungen enthalten.

fortbestand. Das Verhältnis beider Nachbarn sollte sich grundlegend ändern, nur der Charakter der sie trennenden Grenze nicht. Es war die Quadratur des Kreises. Die meisten Brexiteers argwöhnten, dass solch ein Provisorium die Gefahr barg, permanent zu werden. Denn der Zielkonflikt war offenbar, Allen, die mit der Problematik vertraut waren, musste klar sein, dass rein technische Lösungen nicht ausreichen würden, obwohl viele Brexiteers, darunter auch Johnson, nicht müde wurden, derartige futuristische Wunderlösungen anzupreisen. Sowohl die EU wie die britische Regierung hatten betont, dass die Beruhigung der Lage, die nach dem Karfreitagsabkommen auf der irischen Insel entstanden sei, nicht aufs Spiel gesetzt werden dürfe. Auch die Personenfreizügigkeit, die die Common Travel Area zwischen dem Vereinigten Königreich und der Republik Irland seit 1923 garantiert, dürfe nicht eingeschränkt werden. Auf der anderen Seite war klar, dass an dieser Grenze zwei unterschiedliche Ordnungen aufeinander stoßen würden, die sich in Immigration, Sicherheit, Justiz, Marktordnung, Arbeitsbedingungen, Lebensmittel- und Umweltstandards unterscheiden würden. Und je weiter diese Standards, Normen und Vorschriften auseinander klaffen, um so schwieriger wird es werden, auf Grenzkontrollen zu verzichten. Denn selbst wenn Zollabfertigungen und Personenkontrollen weit von der eigentlichen Grenzlinie entfernt automatisiert oder von Spediteuren und Busunternehmen in Eigenverantwortung vorgenommen werden sollten, blieb die Frage unbeantwortet, was geschehen solle, falls derartige Absprachen unbeachtet bleiben. Irland hat eine lange Geschichte von Schmuggel und Bandenkriminalität. Es wäre ein Wunder, wenn derartige bürokratische Prozesse diese Traditionen nicht wieder aufleben lassen würden. Die im Protokoll vorgesehenen Kontrollen und Abgaben laden förmlich dazu ein, sie zu unterlaufen. Zumindest

2 Boris Johnson und die dritte Fristverlängerung

Stichproben würden an der Grenze notwendig werden, um Transporte, in denen derlei Absprachen missbräuchlich umgangen wurden, abzuschrecken, zu identifizieren und zurückzuweisen.

> ### Nordirland
>
> Nordirland ging 1922 aus der Teilung der irischen Insel hervor. Ursprünglich sollte diese Teilung nur vorübergehend sein. Über den jeweiligen lokalen Parlamenten und Regierungen sollte nach der Teilung ein Lord Lieutenant die königlichen Vollmachten weiterhin auf der gesamten Insel wahrnehmen. Der Sieg der auf Sezession drängenden Nationalisten in Dublin und die Proklamation des unabhängigen irischen Freistaats am 6. Dezember 1922 zog am Folgetag die Sezession Nordirlands aus dem gesamtirischen Staatsverband nach sich. Die dort lebenden Protestanten, überwiegend Nachkommen englischer und schottischer Siedler, die in den vierhundert Jahren zuvor auf die Insel gekommen waren, wollten unter allen Umständen Teil des Vereinigten Königreichs bleiben. Die Grenzziehung war schon zuvor so erfolgt, dass die Protestanten, die auf der ganzen Insel eine Minderheit bildeten, in dem abgetrennten Gebiet Nordirlands nunmehr einer strukturellen Mehrheit sicher sein konnten. Deshalb waren von der historischen Provinz Ulster drei Bezirke abgetrennt worden.[i]
>
> Nordirland behielt zunächst den Status eines Dominion. An der Spitze stand ein Gouverneur, der als Repräsentant der Krone eine Regierung einberief, wobei er auf Mehrheiten im Parlament (nach dem Amtssitz Stormont genannt) Rücksicht zu nehmen hatte. Da Nordirland eine strukturelle protestantische Mehrheit hatte und seine gesamte *raison d'être* darin lag, die Verbindungen zum Vereinigten Königreich zu halten, hatten irisch-nationalistische Katholiken keine politischen oder gesellschaftlichen Chancen. Der erste Premierminister Nordirlands, James Craig, verkündete 1934 laut und stolz: *"They still boast of Southern Ireland being a Catholic State. All I boast of is that we are a Protestant Parliament and a Protestant State. It would be rather interesting for historians of the future to compare a Catholic State launched in the South with a Protestant State launched in*

the North and to see which gets on the better and prospers the more."[ii]

Sein Nachfolger David Trimble erklärte 65 Jahre später, Nordirland sei eine ungemütliche Behausung *(cool house)* für Katholiken.

Katholiken waren nicht nur praktisch von allen Ämtern und einflussreichen Berufen ausgeschlossen. Sie fanden in den großen Industriebetrieben keine Arbeit. Sie waren der Willkür der protestantisch kontrollierten Polizei ausgeliefert. Die dadurch erzwungene Abwanderung zahlreicher katholischer Iren lag ganz im Interesse der herrschenden protestantischen Oberschicht, weil sie dadurch die eigene Majorität gestärkt sah. Die farbige Bürgerbewegung unter Martin Luther King schwappte in den 60er Jahren hinüber nach Nordirland und ermutigte die Katholiken, gegen ihre systematische Diskriminierung aufzubegehren. Es kam zu ersten Zusammenstößen zwischen den verfeindeten Gruppierungen. Diese Animositäten lassen sich nicht auf einen aus der Zeit gefallenen konfessionellen Gegensatz reduzieren. Konfessionen wirken hier nur wie Kristallisationspunkte, an denen sich tief sitzende Gravamina manifestieren: Unionisten sind Royalisten. Sie verstehen sich als Nachfahren von Siedlern, die seit jeher Wirtschaft und Politik kontrolliert haben. Sie sind in der Regel konservativ und wollen um jeden Preis Nordirland im Gefüge des Vereinigten Königreichs halten, weil sie von dorther kulturell geprägt sind. Katholiken sind Republikaner und kämpfen für ein von London unabhängiges, selbstständiges Irland. Sie haben überwiegend sozialdemokratische, wenn nicht sozialistische Neigungen, sie verstehen sich als Nachkommen der legitimen Ureinwohner, die sich über Jahrhunderte unterdrückt, diskriminiert, drangsaliert und um ihr eigenes Land betrogen sahen. Wer heute durch die Shankill Road oder die Falls Road in Belfast geht, erhält einen erschütternden Eindruck davon, wie tief diese Antipathien noch sitzen. Vom Dach der einen Häuser weht der Union Jack, von dem anderer die irische Trikolore. Auf überlebensgroßen Wandmalereien werden maskierte, schwer bewaffnete Kämpfer als Heroen, Märtyrer und Vorbilder gefeiert. Mauern trennen die Straßenseiten voneinander. Nachts patrouilliert Polizei entlang dieser Mauern. Soziale Interaktion zwischen den verfeindeten Gruppierungen bleibt rar. Die

2 Boris Johnson und die dritte Fristverlängerung 123

Radikalen jeder Seite bilden heute noch eine verschworene Gemeinschaft, in der oft genug Selbstjustiz geübt wird. Koedukation zwischen den Gruppen findet kaum statt.

Diese Spannungen entluden sich Anfang der 70er Jahre in Morden und Attentaten. Die Briten sprachen von Terror, die IRA von einem legitimen Freiheitskampf. Die britische Regierung hatte 1969 Militär nach Nordirland entsandt. Für den Einsatz gegen Zivilisten kaum geschulte junge Fallschirmjäger schossen am 30. Januar 1972 in Londonderry blind in eine demonstrierende, unbewaffnete Menge. Sie töteten dreizehn Demonstranten, darunter fünf 17-Jährige. Fünf anderen wurden in den Rücken geschossen. Als Blutsonntag *(Bloody Sunday)* ist dieser Tag in die mythologisch verbrämte Geschichte Irlands eingegangen. Gefördert wurde die Mythenbildung dadurch, dass die britische Seite sich fast vierzig Jahre weigerte, den Vorfall objektiv untersuchen zu lassen. Erst Tony Blair beauftragte Lord Mark Saville, die Ereignisse juristisch aufzuarbeiten. Der 5000 Seiten umfassende Bericht wurde 2010 vorgelegt. Premierminister Cameron nahm dies zum Anlass, sich förmlich zu entschuldigen.[iii]

Erst 1973 legte der letzte Gouverneur sein Amt nieder,[iv] und Nordirland bekam eine demokratische Verfassung, die allerdings nach wenigen Tagen bereits wieder suspendiert wurde. Die Zeit von 1972 bis 1998 wird mit dem Euphemismus *The Troubles* bezeichnet. Tatsächlich herrschte eine Form des Bürgerkriegs, in dem britisches Militär und die paramilitärische Irish Republican Army (IRA) sich gegenseitig bekriegten. Über 3000 Menschen verloren ihr Leben, zahllose Menschen wurden jahrelang mit fragwürdiger Begründung inhaftiert, über 50.000 wurden verletzt. Nordirland wurde direkt von London verwaltet, nicht durch das Westminster Parlament, sondern durch Verordnungen des Kronrates *(Orders in Council)*. Die Briten betrachteten die IRA als Terroristen, die IRA verstand sich als militärischer Arm der Partei Sinn Féin und rechtfertigte ihre Gewalt mit der Unterdrückung der autochthonen irisch-katholischen Bevölkerung. Es war ein Teufelskreis: Die Anschläge führten zu massiver Repression des britischen Militärs, und diese Repression galt der IRA wiederum als Rechtfertigung für weitere Anschläge.

Erst 1998 gelang eine Verständigung aller Parteien. Dabei spielten die USA mit ihrem Vermittler George J.

Mitchell *(United States Special Envoy for Northern Ireland)* eine entscheidende Rolle. Ihm gelang es, die drei Hauptbeteiligten schrittweise auf einige Grundprinzipien festzulegen und sie auf dieser gemeinsamen Grundlage zu weiterer Kooperation zu ermuntern. Die Aussicht auf massive finanzielle Hilfen aus Washington half den verfeindeten Parteiführern John Hume (Social Democratic and Labour Party, SDLP) David Trimble (Ulster Unionist Party, UUP) und Gerry Adams (Sinn Féin) zu einander Vertrauen zu schöpfen und sich auf eine neue Verfassung für Nordirland zu einigen. Der zufolge sollten beide Gruppierungen gleichberechtigt eine permanente mandatorische Koalition bilden: Die stärkere Gruppe sollte den Premierminister stellen, die zweitstärkste seinen Stellvertreter. Für wichtige Regierungsentscheidungen war die Zustimmung beider Seiten erforderlich. Jede Gruppe erhielt ein faktisches Veto im Parlament *(petition of concern)*, sofern sie geltend machen konnte, in wesentlichen eigenen Interessen betroffen zu sein (Seit 1998 ist fast 160-mal von diesem Veto Gebrauch gemacht worden – also in den wenigen Jahren, in denen dieses Arrangement überhaupt funktioniert hat, etwa jeden Monat einmal). Es wurde eine völlig neue Polizei aufgebaut, der Police Service of Northern Ireland (PSNI). Die Republik Irland verzichtete auf das in ihrer Verfassung ursprünglich verankerte Wiedervereinigungsgebot. Beide Seiten einigten sich, dass die zukünftige Zugehörigkeit Nordirlands in einer Volksabstimmung entschieden werden kann. Das Abkommen wurde am 10. April 1998, einem Karfreitag, in Belfast unterzeichnet. Deshalb ist es als *Good Friday Agreement* bekannt geworden. Unionisten bevorzugen die Bezeichnung *Belfast Agreement*. Neue Unstimmigkeiten lösten jedoch eine erneute Phase von *direct rule* aus Whitehall aus. Erst 2007 nahmen die im Abkommen von 1998 vorgesehenen Strukturen dauerhaft ihre Arbeit auf. Nordirland hat seither einen beeindruckenden wirtschaftlichen Aufschwung erlebt. Es konnte bedeutende Direktinvestitionen aus den USA anziehen. Ein großer Teil dieses Aufstiegs dürfte allerdings auf umfangreiche Zuschüsse zurückzuführen sind: Nordirland erhält nicht nur erhebliche Gelder aus Brüssel und aus den USA, sondern jährlich etwa £10–12 Mrd. an Direktzuweisungen aus dem britischen Staatsbudget; Nordirland kostet den englischen

2 Boris Johnson und die dritte Fristverlängerung 125

Steuerzahler etwa genau so viel wie die Mitgliedschaft in der EU. Etwa 50 % aller Verwaltungsausgaben in Nordirland werden durch diese Transfers gedeckt. Dadurch ist in Nordirland eine hochmoderne, wenn auch nicht flächendeckende Infrastruktur entstanden. Sie konzentriert sich auf einige Dutzend Vorzeigeprojekte.

Das Abkommen wurde in einem Volksentscheid gebilligt: Bei einer Beteiligung von 81,1 % stimmten 71,1 % aller Wähler für das Abkommen – einer der wenigen Volksentscheide, in dem tatsächlich mehr als die Hälfte des Volkes (Zustimmungsquote: 57 %) zugestimmt hat. An der Legitimation des Abkommens können keine Zweifel bestehen. Um so bedenklicher erscheint, dass das Abkommen von den 21 Jahren nach seinem Abschluss 12 Jahre über nicht wie vorgesehen funktioniert hat (1998–2007; 2017–2020).

Am 9. Januar 2017 zerbrach die Koalition zwischen DUP und Sinn Féin. Sinn Féin warf den DUP-Ministern Vertrauensbruch, Korruption und ineffektive Amtsführung vor. Der Bruch vertiefte sich über ein umstrittenes Sprachengesetz. Seither verfügt Nordirland über keine demokratisch legitimierte Regierung mehr. Die Beamten in den Ministerien versahen ihren täglichen Dienst und hielten die Verwaltung am Laufen. Neue Impulse oder Grundsatzentscheidungen bleiben jedoch unmöglich, solange keine neue Regierung gebildet wird. Am 11. Januar 2020 hat sich eine neue Koalitionsregierung in Belfast konstituiert.

Nordirland bietet dem modernen Betrachter ein in vielem widersprüchliches und anachronistisches Bild: In Nordirland sind es nicht die katholisch-irischen Nationalisten, die fundamentalistisch jegliche Legalisierung von Abtreibungen ablehnen, sondern die protestantisch-monarchistischen Unionisten der DUP. Die derzeit in Nordirland geltende Gesetzgebung zur Abtreibung geht auf 1861 und 1945 zurück. In vielem treten Unionisten heute konservativer und traditionalistischer auf als die Republikaner, die stark von der Aufbruchstimmung im Süden der Insel beeinflusst sind.

Politisch relevant ist die demografische Dynamik. 1922 machten Protestanten 65 %, Katholiken 35 % der Bevölkerung Nordirlands aus. Heute beträgt dieses Verhältnis 48 % zu 45 %. Die restlichen 7 % bezeichnen sich als neutrale Nordiren. Waren es früher die katholischen Iren, die auswanderten, verlassen in jüngster Zeit überwiegend gut ausgebildete Protestanten Nordirland. Katholische Familien haben mehr Kinder als protestantische. Der DUP droht die Unterstützung der Farmer wegzubrechen, die traditionell das Rückgrat der Unionisten bildeten.

[i] Ulster bestand ursprünglich aus 9 Bezirken. Die drei überwiegend katholischen Bezirke Donegal, Cavan und Monaghan wurden von diesem historischen Bestand abgetrennt, um eine Mehrheit für die protestantischen Kolonialisten zu sichern. Als Ergebnis beläuft sich die heutige Grenzlinie zwischen Nordirland und der Republik Irland auf etwa 500 km, während die historische Grenze weniger als 260 km lang war. Die Grenze zerschneidet eine historisch gewachsene Infrastruktur. Fast 300 öffentliche Straßen queren sie, einige Dörfer und einzelne Häuser liegen direkt auf der Grenzlinie (ein Pub hat je einen Eingang auf jeder Seite der Grenze), zahllose Farmer haben Felder auf beiden Seiten. Die Provinz Donegal ist aufgrund dieses Grenzverlaufs nur über einen schmalen Korridor mit dem Rest Irlands verbunden. Der westlichste Zipfel Nordirlands ist bei Bundoran nur 6 km vom Atlantik entfernt. Im mittleren Verlauf mäandert die Grenze in tausenden von Ein- und Ausbuchtungen.
[ii] Wikipedia, James Craig
[iii] David Cameron: *Full Statement on Bloody Sunday* (https://www.bbc.com/news/10322295, 18.11.2019)
[iv] Seit 1922 gab es nur fünf Gouverneure in Nordirland, allesamt englisch-protestantische Aristokraten. Der letzte, Lord Grey of Naunton, trat am 26. Juni 1973 zurück.

Die Empörung über den *backstop* erreichte im Frühjahr 2019 ihren Höhepunkt, als klar wurde, dass er nur mit expliziter Zustimmung beider Seiten beendet werden konnte. Versicherungen aus Brüssel, dass dort keineswegs ein Interesse daran bestehe, den *backstop* länger als unbedingt erforderlich in Kraft zu lassen, verfingen in London nicht. Zu tief war das Misstrauen gegen die angeblich undurchsichtigen Machenschaften der Eurokraten, zu stark der Widerwille, sich auch nur eine Minute länger als unbedingt notwendig von Brüssel gängeln zu lassen. Der *backstop* geriet in den Verdacht, ein Vorwand zu sein, um den wirklichen Brexit auf den Sankt-Nimmerleins-Tag hinauszuzögern. Damit war er Begriff kontaminiert. Boris Johnson war der erste, der das mit untrüglichem Gespür für Stimmungen erkannte. Johnson hat wenige Monate später alles daran gesetzt, den Begriff *backstop* restlos zu eliminieren. Er ersetzte dieses Provisorium durch eine permanente Regelung, die allerdings in regelmäßigen Intervallen der Bestätigung durch das nordirische Parlament (Northern Ireland Assembly) unterliegt.

Der *backstop* war nie eine brillante Idee, weil er ein unlösbares Problem lediglich in die Zukunft verschob, während dieser Zeit aber das Vereinigte Königreich an die Zollunion gefesselt hielt. Dass dies nur als temporäre Übergangslösung gedacht war, verfing nicht mehr. Für jeden überzeugten Brexiteer, der danach lechzte, sich endlich von der Leine der EU loszureißen, musste dies völlig inakzeptabel sein.

Die Nordirland-Protokolle beider Verträge sind in weiten Teilen identisch (von 18 Artikeln sind vier entfernt worden, vier sind neu hinzugekommen). Neu im Protokolltext, den Johnson ausgehandelt hat, sind drei entscheidende Veränderungen:

- Nordirland bleibt Bestandteil des britischen Zollgebiets. Nordirland wird damit automatisch in jedes Handelsabkommen eingeschlossen, das das Vereinigte Königreich künftig abschließt. Das bedeutet, dass Güter, die in Nordirland hergestellt werden, zu den von der britischen Regierung ausgehandelten Konditionen in Drittländer exportiert werden können.
- Diese generelle Aussage wird jedoch unter den speziellen Vorbehalt gestellt, dass solche Handelsabkommen nur in so weit gelten, wie sie die Bestimmungen dieses

Protokolls nicht präjudizieren. Das betrifft Importe nach Nordirland. Güter, bei denen das Risiko besteht, dass sie von Nordirland aus in das Gebiet der EU ausgeführt werden könnten, unterliegen präventiv den Zollsätzen der EU. Praktisch dürfte dies so aussehen, dass die meisten Güter, die Nordirland aus dem Gebiet Großbritanniens oder aus Drittländern erreichen, zunächst EU-Abgaben unterliegen und diese Abgaben erst nach einem Endverbleibsnachweis zurückerstattet werden.

- Diese Regelung unterliegt in vierjährigem Rhythmus einer demokratisch legitimierten Kontrolle durch Regierung und Parlament Nordirlands. Sollten diese beschließen, dieses Sonderregime auszusetzen, so endet es nach zwei Jahren, während derer beide Seiten nach äquivalenten neuen Regelungen zu suchen haben, die an Stelle der alten treten können. Schließlich ist ein eigener Artikel hinzugekommen, der bestimmt, dass die EU und die britische Regierung Betrug und andere illegale Aktivitäten unterbinden werden, die ihren wechselseitigen finanziellen Interessen schaden könnten. Die Tatsache, dass es für nötig befunden wurde, eine solche an sich selbstverständliche Aussage in einem eigenen Artikel zu fixieren, deutet darauf hin, dass in dieser Hinsicht erhebliches Misstrauen besteht.[47]

---

[47]Vermutlich auf Drängen der EU wurde Artikel 17 in das Nordirland Protokoll eingefügt: *"The Union and the United Kingdom shall counter fraud and other illegal activities affecting the financial interests of the Union and the financial interests of the United Kingdom."* Die Betonung, dass Gesetzesverstöße geahndet werden sollen, ist eigentlich selbstverständlich. Sie wäre nicht eingefügt worden, wenn es hier nicht berechtigte Sorgen gegeben hätte.

2 Boris Johnson und die dritte Fristverlängerung 129

Northern Ireland Assembly (Stormont) und Karfreitagsabkommen (Good Friday Agreement)

Die Northern Ireland Assembly zählt 90 Abgeordnete. Sie werden nach dem System der Übertragbaren Einzelstimmabgabe *(single transferable vote)*[i] und damit nach einem proportionalen Wahlrecht gewählt. Jeder Abgeordnete ist verpflichtet sich einer von drei Gruppierungen *(community designations)* anzuschließen:
- britische Unionisten
- irische Nationalisten
- Andere

Gegenwärtig haben die beiden großen Antagonisten, DUP (Democratic Unionist Party) und Sinn Féin, jeweils 27 Abgeordnete. Im Lager der Unionisten kommen noch 10 Abgeordnete der UUP (Ulster Unionist Party) hinzu sowie 3 Unabhängige. An der Seite von Sinn Féin rechnen noch 11 Abgeordnete der SDLP (Social Democratic and Labour Party, eigenständige Partei und kein Regionalverband der britischen Labour Party) und ein Unabhängiger zum Block der irischen Nationalisten. Beide Blöcke sind mit 40 bzw. 39 Abgeordneten fast gleich stark. Zwischen ihnen sitzen 11 Ungebundene, zu denen 8 Abgeordnete der Allianzpartei (Alliance Party, liberal, zentristisch, überkonfessionell), zwei Grüne und ein Abgeordneter der Bewegung People before Profit gehören.

Abstimmungen erfordern eine einfache Mehrheit der Anwesenden. Im normalen Geschäft bedeutet dies, dass die ungebundenen Zentristen das Zünglein an der Waage spielen. Wer sie mehrheitlich für sich gewinnt, gewinnt die Abstimmung. Bei strittigen Grundsatzfragen, in denen es vornehmlich um kulturelle Identität, Diskriminierung, Aufarbeitung der *Trouble* und die Betrauung ehemaliger Kämpfer mit zivilen öffentlichen Ämtern, wirtschaftliche Chancen und Bildung geht, steht es jedem der beiden Blöcke frei, eine *petition of concern* zu unterbreiten. Hierfür sind 30 Unterschriften erforderlich. Damit kann ein erschwerter Abstimmungsmodus eingefordert werden, bei dem die Zustimmungsschwelle bei 60 % liegt, wobei aus jedem Block mindestens 40 % der Mitglieder zustimmen müssen. Da es in diesen höchst umstrittenen Fragen zwischen den beiden Blöcken eigentlich nie Gemeinsamkeiten gibt, hat sich jede der über 150 bisher eingereichten *petitions of concern* als faktisches Veto erwiesen. Kritiker sprechen davon, das Instrument, das ursprünglich als letzter Schutz für Minderheitenrechte gedacht war, werde inzwischen gespielt wie ein Joker. Andere sprechen von Schikane, Perversion des Rechts, Missbrauch und Obstruktion.

In der Northern Ireland Assembly sind Parteien proportional nach dem Stimmenanteil ihrer Wähler vertreten. Wahlen zum Westminster Parlament finden jedoch weiterhin nach dem First-Past-The-Post-Prinzip statt, wonach derjenige Kandidat den Wahlkreis gewinnt, der die relativ meisten Stimmen auf sich vereinigt. In Nordirland gibt es neben den beiden großen Parteien – die DUP hat die UUP um 2010 als Wortführerin der Unionisten verdrängt – zahlreiche weitere kleinere Parteien, die wiederum taktische Bündnisse untereinander schließen können. Deshalb können Mehrheitsverhältnisse rasch umschlagen. Die rechtmäßig gewählten MPs von Sinn Féin nehmen ihre Sitze im Westminster Parlament nicht ein. Sie weigern sich, den für jeden MP vorgeschrieben Loyalitätseid auf die britische Krone abzulegen – für überzeugte Republikaner eigentlich eine konsequente Haltung.

Bei 90 Abgeordneten liegt die einfache Mehrheit bei 46, eine Mehrheit von 60 % bei 54 Abgeordneten. Eine Mehrheit von 40 % in jedem der beiden Blöcke würde bei 15 bzw. 16 liegen, in jedem Fall also die Zustimmung eines nicht unwesentlichen Teils der DUP bzw. von Sinn Féin voraussetzen.

Das Karfreitagsabkommen hat die beiden größten Fraktionen im Parlament dazu verpflichtet, eine gemeinsame Regierung zu bilden (mandatorische Koalition). Diese ist erst nach verschiedenen gescheiterten Anläufen (von 2002 an war Stormont für fünf Jahre suspendiert) 2007 zustande gekommen. Sie hing im Wesentlichen von den Persönlichkeiten der beiden Parteiführer ab, die trotz aller traditioneller Feindschaft zu pragmatischer Zusammenarbeit bereit waren. Mit dem Tod von Martin McGuinness und dem Amtsantritt der ultra-unionistischen Arlene Foster ist diese Zusammenarbeit im Januar 2017 zerbrochen. Der Anlass hierfür war eine Radikalisierung der Parteibasis auf beiden Seiten und ein bis heute ungelöster Streit um einen Skandal über erneuerbare Heizenergie (Damals sollen massive

2 Boris Johnson und die dritte Fristverlängerung 131

Bestechungsgelder geflossen und erhebliche Steuermittel durch die zuständigen DUP-Minister veruntreut worden sein). Die Exekutive in Nordirland war deshalb drei Jahre lang gelähmt. Auch das Parlament war damit nicht abstimmungsfähig. Am 11. Januar bildeten DUP und Sinn Féin erneut eine Koalitionsregierung. Arlene Foster wurde zur Regierungschefin bestimmt, Michelle O'Neill von Sinn Féin zu ihrer Stellvertreterin. Am 11. Januar tagte das Parlament wieder und ernannte einen *speaker*. Der plötzliche Sinneswandel hatte profane Gründe. London drohte, Neuwahlen anzusetzen. Nachdem sowohl DUP wie Sinn Féin in den Dezemberwahlen starke Verluste hatten hinnehmen müssen, wollten sie Neuwahlen vermeiden. Johnson beschleunigte die Regierungsbildung in Belfast, indem er umfangreiche Zuweisungen für den Regionalhaushalt in Aussicht stellte. Beide Parteien wollten sicherstellen, dass sie an der Kontrolle beteiligt blieben, wie diese Gelder verwandt werden sollten, und dass sie Einfluss behielten auf die Ausgestaltung der Wirtschaftssonderzone, zu der Nordirland nach Ablauf der Übergangsfrist werden würde.

Das Karfreitagsabkommen nimmt nicht ausdrücklich auf eine EU-Mitgliedschaft der Vertragsparteien oder auf das Grenzregime Bezug. Gleichwohl war allen Beteiligten klar, dass der überwölbende Rahmen von Gemeinsamkeiten, den die EU gewährleistete, konstitutiv für Interessenkonvergenz und belastbares Vertrauen war. Bertie Ahern, damals Regierungschef in Dublin, betrachtete diesen unverbrüchlichen Rahmen als grundlegend.[ii] George Mitchell, der US-Sonderbeauftragte für den Irland-Konflikt, der als Katalysator und Vermittler entscheidende Vorarbeiten für das Karfreitagsabkommen geleistet hatte, meinte: *"I don't think the European Union was essential in the talks themselves, but I believe the talks would never have occurred had there not been the European Union."* [iii]

[i] "Single transferable vote" bedeutet, dass jeder Wähler bestimmte Kandidaten bevorzugen kann, indem er sie nach Prioritäten reiht. Hat ein Kandidat genügend Stimmen gesammelt, um einen Sitz zu erhalten, fallen alle weiteren Stimmen, die ihn an erste Stelle gesetzt hatten, den Kandidaten ihrer zweiten Präferenz zu. So werden alle Stimmen verteilt, bis sämtliche zu vergebende Sitze vergeben sind.

> [ii] Bertie Ahern vor dem EU-Select Committee des House of Lords, 25. Oktober 2016, Ziffer 162: "Bertie Ahern, who was Taoiseach at the time of the Belfast/Good Friday Agreement, and who played a pivotal role in delivering the Agreement and in subsequent developments in the peace process, emphasised the EU aspects of the Agreement. He told us that such references were vital, in particular those that provided a framework for dealing with differences over EU matters." (https://publications.parliament.uk/pa/ld201617/ldselect/ldeucom/76/7607.htm, 11. Januar 2020)
>
> [iii] *"Good Friday Agreement 'wouldn't have happened without EU'"*, BBC News 29. Dezember 2017 (https://www.bbc.com/news/uk-northern-ireland-42412972, 11. Januar 2020)

Der Protokoll-Text ist eine Meisterleistung sprachlicher Verschleierung und Doppeldeutigkeit. Er erlaubt der britischen Regierung zu behaupten, dass Nordirland unabtrennbarer Bestandteil des Vereinigten Königreichs bleibt und in vollem Umfang an dem Handelsregime teilhat, das für die anderen Landesteile gilt. Johnson wird nicht müde zu verkünden, dass der Warenverkehr zwischen Großbritannien und Nordirland in keiner Weise komplizierter wird. Faktisch greift jedoch der EU-Vorbehalt. Damit dürfte der größte Teil des Warenaustauschs zwischen Nordirland und dem Rest des Vereinigten Königreichs EU-Regeln unterworfen bleiben. Die entsprechenden Kontrollen und Abgaben müssen dann in den Häfen der irischen See oder auf See während der Überfahrt erhoben werden. Zuständig für die Durchführung dieser Kontrollen wird die britische Regierung in London bleiben. Das könnte zu vier großen Problemkreisen führen:

- Die Dokumentation der Transporte und die Rückerstattung für Abgaben auf Güter, die nachweislich in Nordirland verbleiben, wird einen hohen bürokratischen Aufwand erfordern, der vor allem kleine und mittlere

Unternehmen – von Farmern ganz zu schweigen – vor gravierende Probleme stellt. Diese werden sich verstärkt um Zulieferer und neue Absatzmärkte im Süden der Insel oder in der EU kümmern, weil sie dort derartige Verwaltungskosten sparen können. Der Warenverkehr zwischen Nordirland und dem Rest des Vereinigten Königreichs dürfte zurückgehen.
- Ein solches Regime lädt förmlich zu Schmuggel und Betrug ein. Da ganz Irland historisch bedingt eine Tradition hat, an staatlichen Stellen vorbei zu handeln, dürfte diese Tradition eine neue Blüte erleben. Der neue Artikel, der beide Vertragsparteien zum Kampf gegen Schmuggel und Betrug verpflichtet, ist nicht ohne Grund eingefügt worden. Das neue Regime birgt die Gefahr, mafiöse Strukturen zu begünstigen.
- Zuständig für Durchführung und Überwachung dieses Regimes ist die britische Regierung. Diese ist von der EU-Kommission schon in der Vergangenheit wiederholt angeklagt worden, Steuern und Abgaben falsch erhoben zu haben. Mit Sicherheit wird es auch in diesem komplizierten Regelwerk zu Unstimmigkeiten bei der praktischen Anwendung und der Interpretation des Vereinbarten kommen. Um diese auszuräumen, soll eine Gemeinsame Kommission eingesetzt werden. Dieser Kommission, deren Zusammensetzung und Befugnisse noch völlig ungeklärt sind, dürften turbulente Zeiten bevorstehen.
- Güter, die aus dem restlichen Vereinigten Königreich nach Nordirland verbracht werden, können Kontrollen und Abgaben unterworfen sein um sicherzustellen, dass sie mit den Zollsätzen und Normen des EU-Binnenmarktes konform gehen. Welche Güter das sein werden, muss die Gemeinsame Kommission entscheiden. Sicher ist nur, dass um so mehr Güter unter diese Kontrollen fallen werden, je weiter sich das Ver-

einigte Königreich von Normen und Regeln des Binnenmarktes entfernt. In Streitfällen wird die Rechtsprechung des EuGH maßgeblich bleiben. Für Güter, die Nordirland verlassen, werden vermutlich weder Kontrollen noch Abgaben anfallen.[48] Entscheidend ist, dass alles, was aus Nordirland in die Republik Irland (und damit in den EU-Binnenmarkt) verbracht werden <u>kann</u>, <u>zuvor</u> die notwendigen Kontrollen und Abgaben durchlaufen haben muss, um ohne weitere Kontrollen die irische Grenze überqueren zu können. Nur so kann sichergestellt bleiben, dass es nicht doch noch an der Grenze zumindest stichprobenartige Kontrollen gibt. Die beiden Worte <u>kann</u> und <u>zuvor</u> mögen unbedeutend klingen. Gerade von ihnen könnte jedoch eine disruptive Wirkung ausgehen, die nicht auf wirtschaftliche Fragen beschränkt bleibt, sondern schnell politische Dimensionen erreicht. Denn nach welchen Kriterien hier Kontrollen und Abgaben erhoben werden sollen, ist nicht festgelegt und dürfte Stoff für viel Streit liefern. Faktisch wird Nordirland zu einer Wirtschaftssonderzone. Daran kann auch eine semantisch verschleiernde Terminologie nichts ändern. Die zentrale Probe, ob dieses Regime funktionieren kann, liegt darin, ob es von der Bevölkerung in Nordirland akzeptiert und von den britischen Behörden korrekt und nachprüfbar umgesetzt wird. Beides scheint gegenwärtig keinesfalls sicher.[49]

---

[48]Zu diesem Punkt hat sich die britische Regierung widersprüchlich geäußert. Da es sich um Warenströme innerhalb des gleichen Rechtsraums handelt, kann eigentlich auf Kontrollen verzichtet werden. Fraglich ist, ob nicht Produzenten in England, Wales und Schottland wegen unfairen Wettbewerbs klagen.

[49]Reality Check Team: Brexit: *What is Boris Johnson's plan to avoid a hard Irish border?*, BBC 2. Oktober 2019 (https://www.bbc.com/news/uk-49909866, 11. Dezember 2019) enthält einen guten Überblick.

2 Boris Johnson und die dritte Fristverlängerung

Das Protokoll wirft eine Reihe von Fragen auf, die im Text nicht einmal angesprochen sind:

- Wie weit werden Importeure komplexer Güter, z. B. Kraftfahrzeuge oder Flugzeuge, den Nachweis über die Herkunft der Komponenten zu führen haben? Kein britischer Autobauer stellt heute noch Fahrzeuge her, in denen mindestens 50 % der Komponenten aus Großbritannien stammen.
- Wie werden Staatsbeihilfen gewertet werden? Angesichts der kriselnden Wirtschaft in Nordirland sind staatliche Beihilfen aus London für neue Betriebe, die Arbeitsplätze schaffen, sogar wahrscheinlich. Die jüngsten spektakulären Pleiten des Busherstellers Wrightbus und der Traditionswerft Harland & Wolff werfen ja heute schon die Frage auf, was mit den dort Beschäftigten geschehen soll.
- Was geschieht, wenn es über Auslegung und Anwendung des Protokolls zu Meinungsunterschieden kommt? Ist die Gemeinsame Kommission dann stark genug, um einen Schlichterspruch zu fällen?
- Wie werden Personenkontrollen erfolgen, um illegale Migration zu unterbinden?
- Was für Umweltstandards gelten für den so wichtigen Agrarmarkt?[50]
- Wird es nicht trotz dieser Absprachen zumindest Stichproben entlang der Landgrenze geben müssen, um Schmuggel und Betrug einzudämmen?
- Völlig offen bleibt, was geschehen soll, falls Nordirland demokratisch beschließt, dieses Regime auszusetzen. Das Protokoll schreibt nur vor, dass dann binnen zwei Jahren ein neues Grenzregime vereinbart werden muss.

---

[50]Artikel 10 des alten Protokolls betraf landwirtschaftliche Produkte und Umwelt. Er wurde im neuen Protokoll ersatzlos gestrichen.

Insofern ist auch Johnsons Nordirland Protokoll lediglich vorläufig bzw. steht unter Vorbehalt. Es ist aus dem Protokoll nicht ersichtlich, was zu geschehen hat, sollte das Vereinigte Königreich die feierlich übernommene Verpflichtung verletzen, wonach es die Rechte, Garantien oder Chancengleichheit des Karfreitagsabkommens ungeschmälert zu gewährleisten hat.[51]

Boris Johnson hat Augenwischerei betrieben, indem er einen unauflöslichen Gegensatz sprachlich verschleierte. Er konnte nun mit gutem Recht behaupten, er habe Nordirland uneingeschränkt und vollberechtigt im britischen Staatsverband gehalten. Ebenso gut konnten ihm seine Gegner entgegenhalten, dass Nordirland durch eine hohe Mauer von bürokratischen Formularen und faktischen Abgaben vom Rest des Vereinigten Königreichs abgetrennt wird. Beide Seiten haben Recht, der erbitterte Streit tobt bis heute – und wird wohl noch lange weiter toben. Die Tatsache, dass alle zehn Abgeordneten der DUP gegen dieses Protokoll gestimmt haben, spricht für sich.

Diese Änderungen im Nordirland-Protokoll sind in sich bereits erheblich. Sie erhalten eine zusätzliche Brisanz durch die veränderte Politische Absichtserklärung über künftige Beziehungen zur EU, deren Sprache deutlich verschärft wurde. Auch in der Politischen Erklärung überwiegt die Kongruenz mit der entsprechenden Erklärung vom Vorjahr: Von insgesamt 141 Absätzen der Erklärung vom 19. Oktober 2019 sind 127 identisch mit den korrespondierenden Absätzen der Erklärung, die Theresa May ein Jahr zuvor bereits ausgearbeitet hatte. Großflächige Eingriffe in den Text wären in der knappen

---

[51]Protocol on Ireland/Northern Ireland, Art. 2: *"The United Kingdom shall ensure that no diminution of rights, safeguards or equality of opportunity, as set out in that part of the 1998 Agreement…results from its withdrawal from the Union".*

2 Boris Johnson und die dritte Fristverlängerung 137

Zeit auch nicht möglich gewesen. Unbeachtlich sind die Änderungen, die lediglich eine Anpassung an den neuen Wortlaut des Nordirland-Protokolls enthalten. Die übrigen Änderungen spiegeln jedoch eine deutliche Tendenzwende wider und sind, wenn auch zahlenmäßig unauffällig, der Substanz nach beträchtlich. Grundsätzlich verzichtet der neue Text auf alle Aussagen, die auf eine engere Anbindung oder Angleichung von künftigen Regelungen des Vereinigten Königreichs an den EU-Binnenmarkt hinauslaufen könnten. Statt von Handelsbeziehungen, die so eng wie möglich sein sollen, ist nur noch von einem anspruchsvollen Freihandelsabkommen die Rede. Die Zusage, faire Wettbewerbsbedingungen *(level playing field)* zu wahren, wurde unter Vorbehalt gestellt.[52] Der Begriff einer dynamischen Angleichung musste der Zusicherung weichen, man wolle nicht hinter den gegenwärtig erreichten Stand zurückfallen. Durchgängig betont der Text die uneingeschränkte beiderseitige Autonomie. Frequenz und Ebene eines künftigen Konsultationsmechanismus sind deutlich herabgesetzt. Gestrichen wurde der Hinweis auf ein Gemeinsames Zollgebiet *(single customs territory)*, das Kontrollen nach Herkunftsländern überflüssig machen könnte. Die Aussage wurde ersetzt durch einen Hinweis auf angemessene und moderne Ursprungsregeln.[53] Ersatzlos gestrichen wurde die Absichtserklärung des Vereinigten Königreichs, sich künftig in relevanten Bereichen an EU-Regeln auszurichten.[54] Das Bekenntnis zu offenem und fairem Wettbewerb und zu gleichwertigen Ausgangsbedingungen[55] wurde unter den Vorbehalt gestellt, dass es

---

[52]Ziffer 21 und 77 (neu), 22 (alt).

[53]Ziffer 22 (neu), 23 (alt).

[54]Ziffer 25 (alt).

[55]Ziffer 77 (neu): *"open and fair competition, encompassing robust commitments to ensure a level playing field"*.

Breite und Tiefe künftiger Beziehungen und der wirtschaftlichen Verflechtung beider Seiten berücksichtigen müsse.[56] Hier ging es darum, dass keine Seite sich durch unfaire Handelspraktiken einseitig Vorteile auf Kosten der anderen verschaffen darf. Es soll keinen Verdrängungswettbewerb geben. Die EU hat in dieser Ziffer deshalb den Grundsatz festgeschrieben, dass schädliche Staatsbeihilfen und Steuerpraktiken zu vermeiden und ökologische, soziale und arbeitsrechtliche Standards auf ihrem gegebenen hohen Niveau zu halten sind.[57] Auch Ursula von der Leyen betonte bei ihrem Antrittsbesuch in London, dass "null Zölle und null Quoten" nur mit "null Dumping" zu haben seien. Im Bereich künftiger Zusammenarbeit in der Außen- und Sicherheitspolitik werden die Autonomie der EU und die Souveränität des Vereinigten Königreichs ausdrücklich hervorgehoben.[58] In ähnlicher Weise werden künftige Dialogformate, die Beilegung von Streitigkeiten und vor allem der Geltungsraum der Rechtsprechung des EuGH in Johnsons Text wesentlich restriktiver formuliert.

Bei genauerer Betrachtung stellt sich heraus, dass Johnson in weiten Teilen das Austrittsabkommen übernommen hat, so wie Theresa May es bereits ein Jahr zuvor ausgehandelt hatte. Seit Amtsantritt hat Johnson seine Drohung nicht wiederholt, er werde die bei Austritt fällige Entschädigungszahlung von 40 Mrd. € zurückhalten. Er hat zwei Änderungen durchgesetzt, die allerdings dem gesamten Vertragswerk einen anderen Stempel aufdrücken und die künftigen Beziehungen in eine andere Richtung

---

[56]Ziffer 77 (neu): *"commensurate with the scope and depth of the future relationship and the economic interconnectedness"*.

[57]Ziffer 77. Der Text dieser Ziffer enthält Wiederholungen und fällt durch eine für einen Vertragstext ungewöhnlich unpräzise Sprache auf. Er scheint in größter Hast und erst nach erbitterten Auseinandersetzungen seine endgültige Form erhalten zu haben.

[58]Ziffer 99 (neu).

2 Boris Johnson und die dritte Fristverlängerung 139

lenken. In der irischen Grenzfrage war der Austritt mit der Ausgestaltung der künftigen Beziehungen unauflöslich verknüpft. May hatte hier bei aller verbaler Schärfe im Grunde einem weichen Brexit den Weg vorgezeichnet. Sie hatte sich bemüht, an vielen Stellen des Vertrags das britische Bemühen um möglichst enge Anlehnung an EU-Regeln hervorzuheben.

Davon ist unter Johnson nichts geblieben. Der als temporäres Brückenregime bis zur endgültigen Regelung der künftigen Beziehungen gedachte *backstop* wurde durch ein ambivalentes Regime ersetzt, dessen Praktikabilität mehr als einen Grund zum Zweifel hinterlässt. Johnsons Text bleibt weit hinter den Zusicherungen seiner Vorgängerin zurück.

Wer entscheidet, ob ein Import nach Nordirland das Risiko birgt, weiter in die EU exportiert zu werden?[59] Von wem und wie sind diese Abgaben zu entrichten, vom Sender oder vom Empfänger? Der Begriff Risiko legt nahe, dass in Zweifelsfällen zunächst Abgaben zu entrichten sind und erst rückerstattet werden können, wenn

---

[59]Art. 5,1, Protokoll zu Irland/Nordirland. Die Formulierung dieser Passage ist ein Meisterwerk vernebelnder Vertragssprache: *"The customs duties in respect of a good being moved by direct transport to Northern Ireland other than from the Union or from another part of the United Kingdom shall be the duties applicable in the United Kingdom, unless that good is at risk of subsequently being moved into the Union, whether by itself or forming part of another good following processing"*. Sie definiert die Grundregel (Britische Zölle gelten für Einfuhren nach Nordirland) und legt nahe, dass dies der Normalfall ist, umschreibt dann aber eine Ausnahme. Nach allen bekannten Statistiken dürften die Ausnahmen jedoch die Regelfälle um ein Mehrfaches übertreffen. Das entscheidende Kriterium, wie die einen Güter von den anderen zu unterscheiden sind, bleibt dabei vollkommen vage: *"to be at risk of being subsequently moved"* ist ein Begriff, unter dem sich weder ein Jurist noch ein Handelspolitiker etwas Konkretes vorstellen kann. Auch die Tatsache, dass der EuGH Jurisdiktion in Fragen der Umsatzbesteuerung behält und dass der gesamte Agrarmarkt Nordirlands den Vorgaben der EU wird folgen müssen, sofern bestehende Handelsbeziehungen nicht gekappt werden sollen, bedeutet in letzter Konsequenz, dass in Nordirland eine vom Rest des Vereinigten Königreichs abweichende Agrarpolitik (Subventionen, Marktregulierung) gelten wird.

der Endverbleib nachgewiesen wird. Das wird bürokratisch aufwendig sein und Betrug und Schmuggel Tür und Tor öffnen. Wer regelt die Rückerstattung? Die Verwaltung und korrekte Überwachung dieses Regime soll bei britischen Behörden liegen, die allerdings unter Oberaufsicht der EU bleiben.[60] Schon in der Vergangenheit ist es zwischen dem Vereinigten Königreich und der EU zu heftigem Streit über falsch deklarierte Güter und zu Unrecht erhobene (oder erlassene) Abgaben gekommen. Wie werden Streitigkeiten beigelegt werden? Wer sitzt in der Joint Commission? Wie kann diese einen Schiedsspruch durchsetzen? Die EU wird faktisch weitreichende Regulierungsbefugnisse in Nordirland behalten, sie wird sie allerdings nicht mehr selbst durchsetzen können. Was geschieht, wenn britische Behörden EU-Vorgaben nur teilweise oder gar nicht durchsetzen, oder wenn es zu widersprüchlichen Interpretationen der schwammig formulierten Vertragstexte kommt? Ein irischer Journalist brachte es auf den Punkt: *"The Irish government wants the withdrawal deal to be ratified, largely because it got what it wanted: a version of the Northern Ireland-only backstop. But this is like inheriting valuable shares in a very dodgy company."* [43] Ein Vertrag ist nur so gut, wie seine Sprache eindeutig ist und wie Streitigkeiten über seine Auslegung rasch und wirksam beigelegt werden können. Beides trifft auf das Nordirland-Protokoll nicht zu.

In der entscheidenden Debatte vom 19. Oktober hatte Sir Keir Starmer von der Labour Partei völlig Recht, als er daran erinnerte, dass nichts in der EU-Mitgliedschaft die britische Regierung daran hindere, ein höheres Niveau von Sicherheitsstandards und Schutzbestimmungen zu erlassen und dass der ganze Sinn des Brexit nur darin bestehen könne, das EU-Niveau in diesen Bereichen zu unterbieten –

---

[60]Artikel 12, Ziffer 2.

2 Boris Johnson und die dritte Fristverlängerung 141

und damit bestehende Zulieferer- und Vertriebsnetze zu zerstören.[61] Was Johnson bislang öffentlich zu seiner Version des Nordirland-Protokoll gesagt hat, deutet darauf hin, dass er entweder nicht versteht, was die Folgen der dort niedergeschriebenen Worte sein werden, oder dass er damit rechnet, unverbesserlicher Hasardeur, der er ist, dass sich schon ein Weg finden lassen wird, sich aus diesen Verpflichtungen herauszuwinden.

Noch mehr Sand hat Johnson der Öffentlichkeit in die Augen gestreut mit dem, was er als demokratische Überprüfung dieses Regimes anpries. Die Entscheidung darüber, ob Nordirland weiterhin diesem Sonderregime unterliegen will, soll alle vier Jahre von Regierung und Parlament in Belfast getroffen werden. Was Johnson wohlweislich verschwiegen hat, ist die Tatsache, dass Nordirlands Parlament *(Stormont)* und Regierung *(North Ireland Executive)* seit 2017 gelähmt waren. Zwar ist diese Lähmung mit der Bildung einer neuen Regierung aufgehoben, aber dafür ist an die Stelle einer prekären Interessenkonvergenz ein erneutes Auseinanderklaffen der Positionen getreten. Nach dem Karfreitagsabkommen müssen der Erste Minister Nordirlands und sein Stellvertreter gemeinsam einen Vorschlag *(motion)* über eine derartige Abstimmung dem Parlament vorlegen. Das ist angesichts der erbitterten Gegensätze zwischen DUP und Sinn Féin höchst unwahrscheinlich.

Dass die zehn Abgeordneten der DUP im Westminster Parlament so auftraten, als seien sie für Nordirland insgesamt repräsentativ, hat dort, vor allem aber bei Sinn Féin, Unmut und Misstrauen geschürt. Wie unter diesen

---

[61]In der Unterhausdebatte am 19. Oktober 2019 sagte Keir Starmer wörtlich: *"The point of our exit is to allow the UK to diverge from the rights and standards of the EU. Let's nail this one: you do not need that if you want to go up and have*

Voraussetzungen die von Johnson vorgeschlagene demokratische Legitimierung funktionieren soll, bleibt ein ungelöstes Rätsel.

Darüber hinaus legt das Protokoll eine schwer zu überwindende Hürde für derartige Abstimmungen fest: Erforderlich ist eine Mehrheit der anwesenden Stormont-Abgeordneten, wobei jeweils eine Mehrheit aus dem Block der Unionisten und dem der Nationalisten zustimmen muss. Eine alternative Mehrheit kann aus einer Zustimmung von 60 % der anwesenden Abgeordneten hervorgehen, die allerdings wiederum je eine Mehrheit von 40 % aus jedem der beiden Blöcke umfassen muss. Das ist nach allen bisherigen Erfahrungen praktisch unmöglich. Diese sogenannte *petition of concern* hat jedes Mal wie ein Veto gewirkt. [44] Es wäre mehr als ein Wunder, wenn es in einer so heiklen Frage wie dem Sonderregime für Nordirland anders wäre. Denn die vorgesehene Sonderstellung Nordirlands kann gar nicht anders wirken als den Konflikt zwischen beiden verfeindeten Gruppierungen, zwischen

---

better standards. We do not have to break the rule to bring in better standards—we can do that under the existing rule—so anybody who wants to change the rule is not doing it to have the freedom to bring in better standards, because they do not need to change the rule for that; the only reason to diverge is to go down. That is why, on this question of divergence, it is very important to focus on the level playing field protections. Point of Brexit is to diverge from EU regulations. They want a licence to deregulate and diverge. I know they will disavow that, I know they want the deal through, and I know they will say, "Never. Of course not", but it is obvious where it leads. Once we have diverged and moved out of alignment with the EU, trade will become more difficult. The EU will no longer be seen as our priority in trade and the gaze will go elsewhere to make up for it. Once we move out of alignment, we will not move back, and the further we move out, the harder it will be to trade with the EU27, and once that happens, we will have broken the economic model we have been operating under for decades, and we will start to look elsewhere." (https://hansard.parliament.uk/commons/2019-10-19/debates/ 48144FF8-0E08-455A-8175-1EB64918D29E/EuropeanUnion(Withdrawal) Acts, 2. Dezember 2019).

britischen, Monarchie-treuen Unionisten und irisch-republikanischen Nationalisten, neu zu schüren. Die Unionisten werden nichts unversucht lassen, um diese verhasste Sonderstellung im Vereinigten Königreich so schnell wie möglich zu beenden. Die Nationalisten werden mit nicht minderer Entschlossenheit diesen Sonderstatus verteidigen und ihn, wo immer möglich, sogar noch auszuweiten suchen. Das künftige Regime wird Nordirland handelspolitisch ein Janusgesicht verleihen mit privilegiertem Zugang sowohl zum EU-Binnenmarkt (über die Republik Irland) wird zum britischen Markt und zu den neu auszuhandelnden globalen Handelsverträgen des Vereinigten Königreichs. Das könnte Nordirland eine einzigartige Attraktivität für Auslandsinvestitionen verleihen, ganz besonders für solche aus den USA.

Nichts bezeichnet diese Umkehrung der Interessenlagen deutlicher als die Positionierung der nordirischen Parteien im Wahlkampf Ende 2019: Hier zeigte Sinn Féin kaum Kritik an Johnsons Protokoll, weil es die Hoffnung bietet, einen Sonderstatus für Nordirland dauerhaft festzuschreiben und damit die Bindungen an das Vereinigte Königreich zu lockern. Umgekehrt hatte sich die DUP, nachdem sie 2017 angeboten hatte, die Konservativen im Parlament zu unterstützen, zum erbittertsten Gegner jedes Austrittsabkommens gemausert, das für Nordirland eine Sonderrolle vorsah. Alle übrigen nordirischen Parteien lehnten das Protokoll mit unterschiedlicher Schärfe ab.

Damit gewinnt die Frage, welche Güter eigentlich dem britischen, und welche dem EU-Handelsregime unterliegen, zusätzlich zu den wirtschaftlich-finanziellen Aspekten eine politische Komponente. Diese Komponente könnte sich als hochexplosiv herausstellen. Die Dynamik künftiger Entwicklungen wird das Maß dieser Explosivität bestimmen: Je stärker das Vereinigte Königreich sich von der EU entfernt, um so tiefer und schmerzhafter wird das künftige Sonderregime Nordirland vom Rest des britischen Staates abschnüren. Und je mehr Unternehmen aus Nordirland sich in ihren Handelsbeziehungen von Osten nach Süden umorientieren, weil es für sie so viel einfacher werden wird, mit der Republik Irland zu handeln, um so stärker wird dies auch die politische Orientierung beeinflussen. Geschäfte dorthin lassen sich unbürokratischer abwickeln. Das bedeutet: Die Vernetzung von Vorprodukten zwischen Nord und Süd wird dichter, und damit steigen die Chancen, dass die wirtschaftliche Verflechtung den Weg für eine Wiedervereinigung der gesamten Insel ebnet – für jeden Anhänger von Sinn Féin ein Traum, für jedes Mitglied der DUP (und der UUP) ein Albtraum.

Wie Picasso ist es Johnson gelungen, mit wenigen, schnell hingehuschten Federstrichen einen flügellahmen Dodo als sturmerprobten Albatros erscheinen zu lassen. Er hat einer fliegenden Kugel einen neuen Spin versetzt und damit ihre Flugbahn verändert. Weder hat er einen neuen Austrittsvertrag vorgelegt – was er gerne für sich in Anspruch nimmt – noch hat er auch nur eines der Probleme gelöst, die seiner Vorgängerin das Leben so schwer gemacht hatten. Er hat sie ignoriert oder semantisch umschifft. Welche Folgen das für sein Land haben wird, scheint ihn wenig zu kümmern. Das Wichtigste war ihm der eigene Erfolg. Johnson hat die Entwicklung auf einen Brexit enorm beschleunigt und jeden Zielkonflikt schlicht geleugnet. Sein Mantra, es sei Zeit sich endlich nach vorn zu bewegen *(move forward)* klingt nach leerem Aktionismus. Denn das Ziel dieser Bewegung bleibt unklar. Die Zukunft wird zeigen, ob dieser Schritt nach vorn nicht ein Schritt auf einen Abgrund hin ist.

Alles in allem markiert Johnsons Text eine deutliche Verschiebung von einem halbfreundlichen *(soft)* zu einem halbfeindlichen *(hard)* Brexit. Johnson hat zwar einen vertraglosen Austritt abgewandt. Er hat dafür aber die Zukunftsperspektiven so verschoben, dass die Divergenzen zwischen seinem Land und der EU einschneidender werden. Johnsons emphatischer Ausruf auf dem Parteitag: *"This is not an anti-European party and it is not an anti-European country. We love Europe! We are European!"* [45] konnte daran nichts ändern – im Übrigen Worte, die von den Delegierten mit einer Mischung aus verwunderter Überraschung und leichtem Murren beantwortet wurden.[62]

2.6 Der Weg zu Neuwahlen

Wenn Wahlen etwas ändern könnten,
wären sie längst verboten.
Mark Twain
Ein Politiker denkt an die nächste Wahl,
ein Staatsmann an die nächste Generation.
William Gladstone

Gleich nach Amtsantritt lehnte Boris Johnson Neuwahlen noch kategorisch ab: *"The people of this country have voted in 2015, 2016 and 2017, and what they want to see is this Parliament delivering on the mandate that they gave us. I can rule out a snap election absolutely."* [46] Johnson wollte eine Art Rugby-Taktik anwenden: Mit einer entschlossenen

---

[62]Eine gute, konzise Übersicht über Austrittsabkommen, Nordirland-Protokoll und Politische Erklärung bietet das Institute of Government:
Brexit deal: The Withdrawal Agreement (https://www.instituteforgovernment. org.uk/explainers/brexit-deal-withdrawal-agreement, 11. Dezember 2019);
Brexit deal: The Northern Ireland protocol (https://www.instituteforgovernment. org.uk/explainers/brexit-deal-northern-ireland-protocol, 11. Dezember 2019)
Brexit deal: Political Declaration on future UK-EU relationship (https://www. instituteforgovernment.org.uk/explainers/brexit-deal-political-declaration, 11. Dezember 2019).

Gruppe rigoroser Radikaler die Initiative gewinnen, die Zauderer und stillen Bremser in der eigenen Partei kaltstellen und entweder genügend Brexit-Sympathisanten von der Opposition für die eigene Sache gewinnen oder einfach durch Nichtstun die Austrittsfrist verstreichen lassen. Johnson wandte sich wie ein Volkstribun direkt ans Volk, um die politische Basis gegen ihre Vertreter im Parlament zu mobilisieren. Er wusste, dass er irgendwann Neuwahlen brauchen würde. Jeder Premierminister, der durch Rücktritt des Vorgängers ins Amt kommt und keine eigene parlamentarische Mehrheit vorweisen kann, braucht über kurz oder lang eine demokratische Legitimierung durch Wahlen, in denen er sich als mehrheitsfähig erweist. Bislang hatten ihn nur knapp 100.000 eingeschrieben Mitglieder der Konservativen Partei zu ihrem Anführer und zum Premierminister gekürt. Wie Gordon Brown und wie Theresa May wusste er, dass vorzeitige Wahlen vor dem regulären Termin 2022 fällig werden würden. Aber er wollte sie zunächst nach dem 31. Oktober abhalten. Entweder würde er dann als Herkules dastehen, der das für unmöglich gehaltene Werk gegen alle Widerstände vollbracht hatte: Ein Brexit mit neuem Vertrag. Er würde da triumphieren, wo seine Vorgängerin gescheitert war. Oder er könnte nach einem *no-deal* Brexit die Schuld auf das störrische Parlament schieben, das ihm ebenso wie Theresa May einen Strich durch die Rechnung gemacht hatte, oder auf die schwerfällige, intransigente EU, die nicht die Flexibilität aufbrachte, sich auf einen neuen Vertrag einzulassen. Er könnte sich dann als Märtyrer präsentieren, der sein Bestes gegeben hat, den aber die Ignoranz der Kleingläubigen auf dem Altar ihrer Engstirnigkeit geopfert hatten. Dann würde er sich erst recht als Retter in der Not inszenieren können. Neuwahlen, bevor der Brexit vollzogen war, waren für ihn die schlechteste Option.

Den August über spielte Johnson beide Karten: Einerseits versicherte er, ein *no-deal* Brexit habe eine

2 Boris Johnson und die dritte Fristverlängerung 147

Wahrscheinlichkeit von 1:1 Million – das ist etwa die Wahrscheinlichkeit, mit der ein Verkehrsflugzeug einen schweren Unfall hat. Gleichzeitig aber betonte er, die Vorbereitungen für einen *no-deal* bildeten den Schwerpunkt der Regierungsarbeit, 90 % aller Aktivitäten seines Kabinetts seien darauf ausgerichtet. Das klang wie der Trick eines Poker-Spielers, der einen gigantischen Bluff aufbaut in der Hoffnung, der Gegner werde ihn nicht durchschauen und rechtzeitig einlenken. Am 1. August ließ er pressewirksam verkünden, er habe über £2 Mrd. für Eventualplanungen eines *no-deal* Brexit angewiesen. [47]

Nachdem er 21 konservative Abgeordnete aus der Fraktion ausgeschlossen und damit seine rechnerische Mehrheit im Parlament weggeworfen hatte, wechselte Johnson Anfang September seine Strategie und strebte mit aller Macht möglichst baldige Neuwahlen an. Er sah die Opposition zersplittert, Corbyn in seiner eigenen Partei umstritten und geschwächt, und er glaubte fest an sein eigenes unwiderstehliches Charisma, das ihm, verbunden mit seiner Dynamik und seiner unerschütterlichen Siegesgewissheit, eine Mehrheit beschweren würde. Er wusste, dass ein Wahltermin vor dem 31. Oktober nicht mehr möglich sein würde. Er würde in den Wahlkampf gehen entweder als heroischer Sieger, der den Brexit gegen alle Widerstände durchgeboxt hat, oder als Märtyrer, der in seinen guten Absichten und seinem festen Glauben von finsteren Mächten zu Fall gebracht worden war.

Anfang September scheiterte er zweimal mit dem Vorstoß für vorgezogene Wahlen.[63] Die Opposition

---

[63]Die erste Abstimmung im Parlament am 4. September ergab eine Mehrheit von 298:56. Damit fehlten 136 Stimmen an der erforderlichen Zweidrittelmehrheit. Die nächste Abstimmung ging am 9. September nicht viel besser aus. Sie ergab 293:46 Stimmen. Zwar war der relative Vorsprung gewachsen, aber nunmehr fehlten 141 Stimmen an der notwendigen Mehrheit.

verweigerte ihre Zustimmung, solange Johnson einen ambivalenten Brexit-Kurs steuerte, und ohne Zustimmung der Opposition war die erforderliche Zweidrittelmehrheit nicht zu bekommen. Dann griff die Suspendierung, und das Parlament trat erst am 24. September wieder zusammen, wenige Tage, bevor die Saison der Parteitage begann, gefolgt von der peinliche Scharade der feierlichen Eröffnung einer Parlamentssitzung, von der jeder wusste, dass die Regierung keine Mehrheit mehr hatte und die frisch eröffnete Sitzung bei unveränderten Mehrheitsverhältnissen nichts bewirken würde. Aber Ritual und Tradition siegten über Sachprobleme. Nachdem die Königin das Parlament eröffnet hatte, musste über ihre Rede debattiert werden – was das Parlament pflichtschuldigst auch aus Respekt vor der Monarchin tat. Das Ganze hatte etwas Surreales, denn im Hintergrund drehte sich alles um die eine entscheidende Frage, ob und wie der Brexit zu vollziehen sei bzw. wie sich der Weg zu Neuwahlen finden ließ. Aber selbst nachdem Johnson seine Niederlage am 19. Oktober hatte einstecken und um Fristverlängerung bitten müssen, war der Weg noch lange nicht frei. Drei Akteure hatten sich mit unvereinbaren Forderungen unauflöslich ineinander verkeilt. Johnson drohte, die gesamte Gesetzgebung zum EU-Austritt zurückzuziehen und erst nach Neuwahlen wieder vorzulegen – dann unter Umständen in verschärfter Form. Die Opposition erklärte, Neuwahlen erst dann zustimmen zu wollen, wenn die Gefahr eines *no-deal* Brexit endgültig gebannt ist. Und die EU erklärte, dass eine Fristverlängerung nur möglich sei, wenn wesentliche neue politische Entwicklungen dies begründeten – mit anderen Worten, auch sie forderte implizit Neuwahlen. Unter dem gesteigerten Zeitdruck war die EU als erste bereit, einzulenken. Sie gewährte die dritte Fristverlängerung, obwohl nach wie vor unklar war, ob das Westminster Parlament den Weg für Neuwahlen freigeben würde. Noch am 28. Oktober scheiterte Johnson in seinem dritten Anlauf, Neuwahlen durchzusetzen.[64] Erst als er sich verpflichtete, bis zur Bildung eines neuen Parlaments sämtliche Brexit-Pläne auf Eis zu legen, lenkte Jeremy Corbyn endlich ein. Johnson kündigte das offizielle Ende der Operation Yellowhammer an. Am nächsten Tag gelang es endlich, den Weg für Neuwahlen frei zu machen. Mit 438:20 erhielt die Regierung die notwendige Zweidrittelmehrheit. Der Wahltermin wurde auf den 12. Dezember gelegt. Am 6. November erklärte die Queen das Parlament für aufgelöst. Fünf Wochen sollte der Wahlkampf dauern. Er versprach hart, brutal, schmutzig, infam und verletzend zu werden.

Der Zeitpunkt lag für Johnson günstig. Seit dem historischen Tief im Sommer 2019 hatte seine Konservative Partei ständig zugelegt. Meinungsumfragen vom Sommer hatten den Konservativen 30 %, Labour 28 % gegeben. Jetzt lagen die Tories mit 45 % weit vor Labour mit 25 %. YouGov errechnete hieraus fast 360 Sitze für die Konservativen und 211 für Labour, was Johnson eine erneute Amtszeit mit einer komfortablen Mehrheit von etwa 60 Sitzen bescheren würde – eine vergleichbare konservative Mehrheit hatte zum letzten Mal Margaret Thatcher geholt. Die Liberaldemokraten konnten kaum aufholen. Mit 14 % spielten sie keine Rolle und konnten bestenfalls auf 15–20 Sitze hoffen. Umgekehrt blieb die SNP zwar bei 3 %, konnte aber aufgrund ihrer regionalen Stärke mit 40–50 Sitzen rechnen. Die Brexitpartei lag bei 3 %, hatte damit aber ebenso

---

[64]Die Abstimmung am 28. Oktober ging 299:70 aus. Es war die 12. Abstimmungsniederlage dieser Regierung im Parlament.

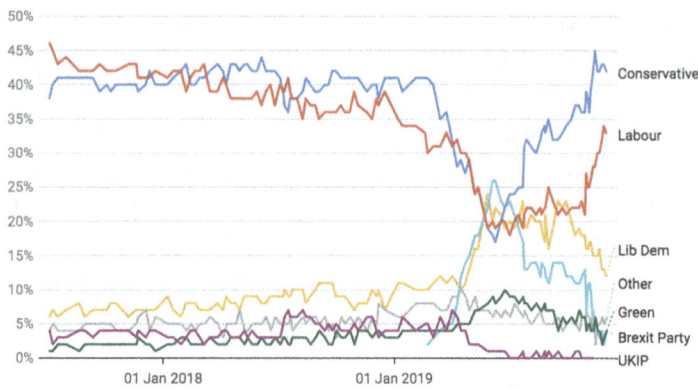

Abb. 2.1 Wahlabsichten seit Sommer 2017. (Quelle: YouGov)

wenig Aussicht, ein Mandat zu erringen, wie ihre Vorgängerin, die UKIP. Plaid Cymru und die Grünen konnten sich glücklich schätzen, wenn sie 1 % erreichten – was sich allerdings für Plaid Cymru in immerhin 3–5 Sitze umrechnen lassen würde (Abb. 2.1).

Die Lage hatte sich seit den Frühjahr völlig gedreht: Mussten seit der katastrophalen Abstimmungsniederlage im Parlament vom 15. Januar die Konservativen Neuwahlen fürchten, weil sie nicht mit Theresa May als Parteiführerin in die Wahl gehen wollten und weil die Zerrissenheit der Partei so offensichtlich war, so spürten sie nach dem Amtsantritt von Boris Johnson einen auffrischenden Rückenwind.

Die Wählerpräferenzen zeigten, dass der Brexit wichtigstes Thema war. Es hatte auf Kosten des Immigrationsthemas an Bedeutung gewonnen, was einmal mehr die begriffliche Assoziation beider Themen belegte. Andere, traditionelle Themen spielten jedoch weiterhin eine wichtige Rolle (Abb. 2.2).

2 Boris Johnson und die dritte Fristverlängerung

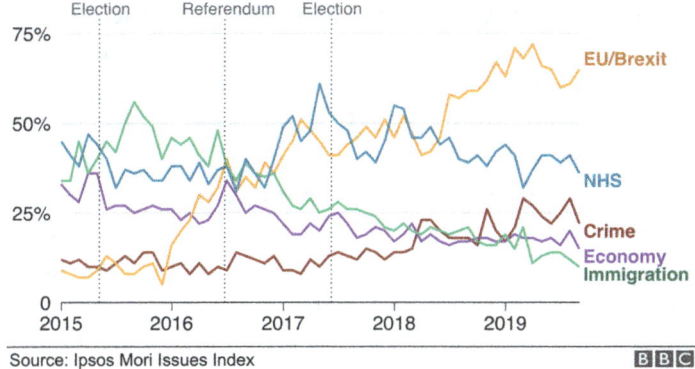

Abb. 2.2 Wie britische Wähler fünf Grundthemen gewichten. (Quelle: BBC)

2.6.1 Die konservative Partei

Boris Johnson galt als Wählermagnet. Er hatte sich zu einer Ikone eines unkonventionellen, machthungrigen, durchsetzungsstarken Machers stilisiert, der, unbekümmert um politische Korrektheit Geltungsdrang und Ehrgeiz Vorrang vor Wahrhaftigkeit einräumte.

Johnson verstand es, klar zu machen, dass seine Partei nicht mehr für ein Sowohl-als auch stand, sondern uneingeschränkt den Brexit verfolgte, koste es was es wolle. Johnson hatte die Partei vollständig UKIPisiert. Seine Rhetorik und seine Taktik unterschieden sich kaum noch von dem, was Nigel Farage sagte und an seiner Stelle getan hätte. Johnsons absolute Priorität lag darin, das Wählerpotenzial, das Farage mit seiner Brexit-Partei angesprochen hatte, zu den Tories zurück zu gewinnen. Die engsten Mitarbeiter Johnsons waren Mitstreiter aus der Leave-Kampagne von 2016. Wer aufzubegehren wagte oder drohte, sich dem Premierminister in den Weg zu stellen, wurde kaltgestellt oder gesäubert – ein stalinistischer Begriff, der unterstellte, Abweichler mit eigener Meinung seien Schmutz und Abschaum, und diesen mit allen Mitteln abzustreifen gelte als Reinigung. Keiner aus Johnsons Umfeld scheint Skrupel gekannt zu haben, diesen Begriff im politischen Kampf zu benutzen. Johnsons Regierungsantritt hatte etwas von einer Machtergreifung. Er hatte eine Lektion von Lenin gelernt: Eine kleine, radikale, eiserne Avantgarde kann ihr Programm als historische Notwendigkeit und als Vollzug des Volkswillens darstellen und damit selbst eine stärkere Opposition matt setzen, sofern diese gespalten und unschlüssig bleibt. Das zeigte sich in Umfragewerten: Eine Mehrheit bevorzugte ihn persönlich als Premierminister, stellte seiner Regierung aber ein schlechtes Zeugnis aus. Johnson wird von einer deutlichen Mehrheit als unsympathisch und nicht vertrauenswürdig gesehen. Ihn retten allerdings die katastrophalen Umfragewerte Jeremy Corbyns. Verglichen mit dem Oppositionsführer kam Johnson auf 68 % Zustimmung, Corbyn selbst musste sich mit 18 % begnügen – ein Vorsprung von satten 50 %!

Die konservative Partei hat ihr größtes Wählerpotenzial bei den Wohlhabenden und den Älteren (Abb. 2.3). Die einen erwarten niedrige Steuern und minimale Einmischung des Staates, die anderen hängen immer noch

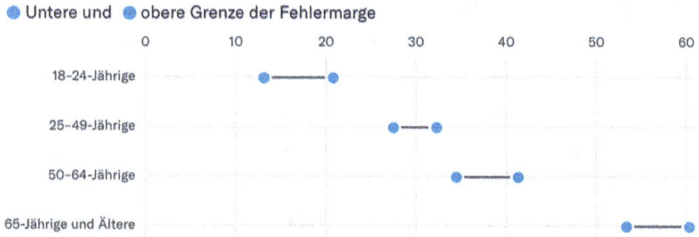

Abb. 2.3 Wählerpräferenz für die Konservative Partei nach Altersgruppen. (Quelle: NZZ)

2 Boris Johnson und die dritte Fristverlängerung

in nostalgischer Erinnerung an den Tagen ihrer Jugend, als das Empire noch bestand, das Vereinigte Königreich als Weltmacht galt und sich den USA ebenbürtig fühlte. Wer 2019 über 60 war, war noch geboren, als das Empire weitgehend intakt war. Er war 20, als mit Zimbabwe die letzte größere Kolonie endlich in die international anerkannte Unabhängigkeit entlassen wurde, er war 22, als sein Land die Falkland-Inseln zurückeroberte. Der Kampf um die Souveränität greift ein altes Motiv in der englischen Geschichte auf: Henry VIII. trennte sich von Rom, Elisabeth I. ging ihren eigenen Weg einer reformierten Kirche und verwarf sowohl die lutherische wie die calvinistische Option. Die Kriege, die England bzw. Großbritannien in den letzten Jahrhunderten geführt hat, entsprangen dem Drang, sich niemandem unterzuordnen, selbst das eigene Umfeld zu bestimmen: *England is a rule maker, not a rule taker.*[65] Hier ist es von äußerster Wichtigkeit, zwischen England und den anderen drei Landesteilen zu unterscheiden. Souveränität war eine englische Ambition, die sich gerade darin vollendete, dass sie das Souveränitätsstreben der Schotten, Waliser und Iren ignorierte. Souveränität ist absolut und exklusiv. Der Begriff entsprang dem Zeitalter des Absolutismus. Kein Volksentscheid kann das Volk als letzten Träger der Souveränität (Staatsgewalt) daran hindern, frühere Entscheidungen zu revidieren. Jeder Volksentscheid gilt deshalb nur bis

---

[65]Diese sprachlich elegant verpackte Antinomie ist eingängig, aber falsch. Denn sie blendet genau die Option aus, die die EU ausmacht: Dass man sich an Regeln hält, die man zwar nicht vollständig allein bestimmen kann, an deren Zustandekommen man aber gestalterisch beteiligt ist. Der Ausspruch reflektiert ein eindeutiges hierarchisches Gefälle, wie es in Beziehungen zwischen Herrschern und Beherrschten besteht. Er verdrängt die Möglichkeit, dass sich Gleichberechtigte auf Augenhöhe auf Regeln einigen, die dann logischerweise niemanden maximal zufrieden stellen, aber ein erträgliches Miteinander überhaupt erst ermöglichen – was eigentlich befremdlich wirkt in einem Land, das für sich in Anspruch nimmt, der Demokratie den Weg geebnet zu haben.

zum nächsten. Die britischen EU-Referenden von 1975 und 2016 belegen dies eindrücklich. Es ist deshalb durchaus denkbar, dass ein künftiger Volksentscheid das Votum von 2016 wieder revidiert so wie das Votum von 2016 das vorige von 1975 revidiert hat.

Souverän sollte das Westminster Parlament sein als höchstes gesetzgebendes Organ Englands, das sukzessive die Souveränität der nicht-englischen Landesteile absorbiert hat. Die Neigung, das Vereinigte Königreich abgekürzt einfach als England zu bezeichnen, geht darauf zurück, dass die wichtigsten staatlichen Institutionen, Monarchie, Parlament und Regierung, im Grunde englische Institutionen sind, in denen die entsprechenden Institutionen der anderen Landesteile aufgegangen sind. Erst die Devolution hat eine eigenständige politische Identität der übrigen Landesteile wieder zugelassen. Die Souveränität des Westminster Parlaments erforderte schon rein logisch, dass die Regionalparlamente in Edinburgh, Cardiff oder Belfast eben nicht auch souverän sein konnten, sondern ihre Befugnisse durch (jederzeit widerrufbare) Delegation durch das einzig souveräne Parlament in Westminster erhielten. Das ist die Denkfigur der Devolution.

Konservative Wähler zeigten eine beunruhige Neigung, sich zu radikalisieren. Johnson ist als der echte Erbe von Margaret Thatcher bezeichnet worden. Eine Mehrzahl von Parteimitgliedern fand es richtig, für den Brexit notfalls Gesetze zu brechen (Abb. 2.4). Noch beunruhigender war eine Umfrage, die ergab, dass eine Mehrheit konservativer Wähler bereit war, um des Brexit willen die Einheit des Königreichs und künftiges Wirtschaftswachstum aufs Spiel zu setzen (Abb. 2.5).

Schon gleich nach seinem Amtsantritt hatte Johnson in alle Richtungen großzügige finanzielle Zusagen gemacht: Aufstockung der Zuweisungen an Schottland, höhere Ausgaben für NHS und Polizei, gewaltige Investitionen in

2 Boris Johnson und die dritte Fristverlängerung 155

Abb. 2.4 Meinungsumfrage: Soll Premierminister Johnson das Gesetz brechen, wenn es um die Fristverlängerung des Brexit geht? (Quelle: YouGov, September 2019)

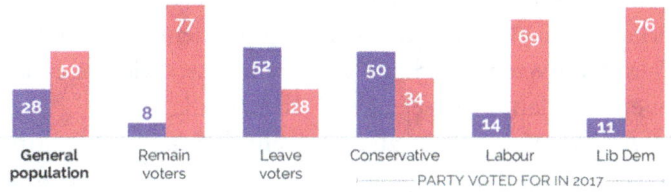

Abb. 2.5 Umfrage unter konservativen Wählern, welchen Preis sie für den Brexit zahlen würden. (Quelle: YouGov, Juni 2019)

Verkehrsinfrastruktur und Bildung, Erhöhung der Mittel für die Streitkräfte und für den Bau von Wohnraum. Nachdem er Anfang September entschieden hatte, Neuwahlen anzustreben, gab es kein Halten mehr. Der einzige Bereich, den er von seinen finanziellen Versprechungen aussparte, war der der Sozialausgaben.

Auf dem Parteitag der Konservativen Partei Ende September versprach er das Blaue vom Himmel herab: Den NHS bezeichnete er als heilig und versprach, 40 neue Krankenhäuser zu bauen (ein Krankenhausneubau kostet durchschnittlich etwa £100 Mio.; das summiert sich auf

£4 Mrd., über 10 Jahre verteilt immerhin noch £400 Mio. pro Jahr). Er wollte 20.000 zusätzliche Polizisten einstellen (nachdem seine Vorgänger etwas mehr als 20.000 Stellen gestrichen hatten; bei einem Bruttojahresgehalt von £50.000 jährliche Ausgaben von £10 Mrd.). Er kündigte ein integriertes, bargeldloses öffentliches Verkehrssystem an, ein Gigabit-Breitbandnetz, das bis in den letzten Winkel des Landes reicht, und ständig steigende Löhne, die die reale Kaufkraft stärken und damit die Wirtschaft beflügeln sollen. Diese Versprechungen summieren sich auf etwa £60 Mrd. [48] – zusätzlich zu über £400 Mrd., die seine Vorgänger bereits für Rüstungs- und Infrastrukturprojekte zugesagt hatten.[66] Damit war ein ausgeglichener Haushalt, um den sich seine Partei unter großen Opfern seit 2010 bemüht hatte, in weite Ferne gerückt. Da Johnson gleichzeitig deutliche Steuersenkungen versprach, blieb er die Antwort, wie diese Ausgaben zu finanzieren seien, einfach schuldig.

Der Parteitag geriet zu einer Huldigungsveranstaltung für Boris Johnson. Seine Widersacher waren entweder gar nicht erst gekommen oder erhielten von der straff geführten Regie keine Chance, zu Wort zu kommen. Johnsons Auftritt war ein Meisterwerk der Lichtregie. Aus einem verdunkelten Eingangskorridor trat Johnson gemessenen Schritts ins gleißendem Licht. Dazu steigerte sich ein pochender Grundbass mit einem nervösen Geklingel im Sopran in stetigem crescendo zu einem ohrenbetäubenden Gedonner. Die Regie suggerierte: Hier steigt Jupiter persönlich von seinem Olymp herab, um das geplagte Land endlich zu erlösen: Johnson als Heilsbringer. Dann stand er auf einem Podium inmitten der Delegierten und feuerte sie mit seinen suggestiven Fragen an. Aus dem Beleuchteten war der Erleuchtete geworden.

---

[66] BEB, S. 307.

Das Wahlprogramm der Tories ergänzte Johnsons Zusagen um die Ankündigung, 6000 Ärzte, 7500 Krankenpfleger und 20.000 zusätzliches Personal für die gesundheitliche Grundversorgung neu einstellen zu wollen. Die Verwirklichung dieses Versprechens würde sich nochmals auf mehr als £1 Mrd. summieren. [49]

2.6.2 Labour

Labour war der rhetorischen Dynamik, die Johnson gleich nach Amtsantritt entfachte, nicht gewachsen. Die Partei verhedderte sich in Skandalen und Flügelkämpfen. Auf dem Parteitag gab Labour ein Bild jämmerlicher Zerrissenheit ab: Pragmatiker und Vollblutsozialisten kämpften verbissen um den Parteikurs. Corbyn musste gegen Vorwürfe von Antisemitismus kämpfen (die er zu relativieren trachtete, indem er Johnson Rassismus vorwarf), kurz vor dem Parteitag scheiterte eine Intrige, den pragmatischen und pro-Remain Vizevorsitzenden Tom Watson zu entfernen. Das Nationale Exekutivkomitee[67] (NEC) wollte einfach sein Amt – und damit dessen Inhaber – abschaffen. Zermürbt von dem verdeckten Grabenkrieg gab Watson zwei Wochen später freiwillig alle Ämter auf und verzichtete auf eine Wiederwahl als Abgeordneter, wobei er sich verbittert über Intrigen und üble Machenschaften im Führungszirkel seiner Partei beklagte. Einen Tag vor der Eröffnung des Parteitags zogen drei Mitglieder des Schattenkabinetts auf einer Demonstration durch Brighton und forderten ein Remain.[68] Jeremy Corbyn trat ihnen am

---

[67]Witzbolde tauften es deshalb in *National Execution Committee* um.
[68]Es waren die drei prominenten Politiker Emily Thornberry, Keir Starmer und Clive Lewis, im Schattenkabinett zuständig für Außenpolitik, das Brexit-Dossier und Finanzen (Treasury).

darauffolgenden Tag entgegen und erklärte, ein von ihm auszuhandelnder Brexit-Vertrag sei auf jeden Fall besser als ein passives Remain. Der Parteitag selbst verlief turbulent, konfrontativ und streckenweise blamabel. Jeremy Corbyn ging mit einer geschwächten Position aus dem Parteitag heraus. Die Debatten hatten offen gelegt, wie uneins die Partei in Grundsatzfragen war. [50]

Labour gewann Profil vor allem durch eine bemerkenswerte Rede, die Sir Keir Starmer, der Shadow Brexit Secretary, im Unterhaus am 19. Oktober hielt. Er war vermutlich der einzige, der die Texte zum Irland-Protokoll und zur Politischen Erklärung, die Johnson am Abend zuvor vorgelegt hatte, tatsächlich gelesen und analysiert hatte (oder dies von seinen Mitarbeitern hatte erledigen lassen). Seine Rede, ruhig und von eindrucksvoller Sachkenntnis, war ein Höhepunkt dieser Debatte. [51] Labour blieb zerrissen zwischen einer linksradikalen Führung um Jeremy Corbyn, die die EU immer noch als eine Institution ablehnten, in der Politik, Unternehmer und Banker sich auf Kosten von Arbeitern und einfachen Bürgern gegenseitig Vorteile zuschanzten, und einer pragmatischen Basis, zu der die überwiegende Zahl der Gewerkschaften zählte, die die Vorteile der EU in den Arbeiterschutzbestimmungen und im Marktzugang höher bewerteten.

Corbyn und sein Führungszirkel versuchten, mit einer dreifachen Strategie die Uneinheitlichkeit der Partei zu übertünchen: Sie entwickelten eine *soft-Brexit*-Variante, die einerseits den Brexit bejahte, andererseits ihn aber weitgehend jeglicher Substanz entkleidete. [52] Sie versuchten zweitens die Schwäche dieser Position zu überspielen, indem sie innenpolitische Themen in den Vordergrund rückten: Klassisch sozialdemokratische Themen wie Mindestlohn, Gesundheitsvorsorge, Chancengleichheit, Umwelt und soziale Absicherung. Drittens versuchten sie, den radikallinken Flügel einzubinden, indem sie die Verstaatlichung sämtlicher Energie- und Wasserversorger, der Eisenbahn und der Post sowie der Hochleistungskabel für Breitband-Anschlüsse forderten. [53] Die Kosten für diese Verstaatlichungen wurden auf über £200 Mrd. geschätzt – zusätzlich zu den rund £83 Mrd., die Labour für Gesundheit, Bildung, Infrastruktur und Wohnungen auszugeben gedachte. Um diese Gelder aufzubringen, schlug Labour vor, die Steuern für Gutverdienende und größere Unternehmen zu erhöhen und einen besonderen Schuldenfonds in Höhe von £400 Mrd. anzulegen. Fiskaldisziplin war mit diesem Konzept noch weniger zu erwarten als mit dem der Konservativen. Labour wiederholte den Fehler, den schon Blair und Gordon gemacht hatten, als sie, um Wählerstimmen zu gewinnen, das Land in eine Schuldenkrise gestürzt hatten. Gegen diese abenteuerlichen Zahlen wirkten die Wahlversprechungen der Konservativen Partei geradezu bescheiden.

Die Position zum Brexit war gewunden, halbherzig und widersprüchlich: Labour lehnte einen Austritt ohne Vertrag und auch ein zukünftiges Verhältnis ohne umfassende vertraglich Absicherung ab. Eine Labour Regierung werde einen neuen Austrittsvertrag aushandeln und die Wahl zwischen diesem neuen Austrittsvertrag und einem Verbleib in der EU einer zweiten Volksabstimmung unterbreiten. Das Ergebnis dieser Volksabstimmung werde als rechtlich verbindlich angesehen werden. Das Vereinigte Königreich solle in einer Zollunion mit der EU bleiben. Man wolle sich den Regeln des EU-Binnenmarktes so weit wie möglich angleichen. In einem Namensartikel im Guardian legte Jeremy Corbyn selbst seine Position dar:

> "*The people of Britain deserve to have their say in a general election. Only a Labour government would end the Brexit crisis by taking the decision back to the people. We will give*

the people the final say on Brexit, with the choice of a credible leave offer and remain. A Labour government would secure a sensible deal based on the terms we have long advocated, including a new customs union with the EU; a close single market relationship; and guarantees of workers' rights and environmental protections. We would then put that to a public vote alongside remain. I will pledge to carry out whatever the people decide, as a Labour prime minister." [54]

Dabei blieb offen, was *customs union, close single market relationship, guarantees of workers' rights and environmental protections* konkret heißen sollten. Die Varianten gingen von einer Norwegen-Lösung bis hin zu einem Freihandelsabkommen, das sich als *CETA-minus* beschreiben ließ. Vor allem implizierte der Labour-Vorschlag, dass das Vereinigte Königreich mit dem Verbleib in einer permanenten Zollunion eben nicht volle Souveränität über seine Handelspolitik zurückgewinnen würde. Es wäre dann an Zollsätze und an Zollverträge der EU gebunden, ohne in Brüssel ein Wort mitreden zu können. Das überzeugte nur wenige. Hinzu kam, dass die umfassenden Verstaatlichungspläne, die Labour vorgelegt hat, sich nur schwer mit der marktliberalen Philosophie der EU vereinen ließen. Corbyn verweigerte jede Festlegung, wie er selbst in einem erneuten Referendum stimmen werde. Damit begab sich Corbyn in einen dreifachen Widerspruch. Er forderte Nachverhandlungen mit der EU über ein neues Abkommen, obwohl allen klar war, dass ein völlig neues Abkommen nicht zu haben war. Dieses Abkommen sollte dann aber nicht etwa gelten, sondern einem weiteren Volksentscheid unterbreitet werden. Und Corbyn war schließlich nicht bereit verbindlich zu erklären, wie er selbst in diesem Referendum abstimmen und welche Position er im Meinungskampf zuvor zu vertreten gedenke – ein politischer Führer, der sich rühmt, einen neuen Vertrag zuwege zu bringen, sich jedoch weigert, für diesen von ihm selbst ausgehandelten Vertrag dann rückhaltlos einzutreten! Allen war noch zu deutlich bewusst, wie unrühmlich Corbyn 2016 laviert und gezaudert hatte, um sich bloß nicht festzulegen. Zudem war allen klar, dass angesichts der Zerrissenheit der Labour Partei Corbyn aller Voraussicht nach das gleiche Schicksal drohte wie Theresa May. Selbst wenn es ihm gelingen sollte, wider Erwarten einen neuen Vertrag mit der EU auszuhandeln, würde ihm ein entscheidender Teil der eigenen Partei die Gefolgschaft verweigern, und er würde ebenso unrühmlich scheitern wie May. Damit untergrub er den letzten Rest von Glaubwürdigkeit. Hätte eine Persönlichkeit mit der verführerischen Rhetorik und dem mitreißenden Charme eines Tony Blair an der Spitze von Labour gestanden – vielleicht wäre es möglich geworden, eine starke Remain-Koalition zuwege zu bringen. Das wäre allerdings nur über eine Lib-Lab-Absprache und ein Wahlbündnis möglich geworden. Die Tatsache, dass mit John Major und Tony Blair zwei ehemalige Premierminister öffentlich dazu aufriefen, ihrer eigenen Partei die Stimme zu verweigern, spricht für das Ausmaß der politischen Krise, in die die Konstellation Johnson-Corbyn das Land gestürzt hatte. Corbyn und seine Mitstreiter wollten es mit niemandem verderben und einen Mittelweg finden. Dabei vergaßen sie das alte Sprichwort: In Gefahr und höchster Not bringt der Mittelweg den Tod.

2.6.3 Liberal Democrats

Die Liberaldemokraten wiegten sich eine Zeit lang in der Hoffnung, dass der Streit um den Brexit endlich wieder Wasser auf ihre Mühlen leiten werde. Sie bezogen die klare Extremposition zu Johnsons Tories mit dem knappen Slogan: *Stop Brexit!* Bei einem Wahlsieg wollten sie die Austrittserklärung nach Art. 50 unverzüglich zurücknehmen und den Brexit abblasen. Dafür planten sie kein weiteres Referendum ein.[69]

Die Partei war von einem Hoch von 10 % der Abgeordneten und 20 % Stimmenanteil[70] auf 7,5 % der Stimmen und 2 % der Abgeordneten abgesackt. Sie hatte ihren Platz als drittstärkste Partei im Parlament an die SNP abgeben müssen und war im Sommer 2019 sogar hinter die Unabhängigen zurückgefallen. Jetzt mit dem Anspruch anzutreten, die Regierung stellen zu wollen, klang nach Wunschdenken und Hybris. Die Partei hatte ihre großen Namen verloren. Die solide bemühte, aber pausbäckig und blass wirkende Parteiführerin Jo Swindon war erst im Juni 2019 an die Spitze der Partei getreten. Sie war nicht die richtige Person, Massen zu begeistern. Neben dem quecksilbrigen Johnson und dem griesgrämigen Corbyn wirkte sie unreif und unerfahren. Sie sah nicht nur wie ein Schulmädchen aus – sie sprach auch so. Ihr ausdrucksloses Gesicht, ihre einschläfernde Stimme und die endlose Aneinanderreihung abgestandener Phrasen machten sie einfach langweilig.[71] Besonders unglücklich war das Dilemma der Liberaldemokraten, die zwar einerseits einem *Stop Brexit!* höchste

---

[69]Die LibDems griffen mit dieser Forderung nur die Aussage aus dem Wahlkampfprogramm von Labour aus dem Jahr 1983 auf. Labour hatte damals einen Austritt aus der EWG gefordert, in offenem Widerspruch zu dem Ergebnis der Volksabstimmung von 1975. Der einzige Unterschied lag darin, dass Labour diese Forderung acht, die LibDems drei Jahre nach dem jeweiligen Referendum erhoben. Die Parallele lag darin, dass beide Parteien daraufhin ein Wahldebakel erlebten.

[70]2005 hatten die LibDems 22 % der Stimmen geholt und 62 Sitze im Parlament gewonnen. 2010 steigerten sie den Stimmenanteil auf 23 %, erhielten jedoch nur 57 Sitze. Die Wahl von 2015 brachte einen Absturz auf 7,9 % der Stimmen und 8 Sitze. 2017 war das Ergebnis kaum besser (7,4 % und 12 Sitze).

[71]Beispielhaft ihre Rede vor der CBI am 18. November 2019 (https://www.youtube.com/watch?v=je1IOlHJvcY, 9. Dezember 2019).

Priorität einräumten, andererseits aber jede Zusammenarbeit mit Labour und Corbyn strikt ablehnten. Für jeden Wähler war damit klar, dass eine Stimme für die Liberaldemokraten wenig Aussicht auf Erfolg hatte: Die Partei war zu schwach, um ernsthafte Aussicht zu haben, eine der beiden stärksten Fraktion auszustechen. Das aber war unabdingbare Voraussetzung, dass sie überhaupt eine Chance erhielt, ihre Versprechungen durchzusetzen. Der Rolle als Mehrheitsbeschaffer für Labour und damit ein Remain in einem *hung Parliament* verweigerte sie sich. Die LibDems hatten sich selbst in eine wahltaktische Sackgasse manövriert, für die sie eine verdiente Quittung erhielten.

Die Forderung nach Rücknahme der Austrittserklärung war zwar aufseiten der EU nach dem Urteil des EuGH vom 10. Dezember 2018 problemlos. Auf britischer Seite wiesen die Verfassungsexperten jedoch darauf hin, dass die Austrittserklärung nach dem Urteil des Supreme Court vom 24. Januar 2017 (Gina Miller-Case) erst nach einer Parlamentsabstimmung erfolgen konnte. Deshalb müsse die Regierung auch zur Rücknahme dieser Erklärung vom Parlament ermächtigt werden. Vor allem aber warf das Versprechen, das Ergebnis der Volksabstimmung einfach zu übergehen, die noch viel grundsätzlichere Frage auf, was eine Volksabstimmung eigentlich wert ist, wenn sie von Regierung und Parlament ohne weitere Hürden ignoriert werden kann.

2.6.4 Brexit-Partei

Der unbekannte Joker im Spiel um die nächsten Wahlen war die Brexit Partei. Nigel Farage war 2016 nach dem Sieg von Leave in der Volksabstimmung vom Vorsitz der von ihm bis dahin unbestritten beherrschten UKIP-Partei zurückgetreten. Unter seinen Nachfolgern versank die UKIP rasch in Bedeutungslosigkeit. Rechtzeitig vor den Wahlen zum EU-Parlament im Mai 2019 gründete Farage deshalb im Januar 2019 eine neue Partei, der er den Namen *Brexit-Party* gab. Das Programm war aus dem gleichen Holz geschnitzt wie das von UKIP. Es gab nur ein Ziel, das die Partei erreichen wollte: einen *clean-break Brexit*. Mitglieder flogen der neuen Partei überwiegend aus den Reihen von UKIP zu. Farage hatte ein weiteres Mal seine persönliche Zugkraft bewiesen und aus dem Stand eine Partei gegründet, die nur einen Führer und einen Willen hatte. Bei den Wahlen zum EU-Parlament im Mai 2019 gewann die Brexit Partei 30,5 % der Stimmen und wurde so stärkste Partei. 29 ihrer Mitglieder zogen als MEPs ins Brüsseler Parlament ein, darunter auch zum fünften Mal Nigel Farage.[72] Dort schlossen sie sich keiner der dortigen Fraktionen an, sondern bildeten eine Gruppe fraktionsloser MEPs. Die Konservativen sackten mit 8,8 % auf den fünften Platz ab und stellten nur noch vier EU-Abgeordnete. Nicht nur Labour lag vor ihnen; auch Liberaldemokraten und Grüne hatten sie überholt. Das war ein Alarmsignal, das im Hauptquartier der Konservativen die Wände wackeln ließ. Es erklärt, weshalb Johnson, als er zwei Monate später Theresa May nachfolgte, die eigene Partei so radikal UKIPisierte. Für ihn war Nigel Farage der eigentlich Kontrahent, dem es galt, den Brexit-Wind aus den Segeln zu nehmen. Entsprechend trimmte er die eigenen Segel.[73] Farage selbst

---

[72]Drei dieser 29 MEPs verließen später die Fraktionsgemeinschaft mit den übrigen Brexit-Abgeordneten im EU-Parlament. Um die Ausmaße dieses Sieges zu verstehen, hilft es, sich klar zu machen, dass auch die CDU/CSU bei diesen Wahlen nicht mehr als 29 Abgeordnete nach Brüssel entsenden konnte.

[73]Das Wahlergebnis muss in dreierlei Hinsicht relativiert werden: Eine Wahl zum EU-Parlament musste unter den gegebenen Umständen im Vereinigten Königreich zu einer Protestwahl gegen die Brexit-Blockade werden. Zweitens lag die Wahlbeteiligung bei 37,2 %; das war etwa halb so hoch wie bei Wahlen

trug nicht unwesentlich zu Johnsons Triumph bei. Er hatte zwar angekündigt, in jedem Wahlkreis eigene Kandidaten aufzustellen, zog sie dann aber in den über 300 Wahlkreisen doch zurück, die ohnehin vermutlich an die Tories fallen würden. Er wollte vermeiden, dass die pro-Brexit Stimmen zwischen beiden Parteien zersplitterten und auf diese Weise eine relative Mehrheit für eine dritte Partei zustande kommen könnte. Er hat mit diesem Schritt vermutlich Johnsons überwältigenden Wahlsieg erst ermöglicht. Nachdem er siebenmal bei dem Versuch gescheitert war, sich selbst ins Westminster Parlament wählen zu lassen, verzichtete Farage dieses Mal im Voraus darauf, sich überhaupt aufstellen zu lassen. Dass der Parteiführer in einer solchen Wahl nicht selbst antritt, hat ihm und seiner Partei enorm geschadet. Für die meisten Wähler war damit klar, dass er selbst nicht an seinen Erfolg glaubte. Und wenn er schon vor der Wahl aufgab, weshalb sollte ihm dann irgend jemand noch die Stimme geben? Der größte Triumph, den Johnson mit seinem Wahlsieg im Dezember 2019 errungen hat, war die endgültige Eliminierung von UKIP und der Brexit-Partei aus dem Parteienspektrum. Er hatte beiden Parteien konsequent das politische Blut ausgesogen und per Transfusion in die Adern der eigenen Partei übergeleitet. Die Tories sind seit Dezember 2019 Brexit-Partei und UKIP in einem.

---

zum Westminster Parlament. Und drittens wird in EU-Wahlen auch im Vereinigten Königreich nach einem Proportionalwahlrecht gewählt. Unter dem Mehrheitswahlrecht, das für Wahlen zum Westminster Parlament gilt, verschieben sich diese Relationen gewaltig. Die Partei zählt 115.000 Mitglieder, die jedoch, wie schon bei UKIP, keinen Einfluss auf die politische Linie der Parteiführung haben. Annunziata Rees-Mogg, die Schwester von Jacob Rees-Mogg (Leader of the House of Commons) ist prominentes Mitglied der Brexit-Partei und saß für sie im Brüsseler Parlament.

2.6.5 Wahlprogramme

Würde die Wahl am 12. Dezember eine Brexit-Wahl werden – so wie Theresa May das im Juni 2017 gehofft hatte – eine endgültige Bestätigung des Volkswillens, wie er am 23. Juni 2016 Ausdruck gefunden hatte? Für Johnsons Konservative war dies das Hauptthema: *Get Brexit Done* und *Unleash Britain's Potential* waren die Slogans, die er seinen Zuhörern einhämmerte. Ebenso entschlossen war Labour, das Brexit-Thema nach hinten zu drängen und innenpolitische Themen zu betonen. Außenpolitische Themen klangen gar nicht erst an: China wird schweigend übergangen, ebenso Syrien und Jemen. Saudi Arabien, der Nahostkonflikt, Iran, Nordkorea werden kursorisch gestreift. Die Sicherheitspolitik (NATO, nukleare Bewaffnung), die innerhalb von Labour heftig umstritten war, wurde überhaupt nicht erst erwähnt. Labour klang mit seiner Sowohl-als-auch-Position wankelmütig und wenig überzeugend. Noch unglaubwürdiger wurde die Partei durch die Zusicherung, sie wolle binnen sechs Monaten ein neues Referendum ansetzen, dabei für eine permanente Zollunion kämpfen, sich dann aber gehorsam dem Willen der Wähler beugen, wenn diese anders entscheiden sollten. [55] Hier lag der Opportunismus allzu offen zutage: Eine Hybrid-Option zu wählen, diese aber beiseite zu fegen, wenn die Wähler anders entscheiden sollten, war ein durchsichtiges Manöver, Remainer zu ködern ohne die Leaver vor den Kopf zu stoßen. Zudem war ohnehin klar, dass ein Referendum im Vereinigten Königreich mindestens eine Vorlaufzeit von acht bis zehn Monaten braucht. Cameron hatte das Referendum vom Juni 2016 im Mai 2015 angekündigt. Labour zu wählen bedeutete, das Brexit-Drama um mindestens ein weiteres Jahr zu verlängern und eine erneute Abstimmungskampagne zu riskieren, die die von 2016 an populistischer

2 Boris Johnson und die dritte Fristverlängerung   167

Polemik und pessimistischen Prophezeiungen in den Schatten stellen würde. Johnson wurde nicht müde, seine Landsleute zu warnen, dass Labour zu wählen bedeute, zwei weitere Referenden zu akzeptieren, eines über das Verhältnis zur EU, das andere über Unabhängigkeit in Schottland.

Besonders auffallend an allen Wahlkampfprogrammen war, dass sie sich in einer Aufzählung von einzelnen Forderungen und Versprechungen erschöpften. Viele zentrale Themen bleiben einfach ausgespart. Eine überwölbende Philosophie, ein Bekenntnis zu politischen Grundwerten, von denen sich die Einzelforderungen logisch und stimmig ableiten lassen, sucht man vergeblich. Die Wahlprogramme ähneln willkürlich zusammengewürfelten Menüs, bei denen niemand überzeugend angeben kann, weshalb gerade diese Punkte erscheinen, wie sie inhaltlich miteinander verknüpft sein könnten und weshalb andere Punkte fehlen.

Es gab doch so viele drängende Fragen: Wie kann ein Brexit in den nächsten fünf Jahren die britische Wirtschaftskraft beeinflussen? Wie können Investitionen und Handelsströme sich verschieben? Wie, mit welchen namentlichen Partnern und zu welchen konkreten Bedingungen lassen sich neue Handelsverträge aushandeln? Wie wird die künftige Energiewirtschaft des Vereinigten Königreichs aussehen? Welche sicherheitspolitischen Folgen könnten sich langfristig aus dem Brexit ergeben? Zu allen diesen Fragen findet sich in diesen Dokumenten erschreckend wenig. Und Johnsons Rhetorik erschöpfte sich in den Aufforderungen *Get Brexit Done* und *Move Forward!* Sie erzeugten Veränderungsdrang, blieben aber völlig vage, welcher Weg konkret einzuschlagen war und welches eigentlich das Ziel des ganzen Unterfangens sein solle.

2.7 Das Wahlergebnis vom 12. Dezember 2019

Man darf ein Parlament nicht anlügen, aber man braucht ihm auch nicht die volle Wahrheit zu sagen und man darf zulassen, dass es sich selbst in die Irre führt.
Norman Tebbit

Boris Johnsons Vabanquespiel ging auf. Er hatte alles auf eine Karte gesetzt, lieber einen Teil seiner Partei abgespalten und damit die eigene Mehrheit im Parlament geopfert als sein Ziel aus den Augen zu verlieren, lieber einen *no-deal* riskiert als in der *backstop*-Frage klein beizugeben. Er hatte einen Ausweg gefunden, der durch dichte semantische Vernebelung führte, aber akzeptabel war. Wenn das Einzige, was in der Politik zählt, der Erfolg ist, ist Boris Johnson ein bedeutender Politiker. Das Wahlergebnis war in seiner Deutlichkeit eine implizite zweite Volksabstimmung. Niemand kann nach diesem eindeutigen Votum noch bezweifeln, dass England mehrheitlich den Brexit will. Niemand kann allerdings ebenso wenig bezweifeln, dass Schottland ihn eindeutig nicht will und dass die Stimmung in Nordirland tief gespalten und gespannt bleibt.

Die Wahlbeteiligung lag mit 67,3 % überraschend niedrig, knapp unter der von 2017 (68,7 %) und ebenso knapp über der von 2015 (66,1 %), aber weit hinter der am Volksentscheid von 2016 (72,2 %) und noch weiter hinter früheren Wahlbeteiligungen, die in den 50er Jahren 84 % erreichten. Gewählt haben 32 Mio Bürger von 47,5 Mio. Wahlberechtigten und einer Gesamtbevölkerung von 66,5 Mio. Kann ein solches Ergebnis als Wille des Volkes zählen?

2 Boris Johnson und die dritte Fristverlängerung

Die konservative Partei gewann 43,6 % (+1,2 %), eine überwältigende Mehrheit, verglichen mit dem Abschneiden der stärksten Parteien in anderen europäischen Ländern, selbst solchen, die für sich in Anspruch nehmen, Volksparteien zu sein. Nach dem Mehrheitswahlrecht fallen der Partei damit 365 Sitze im Parlament zu (56 %). Das ist eine Mehrheit von über 150 Sitzen gegenüber der nächst stärksten Fraktion von Labour und eine satte Mehrheit von 80 Stimmen gegenüber sämtliche Oppositionsparteien. Johnson kann nach diesem Wahlsieg nicht nur mit einer komfortablen Amtszeit von fünf Jahren rechnen. Er hat beste Chancen, nach Ablauf dieser Frist wieder gewählt zu werden. Labour wird auf Jahre hinaus in Flügel- und Führungskämpfe verwickelt bleiben und kaum fähig sein, in fünf Jahren einen erneuten Angriff auf diese Tory-Bastion zu gewinnen. Die übrige Opposition bleibt zersplittert, ziel- und kraftlos. Die Tories konnten Wahlkreise gewinnen, die für sie bisher als aussichtslos galten. In Bishop Auckland beispielsweise konnten sie einen Wahlkreis erobern, der seit seiner Einrichtung 1885 noch nie eine konservative Mehrheit erbracht hatte. Der unerwartete Zugewinn so vieler neuer Mandate hat dazu geführt, dass viele junge und unerfahrene MPs in der Tory-Fraktion sitzen. Der jüngste konservative Abgeordnete ist 24 Jahre alt. Diesen Abgeordneten fehlt Erfahrung. Sie hatten noch keine Zeit, sich eine eigene Position zu bilden. Johnson kann blind auf ihre Zustimmung vertrauen, denn sie wissen nur zu gut, dass ihr Fortkommen und ihre weitere politische Karriere ganz in seinen Händen liegt. Sind sie folgsam, winken bald Ministerposten mit all den Annehmlichkeiten und der Chance, sich über die Partei hinaus einen Namen zu machen. Sie haben mehr als deutlich vor Augen, wie es denen ergeht, die sich Johnson in die Quere zu stellen wagen. Von den 21 MPs, die Johnson Anfang September ausgeschlossen hatte, wurden nur zwei wiedergewählt. Sie mussten, bevor die Parteizentrale sie erneut als Kandidaten zuließ, Johnson schriftlich versichern, ihn bedingungslos zu unterstützen. Auch John Bercow schied aus dem Parlament aus.[74] Mit dieser breiten Mehrheit ist Johnson nicht länger auf Unterstützung durch die nordirische DUP angewiesen. Er ist weniger erpressbar als seine Vorgängerin. Die radikale Splittergruppe ERG kann ihn nicht mehr so vor sich hertreiben, wie sie dies ein Jahr zuvor mit Theresa May getan hatte.

Für Labour und Jeremy Corbyn persönlich war die Wahlniederlage eine Katastrophe – eines der schlechtesten Wahlergebnisse in der Parteigeschichte überhaupt. Die Partei errang zwar 31,1 % der Stimmen, aber nur 202 Sitze. 1983 waren es nur 27,6 %, aber immerhin 209 Sitze gewesen. So wenig Sitze hatte Labour seit 1945 nicht mehr gehabt. Jeremy Corbyn kündigte seinen Rücktritt für das Frühjahr 2020 an. Labour ist die unklare Haltung in der Brexit-Frage, die unpopuläre Figur ihres Führers und vor allem die fortschreitende Erosion der eigenen Basis zum Verhängnis geworden. Eine Partei, die von den Gewerkschaften als politische Interessenvertretung gegründet worden war, die sich als Repräsentant der *blue collar workers,* der traditionellen Arbeiterklasse verstand, musste in dem Maße in eine Identitätskrise geraten, in dem diese Klasse langsam verschwand und der klassische blaue Drillichanzug moderner Fabrikkleidung wich. Bergleute, Schauerleute, Fließbandarbeiter, Lokführer und Heizer, Postboten und Bauarbeiter hatten früher das Reservoir gebildet, das zuverlässig Labour wählte. Aber die

---

[74]Ihm hatte die Parteizentrale im September bedeutet, dass man einen Gegenkandidaten in seinem Wahlkreis aufstellen werde. Dies war mit ein Grund, weshalb er freiwillig seinen Rückzug als Sprecher des Parlaments und als Abgeordneter verkündete.

letzte Zeche hatte 2017 geschlossen, die meisten Häfen waren verödet bzw. auf vollautomatisierten Containerverkehr umgestellt, Fließbänder funktionieren weitgehend mit Robotern. Wer im gepolsterten Führerstand einer modernen E-Lok sitzt, fühlt sich nicht mehr unbedingt als *working class,* Postboten sind von der E-Mail abgelöst worden und auf dem Bau arbeiten überwiegend Ausländer. Die Gewerkschaften, einst Rückgrat und Herzblut der Labour Partei, sind nur noch ein Schatten dessen, was sie vor fünfzig Jahren waren, als sie mit ihren Streikwellen das Land von einer Krise in die nächste trieben. Der Rückhalt bei Linksintellektuellen reicht nicht aus. Vor diesem Hintergrund alte sozialistische Ideale wieder aufleben zu lassen, war etwa gleichbedeutend damit, eine moderne Zeitung mit Bleisatz zu betreiben. Ein Menetekel war, dass alte, seit Generationen als sicher geglaubte Hochburgen an die Tories verloren gingen, wie beispielsweise Blyth, eine Hafenstadt nördlich von Newcastle. Das Wahlergebnis zeigte England als tiefblauen Ozean, auf dem verloren ein paar rote Inseln trieben: Das alte Kohlerevier im hohen Nordosten, Leeds, Bradford und Sheffield in Yorkshire, Manchester und Liverpool westlich der Pennines, ein paar Vororte von Birmingham und fast das gesamte Greater London mit ein paar Ausnahmen im Westen und Südwesten. Auffallend ist die Polarisierung in diesen Wahlkreisen: In den meisten östlichen (industriellen) Vororten von London holte Labour bis zu 70 %. Umgekehrt erhielten die Tories in einigen Küstenbezirken zwischen Wash und Humber über 70 % der Stimmen. Das sind für englische Verhältnisse ungewöhnlich ausgeprägte Mehrheiten.[75]

---

[75]In Deutschland findet man vergleichbare Ergebnisse nur in einigen wenigen ländlichen Wahlkreisen in Bayern und Westfalen.

Die Liberaldemokraten erlitten das schlimmste Desaster. Ihre Rechnung, als klare Remainer-Partei punkten zu können, ging nicht auf. Zu gering war den Wählern die Aussicht, dass die LibDems eine Chance erringen konnten, diese Zusage politisch operativ umzusetzen. Zu schwach waren die Kandidaten, von der Spitzenkandidatin Jo Swindon angefangen. Sie verlor ihren Sitz und trat sofort zurück. Zwar konnten die LibDems in England und Schottland 11,6 % aller Stimmen einsammeln, aber sie blieben in den meisten Wahlkreisen eben Dritter oder bestenfalls Zweiter. Das Wahlergebnis bedeutete nicht mehr als 11 Sitze. Nach den ephemeren Triumphen von 2005 und 2010 ein tiefer Sturz in die Bedeutungslosigkeit. Die LibDems werden auf längere Zeit damit beschäftigt sein, eine neue Führung zu suchen und sich inhaltlich und personell neu aufzustellen.

Für die anderen kleinen Parteien ging die Wahl gut aus: Die Schottischen Nationalisten errangen 48 von insgesamt 56 Sitzen, ein Zuwachs von 14. Wieder einmal begünstigte das Mehrheitswahlrecht eine Partei, die regional stark ist. Die Stimmen für die SNP machten nur 3,9 % des Gesamtwahlergebnisses aus. Die LibDems erhielten immerhin fast viermal so viel Stimmen, aber nur weniger als ein Viertel der SNP-Sitze. Nicola Sturgeon, die auf diese Weise überzeugend bestätigte Parteiführerin, bekräftigte sofort den Anspruch, über die Unabhängigkeit Schottlands erneut in einer Volksabstimmung entscheiden zu lassen.

Plaid Cymru, die walisische Nationalpartei, konnte ihr Ergebnis mit vier Sitzen verteidigen.

Die Wahl zeigt, wie volatil das Wählerverhalten geworden ist und wie tief die Gegensätze innerhalb der Gesellschaft sich verhärtet haben. Der überwältigende Sieg

2 Boris Johnson und die dritte Fristverlängerung 173

von Boris Johnsons Konservativen dürfte vor allem drei Gründe gehabt haben.

- Persönlichkeit: Johnson führte einen geschickten Wahlkampf. Er vermied es, in Fettnäpfchen zu treten. Er zeigte sich als jugendlicher, schwungvoller, zupackender Macher. Er brillierte mit Humor und raffinierten Anspielungen. Ein Wahlkampfspot, der ihn in einer Parodie des Film *Love Actually* (Tatsächlich…Liebe) zeigte, wurde viral und ging um die Welt. Er hielt sich auffallend an seine Redemanuskripte und scheute spontanes Extemporieren. Dagegen blieb Corbyn ein verkniffener, dogmatischer alter Mann, der sich zwar in einigen Debatten argumentativ gut schlug, dabei aber emotional einen vernichtenden Eindruck hinterließ. Seine schief sitzende Brille, die den Eindruck vermittelte, als sei sie beschlagen, seine verkrampften Lippen, seine müde-mürrische Mimik und seine verzweifelten Versuche, sich in der Brexit-Frage nicht festlegen zu lassen, ließen ihn teils abstoßend, teils bemitleidenswert erscheinen. Die Wahl war im Kern eine Brexitwahl und Corbyn wusste das, als er ihr erst zustimmte, nachdem Johnson sich verpflichtet hatte, einen *no-deal* nicht weiter zu betreiben. Sich dann aber im Wahlkampf vor einer Festlegung in dieser Schicksalsfrage zu drücken, war einfach tödlich. Corbyn wirkte wie ein lebendes Fossil aus einer längst untergegangenen ideologischen Epoche. Es gab kaum einen Labour-Wähler, der sich leuchtenden Auges zu ihm bekannt hätte.
- Überdruss, Ermattung, Ungeduld: Der Slogan *Get Brexit Done!* war wie schon sein Vorgänger *Take back Control!* von Dominic Cummings inspiriert. Jedenfalls konnte keine andere Partei diesem eingängigen Slogan etwas Gleichwertiges entgegensetzen. Es war

ein etwas resignativer Slogan – er bedeutete ja implizit, dass der Brexit so etwas wie eine riskante Operation oder eine lästige Pflicht war, die man endlos vor sich hergeschoben hat und nun endlich hinter sich bringen will – aber er verfing bei allen denen, die das endlose Gezerre und die sterilen Blockaden im Parlament leid waren.

- Migration: Es war das unausgesprochene, aber unter der Oberfläche um so virulentere Thema. Es dürfte neben dem leidigen Brexit-Komplex mit entscheidend dafür gewesen sein, dass so viele traditionelle Labour-Wahlkreise den Tories zufielen. Viele traditionelle Labour-Anhänger empfinden ökonomisch und fürsorglich links, kulturell und sozial aber nationalistisch-rechts. Das Wahlprogramm von Labour war auf eine wirtschaftlich schwache Klientel in diesen Regionen zugeschnitten. Aber es waren eben auch die Wahlkreise, die 2016 für Leave gestimmt hatten und die von der Seiltänzerei enttäuscht waren, mit der Corbyn es vermied, sich in der Brexit-Frage festzulegen. In diesen Wahlkreisen war die Angst vor Überfremdung und Strukturwandel besonders ausgeprägt. Viele Wähler brachten den Zusammenbruch der alten Industrie mit der Ankunft der Einwanderer aus der EU in Verbindung. Aus China, vom indischen Subkontinent und aus Afrika waren Menschen schon ins Land geströmt, als es noch ein prosperierendes Industrieland kam. Der Niedergang setzte ein, kurz nachdem es der EWG beigetreten war. An die Stelle von Thatcher und ihrer radikalen neoliberalen Politik war die EU als Sündenbock getreten. Für viele war der Zusammenhang klar: Die Umwälzungen, die zwischen 1975 und 1995 das Industrieland England in ein Dienstleistungszentrum London verwandelt hatten, waren ein Ergebnis der EU-Mitgliedschaft, und der

2 Boris Johnson und die dritte Fristverlängerung

Zustrom von Menschen aus EU-Ländern führte dazu, dass diese besser bezahlte Arbeit fanden. Sie kamen in den vollen Genuss staatlicher Sozialleistungen ohne Beiträge gezahlt zu haben und galten vielen deshalb als Parasiten. Und diese Fremden drohten den guten alten English *way of life* mit fremdartigen Traditionen und unverständlichen Sprachen zu untergraben.

Der endlose Streit um den Brexit und die Unfähigkeit der Remainer hat dazu geführt, dass sich die Aversion gegen die EU noch tiefer ins öffentliche Bewusstsein eingefressen hat. Psychologisch war niemand bereit, die einmal getroffene Entscheidung noch einmal ruhig zu überdenken. Mit seinem *Get Brexit done* hatte Johnson einen sensiblen Nerv getroffen – ähnlich wie damals die Leave-Kampagne mit *Take back Control,* drei einsilbige Worte, die sich einhämmern lassen, die eine direkte Aufforderung enthalten, die positiv klingen, den Wählern suggerieren, sie selbst könnten die Geschicke ihres Landes beeinflussen. Niemand fragte danach, wie denn die Kontrolle über die eigenen Grenzen künftig aussehen werde, wenn die Außengrenze auf der irischen Insel einem Sonderregime unterworfen blieb. Niemand fragte, wie weit die faktische Verflechtung mit dem Kontinent, die in 47 Jahren eingetreten war, nicht einen weitreichenden Verzicht auf Kontrollen auch am Ärmelkanal erfordern würde. Der Slogan, es komme darauf an, das Land jetzt endlich voran zu bringen, wirkte suggestiv. Nach so vielen Monaten frustrierender Stagnation war der Wille, das Ganze endlich hinter sich zu bringen, unwiderstehlich. Die wenigen, die zu fragen wagten, in welche Richtung es denn gehen solle, wurden übertönt von dem allgemeinen Wunsch, dem Morast der endlosen Blockaden und der Ratlosigkeit des Parlaments endlich zu entkommen.

Quellen

1. Andrew Gimson: *We NEED Boris Johnson in charge – he's the obvious choice,* The Sun 28. Januar 2018 (https://www.thesun.co.uk/news/5441728/we-need-boris-johnson-in-charge-hes-the-obvious-choice/, 3. November 2019)
2. Boris Johnson: *First Speech as Prime Minister,* 24. Juli 2019 (https://en.wikisource.org/wiki/Boris_Johnson:_First_Speech_as_Prime_Minister, 1. November 2019)
3. Boris Johnson, *Interview in New York,* 24. September 2019. Guardian 25. September 2019 (https://www.theguardian.com/politics/live/2019/sep/24/brexit-supreme-court-latest-news-labour-conference-starmer-says-it-is-obvious-labour-will-back-remain-despite-conference-vote-live-news?page=with:block-5d8a09a38f08f9df5bdda7d1#block-5d8a09a38f08f9df5bdda7d1, 2. November 2019) und Parteitagsrede in Manchester, 2. Oktober 2019 (https://www.politicshome.com/news/uk/political-parties/conservative-party/boris-johnson/news/106987/read-full-boris-johnsons, 2. November 2019)
4. Boris Johnson: *Speech at Wakefield in front of police officers,* 5. September 2019, (https://www.youtube.com/watch?v=Y9X6TEst2R8, 1. November 2019)
5. Nigel Evans: *"not so much a reshuffle as a summer's day massacre"* (www.theguardian.com/politics/2019/jul/24/philip-hammond-quits-johnson-fully-aligned-chancellor-gauke-stewart, 1. November 2019)
6. Kate Proctor: *Boris Johnson fuels speculation he could ignore Brexit delay law,* Guardian 29. September 2019 (https://www.theguardian.com/politics/2019/sep/29/boris-johnson-fuels-speculation-could-ignore-brexit-delay-law, 3. November 2019). Wörtlich meinte Johnson: *"Military metaphors are old, standard, parliamentary terms. They have been used for centuries and should continue to be used. If you cannot use a metaphor like surrender, to describe the surrender act, you are diminishing parliamentary debate. I think I've been the model of restraint."* Mit raffinierter,

wenn auch perverser Logik rechtfertigt Johnson nicht nur die Bezeichnung *surrender act*, sondern bekräftigt sie vor laufender Kamera vor dem, der diese Bezeichnung gerade als unzulässig kritisiert hatte.

7. Boris Johnsons Würdigung von Speaker John Bercow, *Prime Minister's Question Time in Parliament*, 30. Oktober 2019 (https://metro.co.uk/2019/10/30/boris-johnson-pays-comical-tribute-john-bercow-speakers-last-pmqs-11011600/, 3. November 2019). Johnson verglich Bercow, der früher Tennis-Profi hatte werden wollen, spontan mit einer Tennisballmaschine, die Aufschläge platziert, die sich nicht erwidern ließen, zumindest nicht formal, eine kleine Spitze gegen den Speaker, dessen Entscheidungen keinen Widerspruch zulassen.

8. Jim Waterson: *Get ready for the impossible: Brexit ads still counting down*, Guardian 25. Oktober 2019 (https://www.theguardian.com/politics/2019/oct/25/get-ready-for-the-impossible-brexit-ads-still-counting-down, 30. Dezember 2019)
   Michael Oakshott: *On Being Conservative,* in: *Rationalism in Politics and Other Essays* (London: Methuen,1962), S. 168–196, (https://quillette.com/2019/05/25/michael-oakeshott-and-the-intellectual-roots-of-postmodern-conservatism/, 27. November 2019)

9. Rowena Mason: *No-deal Brexit: key points of Operation Yellowhammer report*, Guardian 18. August 2019 (https://www.theguardian.com/politics/2019/aug/18/no-deal-brexit-key-points-of-operation-yellowhammer-report, 10. Dezember 2019)

10. Jason Groves und andere: *Top mandarin's bombshell No Deal warning: Food up 10%, police unable to protect public, direct rule in Ulster, worse recession than 2008 says leaked letter,* Daily Mail 1. April 2019 (https://www.dailymail.co.uk/news/article-6875015/Top-mandarins-bombshell-No-Deal-Brexit-warning.html, 27.November 2019)

11. Larry Elliot: *No-deal Brexit would plunge Britain into a recession, says OBR,* Guardian 18. Juli 2019 /https://www.theguardian.com/business/2019/jul/18/no-deal-brexit-would-plunge-britain-into-a-recession-says-obr, 4. November 2019)

12. Sarah Marsh: *PSNI chief constable says hard Brexit would be ‚detrimental' to peace process,* Guardian 13. Juli 2019 (https://www.theguardian.com/uk-news/2019/jul/13/psni-chief-constable-says-hard-brexit-would-be-absolutely-detrimental, 4. November 2019)
13. Michael Savage: *Row over explicitly pro-Remain ‚splinter group' leads some staff to call for formal split,* Guardian 27. Oktober 2019 (https://www.theguardian.com/politics/2019/oct/27/peoples-vote-campaign-civil-war-struggle-strategy-splinter-group, 11. Dezember 2019)
14. Jo Johnson, tweet 5. September 2019: *"In recent weeks I've been torn between family loyalty and the national interest – it's an unresolvable tension & time for others to take on my roles as MP & Minister."* (https://twitter.com/jojohnsonuk/status/1169555292918571008?s=21, 28. November 2019)
15. Brief des Premierministers an alle Abgeordnete über die Prorogation des Parlaments vom 28. August 2019 (https://politick.co.uk/pm-letter-to-mps-28-august-2019/, 3. November 2019).
16. BBC News 10. September 2019 (https://www.bbc.com/news/av/uk-politics-49643858/john-bercow-this-is-not-a-normal-prorogation, 30. Dezember 2019)
    Andrew Sparrow: *Chaotic scenes in the Commons as parliament is suspended – as it happened,* Guardian 10. September 2019 (https://www.theguardian.com/politics/live/2019/sep/09/brexit-latest-news-eu-no-deal-bill-royal-assent-boris-johnson-parliament-politics-live, 30. Dezember 2019)
17. Julia Hartley-Brewer: *This so called People's Parliament is nothing more than an anti-democratic coup,* The Telegraph 27. August 2019 (https://www.telegraph.co.uk/politics/2019/08/27/so-called-peoples-parliament-nothing-anti-democratic-coup/, 4. Dezember 2019).
    Noch weiter verstieg sich ein anderer Autor: *"It is true to say, as many (but still too few) do, that this is a parliamentary coup d'état worthy of a tin-pot dictatorship. In true Orwellian Newspeak style, the Remainer Fundamentalists in the Commons are brazenly saying that they are actually acting in the name of democracy and parliamentary sovereignty."*

Dr. Sean McGlynn: *Brexit has not caused a national crisis – but MPs have caused a democratic crisis,* Brexit Central 10. September 2019 (https://brexitcentral.com/brexit-has-not-caused-a-national-crisis-but-mps-have-caused-a-democratic-crisis/, 4. Dezember 2019).
Dies war nicht der einzige verbale Missgriff, den Brexit Central publizierte: Adam Lake sprach von der Notwendigkeit, für den Brexit zu missionieren: *Whenever abroad, for business or pleasure, we Leavers need to evangelise about Brexit,* Brexit Central 10. Oktober 2019 (https://brexitcentral.com/whenever-abroad-for-business-or-pleasure-we-leavers-need-to-evangelise-about-brexit/, 3. Januar 2020). Dinah Glover: *Masquerading as democrats, our Parliament is sadly now behaving like the European Commission,* Brexit Central 10. Oktober 2019 (https://brexitcentral.com/masquerading-as-democrats-our-parliament-is-sadly-now-behaving-like-the-european-commission/, 3. Januar 2020). Darin warf sie dem Speaker John Bercow vor, nichts von Demokratie zu verstehen, und erklärte das gesamte Parlament in Bausch und Bogen für eine billige Maskerade: *"Our Parliament is acting exactly like the EU Commission. They masquerade as democrats, but they are in fact the elite dictating our future to us."*
18. Supreme Court: *R (on the application of Miller) (Appellant) v The Prime Minister (Respondent), Cherry and others (Respondents) v Advocate General for Scotland (Appellant) (Scotland),* Urteil vom 24. September 2019 (https://www.supremecourt.uk/cases/docs/uksc-2019-0192-judgment.pdf, 28. November 2019)
19. Peter Walker: *Boris Johnson indicates he may renew attempt to suspend parliament,* Guardian 24. September 2019 (https://www.theguardian.com/politics/2019/sep/24/boris-johnson-may-renew-attempt-to-suspend-parliament, 28. November 2019)
20. Glen Owen: *Britain will break free of its ‚manacles' from the EU like the Incredible Hulk, Boris Johnson tells Brussels ahead of crunch meeting with Jean-Claude Juncker,* Mail on Sunday

14. September 2019 (https://www.dailymail.co.uk/news/article-7464505/Boris-Johnson-says-Britain-break-free-manacles-EU-like-Incredible-Hulk.html, 28. November 2019)
21. *Boris Johnson's sister says his Jo Cox remarks were 'tasteless' – video*, Guardian 26. September 2019 (https://www.theguardian.com/media/video/2019/sep/26/boris-johnson-sister-says-jo-cox-remarks-tasteless-video, 28. November 2019)
22. Kate Proctor: *Boris Johnson fuels speculation he could ignore Brexit delay law*, Guardian 29. September 2019 (https://www.theguardian.com/politics/2019/sep/29/boris-johnson-fuels-speculation-could-ignore-brexit-delay-law, 28. November 2019)
23. Jack Montgomery: *Mogg: Farage 'Admirable', British 'Like Gulliver, Tied Down by Feeble, Feckless Politicians'*, Breitbart 29. September 2019 (https://outline.com/2weLWf, 29. November 2019).
    The Sun: *Standing ovation for Jacob Rees-Mogg at the Conservative Party Conference* (https://www.youtube.com/watch?v=4Ev5viud8ko, 29. November 2019)
24. *Boris Johnson's Tory conference speech*, Spectator 2. Oktober 2019 (https://blogs.spectator.co.uk/2019/10/full-text-boris-johnsons-tory-conference-speech/, 29. November 2019). Der abgedruckte Text gibt das Redemanuskript wieder. Johnson hat an vielen Stellen extemporiert. Der volle Wortlaut der Rede: https://www.youtube.com/watch?v=THNzjmF6Zxw, 29. November 2019.
25. *Boris Johnson rallies support for use of 'military metaphors'*, Guardian News 30. September 2019 (https://www.youtube.com/watch?v=W806uuJm4eU, 30. Dezember 2019)
26. Heather Steward/Julian Borger: *PM said EU leaders would be blamed for their 'obduracy' and that UK could keep much of £39bn settlement*, Guardian 26. August 2019 (https://www.theguardian.com/world/2019/aug/25/britain-can-easily-cope-with-no-deal-brexit-claims-boris-johnson, 10. Dezember 2019)

27. Andrew Sparrow: *Brexit: Jeremy Corbyn calls on Boris Johnson to resign after supreme court ruling – as it happened*, Guardian 24. September 2019 (https://www.theguardian.com/politics/live/2019/sep/24/brexit-supreme-court-latest-news-labour-conference-starmer-says-it-is-obvious-labour-will-back-remain-despite-conference-vote-live-news?page=with:block-5d8a09a38f08f9df5bdda7d1#block-5d8a09a38f08f9df5bdda7d1, 30. November 2019)
28. Der volle Wortlaut der Erklärung von PM Boris Johnson im Unterhaus: https://hansard.parliament.uk/Commons/2019-10-03/debates/585F872D-9372-4448-A32F-5CEC0FD49FB7/BrexitNegotiations. Das Video auf: https://www.youtube.com/watch?v=uGAOt8FXbco (10. Dezember 2019)
29. Spectator 7. Oktober 2019 (https://blogs.spectator.co.uk/2019/10/how-number-10-view-the-state-of-the-negotiations/, 30. November 2019). Boris Johnson hatte selbst 1999 bis 2005 den Spectator herausgegeben. Er verfügt immer noch über ein enges Netz von Kontakten in die Redaktion. Es dürfte ihm ein Leichtes gewesen sein, den Beitrag anonym dort unterzubringen. Es ist davon auszugehen, dass der Text des Memorandum engstens mit ihm abgestimmt war.
30. Nicholas Mairs: *Blow for Boris Johnson as Michel Barnier says EU ‚cannot accept' UK Brexit proposals,* Politics Home 9. Oktober 2019 (https://www.politicshome.com/news/europe/eu-policy-agenda/brexit/news/107145/blow-boris-johnson-michel-barnier-says-eu-'cannot, 3. Januar 2020)
    European Commission: *Statement by Michel Barnier at the European Parliament Plenary session*, Brüssel 9. Oktober 2019 (https://ec.europa.eu/commission/presscorner/detail/en/STATEMENT_19_6055, 3. Januar 2020)
31. Rowena Mason/Daniel Boffey/Jennifer Rankin: *Brexit: Boris Johnson to meet Leo Varadkar for last-ditch talks*, Guardian 10. Oktober 2019 (https://www.theguardian.com/politics/2019/oct/09/boris-johnson-to-meet-leo-varadkar-over-brexit-compromise, 30. November 2019).

Vielen. Lesern klangen noch die unwilligen Worte Tusks vom Frühjahr im Ohr, als er sich einen Sonderplatz in der Hölle für diejenigen gewünscht hatte, die mit falschen Versprechungen den Brexit beschören.

32. Jennifer Ranking / Rowena Mason: *'Immature' No 10 briefings trigger another day of Brexit trouble*, Guardian 8. Oktober 2019 (https://www.theguardian.com/politics/2019/oct/08/immature-no-10-briefings-trigger-another-day-of-brexit-trouble?utm_term=RWRpdG9yaWFsX01vcm5pbmdCcmllZmluZ1VLLTE5MTAwOQ%3D%3D&utm_source=esp&utm_medium=Email&utm_campaign=MorningBriefingUK&CMP=morningbriefinguk_email, 20. November 2019)

33. BBC news: *Brexit: Boris Johnson and Leo Varadkar 'can see pathway to a deal'*, 10. Oktober 2019 (https://www.bbc.com/news/uk-politics-49995133, 30. November 2019); Lisa O'Carroll / Rowena Mason / Jennifer Rankin: *Boris Johnson and Leo Varadkar say they ‚see pathway' to Brexit deal*, Guardian 10. Oktober 2019 (https://www.theguardian.com/politics/2019/oct/10/boris-johnson-and-leo-varadkar-say-they-see-pathway-to-brexit-deal, 30. November 2019)

34. Jon Rogers: *FIGURE OF SPEECH The Queen's Speech 2019 – what were the new bills and when is the vote?*, The Sun 15. Oktober 2019 (https://www.thesun.co.uk/news/politics/10129043/queens-speech-time-parliament-lords/, 30. November 2019)

35. Schlussfolgerungen des Europäischen Rates vom 17. Oktober 2019 (https://www.consilium.europa.eu/media/41096/17-10-euco-art50-conclusions-de.pdf, 30. November 2019)

36. *Brexit amendment vote suggests MPs may pass Boris Johnson's deal*, FT 19. Oktober 2019 (https://www.ft.com/content/513fddb4-f28b-11e9-a79c-bc9acae3b654, 30. November 2019)

37. John Crace: *Boris Johnson's Super Saturday bubble bursts*, Guardian 19. Oktober 2019 (https://www.theguardian.com/politics/2019/oct/19/boris-johnsons-super-saturday-bubble-bursts, 30. November 2019) Jacob Rees-Mogg

2 Boris Johnson und die dritte Fristverlängerung

war aufgefallen, als er am 3. September 2019 auf der Regierungsbank während einer Debatte döste. Das Bild, wie er über drei Sitze auf der grünen Bank hingestreckt lag, ging um die Welt. Er fiel auch dadurch auf, dass er gleich nach Amtsantritt eine Sprachregelung an seine Mitarbeiter herausgab, die maniriert-antiquierten, formellen Redewendungen den Vorzug gegenüber einem lockereren, formloseren Sprachgebrauch gab. David Shariatmadari: *What Jacob Rees-Mogg's language rules reveal about him*, Guardian 29. Juli 2019 (https://www.theguardian.com/commentisfree/2019/jul/29/jacob-rees-mogg-language-rules, 30. November 2019)

38. Der Videoclip mit der blindwütigen Attacke des immerhin mit der Rechtswahrung beauftragten Kabinettsmitglieds auf: https://www.theguardian.com/politics/video/2019/sep/25/geoffrey-cox-tells-mps-this-parliament-is-dead-video, 30. November 2019

39. Rowena Mason: *UK's three Brexit letters to EU: ‚We must bring this to a conclusion'*, Guardian 20. Oktober 2019 (https://www.theguardian.com/politics/2019/oct/20/uks-three-brexit-letters-to-eu-boris-johnson-conclusion, 18. Dezember 2019)

40. Jacob Rees-Mogg, Twitter, 14. Juli 2019 (3. Januar 2020)

41. Bjarke Smith-Meyer: *Boris Johnson draws red lines for Brexit talks*, Politico 30. September 2017 (https://www.politico.eu/article/boris-johnson-draws-red-lines-for-brexit-talks/, 1. Dezember 2019)

42. *Agreement on the withdrawal of the United Kingdom of Great Britain and Northern Ireland from the European Union and the European Atomic Energy Community* vom 19. Oktober 2019 (https://assets.publishing.service.gov.uk/government/uploads/system/uploads/attachment_data/file/840655/Agreement_on_the_withdrawal_of_the_United_Kingdom_of_Great_Britain_and_Northern_Ireland_from_the_European_Union_and_the_European_Atomic_Energy_Community.pdf, 1. Dezember 2019)

Draft Agreement on the withdrawal of the United Kingdom of Great Britain and Northern Ireland from the European Union and the European Atomic Energy Community, as agreed at negotiators' level on 14 November 2018 (https://ec.europa.eu/commission/sites/beta-political/files/draft_withdrawal_agreement_0.pdf, 1. Dezember 2019)

Political Declaration Setting out the Framework for the Future Relationship between the European Union and the United Kingdom vom 19. Oktober 2019 (https://assets.publishing.service.gov.uk/government/uploads/system/uploads/attachment_data/file/758556/22_November_Draft_Political_Declaration_setting_out_the_framework_for_the_future_relationship_between_the_EU_and_the_UK__agreed_at_negotiators__level_and_agreed_in_principle_at_political_level__subject_to_endorsement_by_Leaders.pdf, 1. Dezember 2019)

Protocol on Ireland / Northern Ireland vom 18. Oktober 2019 (https://www.gov.uk/government/publications/new-protocol-on-irelandnorthern-ireland-and-political-declaration, 1. Dezember 2019)

43. Fintan O'Toole: *One thing Johnson's victory doesn't change: he's still lying about Ireland*, Guardian 16. Dezember 2019 (https://www.theguardian.com/commentisfree/2019/dec/15/boris-johnson-lying-ireland-withdrawal-agreement-brexit-belfast-dublin, 16. Dezember 2019)

44. Gareth Gordon: *Petitions of concern: Is Stormont's safeguard system being abused?*, BBC News 9. Juli 2013 (https://www.bbc.com/news/uk-northern-ireland-23247074, 2. Dezember 2019)

Lisa O'Carroll: *What are the concerns over Stormont's role in proposed Brexit deal?*, Guardian 3. Oktober 2019 (https://www.theguardian.com/politics/2019/oct/03/what-are-the-concerns-over-stormonts-role-in-proposed-brexit-deal, 2. Dezember 2019)

Lisa O'Carroll: *Stormont party veto could be ditched for Brexit, says minister,* Guardian 4. Oktober 2019 (https://www.theguardian.com/politics/2019/oct/04/stormont-party-veto-could-be-ditched-for-brexit-says-minister, 2. Dezember 2019)

45. Boris Johnson: *Full text: Boris Johnson's Tory conference speech*, Spectator 2. Oktober 2019 (https://blogs.spectator.co.uk/2019/10/full-text-boris-johnsons-tory-conference-speech/, 2. Dezember 2019)
46. Michael Searles: *Boris Johnson ‚absolutely' rules out pre-Brexit general election*, City A.M. 27. Juli 2019 (https://www.cityam.com/boris-johnson-absolutely-rules-out-pre-brexit-general-election/, 4. Dezember 2019)
47. *Brexit: £2.1bn extra for no-deal planning*, BBC News 3. August 2019 (https://www.bbc.com/news/business-49183324, 2. Dezember 2019)
48. Larry Elliott: *The cost of Boris Johnson: pricing up the next PM's pledges*, Guardian 23. Juli 2019 (https://www.theguardian.com/politics/2019/jul/23/the-cost-of-boris-johnson-pricing-up-the-next-prime-minister-pledges, 7. Dezember 2019)
Greg Heffer: *How much do all of Boris Johnson's promises cost?*, Sky News 13. August 2019 (https://news.sky.com/story/how-much-do-all-of-boris-johnsons-promises-cost-11783796, 7. Dezember 2019)
49. Wahlprogramm der Konservativen Partei: *Our Plan / Conservative Manifesto* (https://vote.conservatives.com/our-plan, 7. Dezember 2019)
50. Adam Bienkov/Adam Payne/Thomas Colson: *5 things we learned from the 2019 Labour Party conference*, Business Insider 25. September 2019 (https://www.businessinsider.de/5-things-learned-from-jeremy-corbyn-2019-labour-party-conference-2019-9?r=US&IR=T, 7. Dezember 2019)
51. Keir Starmers Debattenbeitrag auf Hansard, Vol. 666, col. 611–621, 19. Oktober 2019 (https://hansard.parliament.uk/Commons/2019-10-19/debates/48144FF8-0E08-455A-8175-1EB64918D29E/EuropeanUnion(Withdrawal)Acts#contribution-440217B1-16AF-4829-97AD-EA721C61F3FD, 7. Dezember 2019). Auf Video: https://www.youtube.com/watch?v=4K2d8Y5L3Mc, 7. Dezember 2019.

52. Jeremy Corbyn: *Only Labour will give the people a final say on Brexit*, Guardian 17. September 2019 (https://www.theguardian.com/commentisfree/2019/sep/17/labour-final-say-brexit-boris-johnson-britain-eu-, 9. Dezember 2019)
53. Wahlprogramm der Labour Partei: *It's Time for Real Change, Labour Manifesto 2019* (https://labour.org.uk/manifesto/, 7. Dezember 2019)
54. Jeremy Corbyn: *Only Labour will give the people a final say on Brexit*, The Guardian 17. September 2019 (https://www.theguardian.com/commentisfree/2019/sep/17/labour-final-say-brexit-boris-johnson-britain-eu, 20. Dezember 2019)
55. Bronwen Maddox: *General Election 2019: Institute for Government verdict on the manifesto*s, Institute of Government 25. November 2019 (https://www.instituteforgovernment.org.uk/blog/general-election-2019-institute-government-verdict-manifestos, 7. Dezember 2019)

3

Der Brexit und seine Folgen

3.1 Das Vereinigte Königreich beendet seine Mitgliedschaft in der EU

No people and no part of a people shall be held against its will in a political association that it does not want.
Ludwig von Mises

Am 31. Januar 2020 hat das Vereinigte Königreich die Europäische Union verlassen – auf den Tag genau nach 47 Jahren und einem Monat der Zugehörigkeit. Der Beitritt kam zu spät, der Austritt zu früh. Beide Schritte waren schlecht vorbereitet und schufen kaum weniger Probleme als sie lösten. Beide waren mit weitreichendem Optimismus und vagen Illusionen verbunden. Beiden Entscheidungen lag eher eine Reaktion auf eine unbefriedigend verlaufende Vergangenheit als ein begründetes und ausgefeiltes Konzept einer befriedigenderen Zukunft zugrunde.

Julian King, der letzte britische Kommissar, hat sein Büro im Berlaymont-Gebäude am 30. November 2019 geräumt, Am nächsten Tag trat die neue Kommission unter Ursula von der Leyen ihr Amt an – ohne britischen Kommissar. Damit kommt eine Reihe illustrer Köpfe an sein Ende: Roy Jenkins, zuvor Finanzminister in einer Labour-Regierung, war Präsident der Kommission von 1977 bis 1981. Seine Ernennung sollte den frisch beigetretenen Briten signalisieren, dass sie gestalterischen Einfluss in Brüssel haben. Arthur Cockfield wurde von Margaret Thatcher in die Kommission entsandt und verdiente sich dort den Beinamen Vater des Binnenmarkts. In seiner Nachfolge dienten eine Reihe prominenter britischer Politiker in der Kommission: Leon Brittan, Neil Kinnock, Peter Mandelson und Chris Patten. Letzterer, bis 1997 der letzte Gouverneur der Kronkolonie Hongkong, verkörperte den Schwenk in der britischen Außenpolitik vom versinkenden Empire zur Europäischen Union. Allerdings hielt diese neue Schwerpunktsetzung nicht lange an. Catherine Ashton, die 2008 die Nachfolge des weithin sichtbaren Xavier Solana als Kommissarin für die EU-Außenpolitik antrat, war vorher eine eher unscheinbare Labour-Politikerin gewesen. In ihrem neuen Amt blieb sie blaß und trat selten in Erscheinung, obwohl ihr, anders als ihrem Vorgänger, ein voll ausgebildeter eigener diplomatischer Dienst zur Verfügung stand *(European External Action Service)*. Großbritannien hat der Europäischen Union sein eigenes Gepräge aufgedrückt – wenn auch nicht so deutlich wie Frankreich und Deutschland, die als Gründungsmitglieder der EWG in den ersten 15 Jahren institutionelle und politische Fundamente gegeben haben, die sich nachträglich kaum noch verändern ließen. Aber der Binnenmarkt hätte sich nicht so zügig verwirklichen lassen, hätten die Briten nicht immer wieder gedrängt und die Dinge mit eigenen Initiativen voran gedrückt. 1998 machte die bilaterale Erklärung von St. Malo mit Frankreich den Weg für eine eigenständige Sicherheitspolitik der EU frei. Ein Jahr später wurde die GASP aus der Taufe gehoben, die umständlichen monatlichen Sitzungen des Politischen Komitees der Politischen Direktoren aus den Hauptstädten wurde durch ein eigenes, permanentes Politisches und Sicherheitspolitisches Komitee in Brüssel ersetzt. Headline Goal und Battlegroups sollten die notwendigen Instrumente für die militärische Komponente der EU schaffen. Dem Politischen und Sicherheitspolitischen Komitee trat ein militärisches Komitee zur Seite, in dem sich die Stabschefs der Mitgliedstaaten zu regelmäßigen Absprachen trafen. Schnell erhielt dieses Komitee einen eigenen zivil-militärischen Unterbau. Die militärischen Missionen der EU wären ohne britische Komponenten kaum durchzuführen gewesen. Einige dieser Missionen gingen auf britische Initiative zurück. Trotz aller Vorbehalte und trotz des Erstarkens EU-skeptischer Strömungen, muss das Vereinigte Königreich zumindest bis 2010 als aktives EU-Mitglied mit positiver Agenda gelten.

Zunächst bedeutet der Austritt nur, dass das Vereinigte Königreich sämtliche Rechte und Pflichten eines Mitglieds verliert: Es ist nicht mehr in der Kommission vertreten. Die britischen Abgeordneten haben am 31. Januar ihre Sitze im EU-Parlament verloren. Auch ihre Mitarbeiter werden ihre Büros räumen müssen. Die britischen Beamten in den Institutionen der EU (Kommission, Rat, Parlament, EZB usw). sollen ihre Stellen behalten, können die EU aber nicht mehr nach außen in Drittländern vertreten. Sie werden alle nach Brüssel zurückkehren müssen. Dort werden keine neuen britischen Bewerber mehr eingestellt. Britische Mitarbeiter mit Zeitverträgen und technische oder nationale Experten müssen nach Großbritannien zurückkehren. Insgesamt dürften etwa 3000 Briten betroffen sein. Das wird einen schwer absehbaren Schwanz weiterer Veränderungen nach sich ziehen. Britische Lobbyisten werden ihre Präsenz in Brüssel auf ein Minimum reduzieren oder ganz aufgeben. In Brüssel wird die Kaufkraft zurückgehen. Dienstpersonal, Praktikanten, Studenten aus Großbritannien werden ihnen langsam folgen. Britische Bürger werden spätestens mit Ablauf der Übergangsfrist nicht mehr in den Genuss der verschiedenen Förderprogramm der EU kommen, von Erasmus bis Interrail, von Forschungsförderung bis hin zum Regional- und Kohäsionsfond und den Transeuropäischen Netzwerken. Am einschneidendsten wird vermutlich der Fortfall der EU-Agrarpolitik: Er wird das Vereinigte Königreich einerseits billigeren Nahrungsmittelimporten öffnen. Anderseits wird er die Regierung in London zwingen, eine eigene nationale Agrarpolitik zur Stützung der eigenen Farmen zu entwickeln. Ob die weniger kosten wird als die der EU, wird sich noch zeigen müssen. Das Sprachenregime der EU wird sich vermutlich wenig ändern. Die faktische Dominanz des Französischen, die bis 1973 galt, wird sich nicht wieder herstellen lassen. Das werden schon die neuen EU-Mitglieder verhindern, in denen Englisch mittlerweile erste Fremdsprache geworden ist.

Ansonsten wird sich vorerst wenig ändern, denn mit dem Verlassen der EU tritt eine Übergangsphase *(transition/implementation period)* in Kraft, in der das Vereinigte Königreich wie ein Mitglied behandelt wird und die Pflichten eines Mitglieds erfüllen, vor allem die bisherigen finanziellen Beiträge weiter zahlen muss. Das Ende dieser Frist wurde schon von Theresa May auf den 31. Dezember 2020 festgelegt. Eine Verlängerung dieser Übergangsperiode muss spätestens bis zum 30 Juni 2020 vereinbart sein. Bis dahin müsste absehbar werden, welche Verträge mit welchem Inhalt beide Seiten abzuschließen wünschen und wie viel Zeit dafür zu veranschlagen ist. Damals schienen 21 Monate nach dem Austrittsdatum eine hinreichende Zeit, um das Fundament für künftige Beziehungen zu legen. Boris Johnson hat in seiner Vertragsversion dieses Zieldatum nicht verändert. Er hat seine Zusage, das Ende der Übergangsfrist nicht zu verlängern, im Wahlkampf zu einem schriftlich fixierten Versprechen gemacht: *"We will not extend the implementation period beyond December 2020."* [1] Der am 20. Dezember im Westminster Parlament eingebrachte Entwurf für den EU-Austrittsvertrag macht in Artikel 33 nunmehr jegliche Form einer Fristverlängerung sogar illegal. [2]

Die Verhandlungen über künftige Beziehungen werden nicht vor März 2020 aufgenommen werden, wenn der Austritt zum 31. Januar wirksam wird. Beide Seiten haben angekündigt, dass sie bis zum 25. Februar 2020 Zeit benötigen, um Strategie und Taktik für diese Verhandlungen vorzubereiten. Zunächst müssen Format, Agenda und die Sequenzierung der verschiedenen Materien vereinbart werden. Solche taktischen Fragen können weitreichende Auswirkungen auf die Substanz der Verhandlungen haben.

Der zweite zeitliche Prellbock zeichnet sich am Ende ab. Ein Auslaufen der Übergangsperiode zum 31. Dezember 2020 bedeutet, dass alle Vertragswerke bis dahin ratifiziert sein müssen, wenn sie nahtlos im Anschluss an die Überbrückungsphase in Kraft sein sollen. Wenn die Verträge halbwegs alle Materien abdecken sollen, die in der Politischen Erklärung vereinbart sind, werden es gemischte Verträge werden, die nicht nur vom britischen und vom EU-Parlament ratifiziert werden müssen. Sie benötigen auch die Zustimmung sämtlicher 27 nationaler Parlamente, in Belgien vermutlich erneut auch die der regionalen Parlamente. Die Ratifizierung von CETA, des Freihandelsabkommens mit Kanada, mag hier als Warnung dienen. CETA wurde ab 2009 sieben Jahre lange verhandelt und ist nach zehn Jahren immer noch bloß provisorisch in Kraft (bis Juni 2019 haben nicht mehr als 13 EU-Staaten – also weniger als die Hälfte – das CETA-Abkommen ratifiziert). Das bedeutet: Für die reine Verhandlungszeit bleiben nicht 11, sondern 8 Monate – ein Monat geht am Anfang, zwei am Ende verloren – und von diesen fallen zwei Monate in die Sommerferien, die in Brüssel kaum substanzielle politische Arbeit zulassen. Faktisch müssten Verhandlungen, die sich mit Kanada über mehr als sieben Jahre hingezogen haben, in gut sechs Monaten bewältigt werden.

Das Chequers-Weißbuch vom 6. Juli 2018 hatte mit den kühnen, hochfahrenden Worten begonnen: *"The United Kingdom will leave the European Union on 29 March 2019, and begin to chart a new course in the world."* [3] Wie so viele Befürworter des Brexit, blieb auch das Weißbuch die Antwort schuldig, in welche Richtung dieser neue Kurs führen sollte. Es ist bezeichnend, dass die meisten Brexit-Befürworter Präsident Trump bewundern – an ihrer Spitze Premierminister Boris Johnson. Präsident Trump gilt ihnen als Vorkämpfer für Freihandel und Wahrung nationaler Interessen – ausgerechnet Trump, dessen Regierungsstil sich primär in der willkürlichen Verhängung von Strafzöllen manifestiert. Wie weit er damit langfristig tatsächlich amerikanischen Interessen dient, wird erst die Zukunft zeigen.

Boris Johnsons Slogan *Get Brexit done* war schlichtweg falsch. Mit dem Austritt ist lediglich der erste Schritt vollzogen: Großbritannien hat die EU-Mitgliedschaft abgeworfen – und mit der Mitgliedschaft die zahllosen Privilegien und *opt outs,* die es sich in den letzten Jahrzehnten erkämpft hatte, vom Beitragsrabatt bis hin zu

Ausnahmen bei Schengen, der Eurozone und der Sozialcharta. Sollte Großbritannien eines Tages diesen Schritt bereuen und sich der EU wieder zuwenden, müsste es wie jeder Beitrittskandidat das gesamte Aufnahmeverfahren von vorn durchlaufen. Eine Wiederannäherung wird um so schwieriger, je weiter sich das Vereinigte Königreich in den nächsten Jahren von EU-Standards entfernt. Eine solche Wiederannäherung erscheint unwahrscheinlich, solange die Bevölkerung im Vereinigten Königreich so uneins in ihrer Meinung über ihre Beziehungen zur EU bleibt. In Frankreich haben die Grabenkämpfe zwischen Royalisten und Republikanern noch hundert Jahre nach der Revolution fortgewirkt – einige Beobachter glauben, sie seien selbst heute noch spürbar. Der Weg zum Beitritt, zum *Brentry* von 1973, war lang, der Weg zum Brexit kurz. Der Weg zum *Rebrentry* wird vermutlich noch länger werden – wenn es überhaupt zu einem Sinneswandel im Vereinigten Königreich kommt.[1] Und selbst wenn es so käme – vielleicht in einer, vielleicht auch erst in zwei oder drei Generationen – werden die britische Regierung und die EU gut beraten sein, einen solchen Sinneswandel erst sorgsam auf seine Beständigkeit und seine Fundiertheit zu sondieren, bevor sie erneut mit Beitrittsverhandlungen beginnen. Einen erneuten Zick-Zack-Kurs eines britischen

---

[1] In Großbritannien kursieren Kalkulationen über absehbare Verschiebungen im Stimmverhalten der Bevölkerung: Ausgehend von der Tatsache, dass mit zunehmendem Alter die Neigung, für Leave zu stimmen, ebenfalls zugenommen hat, folgern sie, dass der Anteil der Leaver zurückgehen, der der Remainer zunehmen wird. Dass die älteren Wähler, die 2016 für Leave gestimmt haben, in den nächsten Jahrzehnten sterben werden, ist sicher. Völlig unsicher ist allerdings, ob diejenigen, die 2016 für Remain gestimmt haben, ihr Stimmverhalten mit zunehmendem Alter nicht ändern und dass die neu hinzukommenden jungen Wähler sich ähnlich verhalten wie die Jungwähler von 2016. Die Aussicht, dass der demografische Wandel in etwa zehn Jahren zu einem demokratischen Wandel führen wird, ruht auf höchst ungewissen Annahmen.

Mitglieds sollte die EU sich nicht zumuten. Und ein reuiges Vereinigtes Königreich dürfte in solch einem Fall nicht erneut mit Vorzugskonditionen rechnen.

3.2 Wohin steuert das Vereinigte Königreich?

Two nations between whom there is no intercourse and no sympathy; who are as ignorant of each other's habits, thoughts, and feelings, as if they were dwellers in different zones, or inhabitants of different planets.
Benjamin Disraeli

There is nothing which I dread so much as a division of the republic into two great parties, concerting measures in opposition to each other. This is to be dreaded as the greatest political evil under our Constitution.
John Adams

Politik: Verfassung, Parteien, Sezessionsgefahren, Staatshaushalt
Nichts hat seit der ersten Wahlrechtsreform von 1832 die Machtstrukturen britischer Politik so sehr erschüttert wie der Brexit. Die gesamte Machtbalance zwischen Krone, Parlament, Justiz und Volk ist ins Rutschen geraten. Seit 1922 waren die ersten Symptome dieser Krise erkennbar (Unabhängigkeit Irlands). Damals begann die historisch gewachsene Einheit des Vereinigten Königreichs sich aufzulösen: Noch vor dem äußeren Imperium begann das innere Imperium seinen Zusammenhalt zu verlieren. Nach 1970 begannen Volksabstimmungen populär zu werden – ein politisches Instrument, das der britischen Verfassungstradition fremd und mit der Vorstellung einer exklusiven Souveränität des Parlaments unvereinbar ist.

3 Der Brexit und seine Folgen

In seiner Bloomberg-Rede, in der Cameron 2013 die Volksabstimmung ankündigte, wurde das Problem der englischen Nationalität offenbar. Das Abstimmungsergebnis hat es zum vollen Ausbruch gebracht. Seither tobt ein Kampf um die englische Identität. Die englische Frage ist virulent geworden. UKIP trug einen irreführenden Namen. Sie war nicht die Unabhängigkeitspartei des Vereinigten Königreichs. Sie war die Unabhängigkeitspartei Englands. UKIP hat außerhalb Englands keinerlei Wahlerfolge erzielt. Die Konservativen unter Johnson haben insoweit das Erbe von Farages UKIP und seiner Brexit Party angetreten. Alles, was Farage einst gewollt hat, bekommt das Land jetzt von Boris Johnson und seiner Konservativen Partei geliefert. Auch sie haben kaum Unterstützer jenseits der Grenzen Englands. Seit den Wahlen vom Dezember 2019 ließe sich die Konservative Partei, ohne ihr allzu sehr Unrecht zu tun, als *English National Party* bezeichnen (Abb. 3.1). Das Unionist-Element, das seit 1886 konstitutiver Teil der Parteitradition ist, könnte unter Boris Johnson verkümmern oder sich abspalten.

Die Brexit-Krise stellt die Grundlagen des Vereinigten Königreichs infrage. Der Brexit wurde proklamiert mit der Begründung, die verlorene Souveränität des Westminster Parlaments wieder herzustellen. Dieses Parlament gibt aber seine höchste Entscheidungsbefugnis zunächst an das Volk ab, das anders entscheidet als die überwiegende Mehrheit seiner Repräsentanten.[2] Nach dem überraschenden Ausgang des Referendums beruft sich die Regierung auf königliche Prärogative, um den Brexit ohne

---

[2]Im Februar 2016, als die Volksabstimmung auf den 23. Juni terminiert wurde, waren schätzungsweise 70 % der MPs und über 80 % der Lords für einen Verbleib in der EU.

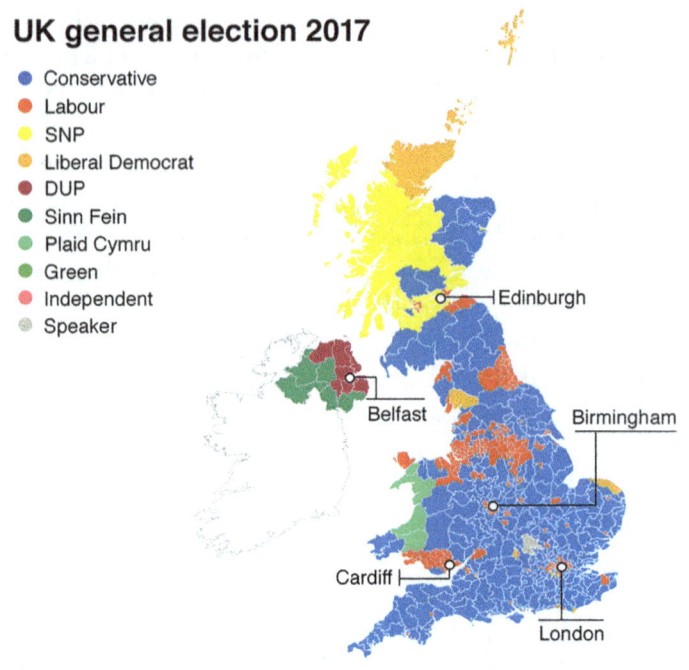

Abb. 3.1 Ergebnisse der Parlamentswahl vom 12. Dezember 2019: England ist ein blaues Meer mit einigen versprengten roten Inseln, Schottland gelb, Nordirland geteilt und Wales dreigeteilt zwischen einem nationalistischen Westen, einem konservativen Osten und einem industriellen Süden, der Labour gewählt hat

weitere Abstimmung im Parlament in die Wege zu leiten.[3] Daran wird sie vom Supreme Court gehindert, der eine explizite Ermächtigung durch das Parlament vorschreibt. Die erfolgt am 1. Februar 2017.[4] Im Frühjahr 2019 lässt

---

[3] Sie fürchtete vermutlich, dass die Vertreter des Volkes anders abstimmen könnten als das Volk selbst.

[4] Das Unterhaus stimmte 498:114 (Mehrheit: 384). Eine solche Einmütigkeit hat es im Westminster Parlament, in dem sich sonst Regierung und Opposition diametral gegenüberstehen, nur selten gegeben.

das Unterhaus die Regierung mit ihrem Vertragsvorschlag, wie das vom Parlament zwei Jahr zuvor beschlossene Ziel erreicht werden soll, scheitern. Es zeigt sich selbst unfähig, aus den eigenen Reihen Alternativvorschläge zu unterbreiten, die die Zustimmung einer Mehrheit finden. Das Parlament verrennt sich in einem negativen Teufelskreis der Neinsagerei. Eine neue Regierung versucht im Sommer, das Parlament zu suspendieren, scheitert aber erneut vor dem Supreme Court. In den Debatten wird deutlich, wie weitgehend das Parlament in seiner Geschäfts- und Tagesordnung von der Regierung abhängig ist. 2011 beschließt das Parlament ein Gesetz, wonach der reguläre Abstand zwischen zwei Wahlen fünf Jahre betragen soll.[5] Nach der Wahl von 2015 erfolgen in weniger als vier Jahren zwei vorzeitige Neuwahlen. Johnson hat bereits angekündigt, dass er das Gesetz, das die normale Dauer eines Parlaments auf fünf Jahres fixiert, so schnell wie möglich wieder aufheben lassen will.

Wie weit ist es vor diesem Hintergrund tatsächlich mit der Souveränität des Parlaments her? Hinter dem Souveränitätsbegriff verbergen sich zwei völlig unterschiedliche Rechtsvorstellungen: Einerseits verkörpert das Parlament die höchste nationale Entscheidungsinstanz.[6] Souveränität bedeutet in diesem Zusammenhang, dass keine ausländische Macht Normen oder Regeln aufstellen kann, die im Vereinigten Königreich ohne Zustimmung des Westminsterparlaments Geltung beanspruchen können. Mit dieser Vorstellung ist es unvereinbar, dass ein vom Westminster Parlament beschlossenes Gesetz von einer außer-britischen Instanz außer Kraft gesetzt wird – was seit

---

[5] Fixed Term Parliaments Act 2011.
[6] Das Problem, wie weit man in einem Staat, der offiziell vier Nationalitäten anerkennt, von einer einheitlichen Nation sprechen kann, fügt dem Problem eine weitere, zunehmend virulente Dimension hinzu.

1994 zunehmend oft geschehen ist. Das ist der Kern der britischen Beschwernis über eine zunehmende Gängelung durch EU-Organe, vor allem durch den Europäischen Gerichtshof, der in zunehmender Frequenz britische Gesetze aufgehoben oder restriktiv ausgelegt hat. Der zweite Aspekt liegt in der unumschränkten Machtfülle des Westminster Parlaments: Ein alter Spruch besagt, es gibt nur zwei Dinge, die diesem Parlament unmöglich sind: Sich selbst zu verewigen, d. h. Wahlen auszusetzen, und aus einem Mann eine Frau zu machen.[7] Diese unumschränkte Machtfülle impliziert, dass jedes Parlament nach seiner Neukonstituierung souverän ist – oder umgekehrt, dass kein Parlament seine Nachfolger unwiderruflich binden kann.[8] Dabei gerät häufig aus dem Blick, dass, wenn das Parlament seine Souveränität vom Volk herleitet als dem höchsten Träger unveräußerlicher Souveränität, dann auch das Volk künftige Generationen nur eingeschränkt binden kann, denn sonst wäre es nicht mehr souverän. Das Problem liegt darin, dass einem rechtlich-institutionellen Kontinuitätsbegriff ein ständiger Wechsel der Individuen im tatsächlichen Leben gegenüber steht. Der Brexit wirft ein grelles Licht auf die Dichotomie des Völkerrechts, das in seiner Außenwirkung von einheitlichen und gleichberechtigten Staaten als Völkerrechtssubjekten ausgeht, für seine Akzeptanz aber auf die komplexen Verfahren innerstaatlicher Legitimität angewiesen bleibt. Das Parlament bleibt Parlament, auch wenn sich seine Zusammensetzung grundlegend verändert. Das Volk bleibt das Volk, auch

---

[7]Dieser alte Spruch ist heute kaum noch zutreffend, denn das letztere ist medizinisch möglich, und das erstere hat das Parlament im Ausnahmezustand getan. Das 1935 gewählte Parlament währte bis 1945. Die an sich fällige Wahl wurde 1940 wegen des Krieges ausgesetzt.
[8]Vernon Bogdanor: *Beyond Brexit. Towards a British Constitution* (London I.B. Tauris, 2019).

wenn es sich im Generationenwechsel ständig wandelt. Dem Souveränitätsbegriff wohnt immer ein Beigeschmack absolutistischer Willkür inne.

Im ersten Teil des Souveränitätsgedankens steckt der Grundsatz, dass kein Parlament von seinen Vorgängern gebunden werden kann. Dieser Grundsatz gilt jedoch in allen außenpolitischen Fragen nur eingeschränkt. Natürlich können auch völkerrechtliche Verträge gekündigt werden – der Brexit ist ein Beispiel dafür. Aber die Natur völkerrechtlicher Verträge hebt auf die Nation als einheitlichen Willensträger ab. Das Volk als Träger eines einheitlichen Willens ist jedoch eine Fiktion, weil bestenfalls eine Mehrheit diesen Willen verkörpert, jede Demokratie aber davon lebt, dass jede Mehrheit von einer Minderheit abgelöst werden kann, sofern diese selbst zur Mehrheit wird. So wird es auch mit dem Brexit gehen, der nicht weniger umstritten ist wie damals der Beitritt zur EWG und sich ebensowenig kurzfristig und spontan wird rückgängig machen lassen. Allerdings zeigt die Volksabstimmung von 2016 auch, dass keine Volksabstimmung Ewigkeitsgültigkeit besitzt. Der Souveränitätsbegriff impliziert, dass jede Volksabstimmung nur gültig bleibt bis zur nächsten Volksabstimmung. Dass eine zu enge Taktung von Volksabstimmungen jede staatliche Kontinuität zerstören würde, liegt auf der Hand. Das Dilemma von Volksabstimmungen liegt darin, dass sie für sich in Anspruch nehmen, unmittelbarer demokratischer und deshalb verbindlicher Ausdruck des Volkswillens zu sein, dass sie aber den zweiten Grundsatz einer Demokratie, nämlich die ständigen Revidierbarkeit demokratischer Entscheidungen, verneinen. Die Annahme des Austrittsvertrag hat eine Tür zugeschlagen, und es bleibt völlig ungewiss, ob und wann diese sich je wieder öffnen wird.

Die Regierung hat zweimal königliche Prärogativrechte für sich in Anspruch genommen und ist beide Male damit vor dem Supreme Court gescheitert. Damit entwickelt sich der Supreme Court in die Rolle eines Verfassungsgerichts. Das macht es vordringlich, Natur, Legitimation und Grenzen dieser Königlichen Prärogative zu definieren. Nach heutigem Verständnis ist der Monarch, derzeit die Königin, Oberkommandierender der Streitkräfte und damit Herr über Krieg und Frieden. Tony Blair hat auf diese Weise sein Land in den Irak-Krieg geführt, ohne das Parlament zu fragen. David Cameron hat zehn Jahre später das Parlament vor einem Angriff auf Syrien gefragt und ist damit gescheitert. In absehbarer Zeit wird es zu einem Thronwechsel kommen. Elizabeth II. hat sich in fast 70 Jahren auf dem Thron in vorbildlicher Zurückhaltung Respekt und Vertrauen verdient. Ob das in gleichem Umfang ihrem Nachfolger gelingt, ist keineswegs ausgemacht. Einige Staaten haben bereits angekündigt, dass sie den Thronwechsel zum Anlass nehmen wollen, ein eigenes Staatsoberhaupt zu ernennen und damit die seit dem Empire fortbestehende Funktion der englischen Monarchie als Staatsoberhaupt in 16 Commonwealth Staaten zu beenden.[9] Der gesamte Komplex der der Krone noch verbleibenden Vollmachten gerät in Zweifel. Wenn eine Regierung, gestützt von der Monarchie, das Parlament für fünf Wochen suspendieren kann – kann sie das dann auch für fünf Monate oder gar fünf Jahre tun und damit das Parlament austrocknen? Wo sind die Grenzen, wer legt sie fest, wer kann sie durchsetzen? Wie kann man sich gegen offensichtlichen Missbrauch schützen? Eine Rechtsprechung des Supreme

---

[9]Zum Beispiel Neuseeland, das auch mit einer neuen Nationalflagge experimentiert.

Court in Verfassungsfragen wird über kurz oder lang eine systematische, juristisch belastbare Kodifizierung der Verfassung unumgänglich machen. In der Konservativen Partei regt sich gegen eine solche Entwicklung bereits heftiger Widerstand, obwohl die Partei die Notwendigkeit einer Verfassungsreform grundsätzlich bejaht. [4] Johnson hat bereits angekündigt, dass er einem weiteren Zuwachs von Kompetenzen des Supreme Court einen gesetzlichen Riegel vorschieben will.

Nicht weniger brüchig ist der Zusammenhalt des Vereinigten Königreichs geworden, die Staatenunion zwischen England, Schottland, Wales und Nordirland. Diese ungleiche Verbindung steht auf der Kippe. England als größter Landesteil hat zehnmal so viele Einwohner wie das nächst größte Schottland. Zunächst fungierte das Empire als äußerer Zement, dann die Mitgliedschaft in der EU. Sie bildeten sozusagen das Exoskelett des britischen Zentralstaates. Die von Johnson proklamierte Entfesselung seines Landes könnte dessen Zerfall beschleunigen. Die EU war über die Jahre zum Klebstoff für den Zusammenhalt des *United Kingdom* geworden. Ohne ihn könnte es zu einem *Untied Kingdom,* zu einem aufgeschnürten Königreich, werden, wie ein pointiertes Wortspiel nahelegt.

Die Mehrheit in der Volksabstimmung über den Brexit hat separatistischen Impulsen neue Nahrung gegeben, denn der Kern jeder Sezession liegt darin, die Nation, das Ganze, innerhalb dessen sich Mehr- und Minderheiten definieren, neu festzulegen. Schottland und Nordirland haben gegen den Brexit gestimmt. In Wales ist die Stimmung inzwischen gegen den Brexit gekippt. Das einzige Land, in dem es nach wie vor eine Brexit-Mehrheit gibt, ist England. England ist das einzige Land, das über kein eigenes Regionalparlament verfügt.[10] Ein Hauptthema der nächsten Jahre wird der Kampf darum sein, wie weit auch England (oder Regionen Englands) eigene Autonomie erhalten sollen und ob dies den Prozess zu einer echten Föderalisierung der Vereinigten Königreichs einleitet.[11] Eine unbeabsichtigte Nebenfolge der Devolution war, dass Engländer in Fragen, die in die Kompetenz der Regionalparlamente fallen, kein Mitspracherecht mehr haben. Da das Westminsterparlament jedoch gleichzeitig das Parlament Englands ist, können Schotten, Iren und Waliser theoretisch auch über Fragen mitbestimmen, die nicht das Vereinigte Königreich als Ganzes, sondern nur England (und Wales) betreffen. Hierfür hat es nach hitzigen Debatten eine Abmachung (2015) gegeben, wonach die nicht-englischen MPs zusichern, in Fragen, die ausschließlich England betreffen, nicht mitzustimmen bzw. den MPs aus englischen Wahlkreisen ein Veto in

---

[10]Hier drängen sich strukturelle Parallelen zur Auflösung einer anderen Staatenunion, der Sowjetunion, auf: Auch dort war Russland mit weitem Abstand die größte, leistungsfähigste und politisch dominierende Staatskomponente. Alle Sowjetrepubliken hatten ihre eigenen Parlamente und ihre eigenen Parteiorganisationen, nur Russland nicht. Als Jelzin eigene politische Institutionen für Russland durchsetzte, schaffte er sich den Hebel, mit dem er die Sowjetunion auseinander brechen konnte. 1991 ging der Impuls, die Union aufzulösen, von den kleineren Republiken aus, die sich bevormundet und unterdrückt fühlten. Als Jelzin erkannte, dass er diesen Prozess nicht würde aufhalten können, setzt er sich an die Spitze der Bewegung und schaffte mit der Sowjetunion auch deren Institutionen, die KPdSU und deren Generalsekretär, ab und machte so den Weg frei für seine eigenen Ambitionen.

[11]Das Verhältnis der Briten zum Föderalismus ist gespalten. Einerseits gilt Föderalismus als "f-Wort", das man tunlichst vermeidet. Andererseits gibt es uralte britische Institutionen wie die Universitäten von Oxford und Cambridge, in denen sich autonome Colleges zu föderalen Strukturen zusammengefunden haben. In allen Kolonien hat Großbritannien föderale Strukturen hinterlassen, angefangen von den USA über Kanada bis hin zu Südafrika, Australien, Indien und Nigeria.

solchen Fragen einzuräumen *(English Votes for English Laws, EVEL)*.[12]

Die Gesellschaft im Vereinigten Königreich zerfällt. Sie polarisiert sich in mehreren Dimensionen: Schotten, Iren und Waliser wehren sich dagegen, von London bevormundet zu werden, finanziell von Zuweisungen abhängig zu sein und gegen ihren Willen aus der EU gedrängt zu werden. Nicht ganz zu Unrecht verweisen Schotten bitter auf den Slogan, mit dem Cameron 2014 gegen ihre Unabhängigkeit gekämpft hatte: *Better together.* Weshalb soll, was damals für die britische Union gegolten hat, nicht für die Europäische Union gelten?

Die Regierungschefin von Schottland, Nicola Sturgeon, drängt auf ein erneutes Unabhängigkeitsreferendum. Sie stützt sich dabei auf zwei schwer zu widerlegende Argumente: In der Kampagne vor der Volksabstimmung hat die Londoner Regierung mit dem Hinweis operiert, man solle besser in einem gemeinsamen politischen und wirtschaftlichen Ordnungsrahmen bleiben *(Better together)*. Die EU verstärkte dieses Argument, indem der damalige Kommissionspräsident Barroso darauf verwies, Schottland werde nach seiner Unabhängigkeit einen neuen Beitrittsantrag zur EU stellen und das ganz normale Bewerbungsverfahren (mit ungewissem Ausgang!) durchlaufen müssen. Das sprach für einen Verbleib im Vereinigten Königreich. 2014 bedeutete ein Ja zum Vereinigten Königreich ein Ja zur EU. 2016 hat Schottland mit eindrucksvoller Mehrheit für einen Verbleib in der EU gestimmt (62 %), konnte sich aber gegen die erdrückende

---

[12]Das kann weitreichend Folgen haben. Nach der Wahl von 2017 hatten die Konservativen in Fragen, die das Vereinigte Königreich betrafen, ihre Mehrheit verloren und mussten mit der DUP ein *confidence and supply*-Abkommen treffen. In allen rein auf England bezogenen Fragen behielten die Konservativen jedoch eine Mehrheit von 60.

Mehrheit für Leave in England nicht durchsetzen. Seither bedeutet ein Ja zum Vereinigten Königreich ein Nein zur EU.

In der Volksabstimmung über die Unabhängigkeit konnten die Schotten noch davon ausgehen, dass sie die Queen als Staatsoberhaupt und das Pfund als Währung beibehalten konnten. Es war keine Rede von einem neuen Grenzregime zu England. Das alles gibt nach dem Brexit nicht mehr. Hier hat sich die Grundlage in der Unabhängigkeitsdebatte in einem wesentlichen Punkt verschoben und dem Willen zur Unabhängigkeit neuen Auftrieb verliehen.

Die Hürden vor einer Unabhängigkeit werden künftig jedoch unvergleichlich höher sein. 2014 konnten diejenigen, die für eine politische Abtrennung Schottlands von England votierten, davon ausgehen, dass der gemeinsame Wirtschaftsraum mit England, den die EU gewährte, fortbestehen würde. An der bestehenden Infrastruktur sollte sich nichts ändern. Die Queen sollte gemeinsames Staatsoberhaupt bleiben. Die historische Grenze entlang den Cheviots, die heute niemand mehr wahrnehmen kann, würde auch nach einer Unabhängigkeit unsichtbar bleiben. 2014 ging selbst die SNP davon aus, dass Schottland das Pfund Sterling als Währung beibehalten könne. Das wird nach einer Sezession nach dem Brexit nicht mehr möglich sein. Jedes EU-Mitglied muss sich verpflichten, den Euro als Währung zu übernehmen, und die EU wird keinem Bewerber gestatten, die Währung eines Landes beizubehalten, das der EU gerade demonstrativ den Rücken gekehrt hat. Ein unabhängiges Schottland würde nach dem Brexit eine EU-Außengrenze zu England haben. Es würde die ganze Nordirland-Problematik auf die britische Insel importieren. Denn wie sollte dann eine internationale schottisch-englische Grenze aussehen, wenn England sich langsam, aber unaufhaltsam von der EU entfernt? Die bisherige Geschichte der Versuche, eine solche Grenzproblematik zu lösen, laden nicht zur Nachahmung ein. Schottland würde Republik werden oder sich eine neue Monarchie geben müssen, wenn die Union von 1707 zerbricht. Damit könnten sich schottische Traditionalisten nur schwer abfinden. Schottland hatte 2014 gehofft, die EU-Mitgliedschaft sozusagen als Geburtsrecht mit in die Unabhängigkeit nehmen zu können. Ist Schottland erst einmal im Verbund des Vereinigten Königreichs aus der EU ausgetreten, führt kein Weg an einem erneuten Aufnahmeantrag und dem sich anschließenden Beitrittsprozess herum. Der würde in einigen EU-Mitgliedstaaten, beispielsweise in Spanien, auf wenig Gegenliebe stoßen, weil Madrid jeder Sezession ablehnend gegenüber steht. Es fürchtet Ansteckungsgefahr in Katalonien und im Baskenland.

Der Brexit schafft in Schottland ein Paradox: Einerseits hat der gegen den Willen einer Mehrheit in Schottland vollzogene Brexit den Unabhängigkeitswillen gestärkt. Das Wahlergebnis von 2019 hat das unterstrichen. Andererseits wären die Folgen einer Unabhängigkeit viel einschneidender und schmerzlicher. Denn dann würde der gemeinsame Wirtschaftsraum, der seit über 300 Jahre beide Landesteile miteinander hat zusammenwachsen lassen, plötzlich gewaltsam zerrissen. Die Folgen wären vor allem im Grenzgebiet verhängnisvoll. In Irland läßt sich mit der Verlagerung der Kontrollen auf See zumindest die Wiedereinführung von Kontrollposten entlang der Landesgrenze vermeiden. Das wäre in Schottland anders. Da die britische Regierung nicht nur Zollunion und Binnenmarkt eine Absage erteilt hat, sondern auch bei Schengen und der Eurozone nicht beteiligt war, würde ein Schottland, das nach dem Brexit EU-Mitglied wird, umfassende Grenzkontrollen zwischen Berwick und Dumfries einzuführen haben. Schottland müsste sich auf langwierige Verhandlungen einstellen, wie ein Interessenausgleich nach einer solchen Scheidung aussehen könnte. Wo liegen die Seegrenzen bzw. wo die auf dem Kontinentalschelf? Wie wird Schottland für seinen Anteil am Staatsvermögen des Vereinigten Königreichs entschädigt? Hat es Anspruch auf Botschaften, vielleicht sogar Paläste der Krone? Die Windsors können nicht gleichzeitig Staatsoberhaupt in einem Brexit-England und einem EU-Mitgliedstaat sein. Würde Schottland Republik werden? Welche Folgen hätte dies für Banken und Versicherungen, für Logistikketten?

2014 ergab die Volksabstimmung eine deutliche Mehrheit für einen Verbleib im Vereinigten Königreich. Letzte Umfragen deuten zwar darauf hin, dass diese Mehrheit dünner geworden ist. Einige diagnostizieren sogar eine Mehrheit für Unabhängigkeit. Die Ungewissheit, wie das Ergebnis aussehen würde, käme es tatsächlich zu einer erneuten Abstimmung, bleibt hoch, und Nicola Sturgeon betreibt ein hochriskantes Spiel. Auf englischer Seite hat Johnson sich bereits festgelegt, dass er unter keinen Umständen ein zweites Unabhängigkeitsreferendum in Schottland zulassen will. Deshalb deutet im Moment alles darauf hin, dass es zwar zu wachsenden Unruhen in Schottland kommen kann, dass sich vielleicht auch die Positionen innerhalb der Bevölkerung stärker polarisieren. Eine Mehrheit für Unabhängigkeit bleibt dennoch spekulativ. Ein geschickter Politiker könnte mit einem rechtzeitigen Angebot, weitere Autonomierechte an Schottland zu übertragen, einer solchen Entwicklung die Spitze abbrechen. Da umfangreiche Kompetenzen nach dem Brexit aus Brüssel an das Vereinigte Königreich zurückfallen, von denen die schottische Regierung den größten Anteil für sich beansprucht, könnten sie Verhandlungsmasse für Johnson gegenüber Edinburgh bilden. Freilich könnte er damit Forderungen nach vergleichbaren eigenen Autonomierechten Englands weiter Nahrung geben. Eine volle staatliche Unabhängigkeit Schottlands bleibt unwahrscheinlich. Aber ein autonomeres Schottland *(devo max)* könnte den Anstoß zu einer Debatte um den innenpolitischen Staatsaufbau liefern und die Debatte um eine Föderalisierung des Vereinigten Königreichs neu aufflammen lassen.

Die Asymmetrie der Devolution sorgt in England für Unruhe. Das britische Parlament und die britische Regierung sind zugleich Verfassungsorgane des Vereinigten Königreichs und Englands. Kabinettsminister mit Zuständigkeiten, die devolviert sind, wie z. B. Kultur und Erziehung, sind effektiv lediglich Minister für England. Die monarchischen Dynastien werden heute noch als *Kings and Queens of England* bezeichnet.[13] Das ist nicht nur historisch-dynastisch korrekt,[14] sondern reflektiert auch implizit die kulturelle, wirtschaftliche und politische Dominanz Englands im Vereinigten Königreich, das bis heute von den meisten abgekürzt einfach England genannt wird. Der Brexit hat entscheidend dazu beigetragen, die interne ethnische und kulturelle Diversität des zentralisierten Landes zutage treten zu lassen. Die Debatten über den *backstop* haben dafür gesorgt, dass viele Kontinentaleuropäer begonnen haben, sich für

---

[13] Genau genommen, gibt es Könige und Königinnen von England, aber keine englischen Könige oder Königinnen: Die Plantagenets waren Franzosen, die Tudors kamen aus Wales, die Stuarts aus Schottland, die Hannoveraner und die Dynastie Sachsen-Coburg-Gotha stammten aus Deutschland. Georg VI. war der erste König von England, der sich 1923 eine britische (schottische) Gemahlin nahm. Seine Vorgänger hatten sich ausnahmslos Ehepartner vom Kontinent gesucht.

[14] Nationalistische Schotten weisen darauf hin, dass Elizabeth II. in Schottland eigentlich den Namen Elizabeth I. führen muss, weil ihre Namensvorgängerin Elizabeth I. noch vor der Union mit Schottland war nur Königin von England war. Der englische William III. müsste in Schottland als William II. gezählt werden.

irische Geschichte zu interessieren und die irische Sichtweise der Geschichte kennen und schätzen zu lernen. In der politischen und wirtschaftlichen Elite in London, in der Rechtspflege, im Kulturleben geben Engländer den Ton an. Die Zentralbank nennt sich immer noch Bank of England, nicht etwa Bank of the United Kingdom.[15] Sonderrechte gibt es nur in Schottland, das eine eigene Kirchenorganisation – die englische Kirche ist Staatskirche, der englische Monarch ihr Oberhaupt – ein eigenes Rechtssystem, ein eigenes Bildungswesen und in beschränktem Umfang sogar die Befugnis, Geld zu drucken, behalten konnte.[16] Engländer selbst sehen sich als den Landesteil, der dem Gesamtstaat überhaupt erst seine heutige Struktur gegeben hat und der die anderen Landesteile mit hohen Subventionen unterstützt.

Und dieses England zerfällt heute selbst in zwei antagonistische Lager, die sich nicht mehr mit den zwei großen Parteien identifizieren lassen. Zwischen Leavern und Remainern herrscht Sprachlosigkeit. Die Aussicht, durch Argumente oder Fakten die Gegenseite zu beeinflussen, ist gering. Weniger als 60 % der Wahlberechtigten geben eine existierende Partei als ihre politische Heimat an, aber über 90 % haben eine dezidierte Meinung zum

---

[15]Vor dem schottischen Unabhängigkeitsreferendum von 2014 besaß George Osborne, damals Finanzminister, die Taktlosigkeit, aus dieser Bezeichnung jede Mitbestimmung eines unabhängigen Schottlands in der Geldpolitik der britischen Währung abzulehnen. An der Spitze der Bank stand bis 2020 ein Kanadier (Mark Carney), der Vorstand (*Court of Directors*) umfasst Mitglieder, die in Südafrika, Neuseeland und in den USA geboren sind und – für eine konservative Bank überraschend – fünf Frauen – nur niemanden aus Schottland, Wales oder Nordirland.

[16]Genau genommen liegt dieses Emissionsrecht nicht bei der Regierung in Edinburgh, sondern bei drei schottischen Banken: Bank of Scotland, Royal Bank of Scotland, and Clydesdale Bank. Die von ihnen emittierten Banknoten zirkulieren eigentlich nur in Schottland, sie sind selten und sie gelten nicht als gesetzliches Zahlungsmittel.

3 Der Brexit und seine Folgen

Brexit – nachdem dieses Thema noch vor 2013 in allen Umfragen keine oder doch höchstens eine unbedeutende Rolle gespielt hat.[17] Der Kampf um den Brexit hat quasi-religiöse Dimensionen angenommen – für ein Land, das für seinen Pragmatismus und seinen Skeptizismus bekannt ist, eine ungewöhnliche Entwicklung. Im Zusammenhang damit steht die Aussage einer Mehrheit, dass sie bereit wäre, für den Brexit (oder dessen Verhinderung) auch Gewalt anzuwenden. Der Brexit vertieft eine Kluft zwischen Alt und Jung, zwischen ländlichen und städtischen Gebieten, zwischen Nord und Süd.

Paradoxer Weise ist Großbritannien durch den Brexit in manchem europäischer geworden: In der Innenpolitik nimmt die Fragmentierung zu; die alte Dominanz der beiden großen Parteien ist erschüttert und wird nicht zurückkehren. Zwar gibt es auch in Großbritannien schon seit langem eine Vielzahl von Miniparteien. Sie sind auf Randgruppen beschränkt und haben keine seriösen politischen Absichten.[18] Wie die meisten Länder auf dem Kontinent durchlebt das Vereinigte Königreich zentrifugale Tendenzen, eine Radikalisierung der Politik, eine Zersplitterung der Willensbildung, die stabile Regierung bzw. wirksame Opposition erschwert.

---

[17] In allen Umfragen vor 2013 rangierte die EU-Mitgliedschaft zwischen Platz 8 und 12, weit hinter vordringlicheren Problemen wie Gesundheit, Wohnraum, Bildung, Umwelt, Verkehr, Sicherheit, Arbeitsbedingungen, Pensionen und Lohnniveau.

[18] Bei der letzten Parlamentswahl traten 2019 neben den sieben bekannten britischen Parteien (Konservative, Labour, LibDems, SNP, Brexit, Plaid Cymru, Grüne), der Gruppe der Unabhängigen und den fünf nordirischen Parteien (DUP, UUP, Sinn Féin, Alliance und SLDP) über 30 (!) weitere Parteien an, von denen nur zwei mehr als 0,1 % der Stimmen erhielten (Yorkshire Party und Scottish Green, bezeichnender Weise beides Regionalparteien). Die übrigen Miniparteien (darunter so aparte Namen wie Raving Monster Loony oder Heavy Woollen Independents) sprechen überwiegend englische Wähler an (so z. B. UKIP oder BNP). Es bewarben sich also über 40 Parteien auf den Wahlzetteln.

Wählerbindungen erodieren, die Volatilität im Wahlverhalten und der Verdruss mit bestehenden Institutionen und deren Repräsentanten nimmt zu. Im innenpolitischen Meinungskampf sind verstärkt nationalistisch-exzeptionalistische Töne zu vernehmen, die Argumentation folgt populistischen, wenn nicht sogar totalitären Ansätzen. In Deutschland konnten CDU und SPD noch in den 80er Jahren darauf vertrauen, über 80 % der Wähler an sich binden zu können. Heute sind es weniger als 40 %. Diese Tendenz lässt sich auch im Vereinigten Königreich beobachten. Dort konnten Konservative und Labour Anfang der 60er noch fest damit rechnen, zusammen fast 90 % der Wählerstimmen zu erhalten. Heute kommen sie zusammen auf 65 %. Im EU-Parlament hatten Konservative und Sozialdemokraten zusammen fast 70 % der Sitze. Heute sind es weniger als 40 %. Spanien hatte faktisch ein Zweiparteiensystem bis 2008. Seither sind vier neue Parteien ins Parlament eingezogen und haben eine Regierungsbildung praktisch unmöglich gemacht. Ähnliche Probleme zeigen sich in den Niederlanden, in Italien und in Schweden.

Regionalparteien, die punktuelle Sonderinteressen aufgreifen wie die SNP, werden vom Mehrheitswahlrecht begünstigt. Landesweite Programmparteien wie die Liberaldemokraten oder die Grünen scheitern jedoch an diesem Wahlrecht, selbst wenn sie mehr Stimmen erhalten als Regionalparteien. Die SNP und die nordirischen Parteien sind über-, die Liberaldemokraten und die Grünen unterrepräsentiert. Labour hat zwischen den beiden Weltkriegen die Liberalen als Großpartei verdrängt. UKIP ist es zum ersten Mal gelungen, beide großen Parteien im Stimmenanteil zu überholen – nicht bei nationalen Parlamentswahlen, aber doch bei EU-Wahlen und bei einigen Lokalwahlen. UKIP ist es mit ihrer ausschließlichen Fixierung auf ein einziges

Hauptthema gelungen, die Konservative Partei so in Bedrängnis zu bringen, dass sie schließlich dieses Wahlprogramm übernahm. Der Erfolg von UKIP zeigt, dass Stimmen, die auf kleinere Parteien entfallen, keineswegs verloren sind. Im Gegenteil: Das Mehrheitswahlrecht kann ihnen eine überproportionale Hebelwirkung verleihen, wenn sie traditionelle Mehrheiten in einzelnen Wahlkreisen bedrohen. Das gelingt ihnen am ehesten, wenn sie sich vollkommen auf eine radikale Forderung konzentrieren und sich als Alternative zu den etablierten Parteien präsentieren. Sie haben zwar keine Aussicht, selbst zu gewinnen, aber sie können einem Oppositionskandidaten zum Sieg verhelfen, wenn sie genügend Stimmen von der bisher dominierenden Partei absaugen können. Der radikale Schwenk der konservativen Partei in der Brexit-Thematik ist gar nicht zu erklären ohne diese Angst, ein weiteres Erstarken von UKIP oder der Brexit Party in Wahlkreisen mit knappen Tory-Mehrheiten könne auf einen Labour-Sieg hinauslaufen. Ohne Zweifel war die Entscheidung Farages, die Kandidaten seiner Partei aus sämtlichen Wahlkreisen abzuziehen, in denen die Konservativen mit einer Mehrheit rechnen konnten, entscheidend wenn nicht für den Wahlsieg 2019 als solchen, so doch für das überraschende Ausmaß dieses Sieges.

Boris Johnson hat die Partei, die das gehobene Bürgertum, Besitzende, Unternehmer und Traditionalisten ansprach, vollständig UKIPisiert. Er stellte die Tradition seiner Partei auf den Kopf. Johnson verwandelte die Partei in eine revolutionäre Kraft. Er stellte die Volksabstimmung vom Sommer 2016 als Äußerung der *volonté générale* im Sinne Rousseaus und eines romantischen Verständnisses völkischer Einheit und sich selbst als den Vollstrecker dieser *volonté générale* dar: Ein Land, ein Volk, ein Wille, ein Führer.

Die konservative Partei ist seit Margaret Thatcher zum Motor unaufhaltsamer Modernisierung des Landes geworden. Echter Konservatismus setzt behutsam auf Bewahrung von Bewährtem, begegnet großen Entwürfen, radikalen Programmen und leeren Verheißungen skeptisch, betont die Bedeutung von Familie und Selbstständigkeit, hält Verantwortung und Verhältnismäßigkeit hoch und wacht aus Respekt vor Konvention und Tradition sorgsam über die Machtbalance staatlicher Institutionen. Im konservativen Katechismus steht die Souveränität des Parlaments ganz obenan. Dieser etwas selbstzufriedene, behäbige, schwerfällige Konservatismus ist seit Margaret Thatcher einem nervösen, hypertrophen Modernisierungsdrang gewichen, der auf Neuerung, Veränderung und radikalen Aufbruch setzt. Geschwunden ist ein Konservatismus, der in den Worten von Michael Oakshott darin bestand *to prefer the familiar to the unknown, to prefer the tried to the untried, fact to mystery, the actual to the possible, the limited to the unbounded.* [5] Vor allem war die Konservative Partei die Partei der Unternehmer, der Industrie, der Selbständigen, des *Business*. Auf dem Parteitag 2018 machte Johnson mit seinem *"Fuck business"* Schlagzeilen.

Prophet der konservativen Weltanschauung war Edmund Burke. Er war vor 200 Jahren der große Theoretiker parlamentarischer Repräsentation und ein unnachsichtiger Kritiker der Französischen Revolution. Burke verkörperte Tradition und Zurückhaltung. Er war davon überzeugt, dass ein Abgeordneter seinen Wählern Rechenschaft, aber nicht Gefolgschaft schuldete. Er trat für die gegenseitige Kontrolle der staatlichen Machtzentren durch *checks and balances* ein und er orientierte sich an Tradition und Gebräuchen. Wandel war auch in seinen Augen notwendig, musste aber langsam, Schritt für Schritt erfolgen und jedes Mal kritisch überprüft werden.

Sein intellektueller Widersacher und Erzfeind konservativen Denkens war Jean-Jacques Rousseau, der zum Schutzpatron radikaler Revolutionäre aufstieg. Johnson ist ihm ähnlicher als Edmund Burke. Er hat Konservative alten Schlages wie Clarke, Hammond, Steward oder Grieve aus der Partei ausgeschlossen – solch ein Ausschluss schon in sich eine Maßnahme, die eher zu totalitären als demokratischen Parteien passt. Denn der Ausschluss erfolgte nicht, weil diese Abgeordneten gegen die Parteistatuten verstoßen oder sich schwerer Vergehen schuldig gemacht hätten. Johnson schloss sie aus und zerstörte damit ihre politische Existenz, weil sie den Mut zur eigenen Meinung hatten und es wagten, ihm zu widersprechen. Vielleicht war das bereits in seinen Augen Verrat. Johnson regiert nicht mit Argumente und Überzeugung. Er fordert Unterwerfung und erzwingt sie mit Einschüchterung. Er hat Leute um sich geschart, die unbedingt und ohne Bedenken Bekanntes und Bewährtes für ein ideologisches Ziel aufzugeben bereit sind. Sein Berater Cummings fordert, der Brexit müsse durchgesetzt werden, was immer es koste und mit welchen Mitteln auch immer. Traditionelle Konservative achten Institutionen und deren Bremsfunktion, weil sie vor übereilter Spontaneität schützen. Radikale Revolutionäre wollen das Alte hinwegfegen, um Platz zu machen für Neues, ohne dass sie anzugeben wissen, worin dieses Neue konkret bestehen soll. Johnsons Rhetorik – oder sollte man besser von Rabulistik sprechen? – ist entlarvend. Sein "Handeln oder Sterben" *(do or die)* riecht verdächtig nach ähnlichen revolutionären Forderungen.[19] Die Phrase wirft die simple Frage auf: Weshalb voran drängen, wenn das

---

[19]Che Guevara: *revolucion o muerte*; Freiheit oder Tod!; Miguel Díaz-Canel: *socialismo o muerte*. Sogar Mercedes Benz wirbt mit "Das Beste oder Nichts!".

Ergebnis ebenso gut der Tod, ein *die,* sein kann? Er wird nicht müde zu fordern, das Land müsse endlich wieder vorwärts gebracht werden *(bring this country forward),* aber er hatte keine Antwort, als Philip Hammond ihn einfach fragte, welches Fahrtziel denn auf diesem Bus steht, den er endlich wieder in Fahrt bringen will – Fortschritt um des Fortschritts willen, ohne Ziel und ohne Folgeabschätzung? Etwas voran bringen zu wollen, ohne angeben zu können, ob der Weg ins Schlaraffenland, in den Abgrund oder in den Morast führt, klingt wenig überzeugend. Die Rhetorik der Konservativen wird totalitärer. Die Daily Mail nennt die Richter des High Court Volksfeinde und bildet sie unter dieser Überschrift in vollem Ornat ab.[20] Jacob Rees-Mogg bezeichnet den Gouverneur der Bank of England, Mark Carney, als Brexitfeind. Andere tun Analysen von Experten dieser Bank und der Treasury als voreingenommene Panikmache ab. Johnson tritt auf als Volkstribun im Vollzug der *volonté générale,* wie Rousseau das nannte. Und wer ihn daran hindern will, wird kalt gestellt oder übergangen. Johnson spielt nicht Cricket, sondern rüdes Rugby: Wer sich ihm in den Weg stellt, wird umgerempelt[21] oder einfach umspielt (Prorogation des Parlaments). Entscheidend für ihn ist allein, dass der Ball irgendwann durchs Tor gejagt wird. Wie er dorthin gelangt, ist egal. Und ist er erst einmal über der Linie, johlt die Menge und niemand fragt mehr nach der Einhaltung

---

[20]Schlagzeile der Daily Mail vom 4. November 2016. Hierzu gibt es inzwischen einen eigenen Eintrag bei wikipedia: *Enemies of the People (headline)* Erhellend auch der Vergleich mit einer Schlagzeile aus Hitler-Deutschland bei fullfact (https://fullfact.org/law/daily-mail-headine-comparison-to-nazis/, 11. Januar 2020).

[21]Unglücklicherweise gibt es eine Videosequenz, die Johnson in genau einer solchen Rempelei zeigt (https://www.youtube.com/watch?v=T5NN5S9sPFM, 23. Dezember 2019).

der Spielregeln. Der Sieger bestimmt, was rückwirkend auf dem Weg zum Sieg zulässig war und was nicht.

Labour hat sich von dem sozialdemokratischen Mittelkurs von New Labour unter Tony Blair entfernt und ist in einen dogmatischen Sozialismus zurückgefallen. Im Grunde bedienen beide Parteien Nostalgie: Die Tories wollen in die abgesonderte Idylle einer ländlich-heilen Welt zurück, die mit der Globalisierung längst zum Untergang verurteilt ist. Labour sucht Rezepte, die in der Vergangenheit schon einmal ihre Untauglichkeit bewiesen haben, noch einmal aufzuwärmen. Die eine will nationale Ungebundenheit, die global ausgreift, die andere eine sozialistische Wirtschaftsstruktur, wie sie selbst ehemals marxistische Länder längst hinter sich gelassen haben. Die Tories wollen die Wirtschaft entfesseln und preisen Vorbilder aus der viktorianischen Zeit,[22] Labour will die Wirtschaft dem Staat unterwerfen und findet Vorbilder in den Parteiprogrammen der 40er und 50er Jahre. Das alles führt zu einer ungewöhnlichen Verunsicherung der Wähler. Parteibindungen, die über Generationen bestanden haben, lösen sich auf. Kein Wahlergebnis war so schwer vorher abzuschätzen wie das von 2019. Labour gewinnt in alten Tory-Hochburgen wie Chelsea und Canterbury, die Tories in ehemaligen Industriegebieten.

Das gesamte politische System ist in eine Krise geraten. Laut verschiedenen Umfragen glauben nur 6 % der Wähler, dass ihre Repräsentanten im Parlament ihre Probleme verstehen und ihre Hoffnungen ernst nehmen. 75 % glauben, dass sich hier eine unüberwindbare Barriere erhoben hat. 83 % meinen, dass die politische Elite ohne Rücksicht auf den Wählerwillen handelt, 73 % glauben, dass ihr Land an Ansehen, Einfluss und Bedeutung verloren hat.

---

[22]Jacob Rees-Mogg hat ein Buch verfasst mit dem Titel: *The Victorians. Twelve Titans who Forged Britain* (London W.H.Allen 2019).

Die politische Landschaft verschiebt sich. Die Konservative Partei hatte vor 60 Jahren drei Millionen Mitglieder. Sie war die klassische Partei der Gentry, des Establishments. Heute hat sie noch gut 160.000 Mitglieder. Labour ist von über 1 Mio. auf weniger als 500.000 Mitglieder geschrumpft. Die Liberaldemokraten haben fast so viele Mitglieder wie die Konservativen, und selbst die von Farage vor weniger als einem Jahr aus dem Boden gestampfte Brexit-Partei brüstet sich, 130.000 Mitglieder zu haben.

Die Polarisierung innerhalb der Gesellschaft nimmt zu, Gegensätze verschärfen sich, werden erbitterter, der Respekt vor entgegengesetzten Meinungen versickert, die Fähigkeit, Gegensätze argumentativ zu überbrücken und hinter allen Differenzen überwölbende Gemeinsamkeiten zu sehen, verfällt. Manche Beobachter fühlen sich an die Jahre vor dem Ausbruch des englischen Bürgerkriegs erinnert, als die englische Gesellschaft schon einmal in Cavaliers und Roundheads zerfiel. Der Brexit hat das Land erneut auf die Schwelle einer Revolution geführt, und es wird höchstes staatsmännisches Geschick verlangen, die Dämonen, die der Brexit freigesetzt hat, behutsam wieder zu bannen. Revolutionen brechen aus, wenn die oben nicht mehr können und die unten nicht mehr wollen. Vor diesem Hintergrund gibt die Unfähigkeit des Parlaments, ein klares Ziel konsequent zu verfolgen und dabei ein überzeugendes nationales Narrativ zu entwickeln, Anlass zu Besorgnis. Ein solches Narrativ muss nicht aus einem Remainer einen Leaver machen (oder umgekehrt), aber es muss Argumente und Schlussfolgerungen anbieten, die es Wählern mit entgegengesetzten Meinungen erlauben, sich mit einer getroffenen Entscheidung abzufinden – vielleicht grollend und schimpfend, aber die geballten Fäuste bleiben in den Taschen und der innere Widerstand hindert nicht daran, nach außen hin die neue Linie konstruktiv mitzutragen. Johnson hat in seinen ersten Reden nach seinem Wahlsieg betont, wie wichtig es ihm sei, das Land und die Bevölkerung wieder zusammenzuführen. Er gibt sich rhetorisch als *One-Nation-Tory*,[23] handelt jedoch im Sinne des radikalen Flügels seiner Partei.

Großbritannien ist in eine prä-revolutionäre Situation geraten. Der Verfassungskonsens bricht auf. Fragen, die Jahrzehnte über durch stillschweigende Übereinkunft und den ungeschriebenen Verhaltenskodex einer homogenen Elite überdeckt waren, drängen sich auf und verlangen explizite Antworten: Wann muss ein Premierminister zurücktreten? Wer kann ihn wie zum Rücktritt zwingen? Ist es korrekt, die Königin feierlich eine Regierungserklärung im Parlament vorlesen zu lassen, wenn diese Regierung keine Mehrheit hat und absehbar unfähig ist zu regieren? Gibt es Grenzen für die königliche Prärogative, wo verlaufen sie? Die Krone ist an den Rat ihrer Regierung gebunden; welchen Entscheidungsspielraum hat sie, wenn sie zu der Überzeugung kommt, dass dieser Rat falsch ist und nicht dem Wohle des Staates dient? Wie lang und mit welcher Begründung darf ein Parlament suspendiert werden? Darf ein Premierminister, der vom Parlament gesetzlich verpflichtet ist, eine völkerrechtlich bindende Erklärung im Namen der Nation abzugeben, diese Erklärung in Fotokopie und ohne Unterschrift abgeben und sie damit formal unwirksam machen? Wie kann das Parlament reagieren, wenn der Premierminister einen Act of Parliament als *constitutional abomination* oder als *constitutional outrage* bezeichnet? [6] Welche Mittel hat das Parlament gegen ein solches Verhalten des Regierungschefs? Diese Fragen sind in der leicht angestaubten

---

[23]Der Ausdruck geht auf Disraeli zurück. Er bezeichnet die gemäßigte, liberal-konservative Strömung in der Konservativen Partei, die im Gegensatz zu den dogmatischen Radikalen in der Tradition von Margaret Thatcher stehen.

politischen Atmosphäre des Westminster Parlaments in den letzten Monaten aufgewirbelt worden – jenseits der nach wie vor ungelösten Fragen nach der Machtbalance zwischen Zentrum und Regionen und zwischen dem Volk und seinen Repräsentanten. Sie verlangen eine Antwort. Solange die Machtausübung in diesen Bereichen nicht verfassungsmäßig abgesteckt ist, wächst die Versuchung, hier handstreichartig neue Fakten zu schaffen und Widerstand niederzuwalzen. Wer seine Gegner Verräter, Saboteure oder Volksfeinde nennt, verteilt nicht bloß hässliche verbale Etiketten. Der zielt darauf ab, unterschwellig die Reaktionen zu provozieren, die mit diesen hässlichen Begriffen untrennbar gedanklich assoziiert sind: Ausnahmezustand und kurzen Prozess.

Die Stimmen, die vor Gewalttätigkeiten warnen, nehmen zu. Die Kriminalstatistik verzeichnet einen deutlich Anstieg von Gewaltdelikten, auch wenn diese sich bisher nicht eindeutig einem Brexit-Hintergrund zuschreiben lassen. Unwiderlegbare Kausalketten werden sich ohnehin kaum konstruieren lassen, und niemand vermag anzugeben, wie weit eine verwildernde politische Kultur zur Verwilderung der allgemeinen Umgangsformen beiträgt. Zunder genug liegt auf den Straßen, und es bedarf nur eines Funkens, um hier einen Großbrand zu entfachen. England hat selten gewalttätige Unruhe *(riots)* erlebt, aber wenn, dann von radikaler Gewalt und blinder Zerstörungswut. Die letzten großen *riots* ereigneten sich 2011.[24]

Im Brexit kulminiert eine langjährige, langsame Umwandlung der britischen Gesellschaft: Die enge Symbiose zwischen Politik und Geschäft, die unauflösbare

---

[24]Die Unruhen dauerten sechs Tage vom 6. bis zum 11. August 2011: Sie begannen in Vororten von London, breiteten sich dann aber rasch auf ein Dutzend anderer Städte aus. Fünf Menschen starben, 16 wurden schwer verletzt, der Sachschaden wurde auf über £200 Mio. geschätzt.

Verwobenheit und die Überschaubarkeit der traditionellen Eliten, der ungeschriebene Verhaltenskodex, der mit dieser engen Verflechtung verbunden war, alles das geht unter oder ist bereits untergegangen. Diese eng untereinander verschweißte Elite hatte die Umgangsformen fairer Zurückhaltung, von Respekt vor dem Opponenten und die höflichen Formeln entwickelt, die es erlaubten, selbst über tiefste sachliche Gegensätze menschlich achtsam miteinander umzugehen. Eliten sind stilbildend. Und Stil prägt Charakter und Haltung. Wer von Volksfeinden, Verrat, Sabotage, Kapitulation oder Unterwerfung spricht, hat diesen Stil verlassen. Johnson geißelt die angebliche Unterwürfigkeit seiner Gegner gegenüber der EU, kennt aber selbst nur Unterwerfung oder Feindschaft. Er mag von Winston Churchill schwärmen und ihn als sein Vorbild rühmen – in seinem unseriösen Auftreten, seiner brutal-polemischen Rhetorik, seiner oberflächlichen Theatralik könnte er nicht weiter von Churchills feinem Humor, seiner pathetischen Leidenschaft und seiner integrativen Kraft entfernt sein. Johnson ist kein Gentleman. Anders als Churchill schätzt er den Mythos höher als die Geschichte, Persönlichkeit höher als Charakter, Inszenierung höher als Wahrhaftigkeit. Er weiß, dass ein suggestives Narrativ wirksamer ist als mühsames Ringen um Faktentreue, dass das Gedächtnis der Menge kurz und ihr Wunsch nach momentanem, jubelndem Hochgefühl stärker ist als prinzipielle Selbstprüfung. Er gibt sich als Volkstribun und glaubt, sich in dieser Rolle erlauben zu können, vulgär, unaufrichtig und widersprüchlich aufzutreten. Johnson ist der perfekte Schauspieler, der je nach Opportunität in jede beliebige Rolle schlüpfen kann, sofern sie ihm Beifall verspricht.

Brexiteers schwärmen von einem *global Britain*, das sein Potenzial endlich entfalten kann. Sie sehen es durch die EU-Mitgliedschaft gefesselt an ein stagnierendes, wenn nicht absterbendes *(moribund)* Europa. Sie blenden aus, dass die EU den globalen Ambitionen der übrigen Mitglieder keineswegs im Weg gestanden hat. Deutschland, Frankreich, Italien haben ihren Handel mit Schwellenländern dramatisch steigern können. China ist Deutschlands wichtigster Außenhandelspartner geworden, noch vor Frankreich, den USA oder den Niederlanden. Für die meisten Neumitglieder, die erst 2004 der EU beigetreten sind, wurde die EU-Mitgliedschaft zum Sprungbrett für erweiterten Zugang zu globalen Märkten. Ein Hauptschwerpunkt der EU lag in den letzten beiden Jahrzehnten darin, Handelsverträge mit globalen Partnern abzuschließen und so ihren Mitgliedern bessere Marktzugänge zu erschließen. Das lässt sich statistisch relativ zuverlässig nachweisen. So ist der Handel der meisten EU-Mitgliedstaaten mit Südkorea sprunghaft gestiegen, nachdem das von der EU ausgehandelte Handelsabkommen seit 2011 vorläufig angewandt wird.[25] Auch Großbritannien hat nachweislich hiervon profitiert: Der Warenexport schnellte 2012 um 82 % empor, Dienstleistungsexporte nahmen um 12 % zu. Zwischen 2011 und 2018 hat sich das britische Handelsvolumen mit Südkorea fast verdreifacht.[26] Südkorea ist auf den 16. Rang im britischen Außenhandel aufgestiegen. Es ist mehr als fraglich, ob diese außergewöhnliche Dynamik ohne das von der EU ausgehandelte Abkommen möglich geworden wäre. Im August 2019 hat das Vereinigte Königreich mit Südkorea ein Fortführungsabkommen geschlossen.[27]

---

[25] Es ist seit 2015 formal in Kraft getreten.
[26] Erdöl und Kraftfahrzeuge machen den Löwenanteil britischer Exporte aus.
[27] *UK and South Korea sign 'continuity' trade agreement*, BBC News 22. August 2019 (https://www.bbc.com/news/business-49430207, 23. Dezember 2019).

Das Vereinigte Königreich hat in jüngster Zeit wieder neue diplomatische Vertretungen im Ausland eröffnet. Sie reichen jedoch nicht aus, die Kürzungen, die nach der Jahrhundertwende verfügt worden sind, wieder auszugleichen. Das wirft einen langen Schatten auf die Ernsthaftigkeit, mit der der Slogan *global Britain* tatsächlich verfolgt wird. Denn um in der Globalisierung als einzelne Nation bestehen zu können, bedarf es globaler Präsenz und globaler Reichweite. Schon die EU lässt es an letzterem fehlen. Sie ist nicht in der Lage, die Bedingungen des Welthandels, von denen sie existenziell abhängig ist, aus eigener Kraft zu garantieren. Wird das einem auf sich gestellten Vereinigten Königreich gelingen? Für etwaige Handelskonflikte dürften Flugzeugträger, die gerade erst unter immensen Kosten der Marine zugeführt worden sind, nur eingeschränkt taugen.

Der Brexit wird dazu führen, dass sich der Schwerpunkt von den EU-Ländern ab- und anderen Ländern zuwenden wird. Ähnliches wird für den Jugend- und Schüleraustausch und für studentische und wissenschaftliche Förderprogramme gelten: Der Zustrom aus Ländern der EU wird zurückgehen, der aus anderen Ländern, vor allem aus China, ansteigen. China ist bereits stark in britischen Universitäten engagiert – nicht immer zur reinen Freude der britischen Seite, weil mit der numerischen und finanziellen Präsenz auch ein unverhüllter Anspruch verbunden ist, Curricula, Diskussionskultur und Forschungsschwerpunkte im chinesischen Interesse zu beeinflussen. Großbritannien wird nicht unbedingt globaler, aber weniger europäisch werden. Insgesamt wird die britische Auslandspräsenz sich nur schwer deutlich erhöhen lassen.

Wie lässt sich mit dem globalen Anspruch vereinbaren, dass Boris Johnson bereits angekündigt hat, er könne sich eine *buy British*-Kampagne vorstellen? [7] Berichte über anwachsende Xenophobie und Übergriffe auf Fremde lassen Zweifel aufkommen, wie weltoffen die Stimmung in England tatsächlich ist.[28] Und wie verträgt es sich mit einem Weltbürgertum, wenn führende Vertreter der Regierungspartei fordern, die Bewahrung von *Englishness* müsse künftig wieder ein entscheidendes Kriterium bei Regierungsentscheidungen sein? Wenn der Brexit Ausdruck eines tief sitzenden Verlangens nach Wahrung der eigenen englischen Identität ist – was durchaus legitim und verständlich ist – dann ist er schwer mit einem Programm eines weltoffenen Globalismus zu vereinen.

Wirtschaft
Die britische Wirtschaft hat dreieinhalb Jahre nach dem Brexit-Referendum weder einen bodenloser Absturz erlebt, wie ihn einige Remainer vor 2016 vorhersagt hatten, noch einen rasanter Aufschwung, dessen sich einige Brexiteers gewiss waren, wenn das Land erst einmal den hemmenden Ballast der Brüsseler Bürokratie abgeworfen hatte.[29] Im Grunde sind Vorhersagen über die künftige wirtschaftliche Entwicklung verfrüht. Die Umstände sind noch viel zu wenig absehbar. Noch ist offen, wie die künftige britische Handelspolitik aussehen wird. Die meisten Modelle berücksichtigen zu wenige Variable, um zu Aussagen zu kommen, die der Komplexität der Wirklichkeit gerecht werden. Viele vernachlässigen Rückkoppelungseffekte oder psychologische Reaktionen. Vor allem übersehen die meisten den operativen Zusammenhang zwischen Politik und Wirtschaft, zwischen der Macht, die Normen setzten kann, und den damit bewirkten wirtschaftlichen Effekten.

---

[28]Praktisch alle diese Übergriffe werden aus England gemeldet.
[29]Ergänzende und detailliertere Ausführungen hierzu in BEB, S. 280–295, und BCC, S. 226–238.

3 Der Brexit und seine Folgen

Insofern bleibt jede Vorhersage, die über wenige Monate hinausgeht, im Grunde vermessen.[30]

Die nachfolgenden Abschnitte beschränken sich darauf, unbestrittene Fakten darzustellen, ausgewählte Studien kurz zu zitieren, ansonsten aber Tendenzen, Wahrscheinlichkeiten und einige Grundfaktoren zu benennen. Damit ist weder wissenschaftliche Vollständigkeit noch ein höherer Wahrheitsanspruch verbunden.

Die künftigen Tendenzen der britischen Wirtschaft werden sich erst abzeichnen, wenn die Wirtschafts- und Handelspolitik festgezurrt sind, die Unternehmen darauf reagieren können und die ersten Auswirkungen dieser unternehmerischen Entscheidungen erkennbar werden. Das wird frühestens im Verlauf des Jahres 2021 klarer werden.

Die britische Wirtschaft hat seit 2016 an Fahrt verloren (Abb. 3.2). Sämtliche Exporte (bis auf Erdöl) sind seit 2017 zurückgegangen, vor allem der Export von Automobilen, der allein 9,5 % aller britischer Exporte ausmacht und stärker als andere Exporte vom EU-Markt abhängig ist. 55 % der Automobilexporte gehen in die EU, wohingegen der EU-Anteil an den britischen Gesamtexporten bei 44 % liegt.

Eindeutig ist auch der Verlust des Außenwertes der britischen Währung (Abb. 3.3).

Auch Investitionen sind rückläufig, auch wenn der Umfang dieses Rückgangs strittig ist (Abb. 3.4, 3.5 und 3.6).

---

[30]Das hindert aber nicht daran, dass nahezu jede Woche neue Analysen erscheinen, die mit hohem mathematischen Aufwand Kalkulationen bis zu fünf Jahre im Voraus auf zwei Nachkommastellen berechnen zu können behaupten. Die Tatsache, dass die meisten seit 2016 publizierten Analysen mit ihren Vorhersagen bis 2019 falsch gelegen haben, hindert Autoren nicht daran, immer wieder kräftig nachzulegen. Und die Öffentlichkeit greift jede Prophezeiung immer wieder mit frischem Hunger auf.

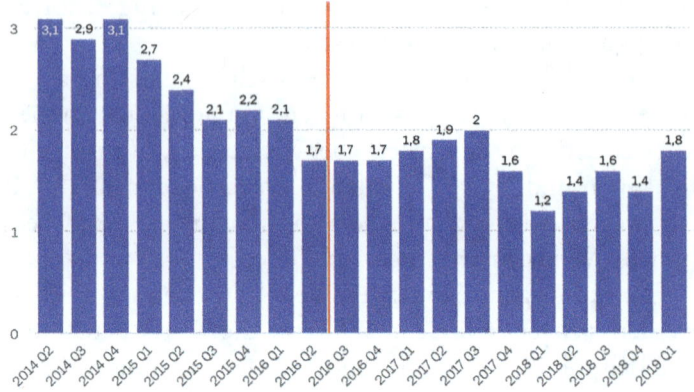

Abb. 3.2 Wachstumsraten der britischen Volkswirtschaft 2014–2019. (Quelle: Guardian)

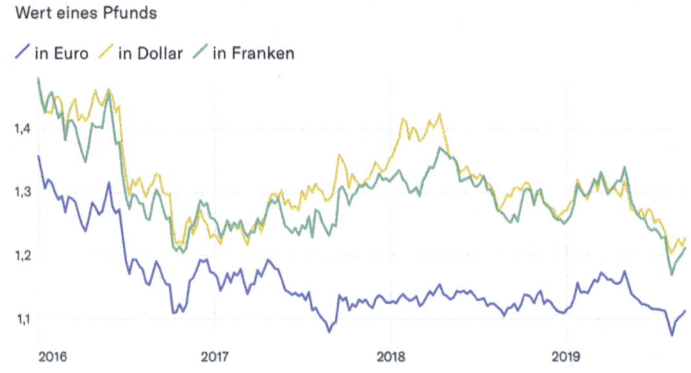

Abb. 3.3 Entwicklung des Wechselkurses des Pfund Sterling. (Quelle: Bloomberg/NZZ)

Die Bank of England setzt den Rückgang der Investitionen mit 11 % deutlich geringer an.

Alle Diagramme zeigen deutliche Rückgänge. Mit der Volksabstimmung von 2016 ist das Wirtschaftswachstum von etwa 2,5 % auf 1,6 % zurückgefallen, ein

3 Der Brexit und seine Folgen

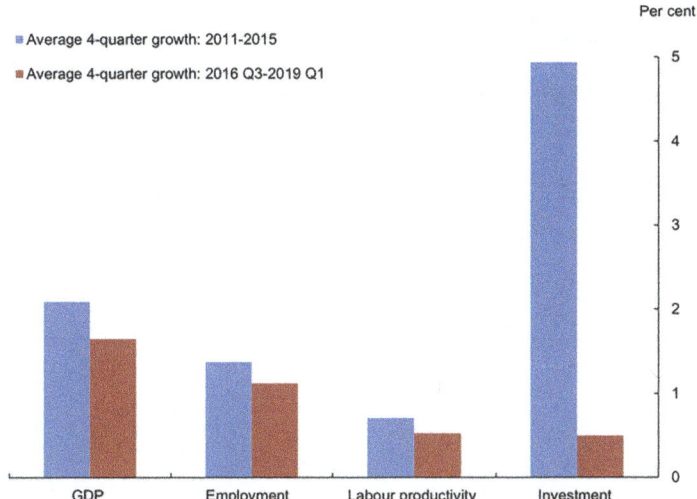

Abb. 3.4 Nach eigener Einschätzung Brexit-bedingter Nettorückgang der Investitionen seit 2016 nach Branchen in Prozent. (Quelle: ONS)

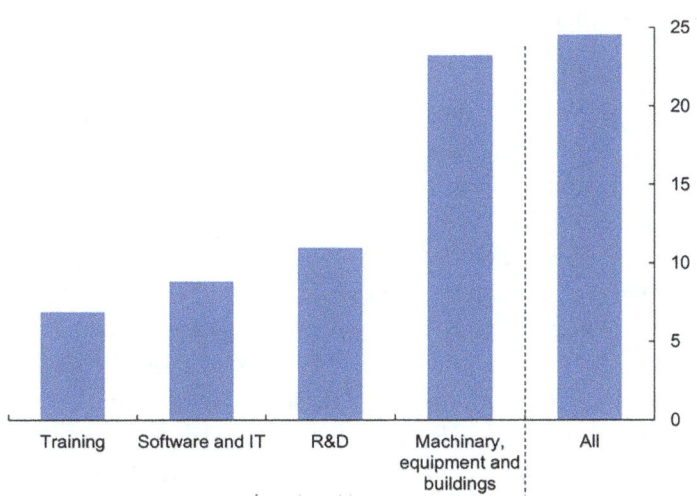

Abb. 3.5 Rückgang der Investitionen nach Sektoren. (Quelle: ONS)

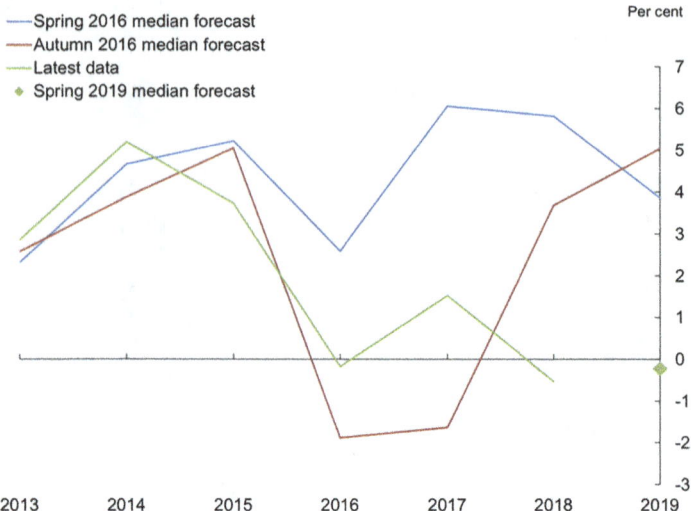

Abb. 3.6 Einschätzung der künftigen Entwicklung der Investitionen im Vereinigten Königreich durch die britische Industrie. Während die Einschätzungen von 2016 von einem tiefen Einbruch, dann aber einer raschen Erholung ausgehen, weisen die jüngsten Einschätzungen dauerhaft nach unten. (Quelle: ONS)

Rückgang um fast ein volles Prozent. Das Pfund hat etwa 16 % seines Außenwertes verloren. Die Investitionen sind zwischen 11 % und 24 % gefallen. Selbst wo die Statistiken in den Zahlenwerten divergieren – in ihrer Tendenz sind sie eindeutig und unisono. Erfahrungsgemäß werden die vollen Auswirkungen eines solchen Investitionsrückgangs erst nach einigen Jahren absehbar.

Unstrittig ist schließlich, dass das Vereinigte Königreich seit 2016 niedrigere Zuwächse bei Beschäftigung, Produktivität und BIP hatte als in den 3 Jahren davor. Das schließt nicht aus, dass Beschäftigung und Produktivität seit 2016 leicht zugenommen haben. Nur lag dieser

Zuwachs niedriger als erwartet. Über die Kausalität kann nur spekuliert werden. Einige behaupten, dies sei nur der Anfang einer durch den Brexit verursachten langfristigen Wachstumsschwäche, die sich nach vollzogenem Brexit dramatisch verschlimmern werde. Andere sehen hierin lediglich ein Symptom kurzfristiger Verunsicherung durch die Unfähigkeit der Politik, eine klare strategische Entscheidung zu treffen. Sobald die Brexit-Entscheidung politisch unumstößlich sei, so das Argument, werden auch die Wachstumsraten wieder nach oben schnellen, sogar steiler, weil nach der langen Unsicherheit aufgestauter Nachholbedarf besteht.

Jedenfalls kann die Regierung darauf verweisen, dass es seit 2016 einen leichten Rückgang der Arbeitslosigkeit und einen ausgeprägten Anstieg des Lohnniveaus gegeben hat (Abb. 3.7). Trotzdem bleiben die meisten ökonomischen Langzeitanalysen pessimistisch (Abb. 3.8).

Zu ähnlichen Einschätzungen gelangen die Bank of England, der Economist, die Treasury, der IWF, die OECD und einige namhafte internationale Finanzinstitutionen. Die große Schwäche langfristiger Prognosen liegt darin, dass sie den Zeithorizont selten sauber definieren, überwiegend linear extrapolieren, bei der Auswahl der Indikatoren zu selektiv sind und Interdependenzen der einzelnen Faktoren unterbewerten. Die Annahme, derartig komplexe Prozesse ließen sich über Jahre mathematisch exakt angeben, gaukelt eine wissenschaftliche Gewissheit vor, die jeder Grundlage entbehrt.

Die größte Unbekannte liegt in der künftigen Wirtschaftsordnung und Handelspolitik des Vereinigten Königreichs. Hier hat Johnson eine deutlich restriktivere Linie gegenüber der EU vorgezeichnet als Theresa May. Während May nach anfänglichen harten Worten die Konditionen ihrer Brexit-Vorstellung aufweichte, ist Johnson von Anfang an mit aller Schärfe als Vertreter eines

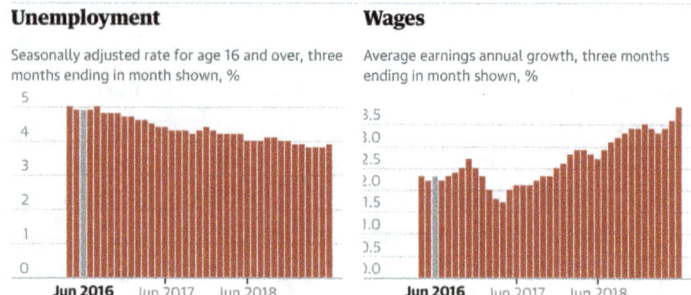

Abb. 3.7 Entwicklung der Arbeitslosenzahlen und der Lohnzuwächse seit 2016. (Quelle: Guardian)

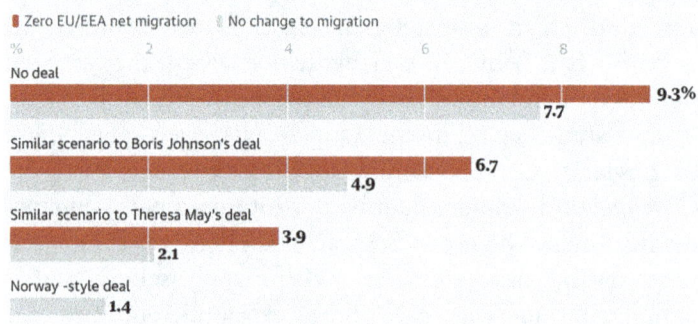

Abb. 3.8 Mittelfristige Einschätzungen des Wirtschaftswachstums. (Quelle: Guardian)

harten Brexit aufgetreten: Möglichst wenig Anlehnung an wirtschaftspolitische Vorgaben der EU, unbedingte nationale Unabhängigkeit, verstärkte Hinwendung zu Wirtschaftspartnern in Nordamerika, im Commonwealth und natürlich in Ostasien: China, Japan, Vietnam und in der arabischen Welt, zu der das Vereinigte Königreich seit dem Ersten Weltkrieg privilegierte Beziehungen unterhält.[31] Von vielen Brexiteers wird das Commonwealth als schlafender Gigant bezeichnet, der durch den Brexit wachgerüttelt und sich dann hingebungsvoll dem einstigen Mutterland wieder zuwenden könnte. Diese Hoffnungen sind unbegründet. Das Wirtschaftswachstum des Commonwealth, vor allem der Länder in Ostasien, im Pazifik und an der afrikanischen Ostküste, ist weitgehend ein Reflex auf die Wirtschaftsdynamik Ostasiens, zunächst Japans, dann Chinas. Für Australien oder Neuseeland sind die lukrativen Handelsbeziehungen zu diesen asiatischen Nachbarn viel wichtiger als ungewisse Perspektiven auf einem kleinen Markt bei den Antipoden. Sicher ist, dass das Vereinigte Königreich nach Ende der Übergangsfrist, am 31. Dezember 2020, aus sämtlichen Handelsverträgen der EU herausfallen wird.[32]

Das Vereinigte Königreich hat bislang 20 Verträge mit Partnerländern abgeschlossen, die eine Fortschreibung der bisherigen Handelsbedingungen über den Brexit hinaus vorsehen *(roll over/continuation treaties)*. Dies sind Verträge, die keine substanziellen Verhandlungen erfordern, weil sie einfach den *status quo* verlängern. Beide Partner sichern sich zu, sich bis auf weiteres so zu behandeln, als gehöre Großbritannien noch zur EU. Sie werden jedoch über kurz oder lang durch reguläre, neu ausgehandelte

---

[31] Die Balfour-Deklaration hat zwar der Existenz Israels den Weg geebnet, aber britische Militärhilfe war entscheidend für den Erfolg der arabischen Welt, die türkische Vorherrschaft abzuwerfen. Lawrence of Arabia hat heute noch einen legendären Klang in arabischen Ländern. Nach 1918 erfolgte die Neuordnung des Mittleren Ostens zwischen Mittelmeer und Pakistan weitgehend nach britischen Vorgaben.

[32] Die EU hat 37 Freihandelsabkommen abgeschlossen. 27 weitere werden auf provisorischer Basis vorläufig angewendet. 22 Abkommen werden zur Zeit noch verhandelt. TTIP mit den USA liegt auf Eis. Diese Verträge decken die wichtigsten Handelspartner der EU ab mit Ausnahme Chinas, Russlands und der meisten islamischen Staaten.

Verträge ersetzt werden müssen. Unter ihnen finden sich die Faroer Inseln, Kosovo, Libanon und Liechtenstein – nicht gerade die Champions des Welthandels – und einige Länder Süd- und Mittelamerikas. Mit 19 weiteren Staaten werden derartige Verträge zur Zeit verhandelt, darunter mit Japan. Aber selbst damit decken diese Verträge weniger als 8 % des gesamten britischen Außenhandels ab. Mit Australien, Neuseeland und den USA bestehen Abkommen über gegenseitige Anerkennung *(mutual recognition agreements)*. Dies sind jedoch keine Handelsabkommen, sondern sie regeln lediglich Warenbezeichnungen und Standards.[33] Über 40 % des britischen Außenhandels wird mit der EU abgewickelt, und welch ein Handelsregime hier künftig herrschen wird, ist völlig unabsehbar. Schwierig werden dürften Handelsverträge mit den großen Handelsnationen USA, China und Indien. Präsident Trump hat zwar immer wieder damit geprahlt, die USA würden dem Vereinigten Königreich nach einem Brexit wundervolle Handelsbedingungen anbieten. Sein Motto *America First* und sein gesamter Kurs im bisherigen Handelsstreit mit China und der EU spricht eine ganz andere Sprache. Nachdem Johnsons Austrittsvertrag im Oktober 2019 bekannt wurde, zögerte Trump nicht darauf hinzuweisen, dass diese Brexit-Bedingungen den Abschluss eines Handelsvertrags mit den USA erschweren, wenn nicht unmöglich machen würden. [8]

Der Verlust unbeschränkten Zugangs zum Binnenmarkt wird mit dem Brexit gewiss. In welchem Umfang sich hierfür Ersatz auf anderen Weltmärkten finden lässt, bleibt

---

[33]HMG, Department for International Trade: *UK trade agreements with non-EU countries in a no-deal Brexit*, 4. Dezember 2019 (https://www.gov.uk/guidance/uk-trade-agreements-with-non-eu-countries-in-a-no-deal-brexit#trade-agreements-discussion, 12. Dezember 2019).

höchst unsicher. Was sich bisher erkennen lässt, ist nicht ermutigend.

Das Gezerre um den Austrittsvertrag hat die britische Wirtschaft in Ungewissheit gestürzt. Langfristig bindende Zukunftsentscheidungen sind aufgeschoben, Investitionen zurückgestellt, die Liquidität erhöht worden. Viele Unternehmen haben Immobilien verkauft und zurückgemietet, um kurzfristig flexibler zu sein. Einzelhändler haben ihre Läden geschlossen, wobei es gerade hier unmöglich ist, eindeutig einen Verursacher auszumachen, denn natürlich spielt hier auch das Aufkommen des online-Handels eine entscheidende Rolle. Der Immobilienmarkt ist in eine Krise geraten. Einer der größten Immobilienverwalter, M&G, geriet vorübergehend in eine Zahlungskrise.

Seit dem Brexit-Votum ist es zu spektakulären Konkursen gekommen. Aufgeben musste der Bus-Hersteller Wrightbus, bekannt durch die neuen roten Routemaster-Busse, die seit 2012 durch London fahren.[34] Damit gab nicht nur eine Ikone unter britischen Busherstellen auf. Der Produktionsstandort liegt in Ballymena, Nordirland, einer Gegend, die ohnehin wirtschaftlich schwach ist, in der die Arbeitslosigkeit hoch liegt und alternative Beschäftigung schwer zu finden ist. Etwa 1200 Beschäftigte bangen um ihre Arbeitsplätze. Wie weit diese vom neuen Management, das zugesagt hat, die Produktion weiterzuführen, langfristig gesichert werden können, bleibt unklar. Wrightbus hatte in den letzten Jahren international expandiert, aber immer noch etwa 25 % seiner Produktion auf dem EU-Markt abgesetzt. Die Firma

---

[34]Sie werden auch Boris-Busse genannt, weil sie während seiner Amtszeit als Bürgermeister in Dienst gestellt wurden. Die Entscheidung für dieses Modell fiel jedoch vor seinem Amtsantritt. Johnson hat lediglich einige Details verändert, die sich inzwischen als Fehlkonstruktion erwiesen haben. Die Produktion soll unter neuem Management fortgeführt werden.

wurde übernommen von Jo Bamford, einem der reichsten Industrieunternehmer in Großbritannien und einem prominenten (und spendablen) Unterstützer von Boris Johnson.[35] Noch spektakulärer war die Geschäftsaufgabe von Thomas Cook. Hier flossen viele Faktoren zusammen. Eine Rolle hat aber auch der Währungsverfall gespielt, der dazu führte, dass die Gewinnmargen bei Buchungen außerhalb Großbritanniens schrumpften. Schließlich musste die Werft Harland & Wolff in Belfast endgültig ihre Tore schließen. Hundert Jahre zuvor war sie der größte Schiffbauer der Welt gewesen. Die Luxusliner Titanic und Olympic waren dort vom Stapel gelaufen. Pro Jahr wurden dort mindestens sechs Großschiffe gebaut. In den letzten Jahrzehnten konnte sich die Werft mit Dienstleistungen im offshore-Ölgeschäft und mit Windrotoren mehr schlecht als recht über Wasser halten. Mit ihr verschwand ein Symbol britischer Ingenieurskunst und einer der renommiertesten Arbeitgeber in Nordirland.[36]

Es gab allerdings auch positive Signale: Im September 2019 kündigte der Chef von Aldi Süd im Vereinigten Königreich, Giles Hurley, Neuinvestitionen in Höhe von £ 1,1 Mrd. an. Bis 2025 soll die Zahl der Aldi-Filialen in Großbritannien von derzeit 840 auf über 1200 steigen – eine Expansion von 50 %.

---

[35] Hier drängt sich der Verdacht auf, dass die Übernahme politisch motiviert sein könnte und die Schließung der Produktionsanlagen nach vollzogenem Brexit dennoch droht. Die Übernahme des Werkes hätte dann lediglich dazu gedient, die endgültige Schließung aus politischen Gründen zu. verzögern.

[36] Das Ende von Harland & Wolff könnte politische Folgen nach sich ziehen. Die Werft war seit ihren Anfängen eine Hochburg protestantischer Unionisten. Kein irischer Katholik hatte dort eine Chance. Wenn die Werft ihren Betrieb einstellt, wird das vor allem protestantische Arbeiter treffen, von denen viele vermutlich auf der britischen Insel eine bessere Zukunft suchen werden – ein weiterer Schritt, die traditionelle protestantische Dominanz in Nordirland und vor allem in Belfast zu schwächen.

Selbst prominente Politiker der konservativen Partei räumen ein, dass der Brexit einige Branchen der britischen Wirtschaft vor schwer zu überwindende Probleme stellen wird. Jeremy Hunt, der Gegenspieler von Boris Johnson im Kampf um die Parteiführung, erklärte im Juli 2019 offen, er werde es in Kauf nehmen, dass britische Unternehmen zugrunde gehen, wenn der Brexit dies erfordere. [9]

Am stärksten wird der Brexit die britische Automobilbranche treffen. Auch wenn Michael Gove wiederholt behauptete, die britische Automobilindustrie sei auf einen *no-deal* Brexit bestens vorbereitet, [10] kamen von der betroffenen Industrie ganz andere Töne. Mike Hawes, der Geschäftsführer der Society of Motor Manufacturers and Traders (SMMT) sprach von einer existenziellen Bedrohung, [11] ein Oxforder Professor warnte, die Automobilproduktion könne um 50 % einbrechen. [12] Investitionen in der britischen Automobilindustrie und ihrer Zulieferer sind um 70 % zurückgegangen, die Produktion ist um 20 % geschrumpft. Honda will sich bis 2021 vollständig aus Großbritannien zurückziehen. Nissan hat begonnen, die Fertigung nach Asien zurückzuverlegen. Toyota hat angekündigt, die Profitabilität seines Werks 2020 zu überprüfen.[37] Rover und Aston Martin haben massive Sparprogramme angekündigt, Jaguar baut Produktionskapazitäten in der Slowakei auf, PSA hat angekündigt, die Opel Produktion in Vauxhall zu schließen und nach Südeuropa zu verlegen. Die britische Automobilindustrie lebt vom Export. 80 % der Wagen gehen außer Landes, 55 % in andere EU-Länder. Und

---

[37]Nissan produziert in Sunderland, Toyota in Burnaston, Honda hat in Swindon produziert – alles Orte, die ohnehin unter schweren Strukturproblemen und überdurchschnittlicher Arbeitslosigkeit leiden.

dort werden die EU-Produzenten mit Argusaugen darüber wachen, dass keine britischen Wagen in den Binnenmarkt gelangen, die zu unfairen Bedingungen produziert worden sind *(level playing field)*. [13] Umgekehrt ist die britische Automobilindustrie zu 80 % auf Zulieferer vom Kontinent angewiesen. Werden hier Zölle eingeführt, würde dem Standort Großbritannien für die Automobilproduktion die Rentabilitätsgrundlage entzogen. Überleben würden dann nur die exklusiven Luxuskarossen von Rolls Royce und Bentley, deren Käufer ohnehin kaum in Europa sitzen und nicht auf den Preis achten.[38]

China könnte die Gelegenheit nutzen, um noch stärker im Vereinigten Königreich Fuß zu fassen und günstig an Spitzentechnologien zu gelangen. Geely produziert bereits die ikonischen Londoner schwarzen Taxis und hat Lotus übernommen. MG Rover gehört seit 2007 der Shanghai Automotive Industry Corporation (SAIC).

Für andere Branchen, Luft- und Raumfahrt, Stahl, Pharma, Glas, sieht es nicht viel anders aus. Die Luftfahrtindustrie ist über Airbus engstens mit der kontinentalen Produktion verflochten. Airbus überlegt, die Fertigung der Flügel für sämtliche Airbus-Modelle aus Filton in die USA oder nach China zu verlagern. Tata will sich aus der Stahlindustrie vollständig zurückziehen.

Die industrielle Produktion, die noch vor 50 Jahren über 25 % zur Wertschöpfung beitrug, ist auf einen Anteil von 12 % am BIP gesunken. Sie beschäftigt noch 8 % der Arbeitskräfte, trägt aber 44 % zum Exportwert bei. Die meisten Schätzungen gehen davon aus, dass die britische Wirtschaftsleistung infolge des Brexit um mehr als 5 %

---

[38]Einige Käufer in China und in arabischen Ländern legen beim Kauf eines solchen Luxusautos vor allem Wert auf Exklusivität und Individualisierung. Solche Käufer sind häufig bereit, mehr Geld für exklusive, speziell für sie gefertigte Extras auszugeben als für den Wagen selbst.

zurückgehen wird, bevor sie ein neues Niveau unter einer neuen Ausrichtung gefunden hat (wobei offen bleibt, in welchem Zeitraum). [14]

Jenseits aller ökonomischen Kennzahlen wird der Brexit unweigerlich einen erhöhten Verwaltungsaufwand, juristisches Streitpotenzial und höhere Lagerhaltung bedeuten. Die gegenwärtigen *just-in-time* Lieferbeziehungen werden sich kaum unverändert halten lassen, weil zumindest Stichproben beim Grenzübertritt erhoben werden und Waren umständlicher dokumentiert werden müssen. Dieser erhöhte administrative Aufwand wird vor allem kleinere und mittlere Unternehmen treffen. Die wenigsten von ihnen haben bisher Vorkehrungen für den Brexit getroffen, weil sie nicht wissen, wie das künftige Handelsregime aussehen wird. Der bürokratische Aufwand für Dokumentation, Zollerklärungen oder sonstige Frachtpapiere könnte sich verfünffachen. Für manche dieser Unternehmen, für die der Export lebenswichtig ist, könnte sich damit die Existenzfrage stellen.

Kluge Ratgeber sind auf die Idee verfallen, Großbritannien solle doch einfach einseitig auf die Erhebung von Zöllen grundsätzlich verzichten. Damit sei auch der Idee des Freihandels am ehesten gedient. Großbritannien würde einseitig darauf verzichten, seinen Spielraum bei der Erhebung von Importzöllen auszuschöpfen. Es entstünde eine asymmetrische Situation, in der die EU Zölle gegenüber Großbritannien erhöbe, Großbritannien aber generell keinerlei Einfuhrzölle erhöbe (und auch die damit verbundene Bürokratie nicht einrichten müsste). [15] Dabei werden drei gravierende Punkte übersehen: Erstens würde sich Großbritannien damit für billige Konkurrenz aus Schwellenländern öffnen, die bislang durch EU-Außenzölle vom Binnenmarkt ferngehalten werden. Zweitens müsste ein solches Regime zwangsläufig zu hohen Zollschranken seitens der EU führen, die nicht zulassen kann, das Produkte aus diesen Ländern über den Umweg über Großbritannien zollfrei ihren Weg in den Binnenmarkt finden, und drittens übersieht dieses Argument, dass die Befreiung von Importzöllen immer das wichtigste Pfand in Verhandlungen über Handelserleichterungen ist. Zollvergünstigungen werden in der Regel reziprok gewährt. Wer selbst einseitig und als Vorleistung auf sämtliche Importabgaben verzichtet und damit den eigenen Markt sperrangelweit für Importe öffnet, behält wenige Trümpfe auf der Hand, wenn er seine Handelspartner dazu bewegen will, ihrerseits ihre Märkte für seine Exporte zu öffnen. Der Grundsatz der Meistbegünstigung wird es Großbritannien nicht gestatten, hier zwischen der EU und anderen Handelspartnern zu differenzieren.

Daten zur britischen Energiewirtschaft

Steinkohle war die Energiequelle der industriellen Revolution und blieb das Rückgrat der britischen Energieerzeugung bis Ende der 60er Jahre. Mit der Erschließung der Erdöl- und Erdgasfelder in der Nordsee ging die Bedeutung der Steinkohle zurück. Die letzte Steinkohlezeche wurde 2015 geschlossen (Kellingley, Yorkshire). In den 70er Jahren wurde das Vereinigte Königreich Netto-Energieexporteur. Die ergiebigsten Öl- und Gasfelder lagen weit im Norden und wurden von Schottland (Aberdeen) aus erschlossen und versorgt. Es war kein Zufall, dass zur gleichen Zeit schottische Unabhängigkeitsbestrebungen sich verstärkt Gehör verschafften. Das Vereinigte Königreich war eines der ersten Länder, die die Nuklearenergie für zivile Zwecke nutzte. Gegenwärtig werden eine Reihe von Reaktoren der ersten Generation durch Neubauten ersetzt (Hinkley Point). Die meisten KKWs der ersten Generation wurden eigentlich nur innerhalb des Vereinigten Königreichs gebaut (Magnox, Advanced Gas-Cooled Reactor; die zwei anfänglichen Exporte nach Tokai, Japan, und Latina, Italien, blieben die einzigen.

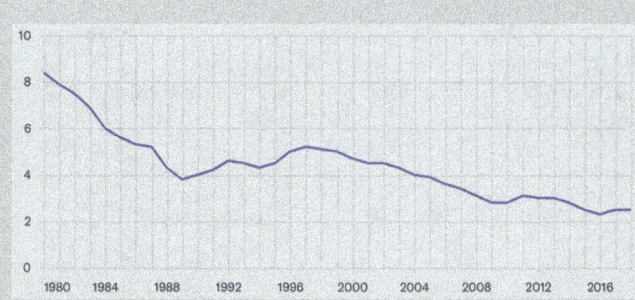

Abb. 1 Nachgewiesene britische Rohölreserven in Mrd. Fass (Quelle BP)

Beide wurden nach 30-jähriger Laufzeit abgeschaltet). Keiner dieser Typen konnte sich international gegen den Druckwasserreaktor aus den USA durchsetzen. Gegenwärtig liefern 15 KKWs etwa 25 % des Energiebedarfs. Dieser Anteil soll bis 2030 auf über 30 % ansteigen. Seit der Jahrtausendwende forciert Großbritannien den Ausbau von alternativen Energiequellen *(renewables)*. Wind- und Wasserkraft, Biomasse und Solarenergie liefern inzwischen etwa 25 % des gesamten Energiebedarfs. Der Rest wird durch Öl und Gas abgedeckt. Öl und Gas bleiben wichtige Exportgüter (deren Wert in den letzten Jahren entgegen dem allgemeinen Trend gestiegen ist). Der Streit um die Royalties der Öl- und Gasproduktion in der Nordsee war einer der stärksten Treiber des schottischen Unabhängigkeitsstrebens. Inzwischen ist er von dem Zerwürfnis über die EU-Mitgliedschaft überlagert.

Die Erdöl- und Gasreserven des Vereinigten Königreichs scheinen ihren Höhepunkt überschritten zu haben (Abb. 1). Die Fördermengen und damit die Einnahmen gehen langsam aber stetig zurück, der umweltgerechte Rückbau der hinterlassenen Infrastruktur wird in den nächsten Jahren gewaltige Summen verschlingen. Nach dem Desaster der gescheiterten Versenkung der Ölplattform Brent Spar (1995) gilt ein grundsätzliches Verbot, derartige Anlagen einfach zu versenken oder ohne vollständigen Rückbau aufzugeben.

Gleichzeitig ist die Ölförderung von ihrem historischen Hoch 1999 auf ein Drittel zurückgefallen. Daran kann auch die leichte Erholung der letzten Jahre wenig ändern (Abb. 2).

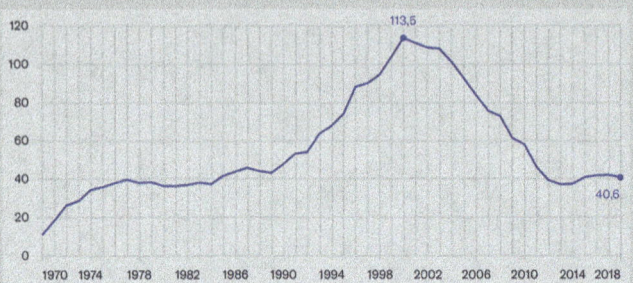

Abb. 2 Britische Erdölförderung seit 1970 in Mio. Fass pro Tag. (Quelle BP)

Ähnliches gilt für die Gasreserven (Abb. 3).

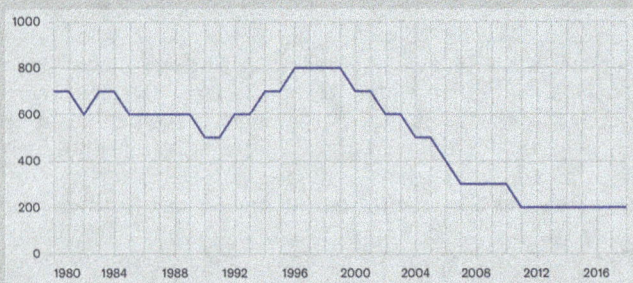

Abb. 3 Nachgewiesene britische Ergasreserven in Mrd. m³. (Quelle BP)

Das hat Folgen für die Gasförderung, die ähnlich wie die Erdölförderung von einem Höhepunkt 1999 auf etwa ein Drittel zurückgefallen ist (Abb. 4).

Abb. 4 Britische Erdgasförderung seit 1970 in Mrd. m^3 (Quelle BP)

Seit 2004 importiert das Vereinigte Königreich in wachsendem Umfang mehr Energie als es exportiert. Der Importbedarf bei Erdgas liegt inzwischen bei 40 % des Gesamtverbrauchs. Dieses Gas stammt hauptsächlich aus Norwegen und den Niederlanden. Geplant ist ein Dreiecks-Stromverbund zwischen dem Vereinigten Königreich, Norwegen und den Niederlanden. Im Gespräch ist auch eine britische Anbindung an das kontinentale Stromverbund- und Gaspipelinenetz. Wie weit diese Pläne den Brexit überleben, lässt sich noch nicht absehen.

Die Alternative zu gegenwärtigen Versorgungsnetzen könnte darin liegen, verstärkt Öl und Gas (Flüssiggas) aus arabischen Ländern zu beziehen.

Die strukturelle Abhängigkeit Großbritanniens vom Handel mit dem Kontinent wird sich durch den Brexit nicht einfach beseitigen lassen. Sie wird noch Jahre, wenn nicht Jahrzehnte nachwirken. Über 30 % aller frischen Lebensmittel auf den britischen Märkten kommen aus der EU. Dafür wird sich nicht leicht Ersatz finden lassen, denn lange Transportwege und zusätzlich anfallende Kontrollen werden auf Kosten der Frische gehen. Die Tatsache, dass Aldi sein Vertriebsnetz im Vereinigten Königreich massiv ausbauen will, deutet darauf hin, dass dort die Gefahr derartiger Hürden als gering eingeschätzt wird, weil die strukturelle Abhängigkeit von kontinentalen Frischprodukten britischen Verbrauchern wenig Alternativen bietet.

Finanziell schlägt der Brexit erste Wellen. Die Ungewissheit der Übergangsperiode und die noch größere Ungewissheit über künftige Beziehungen zur EU haben viele Unternehmen bewogen, 2019 noch einmal auf den Kapitalmarkt zu drängen und sich zu refinanzieren. Viele befürchten eine Herabstufung ihrer Bonität, andere einen steilen Anstieg der Zinsen. Die Wertverluste am Immobilienmarkt sind hoch und dürften weiter steigen.

Experten rechnen damit, dass der Brexit an Verwaltungs- und Umstellungskosten bereits etwa £5 Mrd. gekostet hat. Jede größere Firma hat einen Arbeitsstab gebildet, der das Auf und Ab der politischen Brexit-Debatte genauestens verfolgt und mögliche Folgen für den eigenen Betrieb analysiert. Die Opportunitätskosten dürften noch deutlich höher liegen, denn der Brexit hat leistungsfähiges Personal von anderen Aufgaben abgezogen, die vorerst unerledigt bleiben. Allein die Operation Yellowhammer, die Eventualplanungen für einen *no-deal* am 31. Oktober 2019 vorantreiben sollte, hat über £2 Mrd. gekostet.

Wird sich das Vereinigte Königreich stärker an den USA oder aber doch an der EU ausrichten, wenn es darum geht, eigene nationale Regeln und Normen festzusetzen? Der Druck aus den USA wird vermutlich stärker sein und auf weniger Widerstand stoßen, weil nach diesem unfreundlichen Brexit jede freiwillige Anlehnung an die EU sofort das Misstrauen aller derer auslösen wird, die im Brexit das Ende einer erniedrigenden Unterwerfung erblicken. Weshalb sollte ein Sklave, der endlich seine Freiheit erkämpft hat, sich danach freiwillig wieder unter das Joch seines früheren Herrn beugen? Oder wird das

Vereinigte Königreich zunächst versuchen, für sich eine Insellösung zu suchen ohne präferenzielle Anlehnung an einen größeren Regionalverbund?

Michel Barnier hat die geradezu zwangsläufig vorgezeichnete Logik in den Verhandlungen um ein künftiges Kooperationsabkommen mit diesem Bild einer abfallenden Treppe veranschaulicht (Abb. 3.9).

Die Gefahr wächst, dass das Vereinigte Königreich eine Kombination aus CETA-minus und einer Singapore-on-Thames-Option wählt: Niedrige Steuern, massive Steueranreize (und großzügige Gewährung der eigenen Staatsbürgerschaft, sofern Ausländer bereit sind, Gelder in Großbritannien anzulegen), geringe Transparenz, hohe Verschleierungsmöglichkeiten, eine Investitionspolitik und eine Rechtsprechung, die Eigentum und Investitionen schützt, ganz gleich, woher sie

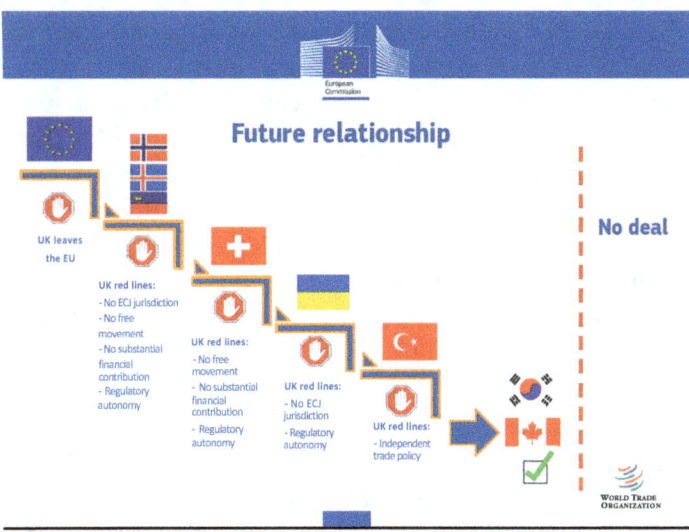

Abb. 3.9 Das Schaubild, mit dem Michel Barnier 2018 die Logik der Brexit-Verhandlungen augenfällig gemacht hat. (Quelle: EU-Kommission und WTO)

kommen und wie sie erworben wurden, niedrige Löhne, niedriger Arbeiterschutz, schwacher Umweltschutz, laxe Kontrollen, eine Steueroase, die versucht, die EU-Mitglieder mit ihren durch hohe Sozialausgaben bedingten hohen Steuersätzen systematisch zu unterbieten. Brüssel hingegen wird auf fairen Wettbewerbsbedingungen *(level playing field)* bestehen.

Mit wenigen Ausnahmen stimmen Institute, Zeitungen, Ministerien, Banken und Akademiker darin überein, dass der Brexit die Wirtschaftsleistung des Landes zurückwerfen wird. Über das Ausmaß dieser Wachstumseinbußen wird heftig gestritten. Viel von diesem Streit ist müßig, weil das Ergebnis von den ihnen zugrunde gelegten Annahmen und Modellen abhängt und diese oft eindimensional und simplistisch sind. Aber wer könnte vom Brexit profitieren? Wer sind Johnsons politische Verbündete außerhalb der eigenen Partei?

Ein gängiges Vorurteil besagt, der Brexit sei die trotzige Antwort der Abgehängten, der sozial Schwachen in de-industrialisierten Regionen auf ihre beklemmende Lage. Das Wahlergebnis hat gezeigt, dass das zwar nicht falsch ist. Aber es lässt einen anderen Aspekt vollkommen aus dem Blickwinkel. Die Anführer der Brexitbewegung sind keineswegs soziale Parvenus oder Robin-Hood-Figuren, mit denen sich Abgehängte oder Schwache spontan identifizieren: Johnson ist ein typisches Produkt einer elitären Erziehung. Privilegien haben ihn sein Leben lang begleitet. Er war acht Jahre Bürgermeister von London und ist von daher engstens mit der City und ihren Interessen verflochten. Nigel Farage war Rohstoffmakler, bevor er seine Berufung für die Politik entdeckte. Arron Banks, der Leave initiiert und finanziert hat, ist ein undurchsichtiger Milliardär. Jacob Rees-Mogg ein Mann, der von Kindesbeinen an mit Finanzen jongliert hat und ähnlich wie Johnson mit Privilegien groß geworden ist,

ist mit Vermögensverwaltung und Anlageberatung reich geworden.[39] Sajid Javid war Banker. Einige der reichsten Briten unterstützen offen Leave.[40] Die konservative Partei hat traditionell ihre sichersten Sitze in den *Home Counties*, den Bezirken, die an London grenzen und in denen die wohlhabenden Londoner ihre Wochenend- und Familienwohnsitze haben. Der Brexit ist eine Sache, in der gesellschaftliche Extreme in ungewohnter Einmütigkeit gemeinsame Interessen finden.

The City of London

Die City of London bezeichnet ursprünglich den historischen Kern der Stadt London: Ein Carré von knapp drei Quadratkilometern, hervorgegangen aus der römischen Siedlung. Es wurde im Mittelalter Handels- und Umschlagplatz, der mit dem British Empire und der Industriellen Revolution zum Welthandelszentrum mit für damalige Verhältnisse gigantischen Hafenanlagen heranwuchs. In dem Maße, wie der Hafen und der damit verbundene Warenumschlag an Bedeutung verlor, gewannen Finanzdienstleistungen (Banken, Versicherungen, Venture Capital, Hedge Funds) an Gewicht. Ursprünglich hatten sie sich darauf beschränkt, die in London ansässigen Handelshäuser mit der notwendigen Liquidität zu versorgen. Das änderte sich rapide, als moderne Kommunikationstechniken Finanzdienstleistungen globalisierten. Hier half den britischen Finanzinstitutionen, dass sie, getragen vom Empire, über Generationen hinweg Geschäftsbeziehungen in alle Weltteile hatten aufbauen können. Die stabile Geldpolitik der Bank of England und die hohe Bonität englischer Schuldner sowie ein eigentümerfreundliches Rechtssystem machten die City zu einem attraktiven

---

[39] Er erzählt stolz, dass er bereits als Schuljunge profitabel mit Aktien spekuliert hat. Sein Vater war lange Zeit Herausgeber von The Times.
[40] Beispielsweise Anthony Bamford (JCB), Jonathan Moynihan (Ipex Capital), Peter Hargreaves (Hargreaves Lansdown), Jon Wood (SRM Global) oder David Ross (Carphone).

Standort. Die Lage nahe dem Nullmeridian erlaubt der Londoner Börse, zeitlich zwischen Ostasien und der amerikanischen Ostküste zu vermitteln. In London herrscht schon hektischer Betrieb, wenn Hongkong oder Singapur schließen, und er hält an, bis die Wall Street öffnet.

Die City of London hat einen eigenen Status im Vereinigten Königreich. Sie ist die kleinste Verwaltungseinheit. Der Monarch darf sie nur betreten, nachdem er vorher um Erlaubnis nachgesucht hat. Der Lord Mayor of London (nicht zu verwechseln mit dem tatsächlichen Bürgermeister von London, der die simple Bezeichnung Mayor of London trägt) repräsentiert die City. Sein Amt ist das älteste, kontinuierlich besetzte demokratische Wahlamt der Welt. Bis 1189 reichen die Listen der Amtsträger zurück und setzen auch nicht in den 11 Jahren aus, in denen England keine Monarchie war. Der Lord Mayor steht an der Spitze der *Corporation of London* (bis 2006 lautete der volle Name: *Mayor and Commonalty and Citizens of the City of London*), die heute noch die munizipalen Belange der City of London vertritt und auf dem Gebiet der Handels- und Investitionsförderung aktiv ist.

Die City of London hatte vor 150 Jahren über 100.000 Einwohner. Heute sind es weniger als 10.000. Der Schwerpunkt der City hat sich nach Osten verschoben, seitdem ein großer Teil der alten Hafenanlagen (Canary Wharf) zum neuen Finanzdistrikt umgewidmet wurde. Canary Wharf gehört zwar weder historisch noch geografisch zur City of London, gehört aber zur City, wenn damit das Finanzzentrum gemeint ist.

Die City of London wird dominiert von den etwa 110 Zünften *(Livery Companies)*, die aus den alten Gewerben *(Mercers, Grocers, Drapers, Fishmongers, Goldsmiths, Drapers, Merchant Taylors)* hervorgegangen sind, zu denen sich aber noch in jüngster Zeit neue Zünfte gesellt haben (Piloten, Steuerberater, Informatiker). Nur Angehörige dieser Zünfte sind berechtigt, den Lord Mayor zu wählen. Ihnen zur Seite steht eine Gruppe von Ratsherren *(aldermen)*, die sich auch als Gerichtshof konstituieren können.

In der City of London fließen heute finanzielle Macht und ein elitäres politisches Sonderbewusstsein zusammen.

3 Der Brexit und seine Folgen

Jedes Jahr verlassen etwa ein Drittel der Beamten der Treasury (Finanz- und Wirtschaftsministerium) den Staatsdienst, um in der City of London ein auskömmlicheres Leben zu finden.

Die City of London hat einen Umsatz von etwa £ 180 Mrd. (6,5 % der gesamten Wirtschaftsleistung des Vereinigten Königreichs), beschäftigt mehr als 1,2 Mio Menschen (4 % aller Beschäftigten) und trägt 13 % direkt und nochmals 10 % indirekt (Einkommenssteuer der Beschäftigten) zum nationalen Steueraufkommen bei.[i] Sie hat damit für das Vereinigte Königreich eine größere Bedeutung als die Automobilindustrie für Deutschland. Die Summe der in London verwalteten Vermögen wird auf über 20 Bln. US$ geschätzt (das entspricht etwa dem, was Deutschland in 6 Jahren erwirtschaftet und ist mehr als die gesamte Wirtschaftsleistung der USA). 38 % sämtlicher Währungsgeschäfte weltweit werden in London abgewickelt, 18 % sämtlicher internationaler Anleihen. In London werden mehr Dollar gehandelt als in New York und mehr Euros als in allen kontinentalen Börsen zusammen genommen. London ist eines der wichtigsten Zentren für Vermögensverwaltung, Derivate, Investitionen und Futures. Dass das globale Bankgeschäft ohne Fachterminologie aus dem Englischen nicht mehr auskommt, liegt auch an der erdrückenden Dominanz von London und Wall Street.

Londons Aufschwung zum globalen Finanzzentrum begann um 1960, als das Geschäft mit Eurodollars und Eurobonds in London entwickelt wurde. Der Durchbruch kam mit dem sogenannten *big bang*, als Margaret Thatcher die Restriktionen und die Gewerbeaufsicht, denen Banken bis dahin unterlagen, weitgehend aufhob. Die City gewann nochmals an Bedeutung, als sie sich nach 2000 zum wichtigsten Handelsplatz für Eurogeschäfte entwickelte – sehr zum Missfallen der eigentlichen Mitglieder der Eurozone, denen es ein Dorn im Auge war, dass das wichtigste Finanzzentrum für Eurogeschäfte in einem Land lag, das dem Euro eine Absage erteilt hatte.

Die Stimme der City hat Gewicht, nicht nur, weil die Vernetzung mit der politischen Elite von Westminster traditionell eng und vertrauensvoll ist, sondern vor allem

> auch, weil keine Regierung riskieren kann, über 20 % ihrer Einnahmen zu gefährden, und weil die Parteien, in erster Linie die Konservativen, auf Spenden aus der City angewiesen sind. Von 27 namentlich bekannten Spendern, die Boris Johnson 2018 mit Spenden unterstützten, arbeiten 19 in der City of London. 2019 erhielt er über eine Million Pfund an privaten Spenden, die damit etwa 70 % seiner Wahlkampfkosten abdeckten. Darunter sollen auch neun Russen sein (namentlich bekannt: Alexander Temerko, Wladimir Tschernuchin, Alexander Lebedew), von denen 2018 über eine halbe Million Pfund an Spenden geflossen sein sollen.
>
> [i]City of London/pwc: *"The total tax contribution of UK financial services in 2018"*, London, Dezember 2018 (https://www.cityoflondon.gov.uk/business/economic-research-and-information/research-publications/Documents/total-tax-report-2018.pdf, 27. Dezember 2019).

Banken, Versicherungen und Hedge Fonds haben in London ein Biotop geschaffen, das durch die Dichte der Expertise und die globale Vernetzung neben New York das wichtigste Finanzzentrum eines globalisierten Wirtschaftsraums geworden ist. Sie haben rasch und relativ leicht Vorkehrungen für den Brexit treffen können: Sie haben Filialen in der Eurozone gegründet, um über diese Brückenköpfe weiterhin in der EU tätig bleiben zu können. Das bedeutet den Verlust von etwa 15.000 Experten, die nach Dublin, Luxemburg, Paris und Frankfurt abwandern. Bei einer geschätzten Anzahl von über 250.000 Bankern und Finanzexperten in der City ist das ein leicht zu verkraftender Aderlass. Keine der großen Finanzinstitutionen ist bereit, den Hauptsitz zu verlegen und sich damit von dem einzigartigen Informationsverbund, den einzigartigen Schätzen an Erfahrung, persönlichen Beziehungen und weltweiten Kontakten abzuschneiden, die eine Präsenz in London mit sich bringt.

In London sind nicht nur klassische Banken ansässig, sondern auch eine beträchtliche Zahl der finanzkräftigsten, privaten Vermögensverwaltern *(family offices)*. Nicht nur Bill Gates und Jeff Bezos, auch die meisten russischen Oligarchen, arabischen Scheichs und chinesischen Millionäre lassen ihr Vermögen in London anlegen und verwalten. London bietet neben der überragenden Expertise weitere unschätzbare Vorteile: Eine zuverlässige, inkorrupte, aber gleichwohl eigentümerfreundliche Rechtsordnung, ein stabiles politisches Umfeld, das Kontinuität und langfristige Sicherheit verbürgt, und eine politische Kultur, die von Liberalismus und Individualismus geprägt ist und damit ein ungewöhnlich hohes Maß an Diskretion bietet. London ist das Mekka der großen Geldanleger, der Reichen und Superreichen, denen nicht daran gelegen ist, dass die Herkunft ihrer Vermögen offen gelegt wird. Geldanlagen aus dubiosen, kriminellen und korrupten Quellen werden in London auf über £300 Mrd. geschätzt. [16] Das große Geld scheut das helle Licht. Überprüfungen, Untersuchungen, Regulierungen, Offenlegung sind dort nicht beliebt. Hedge Fonds suchen ihre Kalkulationen und Geschäftsmodelle verborgen zu halten. Sie wünschen nichts mehr als eine Lockerung von Auflagen und Risikobeschränkungen, denn sie leben vom Risiko. Der Brexit bannt die drohende Gefahr, dass die EU sich mit ihren Aufsichts- und Kontrollinstitutionen zu sehr in die Geschäfte der City einmischt. Die *stress tests* der European Banking Authority wurden von vielen als erste Maßnahme empfunden, die die City langfristig Schritt für Schritt an die Brüsseler Leine legen sollte. Die City fürchtet eine schleichende Ausweitung der Kontroll- und Weisungsbefugnisse der Finanzaufsicht der EU (Bankenaufsicht, ESMA). Waren die Skandale um Libor-Absprachen und hochriskante Kreditgeschäfte nicht genug? Die City möchte so weit es geht frei bleiben von politischen Vorgaben und Regierungskontrollen. Die City weiß genau, dass sie gegenüber einer nationalen Regierung, die für fast 25 % ihres Steueraufkommens auf London angewiesen ist (und die von Parteien gebildet wird, die ohne die Spenden aus der City nicht überleben können [17]), eine unvergleichlich viel stärkere Position hat als gegenüber der fernen Bürokratie in Brüssel. Während des Herbstes sind wiederholt Vorwürfe aufgetaucht, der Brexit sei das Projekt des rechten Flügels der Konservativen Partei und ihrer Hintermänner in der City. *"Johnson is backed by speculators who have bet billions on a hard Brexit – and there is only one option that works for them: a crash-out no-deal that sends the currency tumbling and inflation soaring,"* schrieb Philip Hammond in der Times. [18] Als ehemaliger Finanzminister musste er wissen, was er schrieb. John McDonnell, der Shadow Chancellor, forderte vom Head of the Civil Service, Sir Mark Sedwill, Auskunft über diese Behauptung. Selbst Johnsons Schwester hielt diese Gerüchte für glaubhaft. [19]

Die City ist auf den Brexit bestens vorbereitet. Sie kann den Verlust des Euro-Clearings leicht verkraften. Sie hat zudem noch im Februar 2019, also ganz kurz vor dem ursprünglich vorgesehenen Austrittsdatum, eine Sonderabmachung mit der European Securities and Markets Authority (ESMA) abgeschlossen, die drei Clearing-Häusern bis auf weiteres gestattet, weiter in Euros zu handeln.[41] Den Großteil des Geschäfts innerhalb

---

[41] Ben Chapman: *Brexit reprieve for City workers as European regulator recognises London clearing houses*, Independent 19. Februar 2019 (https://www.independent.co.uk/news/business/news/brexit-city-of-london-jobs-saved-clearing-houses-esma-a8785521.html, 11. Januar 2020).

der EU und innerhalb der Eurozone kann sie über ihre Tochterfirmen und Filialen weiter betreiben, die längst auf den Kontinent ausgelagert sind und funktionsfähig sind. Eine stärkere Konkurrenz der Finanzzentren der Eurozone braucht sie kaum zu fürchten. Die bleibt auf vier Standorte zersplittert, die sich gegenseitig Konkurrenz machen. Keiner dieser Standorte kann auch nur ansatzweise die Erfahrungsdichte, die globalen Verknüpfungen oder die Reputation aufweisen, die London zu bieten hat.

London hat eine Sonderrolle im Derivatenhandel. Die Verständigung mit der ESMA kam fast zur gleichen Zeit, zu der ein potenziell viel weiter tragendes Projekt bekannt wurde: Am 25. Februar 2019 teilten die New Yorker und die Londoner Börse mit, dass sie Maßnahmen abgestimmt haben, um den bilateralen Derivatenhandel zu schützen. Finanzinstitutionen beider Länder werden weiterhin unbeschränkt im anderen Land tätig bleiben können, ganz gleich, welche Folgen der Brexit nach sich zieht. Zusammen kontrollieren die USA und das Vereinigte Königreich über 80 % des weltweiten Derivatenhandels. Da London den Derivatenhandel der EU unangefochten dominiert, ist damit jedem Versuch, diese lukrativen Geldströme auf Finanzzentren in den kontinentalen EU-Mitgliedstaaten umzuleiten, ein Riegel vorgeschoben.[42] London und New York können nun ihrerseits drohen, Banken aus den kontinentalen EU-Mitgliedstaaten aus diesen Geschäften hinauszudrängen. Die City hat sich damit jedenfalls eine Trumpfkarte für

---

[42]Das Volumen des Londoner Derivatenhandels ist etwa zwanzigmal so groß wie der von Paris und über vierzigmal so groß wie der von Frankfurt.

die kommenden Verhandlungen mit der EU gesichert.[43] Kein anderer Ort wird jemals so attraktiv für private Vermögensverwalter werden wie London. Die weltweit über 2500 Milliardäre, die großen *family offices* werden in London bleiben. Die City wird weiterhin der Magnet bleiben, der weltweit Vermögen anzieht und gewinnbringend anlegt. Der Brexit entzieht die City endgültig den ausgreifenden Regulierungs- und Kontrollversuchen Brüssels und gibt ihr eine unangreifbare starke Stellung gegenüber der nationalen Regierung. International wird sich die Schizophrenie Englands verstärken: Während Westminster und Whitehall politisch für Menschenrechte kämpfen, Sanktionen gegen Russland verhängen und gegen Autokratien in arabischen Ländern und China protestieren, heißt die City die Gelder dieser Potentaten und ihrer mafiösen Handlanger willkommen und folgt der alten Devise, dass Geld nicht stinkt.

Wenn Johnson seine Pläne verwirklicht, wird es zu einer Art Singapore-on-Thames kommen. England wird sich an seinen überseeischen Territorien ausrichten, die schon längst ähnliche Modelle praktizieren: Bermuda, Cayman Inseln, British Virgin Islands, Turks and Cacos Inseln und die Kanalinseln. Großbritannien wird sich noch stärker in ein Servicezentrum in London wandeln, das sein unmittelbares Umland *(home counties)* mitzieht, ohne nennenswertes industrielles Hinterland. Die Entwicklung, die Margaret Thatcher angestoßen hat, wird sich ein weiteres

---

[43]Richard Partington: *UK and US agree post-Brexit derivatives trading deal*, Guardian 25. Februar 2019 (https://www.theguardian.com/business/2019/feb/25/uk-us-brexit-derivatives-trading-deal-eu, 11. Januar 2020). Alexander Weber/Silla Brush: *Brexit's $74 Trillion Battle Over Derivatives Is Heating Up*, Bloomberg 26. September 2019 (https://www.bloomberg.com/news/articles/2019-09-26/brexit-s-74-trillion-battle-over-derivatives-is-heating-up, 11. Januar 2020).

Mal beschleunigen. Die City wird der Geldquell einer Wohlstandsinsel werden, die sich vom Südosten Englands bis etwa Bristol im Westen erstreckt und nördlich von Oxford und Cambridge flach in eine umgebende See von strukturschwachen und verarmenden Regionen abfällt. London wird sich noch schneller in ein kosmopolitisches Zentrum verwandeln, in dem hoch bezahlte Spezialisten aus aller Welt beflissen den Reichen und Superreichen in aller Herren Länder zu Diensten sind. Viele von ihnen werden Doppelstaatler bleiben und Wohnsitze im Ausland behalten. Ihre Solidarität mit denjenigen, die im äußersten Nordosten oder in Wales, Devon oder Cornwall leben, wird schwach bleiben und schwächer werden. Sie werden nichts unversucht lassen, ihre Steuerlast am Ort ihres Lebens- und Arbeitsmittelpunktes zu minimieren und sich damit den Pflichten zu entziehen, die normalerweise mit dem Leben in einer Gemeinschaft verbunden sind. Das schafft auf die Dauer ein Spannungsverhältnis zwischen denjenigen, die auf staatliche Unterstützung angewiesen sind, und denjenigen, die die Mittel für eine solche Unterstützung aufbringen, sich jedoch ihrer Steuerpflicht zu entziehen wissen. Das wird soziale Probleme verschärfen und die Notwendigkeit massiver Umverteilung dringlicher machen. Der nationale Zusammenhalt, die Solidarität zwischen Reich und Arm wird schwächer werden. Das könnte ein weiteres Thema werden, über das zwischen Konservativen und Labour künftig gestritten wird. Es liegt eine gewisse Ironie darin, dass diese Vertiefung neuer sozialer Gegensätze von einer Regierung voran getrieben wird, die sich selbst Volksregierung nennt, und von einem Premierminister, der für sich in Anspruch nimmt, ein *One-Nation-Tory* zu sein.

Schon Theresa May hatte in ihrem Weißbuch vom Sommer 2018 Dienstleistungen ausgeklammert. Vermutlich lag schon damals der Grund dafür weniger in der Tatsache, dass Dienstleistungen wenig populär sind und sich flexibler anpassen können, sondern darin, dass es Finanzdienstleistern ganz willkommen war, wenn das Vereinigte Königreich ordnungspolitisch größere Distanz zur EU sucht.

Anders sieht es mit der Industrie aus. Adam Marshall, der Generaldirektor des Dachverbands britischer Handelskammern, beklagte sich bitter in einem offenen Brief an Boris Johnson:

> *"It is hard to overstate the frustration of our business communities. There is deep dismay over the stasis of the last three years, and over the way the challenges of Brexit and future economic growth have been glossed over. Businesses feel that their needs have been overlooked. Businesses will be looking for evidence that words will be backed up by deeds – and that their needs are both heard and addressed at the highest level."* [20]

Wie weit bestehende, sensible Logistikketten für das produzierende Gewerbe in Großbritannien vom Brexit betroffen sein werden, hängt von dem Rahmenabkommen ab, das die künftigen Beziehungen zur EU regelt. Insofern ist der Brexit am 31. Januar 2020 keineswegs abgeschlossen. Johnson führt die Öffentlichkeit irre, wenn er behauptet, damit sei der Brexit erledigt *(done)*. Der 31. Januar 2020 markiert lediglich den Punkt, zu dem das, was sich seit 47 Jahren entwickelt hat, kurzerhand abgeschnitten und verworfen wird. Die Frage, wie der Neuanfang danach für die nächsten Jahrzehnte aussehen soll, ist damit noch nicht beantwortet. Es ist leicht, ein bestehende Gebäude einzureißen. Viel schwerer ist es, aus den Trümmern einen neuen, nicht weniger wohnlichen Bau zu errichten; Zerstören geht einfach und schnell, Entwerfen und Aufbauen ist schwer und zeitraubend. Deshalb werden nicht-reversible Entscheidungen über neue Lieferketten oder Investitionen weiterhin vorerst in der Schwebe bleiben. Die EU wird sich zwar auch hier um größtmögliche Offenheit bemühen, allerdings an den Prinzipien fairen Wettbewerbs *(level playing field)* festhalten. Die kontinentale Industrie hat kein Interesse daran, den Binnenmarkt für Produkte aus dem Vereinigten Königreich zu öffnen, für deren Produktion geringere Umweltstandards, Arbeitsbedingungen oder Qualitätssicherung gelten und die dadurch kostengünstiger produziert werden können. Das Vereinigte Königreich wird sich in den künftigen Verhandlungen in einem Zielkonflikt befinden: Je weiter es sich von dem Regelwerk der EU entfernt, um so einschneidender werden die Verwerfungen in bestehenden Lieferbeziehungen sein. Und je stärker es sich an dieses Regelwerk anlehnt, um so drängender wird die politische Frage, was der Brexit an Handlungsfreiheit denn eigentlich gebracht hat. Das gleiche Dilemma wird sich in den künftigen Handelsbeziehungen abzeichnen: Der Umfang, in dem die EU freien Zugang zum Binnenmarkt gewährt, wird davon abhängen, wie stark sich das Vereinigte Königreich an ein *level playing field* binden lassen wird. Dort, wo es einseitig von EU-Standards abweicht, wird es zum Streit kommen, wie weit damit auch faire Wettbewerbsbedingungen verletzt werden. Wenn die EU erklärt, die Prinzipien eines *level playing field* seien verletzt, wird sie den Zugang für britische Waren beschränken. Marktzugang und das, was noch unter Theresa May als *alignment* bezeichnet wurde, sind kommunizierende Röhren: Geht das eine zurück, wird auch das Niveau beim anderen sinken.

Wenn Großbritannien aus der Gemeinsamen Agrarpolitik der EU herausfällt, wird es einige Lebensmittel billiger importieren können: Gefrierfleisch und Butter aus Argentinien, Australien oder Neuseeland, Obst und Gemüse aus Nord- und Südafrika. Für Frischwaren, die kurze Lieferzeiten verlangen, wird das Land vermutlich weiterhin auf Lieferungen aus der EU angewiesen bleiben. In diese Richtung deutet das verstärkte Engagement von Aldi. Es dürfte schwierig werden, den ungewöhnlich hohen Konsum von Champagner, Bordeaux-Weinen, Sherry und Portwein in England durch Erzeuger aus anderen Ländern zu ersetzen. Hier spielen Tradition, Prestige und Gewohnheiten eine starke Rolle. Getreide wird künftig billiger ins Land kommen können. Wie weit Preissenkungen von den Supermärkten an die Verbraucher weitergegeben werden, wird sich freilich erst noch zeigen müssen.

Die Perspektive eines Handels ohne Beschränkungen, Abgaben oder Zölle ist in der Politischen Erklärung unauflöslich an die Zusage des Vereinigten Königreichs geknüpft, die Forderung der EU nach einem *level playing field,* d. h. nach fairen Wettbewerbsbedingungen, zu akzeptieren. Ursula von der Leyen hat bei ihrem ersten Besuch in London keinen Zweifel daran gelassen, dass „zero tariffs and zero quotas" eben auch „zero dumping" bedeutet. Was fair, was unfair ist, ist gerade in internationalen Handelsbeziehungen heiß umstritten. Es wäre ein Wunder, wenn es zwischen London und Brüssel künftig anders wäre. Es ist vermutlich kein Zufall, dass man gerade hier auf eine euphemistische Metapher ausgewichen ist, die durch ihre visuelle Suggestion eines ebenen Spielfelds – wer denkt da nicht an die exakt getrimmten Grasflächen, auf denen Cricket, Tennis oder Fussball gespielt wird? – alle Fragen überdeckt, was denn in der Handelspolitik konkret darunter zu verstehen ist. Unbestimmtheiten werden Gespräche und Beziehungen belasten und für Spannungen sorgen, die sich dann in Misstrauen und Zurückhaltung in den Verhandlungen niederschlagen werden.

Die Wortführer unter den Brexiteers scheinen derlei skeptische Erwägungen nicht zu irritieren. Sie betrachten ihr Land als den Freibeuter Albion, der seine frisch gewonnene Freiheit auf den offenen Weltozeanen sucht, nachdem er Jahrzehnte in einem schäbigen, verschlickten belgischen Hafen geschmachtet hat. Das mag boshaft klingen. Aber Dominic Raab hat genau dieses Gleichnis benutzt: *"We want to be a buccaneering global free trade nation... to break down barriers for trade for the poorest countries in the world, so they can trade their way to real independence"*. [21]

3.2.1 Gesellschaft und Migration

Migration war eines der zentralen, vermutlich das ausschlaggebende Thema der Leave-Kampagne von 2016. Hier zeigen sich am deutlichsten die ersten Auswirkungen der Brexit-Diskussion (Abb. 3.10).

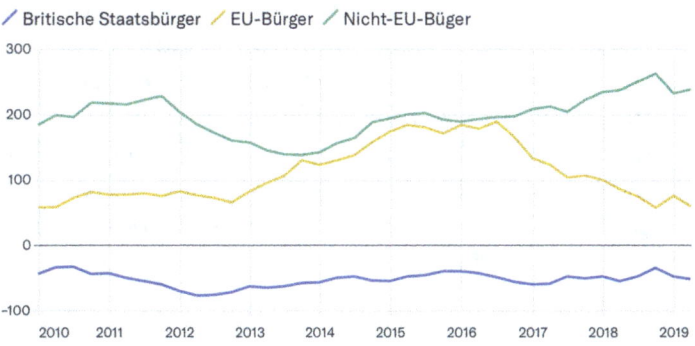

Abb. 3.10 Migration seit 2010. (Quelle: ONS/NZZ)

Das Diagramm zeigt, wie die Migrationszahlen von EU-Bürgern 2016 scharf abknicken und von fast 200.000 auf 70.000 abfallen. Die Nettoemigration britischer Staatsbürger bleibt bei etwa 50.000 konstant. Die Zuwanderung von Nicht-EU-Bürgern hat seit 2016 jedoch nochmals deutlich zugelegt und den früheren Höhepunkt von 2011 übertroffen: 2019 dürfte die Einwanderung aus diesen Ländern 300.000 erreichen. Damit ist die Nettomigration insgesamt nur leicht zurückgegangen. Der Begriff Nettomigration ist insofern irreführend, weil er reine Quantitäten erfasst. Die Migrationsdebatte geht jedoch um Kultur und Identität. Da lässt sich die Emigration eines in Großbritannien geborenen und aufgewachsenen Menschen nicht mit der Immigration eines Menschen aus Afrika oder Südasien einfach verrechnen.[44]

Die Zunahme der Migration aus Nicht-EU-Ländern dürfte weiter zunehmen. Der britischen Wirtschaft fehlen Arbeitskräfte, die nur aus dem Ausland kommen können. In dem Ausmaß, wie die viel geschmähten *polish plumbers* wieder nach Polen heimkehren, werden Klempner aus Bangladesch oder aus Kenia ihre Plätze einnehmen. Wie weit das der Produktivität und der Qualität der verrichteten Arbeit zugute kommt, werden britische Kunden schnell genug merken. Im Baugewerbe, in der Landwirtschaft, überall dort, wo Saisonarbeiter für einfache Handarbeit gesucht werden, wird es schwieriger werden. Polen, Rumänen oder Albaner kommen für eine Saison nach England und kehren danach heim. Afrikaner oder Asiaten werden dauerhaft bleiben.

---

[44]Zu den Hintergründen der Migrationsdebatte und den Perspektiven siehe BEB, S. 295–303 und BCC. S. 238–244.

In dem Maße, wie sich das Vereinigte Königreich von der EU entfernt, wird auch die Arbeitsmigration aus dem EU-Mitgliedstaat Irland zurückgehen. Bis heute stellen Iren das größte Kontingent an ausländischen Arbeitskräften im Vereinigten Königreich. Zwar werden die heute dort arbeitenden Iren kaum zurück gehen, aber es werden immer weniger neue Arbeitskräfte Irland verlassen, um im Nachbarland eine bessere Zukunft zu finden. Dazu bietet die Republik Irland trotz des wirtschaftlichen und finanziellen Einbruchs von 2008 einfach zu gute Zukunftsperspektiven.

Migration dürfte unterschwellig auch eines der Themen gewesen sein, die den Wahlausgang 2019 beeinflusst haben. Boris Johnson und seine Tories sind in den Wahlkampf gegangen mit der klaren Ansage, ein Immigrationssystem einzuführen, das sich am Punktesystem Australiens orientiert.[45] Ein solches System begünstigt Migranten mit hohen Qualifikationen, Berufserfahrung und der fester Zusage eines Arbeitsplatzes. Migranten mit geringen Qualifikationen, ohne Englischkenntnisse und Jugendliche ohne praktische Erfahrung haben es in solch einem System schwer. Gerade aber in diesem beruflichen Sektor wird Großbritannien zusätzliche Arbeitskräfte benötigen. Immigration kann auch nicht das tiefsitzende Dauerproblem des britischen Arbeitsmarktes lösen, nämlich das weitgehende Fehlen nicht-akademischer berufsqualifizierender Ausbildung.[46] Stimmen aus der britischen Industrie warnen dringend davor, Zuwanderung von niedrig Qualifizierten so streng zu beschränken.

---

[45]Das Immigrationssystem Australiens vergibt Punkte nach Alter, Englischkenntnissen, Bildungsabschluss und Berufserfahrung.
[46]Abgesehen von den Chartered Accountants und den Chartered Surveyors gibt es wenige nicht-akademische Berufe, für die eine landesweite, einheitliche Qualifikation vorgeschrieben ist.

Corbyn vermied es, sich zu Migrationsfragen zu äußern. Das Labour Manifesto blendet Migration vollständig aus.[47] Wer die Frage stellt, aus welchen Gründen Arbeiter, die schon seit Generationen zuverlässig Labour gewählt haben, in einigen Wahlkreisen im Dezember 2019 die Konservativen gewählt haben, stößt neben der Brexit-Thematik und der Persönlichkeit von Jeremy Corbyn auf die Migrations-(Überfremdungs-)thematik, die zwar wenig in die Öffentlichkeit dringt, weil sie sofort reflexartig den Vorwurf des Rassismus auslöst, in privaten Gesprächen, im Pub und am Arbeitsplatz aber um so prominenter ist. Anders als die kosmopolitische Stadt London, in der das Zusammenleben mit Chinesen und Indern schon seit Generationen Teil der alltäglichen Normalität war, folgt das Leben in kleineren Städten und auf dem Land noch traditionell vorgeprägten Mustern. Die drastischen Kürzungen der Mittelzuweisungen an regionale und lokale Körperschaften, die die Regierungen seit 2010 verfügt hatte, führten dazu, dass bezahlbarer Wohnraum knapp wurde, im Gesundheitswesen Wartezeiten wuchsen, während die Qualität der Behandlungen sank, Schulen und Sportstätten überfüllt waren und das Ale im Pub und der deftige Sonntagsbraten im Country-Inn von Shisha-Cafés und Curryimbissen verdrängt wurde. Immigranten aus nicht-europäischen Ländern sind in der Regel anspruchsloser als ihre Leidensgenossen aus osteuropäischen Ländern. Sie akzeptieren schlechtere Arbeitsbedingungen, weil diese immer noch besser als die daheim sind, und sie finden sich mit Wohnverhältnissen ab, die die meisten Europäer als unzumutbar bezeichnen. *The English way of life* erschien bedroht. Und der einzige, der etwas dagegen zu tun versprach, war Boris Johnson.

---

[47]Die einzige Erwähnung von Migration ist *involuntary migration* im Zusammenhang mit internationalen Krisen und Katastrophen.

3.3 Die Republik Irland und Nordirland

> *Ireland forces upon us those great social and great religious questions.*
> William Ewart Gladstone

Die Probleme Irlands und Nordirlands sind untrennbar miteinander verbunden. Deshalb bilden sie sozusagen den Übergang von den innen- zu den außenpolitischen Folgen und sollen hier getrennt für sich behandelt werden.

Wenn der Brexit die Scheidung zwischen EU und dem Vereinigten Königreich markiert, dann ist Nordirland das Kind, um dessen Umgangs- und Sorgerecht es geht. Jeder beansprucht es für sich, und diese entgegengesetzten Ansprüche zerren an ihm und werden es über kurz oder lang zwingen, sich der einen oder anderen Seite zuzuneigen. Es ist eine Ironie der Geschichte, dass die Teilung der irischen Insel, 1921 betrieben mit dem Ziel, den britischen Einflussbereich auf Irland zu wahren und dem unabhängigen Irland das Leben zu erschweren, sich fast hundert Jahre später als die Zacke erweist, an der der Mantel der britischen Geschichte sich verhakt und so deren Gang zunächst einmal hemmt. Schließlich könnte der ganze Mantel zerreißen oder es wird zumindest ein Fetzen aus dem Gewebe herausgerissen.

Republik Irland (Eire)

Die Insel Irland ist schon im 12. Jahrhundert von normannischen Baronen überfallen worden, die sich dort festsetzten. Endgültig unter englische Oberherrschaft kam ganz Irland 1541, als Heinrich VIII. sich in Personalunion zum König von Irland machte und auch in Irland sämtlichen Kirchenbesitz konfiszieren ließ, um diese ausgedehnten Ländereien an loyale Gefolgsleute aus England zu vergeben. So entstanden die ersten *plantations* – ein Euphemismus für die koloniale Herrschaft eindringender Siedler, zunächst aus England, dann zunehmend auch aus Schottland. Diese anglikanischen oder puritanischen Engländer und calvinistisch-presbyterianische Schotten rissen die politische und wirtschaftliche Macht in Irland an sich und drückten die katholischen Iren zu Tagelöhnern hinab. Wiederholte Aufstände wurden niedergeschlagen. Der Aufstand Hugh O'Neill's wurde 1598 in Blut ertränkt, Cromwells Strafexpeditionen verwüsteten 1649–1651 das Land und halbierten fast die einheimische irische Bevölkerung. William III. zog 1690 gegen das irisch-französische Heer, mithilfe dessen der 1688 abgesetzte letzte Stuart James II. vergeblich versuchte, nach London zurückzukehren. Sein Feldzug gipfelte in der bis heute berühmten Schlacht an der Boyne. Im Gedenken an diesen letzten entscheidenden Sieg marschieren noch heute Angehörige des Oranierordens (William III. entstammte dem Haus Oranien) in Festzügen mit orangenen Schärpen und bestickten Standarten durchs Land, mit Vorliebe demonstrativ durch Gegenden, die überwiegend von katholisch-republikanischen Iren bewohnt sind. Cromwell und William konfiszierten großflächig Besitzungen katholischer Iren und übertrugen sie englischen Grundbesitzern. Auf diese Weise kam der größte Teil Irlands in die Hand englischer Adeliger, die meist als *absentee landlords* von den Erträgen ihrer Besitzungen in Irland nicht anders als von ihren kolonialen Einkünften aus der Karibik lebten und sich um die Lebensbedingungen ihrer irischen Pächter wenig kümmerten. Aus Furcht, Napoleon könne Irland benutzen, um England in seinem Ringen mit Frankreich in den Rücken zu fallen, wurde Irland 1800 ins Vereinigten Königreich inkorporiert, seine (beschränkte) Selbstverwaltung aufgelöst. Die katholische Bevölkerung war durch die sogenannten Strafgesetze *(penal laws)* unabsehbaren Schikanen unterworfen. Sie erhielt erst 1791 ein eingeschränktes Wahlrecht, konnte keine öffentlichen Ämter bekleiden, musste einen strikt protestantischen Unterricht und eine Diskriminierung der eigenen Sprache hinnehmen. Selbst nach 1800 verstrichen noch drei Jahrzehnte, bevor die systematische Diskriminierung von Katholiken vom Londoner Parlament aufgehoben wurde (*Catholic Relief Act* 1829). Wenige Jahre später wurde das Wahlrecht ausgeweitet, aber an so hohe Vermögensschwellen gebunden, dass praktisch die gesamte irische Bevölkerung weiterhin ausgeschlossen blieb. Irland wurde deshalb weiterhin ausschließlich durch wohlhabende, englisch sprechende und meist aus England stammende Protestanten im Westminster Parlament vertreten.

1845 ereilte die Iren eine nationale Tragödie. Kartoffeln waren seit 1760 zum billigen Grundnahrungsmittel geworden.[i] In diesem Jahr fiel nahezu die gesamte Ernte der Kartoffelfäule zum Opfer. Die nächsten Jahre breiteten sich die schädlichen Keime weiter aus. Die irische Bevölkerung erlitt eine verheerende Hungersnot. Die Ernteerträge brachen ein, ein Zehntel der irischen Bevölkerung verhungerte, ein Viertel emigrierte. Seither ist die irische Diaspora zahlreicher als die eigentliche Bevölkerung in Irland. Iren sind namhaft vertreten in England, wo sie als billige Arbeitskräfte während der Industrialisierung gesucht waren, in Nordamerika und in Australien.[ii] Die Hungersnot hinterließ tiefe Spuren in Demographie, Wirtschaft und Kultur des Landes. Sie wurde zu einem Kernelement nationaler Mythologie. Und sie verstärkte die Abneigung gegen England, das in dieser Krise weitgehend untätig geblieben war.

Drei Anläufe, den Iren Selbstverwaltung *(home rule)* zu verleihen, scheiterten zwischen 1886 und 1914. Während des Weltkriegs kämpften Iren loyal an der Seite Großbritanniens. Deutsche Versuche, die Iren zu feindseligen Operationen im Rücken Englands zu bewegen, stießen auf wenig Gegenliebe. 1918/1919 brachen allerdings bürgerkriegsähnliche Zustände aus, weil die Interessen der katholischen Iren und der protestantischen Machthaber immer schärfer auseinander liefen.

1920 kam es zu einem Teilungsvertrag, der zunächst als temporäres Provisorium gedacht war. Er mündete in den formalen Teilungsvertrag von 1921. Nordirland wurde abgetrennt, die restlichen 26 Bezirke bildeten zunächst den Irischen Freistaat *(Irish Freestate)* als Dominion innerhalb des Commonwealth unter der Oberherrschaft eines von der britischen Krone eingesetzten Generalgouverneurs. Erst 1937 schuf der President of the Executive Council (Äquivalent zu Premierminister) Eamon de Valera den Loyalitätseid auf die Krone ab und führte eine neue Verfassung ein, in der er die heute noch gültigen Bezeichnungen festlegte: Der Staatsname ist seither Eire (Irland) und der Premierminister heißt Taoiseach (ausgesprochen etwa: „täisetsch"). Damit wurden alle traditionellen Bindungen an London endgültig gekappt.

1949 schied Irland aus dem Commonwealth aus und ist seitdem auch formal eine eigenständige Republik. Großbritannien betrachtet Irland jedoch nicht als Ausland. Iren sind im Vereinigten Königreich keine Ausländer. Sie haben Niederlassungsfreiheit, sie können sogar in allen Wahlen mitwählen (so auch im Referendum von 2016).[iii]

Irland galt Jahrzehnte über als rückständig, bigott und konservativ-katholisch. Obwohl es von Anfang an mit der Europäischen Wirtschaftsgemeinschaft sympathisierte, trat es erst 1973 zusammen mit dem Vereinigten Königreich bei. Zu stark war die handelspolitische Abhängigkeit vom übergroßen Nachbarn.

Viele Engländer, vor allem Tories, haben eine ambivalente Haltung gegenüber Irland und den Iren. Einerseits kommen sie nicht umhin anzuerkennen, dass die Iren ein eigenes Volk bilden und demnach das Recht auf einen eigenen Staat haben. Andererseits betrachten sie die Iren herablassend als rückständig, wenig zivilisiert, undiszipliniert und trunksüchtig. Die Jahrhunderte englisch-schottischer Dominanz in Irland haben unendlich viele persönliche und familiäre Erinnerungen und Beziehungen hinterlassen. So lässt sich die Haltung vieler Engländern gegenüber Irland mit der vieler Russen gegenüber der Ukraine vergleichen: Man erkennt mit dem Verstand, dass es sich um ein eigenes Volk mit eigenem Willen handelt, aber im Herzen hat man sich mit dieser Eigenständigkeit nicht abgefunden. Dass die Brexit-Verhandlungen dazu geführt haben, dass das kleine Irland, gestützt von der gesamten EU, größere Verhandlungsmacht entfaltet als das Vereinigte Königreich, empfinden viele Engländer als abnorm und empörend.

Die Mitgliedschaft in der EWG (seit 1991 EU) entfesselte in Irland eine einzigartige Wachstumsdynamik, die dem Land die Bezeichnung *Celtic Tiger* einbrachte. Von 1973 bis 2007 wuchs die Wirtschaftskraft des kleinen Landes im Durchschnitt um jährlich knapp 7 %. Das BIP belief sich 1973 auf 8 Mrd. US$. 2007 hatte es 270 Mrd. US$ erreicht. Irland führte nach seiner Unabhängigkeit eine eigene Währung ein, die jedoch in Aussehen und Wert exakt der britischen Währung entsprach. 1969 vollzog Irland den Übergang zur Dezimalisierung parallel zum Vereinigten Königreich. Irland trat schon 1978 dem Europäischen Wechselkursmechanismus (ERM) bei. Damit koppelte es die eigene Währung von der Parität mit dem britischen Pfund ab. Erst 1986 wurden zum ersten Mal irische Münzen geprägt, die sich in Größe, Gewicht und Material von den britischen unterschieden. Irland blieb auch im ERM, als Großbritannien ihn 1992 wieder verließ. 2001 gehörte Irland zu den ersten Mitgliedern der Eurozone und koppelte die eigene Währung damit endgültig von der des großen Nachbarn ab.

Um so härter traf die Finanzkrise von 2008 das Land. Sein BIP fiel auf 220 Mrd. US$ zurück. Irland reagierte mit harten Einschnitten. Gehälter von Staatsdienern wurden um 30 % gekürzt. Sozialtransfers und Bildungsausgaben erlitten ähnliche Einschnitte. Die Rosskur wirkte. Für 2019 rechnet Irland mit einem BIP von 390 Mrd. US$. Heute zählt Irland zu den wohlhabendsten EU-Ländern. Das pro-Kopf-Einkommen liegt mit 65.000 € noch vor Dänemark, Schweden, den Niederlanden und Österreich. Nur Luxemburg liegt noch vor Irland – 60 Jahre zuvor hatte das irische pro-Kopf-Einkommen noch unter 10.000 € gelegen. Traditionell war der industrialisierte Norden um Belfast wirtschaftlich stärker als das agrarische südliche Irland gewesen. Das hat sich schon in den 80er Jahren umgekehrt. Inzwischen ist Nordirland wirtschaftlich weit abgehängt.

Dieser enorme wirtschaftliche Aufschwung dürfte im Wesentlichen auf eine kluge Kombination von mehreren Faktoren zurückzuführen sein: Niedrige Steuersätze, regelmäßige Dreiergespräche zwischen Unternehmern, Gewerkschaften und Regierung *(social partnership)*, massive Investitionszuschüsse und Steueranreize für ausländische Direktinvestitionen (Google und Apple haben ihre europäischen Hauptverwaltungssitze in Dublin), umfangreiche Finanzbeihilfe der EU und eine veränderte Handelstopographie: War Irland noch bis zur Mitte des 20. Jahrhunderts ein verlorener europäischer Außenposten im Atlantik, wichtig nur als stopover zum Auftanken für Transatlantikflüge mit den damaligen Propellermaschinen (Shannon Airport), so entwickelte Irland einerseits eine hochleistungsfähige Landwirtschaft (Milch und Fleischprodukte, Fisch und Meeresfrüchte), deren Produkte bald in der gesamten EU erfolgreich vermarktet wurden, und andererseits eine Hightech Industrie, die, aus den USA kommend, in Irland eine Englisch sprechende, vertraute Umgebung vorfanden, in deren Institutionen, Rechtsbegriffen und kulturellem Umfeld man sich sicher bewegen konnte und die ungehinderten Zugang zum gesamten Binnenmarkt eröffnete. Irland lag geradezu auf dem Weg für amerikanische Unternehmen, die im EU-Binnenmarkt Fuß fassen wollten, aber die Mühen scheuten, sich in einer fremden Kultur zurecht zu finden.

Gleichzeitig durchlebte die irische Bevölkerung einen dramatischen Modernisierungsschub. Da das staatliche Bildungswesen bis 1921 ausschließlich englisch-protestantisch dominiert blieb, fand die kulturelle Pflege des katholischen Glaubens und der irisch-gaelischen Sprache in katholischen Konfessionsschulen statt. Daraus resultierte eine allgegenwärtige Dominanz katholischer Institutionen. Diese Dominanz schwand nach 1970 rasch. Eine Reihe von Skandalen wurden aufgedeckt, die irische Regierung steckte viel Geld in den Aufbau eines staatlichen Bildungswesens. Katholische Tabuthemen wie Geburtenkontrolle, Abtreibung, selbst gleichgeschlechtliche Ehen, wurden in Volksabstimmungen legitimiert. Irland hat heute eine relativ säkulare, moderne, aufgeschlossene Gesellschaft, die in vielerlei Hinsicht fortschrittsoffener und liberaler ist als ihr nordirischer Gegenpart, der sich in diesen Fragen konservativer und zögerlicher zeigt. Homosexualität ist in Irland seit 1993 nicht mehr strafbar. Seit 2010 gibt es für gleichgeschlechtliche Paare eine Lebenspartnerschaft *(civil partnership)*. Gleichgeschlechtliche Ehen sind seit 2015, Abtreibungen seit Anfang 2019 in den ersten zwölf Wochen der Schwangerschaft erlaubt. In Nordirland wurden Abtreibungen erst im Oktober 2019 freigegeben. Die Dienststellen des NHS in Nordirland werden erst im April 2020 voll entsprechend britischen Vorgaben ausgerüstet sein. Homosexualität wurde erst 1982 entkriminalisiert – fünfzehn Jahre nach der entsprechenden Gesetzgebung in Westminster. Die Altersschwelle *(age of consent)* blieb jedoch mit 21 Jahren bis 2001 höher als die für heterosexuelle Beziehungen. Gleichgeschlechtliche Ehen können in Nordirland erst ab dem 13. Januar 2020 geschlossen werden.

Nach dem Brexit wird die Grenze zwischen Irland und Nordirland die einzige Landgrenze werden, an der die EU und ein post-Brexit Vereinigtes Königreich sich noch berühren. Dies ist gleichzeitig eine der sensibelsten Grenzen in Europa überhaupt.

Das Bemühen der irischen Regierung war von Anfang an darauf gerichtet, den gegenwärtigen Charakter einer offenen Grenze ohne Waren- und Personenkontrollen zu bewahren. Sie hatte schon früh mit entsprechenden Vorbereitungen begonnen. Seit Camerons Bloomberg-Rede vom Januar 2013 hat die Regierung in Dublin systematisch ihre strategischen Vorbereitungen getroffen. Das Wichtigste war, sich der Solidarität der übrigen 26 EU-Mitglieder in dieser Frage zu versichern. Irland begann schon 2014 eine Aufklärungs- und Kommunikationsinitiative, um den Charakter dieser Grenze, ihre historischen Hintergründe und Belastungen in allen EU-Hauptstädten zu erklären. Dublin drängte darauf, dass für den Fall, dass es zu keiner Einigung über die künftigen Handelsbeziehungen zwischen dem Vereinigten Königreich und der EU kommen sollte, die aus sich heraus Kontrollen an der inneririschen Grenze überflüssig machen könnte, eine Rückfallposition aufgebaut wurde, sozusagen eine Rückversicherung, die dann den gegenwärtigen Zustand fortschreibt, bis eine äquivalente Lösung gefunden ist. So entstand der *backstop*.

Die taktische Schwäche der Position Dublins lag darin, dass die Forderung nach einer solchen Ausnahmeregelung für Nordirland auf harten Widerstand in Belfast und in London stoßen würde. Und die einzige Drohkulisse, nämlich die Alternative eines *no-deal* Brexit, war zugleich auch für Dublin die schlechteste Option. Denn ein *no-deal* Brexit bedeutete auch keinerlei Verständigung über den künftigen Charakter dieser Grenze. Nur ein Vertrag konnte Dublin eine Anspruchsgrundlage gegenüber London geben. Die Gefahr für Dublin lag darin, dass in einem vertragslosen Zustand das Vereinigte Königreich auf Grenzkontrollen einseitig verzichten und ungeregelten Schmuggel dulden könnte. Es könnte in diesem Fall auf die Attraktivität seiner eigenen Steuer-, Lohn- und Regulierungspolitik setzen. Niedrige Steuern, niedrige Löhne und laxe Regulierungen würden Produkten aus dem Vereinigten Königreich Wettbewerbsvorteile sichern, während umgekehrt die teureren Produkte aus der EU im Vereinigten Königreich geringere Absatzchancen hätten. Dies ist genau die Situation, die die EU mit ihrem Insistieren auf einem *level playing field* verhindern möchte. Sie könnte in einer solchen Situation Dublin dazu drängen, entgegen den eigenen nationalen Interessen harte Grenzkontrollen einzuführen, um den Binnenmarkt vor Gütern zu schützen, die den Standards und Normen der EU nicht entsprechen. Dublin würde in diesem Fall gezwungen, aus EU-Solidarität eben die Kontrollen einzuführen, die es aus eigenen nationalen Interessen unbedingt vermeiden will. Sollten danach Unruhen in Nordirland ausbrechen, wäre es für London ein Leichtes, die Schuld dafür Dublin zuzuschieben.

Dass Dublin sich schließlich auf den Vorschlag von Boris Johnson eingelassen hat, dürfte auch der Angst entsprungen sein, dass nach seinem Amtsantritt die Wahrscheinlichkeit eines *no-deal* Brexit sprunghaft angestiegen war.

[i] Zur gleichen Zeit wurden Kartoffeln auf Drängen Friedrichs II. auch Grundnahrungsmittel in Preußen.

> ⁱⁱHeute bekunden 33 Mio. US-Amerikaner, 14 Mio. Briten, 7 Mio Australien und 4,5 Mio. Kanadier irische Wurzeln. Insgesamt wird die globale irische Diaspora auf über 60 Mio. geschätzt – bei 5 Mio. Iren in Irland. Die irische Regierung hat deshalb einen eigenen Staatsminister für die Diaspora, gegenwärtig Ciarán Cannon.
> ⁱⁱⁱIreland Act von 1949, Ziffer 2: "notwithstanding that the Republic of Ireland is not part of His Majesty's dominions, the Republic of Ireland is not a foreign country for the purposes of any law in force in any part of the United Kingdom." (https://www.legislation.gov.uk/ukpga/Geo6/12-13-14/41/section/2/enactedm 11. Januar 2020).

Irland und das Vereinigte Königreich sind in Nordirland wie zwei siamesische Zwillinge miteinander verwachsen. Wenn einer leidet, wird der andere zwangsläufig in Mitleidenschaft gezogen. Ob sie sich trennen lassen ohne lebenswichtige Organe zu verletzen, ist ungewiss. Zumindest sind die Risiken hoch.

Die Republik Irland wird nächst dem Vereinigten Königreichs am stärksten und schmerzhaftesten vom Brexit betroffen sein.[48] Irland könnte wesentliche Teile seines Außenhandels verlieren. Ein Vereinigtes Königreich könnte ausländische Direktinvestitionen, die bislang nach Dublin geflossen sind, abgraben und nach London leiten.

Insgesamt stellt sich die irische Wirtschaft in guter Verfassung dar. Die EU-Kommission rechnet für das laufende

---

[48]Siehe hierzu BEB, S. 314–320, BCC, S. 252–257. Dáithí O'Ceallaigh: *Brexit from an Irish Perspective*, Vortrag an der Cardiff University 25. Februar 2018 (https://www.youtube.com/watch?v=dmjTPr8j5p4, 3. Januar 2020). Fintan O'Toole: *Brexit: Ireland and the English Question*, Interview World Affairs 12. Oktober 2018 (https://www.youtube.com/watch?v=JvDAW5SjdaE, 3. Januar 2020).

Jahr mit einem Wachstum von über 5 %, erwartet allerdings einen empfindlichen Rückgang von bis zu 2 % für die kommenden Jahre. Eine Quelle des irischen Wohlstands ist ein Steuersystem, das global operierende Unternehmen anlockt, ihren Hauptsitz oder einen ihrer Regionalsitze nach Irland zu verlegen und Gewinne aus einer Wertschöpfung, die in anderen Ländern anfällt, in Irland zu versteuern *(tax inversion)*.[49] Irland gilt als Paradies für Unternehmen, die ihre Körperschaftssteuer minimieren wollen. Hier wird viel davon abhängen, welches Geschäftsmodell die Londoner Regierung für das eigene Land wählen wird. Die Absichtserklärungen, die Boris Johnson bislang vorgelegt hat, deuten darauf hin, dass er größtmögliche Distanz zur EU suchen wird. Damit erscheint es als wahrscheinlich, dass global aktive Unternehmen, vor allem Hedge Fonds, Versicherungen, Großbanken, verstärkt nach London drängen werden, weil sie von der dortigen Regierung zusätzliche Steueranreize erwarten, wohingegen internationale Unternehmen, die einen Standort im Binnenmarkt benötigen und den in einem möglichst vertrauten Umfeld suchen, nach Dublin gehen werden. Dort bewegen sie sich in einem Englisch sprechenden Umfeld und innerhalb des Common Law, aber gleichzeitig im Binnenmarkt und in der Eurozone. Das wird der Republik Irland einen Wettbewerbsvorteil gegenüber Nordirland verschaffen, das in den letzten Jahren gerade begonnen hatte, mit der Kombination dieser Faktoren international zu werben, obwohl Nordirland nicht der Eurozone angehört. Für Firmen, deren

---

[49]Vor allem amerikanische und einige britische Firmen haben von dieser Option Gebrauch gemacht, darunter so berühmte Namen wie Seagate (IT-Hardware), Accenture, Apple und Medtronic. Aus Großbritannien haben vor allem Vermögensverwalter ihren Sitz nach Dublin verlegt.

Produktion stark mit Standorten innerhalb der Eurozone verflochten ist, wirkt sich dies nachteilhaft aus, weil sich Wechselkursschwankungen sofort in Preisschwankungen entlang der Fertigungsketten übersetzen.

Unter den Handelspartnern Irlands nimmt das Vereinigte Königreich eine Sonderstellung ein. 14 % aller Warenexporte, 18 % aller Dienstleistungsexporte gehen ins Nachbarland. Irland ist umgekehrt eines der wenigen Länder, mit denen das Vereinigte Königreich eine positive Handelsbilanz hat.

Die irische Insel ist ein einheitlicher Naturraum. Die Wirtschaft Irlands und Nordirlands ist stark agrarisch geprägt. Landwirtschaftliche Produktion trägt 7 % zur irischen Wertschöpfung bei, bietet über 8 % der berufstätigen Bevölkerung Arbeit und macht über 10 % aller Exporte aus. Die Kerry-Gruppe hat sich in den letzten Jahren an die Weltspitze empor gearbeitet. Die Landwirtschaft ist überproportional relevant für den Außenhandel. Fast die Hälfte der gesamten Agrarproduktion wird exportiert, und davon geht wiederum die Hälfte allein ins Vereinigte Königreich. 50 % sämtlicher Exporte an lebenden Tieren und Tierprodukten gehen ins Nachbarland, bei Tierfutter sind es 75 %, bei Obst und Gemüse 85 % und bei Getreide 90 %. Das bedeutet eine hohe Abhängigkeit der irischen Landwirtschaft vom britischen Absatzmarkt. Die gesamten irischen Agrarexporte in die übrige EU liegen bei weniger als drei Vierteln der Lieferungen, die für das Vereinigte Königreich bestimmt sind. Sollte der britische Absatzmarkt wegbrechen oder der Zugang durch bürokratische Hürden erschwert werden, würde dies viele irische Betriebe in eine Existenzkrise stürzen. Die Folge wären Proteste, Demonstrationen, Unruhen. Denn eine weitere Besonderheit Irlands und Nordirlands liegt darin, dass die Wirtschaft, vor allem die Lebensmittelwirtschaft, überwiegend von kleinen und

Kleinst- (Familien-)betrieben getragen wird, die sich mit Umstellungen schwer tun und die nicht über die Finanzpolster verfügen, um Krisenzeiten zu überwintern.

Hinter diesen Zahlen verbirgt sich eine noch viel ausgeprägtere Nord-Süd-Verflechtung der Lebensmittelproduktion auf der irischen Insel. Lieferungen aus Nordirland in den Süden der Insel belaufen sich auf £5 Mrd., verglichen mit £12 Mrd., die nach Großbritannien und £1 Mrd., die in die USA gehen. Mehr als 20 % aller Molkereiprodukte aus der Republik Irland gehen in den Norden. Bei Getränken (v. a. Bier) sind es 15 %. Viele Fleisch- und Milchprodukte überqueren die innerirische Grenze mehrfach, bevor sie abgepackt werden und in den Verkauf kommen.

Dieser innerirische wechselseitige Handel von Vor- und Endprodukten soll entsprechend dem Irland-Protokoll ungestört weiter laufen können. Das Gleiche wird für den gesamtirischen Stromverbund gelten, der Nordirland und die Republik Irland in einem von Großbritannien separaten Synchronnetz verbindet. Über dieses Netz kann Strom aus verschiedenen Quellen (Kohle, Gas, Wind, Wasser und Braunkohle) über die gesamte Insel verteilt werden. Nordirland ist zusätzlich mit einem Hochleistungskabel mit dem Stromnetz der britischen Insel verbunden. Frankreich plant ein ähnlich leistungsfähiges Direktkabel nach Dublin.

Probleme werden auftauchen bei Exporten aus der Republik Irland auf die britische Insel und bei Endprodukten, die in Nordirland mit Komponenten von der britischen Insel hergestellt werden, um dann nach Süden in den EU-Binnenmarkt exportiert zu werden. Nordirland ist stark industrialisiert. Bombardier betreibt dort mehrere Werke, Caterpillar stellt schweres Gerät her, einige Elektronikfirmen wie Seagate und Fujitsu produzieren in Nordirland. Alle diese Produzenten sind auf Zulieferer angewiesen. Schwerpunktmäßig sitzen diese Zulieferer auf der britischen Insel. Sofern hier die Gefahr besteht, dass Endprodukte mit derartigen Komponenten in den Binnenmarkt gehen sollen, wird die EU darauf bestehen, dass sie den Spezifikationen des Binnenmarktes genügen und notfalls entsprechend verzollt werden. Das erfordert einen hohen Verwaltungs- und Dokumentationsaufwand.

Was hat Leo Varadkar, den Premierminister (Taoiseach) Irlands, bewogen, den *backstop* aufzugeben und dem neuen Protokoll zuzustimmen? Der *backstop* war ja primär auf irisches Drängen als Notbremse in den Austrittsvertrag eingeführt worden. Und noch am Abend vor der historischen Begegnung am 10. Oktober hieß es aus Brüssel, der *backstop* sei unabtrennbarer Bestandteil des Austrittsabkommens.

Was genau den Meinungsumschwung bewirkt hat, werden erst künftige Historiker herausarbeiten. Es lassen sich jedoch drei entscheidende Überlegungen vermuten:

- Varadkar war sich des eigenen Dilemmas voll bewusst: Der *backstop* war nur mit einem Vertrag zu haben. Sollte es zum *no-deal* Austritt kommen, bliebe ihm keine Anspruchsgrundlage, auf das künftige Grenzregime zu Nordirland bestimmenden Einfluss zu nehmen. Die einzige Drohung, über die Irland bzw. die EU verfügte, nämlich das Vereinigte Königreich vertragslos durch Fristüberschreitung aus der EU hinausfallen zu lassen, war von Anfang an wenig glaubwürdig, weil dies auch für Irland die schlechteste aller Optionen bedeutete, ja es war vermutlich die einzige Lösung, die Irland noch schwereren Schaden hätte zufügen können als dem Vereinigten Königreich selbst. Johnsons Politik am Rand des Abgrunds *(brinkmanship)* hatte Früchte getragen. Irland zeigte sich bereit, über Alternativen zu verhandeln, und die EU signalisierte, dass alles, was für

Dublin akzeptabel war, auch für Brüssel akzeptabel sein werde.
- Varadkar wollte das gegenwärtige Grenzregime und das Karfreitagsabkommen unangetastet lassen. Er griff deshalb die Bereitschaft Johnsons auf, Nordirland faktisch im Bereich von EU-Normen zu belassen, und war bereit, im Gegenzug dafür die Aussage mitzutragen, dass es verfassungs- und wirtschaftsrechtlich integraler Teil des Vereinigten Königreichs bleiben werde. Was hier für ihn zählte, war weniger das juristische Konstrukt bzw. dessen semantischen Formeln, sondern die ökonomische Realität. Diese würde nicht ohne Folgen für die politische Realität bleiben. Für Varadkar war klar, dass das weitreichende ökonomische Sonderregime den alten Interessengegensatz zwischen Unionisten und Republikanern neu aufreißen würde. Eine Konsensentscheidung beider Lager, dieses Sonderregime zu beenden, war nicht zu erwarten. Im Gegenteil, der ökonomische Gegensatz würde alten anderen Streitpunkten neue Schärfe verleihen und Gräben, die in den letzten Jahren innerhalb Nordirlands mühsam zugeschüttet worden waren, neu aufreißen. Aber war dieser Zustand nicht ohnehin schon längst verloren, spätestens mit dem dauerhaften Zerwürfnis der beiden Koalitionspartner und der Blockade von Regierung und Parlament in Belfast seit 2017? War nicht zu erwarten, dass die prekäre mandatorische Koalition angesichts der vielschichtigen und tief greifenden Differenzen zwischen DUP und Sinn Féin ohnehin eine blinde Hoffnung blieb? Und selbst wenn Stormont durch ein Wunder zu einem gültigen Beschluss gelangen sollte, das im Protokoll vereinbarte Regime abzuschaffen, blieben immer noch zwei volle Jahre Zeit, ein neues Regime zu vereinbaren.

- Varadkar war überzeugt, dass die Zeit für ihn arbeitete, für die Republik Irland, für eine Annäherung des Nordens an den Süden. In den letzten drei Jahren war die Zahl derjenigen, die in Nordirland die Staatsbürgerschaft der Republik erworben hatten, steil emporgeschnellt. Seit dem 23. Juni 2016 sind fast 300.000 irische Pässe an Bewohner in Nordirland ausgegeben worden, das sind etwa 16 % der Gesamtbevölkerung und mehr als doppelt so viele wie in den drei Jahren vor 2016. Im gleichen Zeitraum fiel die Ausgabe britischer Pässe in Nordirland um etwa 20 %. Damit steigt der Anteil der nordirischen Bevölkerung mit einem irischen Pass auf etwa 30 %.[50] Die bürokratischen Hürden im Verkehr zwischen Nordirland und Großbritannien und der ungehinderte Verkehr auf der irischen Insel werden dazu führen, dass sich vor allem Klein- und Kleinstbetriebe in Nordirland stärker auf die Republik Irland ausrichten werden. Auch Industrieunternehmen, die wie z. B. Bombardier stark auf dem Kontinent operieren, werden zwischen kürzeren, aber mit höheren Verwaltungskosten belasteten Logistikketten aus Großbritannien und solchen aus Irland wählen müssen, die zwar länger, aber einfacher abzuwickeln sind.

Eine besondere Rolle für die Zukunft der irischen Insel spielen die USA. George Mitchell, der US-Senator, war einer der wichtigsten und einflussreichsten Architekten des Karfreitagsabkommens. Auf ihn gehen die sechs Prinzipien zurück, die damals die verfeindeten Parteien überhaupt an einen Tisch gebracht haben. Aus

---

[50]Viele von ihnen haben gleichzeitig auch einen britischen Pass. Das Karfreitagsabkommen erlaubt, die Staatsbürgerschaft frei zu wählen und lässt doppelte Staatsbürgerschaft zu.

den USA flossen schon immer umfangreiche Gelder nach Irland, überwiegend an irisch-nationalistische und republikanische Gruppierungen. Etwa ein Zehntel der US-Bevölkerung hat irische Wurzeln, viele von ihnen leben in Staaten, in denen ihr Stimmverhalten wahlentscheidend sein kann. Die größten Feierlichkeiten zum irischen Nationalfeiertag (St. Patrick's Day) finden in den USA statt. In einem Jahr, in dem Präsidentschaftswahlen stattfinden, werden Politiker beider amerikanischen Parteien alles daran setzen, diese Stimmen für sich zu gewinnen. Richard Neal, der demokratische Vorsitzende der Freunde Irlands im US-Kongress, führt gleichzeitig auch den Vorsitz im mächtigsten Kongressausschuss, dem Ways and Means Committee, ohne dessen Zustimmung kein Handelsvertrag zustande kommt. Er hat ebenso wie sein Ko-Vorsitzender, der Republikaner Pete King, keinen Zweifel daran gelassen, dass jeder künftige Handelsvertrag zwischen den USA und dem Vereinigten Königreich genauestens auf seine Auswirkungen auf Irland abgeklopft werden wird. Nancy Pelosi, die Fraktionsführerin der Demokraten, gab sich noch unnachgiebiger: *"If there were to be any weakening of the Good Friday accords then there will be no chance whatsoever, a non starter, for a US-UK trade agreement."*. [22]

Der Polizeichef von Nordirland (Chief Constable PSNI) zeigte sich besorgt und skeptisch. Wenn es in den bestehenden Wirtschaftsbeziehungen zwischen Nord und Süd zu ernsthaften Verwerfungen kommen sollte, sieht er massive Probleme voraus. [23] Denn ein Anstieg der Arbeitslosigkeit wäre unweigerlich mit zunehmenden Spannungen zwischen den Regionen in Nordirland und zwischen Protestanten und Katholiken verbunden, weil letztere in der Regel schneller ihren Arbeitsplatz verlieren als Protestanten.

Wie immer das Nordirland-Protokoll sich in der Wirklichkeit bewährt, es ist lediglich ein Palliativ, ein Schmerzpflaster, das den Abstoßungsprozess mindert und erträglich macht, ihn aber nicht heilt. Denn an der Tatsache, dass sich Irland und Nordirland nach vollzogenem Brexit auf zwei entgegengesetzten Seiten der EU-Außengrenze wiederfinden, kann auch das Protokoll mit all seinen gut gemeinten Zusagen nichts ändern. Letztlich werden harte Fakten stärker sein als gute Absichten. Beide Inselteile unterliegen dann trotz aller Sonderregelungen zwei divergierenden Wertesystemen und Wirtschaftsordnungen. Wenn der Brexit überhaupt einen Sinn ergeben soll, wird sich das Vereinigte Königreich in seiner künftigen Wirtschafts- und Handelspolitik deutlich von der EU absetzen. Diese Spannungen werden sich direkt auf die irische Insel übertragen. Je weiter sich London von Brüssel entfernt, um so einschneidender werden Kontroll- und Ausgleichsmechanismen werden müssen, ganz gleich, ob sie auf der Insel oder auf der Irischen See stattfinden.

Wenn zwei tektonische Platten auseinander driften, bebt an der Verwerfungslinie die Erde. Nordirland wird auf eine Zerreißprobe gestellt werden. In Nordirland wird sich am ehesten zeigen, wie stabil das Nordirland-Protokoll sein kann und ob sich die dort theoretisch festgeschriebenen Regeln in der Praxis bewähren. Nordirland wird eine Sonderwirtschaftszone werden, in der der Grundsatz "Ein Land, zwei Systeme" gilt. Wie prekär eine solche Hybridposition werden kann, zeigt Hongkong. Hinzu kommt, dass die EU keinen Zweifel daran lässt, dass, sollte er zu einem Zusammenschluss Nordirlands und der Republik Irland kommen, Nordirland als Teil des neuen irischen Gesamtstaates ebenso problemlos Teil der EU werden würde wie dies 1991 für die DDR galt, nachdem sie sich der Bundesrepublik Deutschland angeschlossen hatte.

Diese Zusage könnte perspektivisch eine unwiderstehliche Magnetwirkung entfalten.

Der Bezugsrahmen, in den das Karfreitagsabkommen eingespannt war, wird sich verziehen oder zerbrechen. Ihm fehlt die Verankerung in der neuen politischen Realität. Das Abkommen ist weder unwandelbar noch ewig, sondern dem Wandel seines Gravitationsfeldes ebenso unterworfen wie alle Politik. Letztlich trägt es nur so weit, wie die beteiligten Parteien bereit sind, es zu tragen. Es gründete auf einer mühsam herbeigeführten Interessenkonvergenz, für die die EU-Mitgliedschaft beider Landesteile unausgesprochene Voraussetzung war. Diese Interessenkonvergenz wird künftig wegfallen. Es spricht viel dafür, dass die Interessen zwischen Unionisten und Republikanern auseinander laufen werden. Die einen klammern sich an ihre Zugehörigkeit zum Vereinigten Königreich und wollen mit ihm Distanz zur EU gewinnen, die anderen fühlen sich dem EU-Mitglied Irland verbunden. In einer gemeinsamen Organisation, die Grenzen bedeutungslos werden ließ, konnte auch die Grenze auf der irischen Insel ihren trennenden Charakter verlieren. Mit dem Brexit gewinnt eine schon fast vergessene Grenze einschneidende neue Schärfe zurück. Die ersten gewalttätigen Zwischenfälle hat es in Nordirland bereits gegeben. In der Wahl am 12. Dezember 2019 hat der Wortführer der DUP in Westminster, Nigel Dodds, sein Mandat verloren. Zum ersten Mal erhielt die Gruppe der Nationalisten mehr Stimmen als die Unionisten. Die DUP verlor 5,4 %,[51] die neutrale Allianz gewann fast 9 %, die nationalistischen Sozialdemokraten immerhin noch gut 3 % hinzu. Das sind Plomben, an deren Zerreißen sich die langsamen seismischen Verschiebungen

---

[51]Sinn Féin verlor allerdings noch mehr: 6,7 %.

im Untergrund ablesen lassen. Varadkar hat diese Drift in Nordirland erkannt und Vorsorge getroffen, dass, wenn die britische Verankerung schwächer wird und Nordirland ins Rutschen gerät, es auf vorgespurter Bahn nach Süden rutscht. Johnson seinerseits war so auf den Brexit und seine Wählerschaft im ländlichen England fixiert, dass er bereit war, die Sollbruchstelle zu Nordirland nicht nur in Kauf zu nehmen, sondern sie mit gezielten Axthieben zu vertiefen, zumal die DUP die Brexit-Pläne der Konservativen seit 2016 eher gehemmt als gefördert hatten.

Überraschend kündigten DUP und Sinn Féin am 10. Januar 2020 an, dass sie eine neue Koalitionsregierung bilden wollen. Damit kann auch die Northern Ireland Assembly wieder tätig werden. Regierungschefin wurde Arlene Forster (DUP), Michelle O'Neill (Sinn Féin) wurde ihre Stellvertreterin. Regionalregierung und Regionalparlament funktionieren damit in Nordirland wieder, und damit sind die formalen Voraussetzungen geschaffen, um den demokratischen Legitimationsmechanismus mit Leben zu erfüllen, so wie es das Nordirland-Protokoll, das Johnson ausgehandelt hat, vorsieht. Dem überraschenden Sinneswandel dürften jedoch stärker taktische als substanzielle politische Erwägungen zugrunde liegen. Beide Parteien haben in den Dezemberwahlen starke Verluste hinnehmen müssen. Sie wollen vorzeitige Neuwahlen unter allen Umständen vermeiden. Und beide wollen weiterhin an den Geldflüssen teilhaben, die jetzt verstärkt nach Belfast strömen. Die Interessendivergenz, die mit dem Nordirland-Protokoll vorgezeichnet ist, wird dieses taktische Zusammengehen nicht verändern: Es ist der Versuch, einen sich weitenden Mauerriss dadurch zu vertuschen, dass man ihn einfach frisch übertapeziert.

Für Irland werden sich nicht nur weitreichende ökonomische Probleme ergeben. Irland wird sich an eine völlig neue geostrategische Lage gewöhnen müssen. Es wird zu einer EU-Exklave, ohne gemeinsame Land- oder Seegrenze mit der EU, zu einem Außen- und Vorposten und könnte, sollten Divergenzen und Konfliktpunkten zwischen dem Vereinigten Königreich und der EU zunehmen, sogar in die Rolle eines Frontstaates geraten. Irland ist zum ersten Mal in seiner Geschichte aus dem Schatten seines übergroßen Nachbarn heraus- und ihm zum ersten Mal als ebenbürtiger, wenn nicht sogar überlegener Kontrahent gegenüber getreten.

3.4 Die EU und ihre Mitgliedstaaten

3.4.1 Die EU

No man is an island, entire of it self; every man is a piece of the continent, a part of the main; if a clod be washed away by the sea, Europe is the less.
John Donne

Mit Ablauf der Austrittsfrist am 29. März 2019 hatte die EU eigentlich sämtliche Trümpfe auf der Hand. Sie bestimmte seither nicht nur die Austrittsagenda, sondern auch die Austrittsmodalitäten. Sie war Spieler und Spielführer zugleich und konnte die Regeln festlegen, nach denen weitergespielt werden sollte. Sie hätte jede der drei Verlängerungen ablehnen und das Vereinigte Königreich in einen vertragslosen Austritt stürzen lassen können. Sie konnte Konditionen und Fristen setzen – und hat es auch getan. Sie hat das Vereinigte Königreich wider dessen Willen gezwungen, an den Wahlen zum EU-Parlament teilzunehmen. Sie hat Theresa May nicht die gewünschte

Verlängerung bis zum 30 Juni gewährt,[52] sondern die Frist bis zum 31. Oktober ausgeweitet. Sie hat dann im Oktober ein weiteres Mal kurzfristig und flexibel reagiert und ist auf Johnsons Wunsch nach einer Verlängerung um drei Monate eingegangen.

Die EU konnte Großbritannien allerdings nicht zwingen, einen Vertreter für die neue Kommission zu benennen, die am 1. Dezember verspätet ihr Amt antrat. Um das rechtmäßige Zustandekommen dieser neuen Kommission zu gewährleisten, hat die Kommission das Vereinigte Königreich vor dem EuGH verklagt. Nachdem zwei Aufforderungen, einen britischen Kommissar zu nominieren, erfolglos geblieben waren, eröffnete die Kommission ein Vertragsverletzungsverfahren. [24] Das mag aus der streng legalistischen Perspektive der EU unumgänglich gewesen sein. Denn ohne dass alle Mitgliedstaaten in der Kommission vertreten sind, bleibt sie unvollständig und beschlussunfähig.[53] Für die Briten musste ein solcher Schritt lächerlich oder verhöhnend wirken oder beides. Er verstärkte den Eindruck, dass die EU Großbritannien erneut bevormunden und juristisch zu etwas zwingen wollte, was seinem demokratisch legitimierten politischen Willen diametral zuwider lief. Die EU hat seit 2013 bei vielen ihrer Schritte wenig Rücksicht darauf genommen, wie ihr Handeln auf die EU-ablehnende Stimmung unter den Briten wirken könnte. Schon der Bericht der fünf Präsidenten kam 2016 denkbar ungelegen. Das Beharren, dass Großbritannien an den EU-Wahlen im Mai teilnahm, konnte damit begründet werden, dass der Ausgang der Brexit-Debatte damals noch

---

[52] Es war ohnehin allen bis auf Theresa May klar, dass diese Fristverlängerung um zweieinhalb Monate unter keinen Umständen ausreichen würde.
[53] Der Juristische Dienst hat in Brüssel eine ungewöhnlich starke Position.

offen war. Der Versuch, den neuen Premierminister Johnson im November dazu zu zwingen, einen Kommissar zu benennen, obwohl er dies vehement abgelehnt und erkennbar war, dass er seine Vorstellung vom Brexit durchsetzen würde, erschien allen Brexiteers als Bestätigung, dass Brüssel ein bürokratischer Moloch war, der die Mitgliedstaaten auch gegen ihren Willen in ein Uniformitätskorsett zwängen wollte. Die Kommission trat ihr Amt am 1. Dezember an. Am 19. Dezember stimmte das neu gewählte Westminster Parlament endgültig für den Brexit. Die Klage, die am 1. November erhoben wurde, wird ins Leere laufen. Oder ein Urteilsspruch wird erst lange nach vollzogenem Brexit zu erwarten sein. Für pragmatisch denkende Briten wirkte dies wie eine schlechte Farce.

Nachdem die EU die konsekutive Sequenz der Austrittsverhandlungen durchgesetzt hatte – erst Abschluss des Austrittsvertrags, danach Beginn der Verhandlungen über künftige Beziehungen – hat sie sich erstaunlich passiv verhalten. Vielleicht gab ihr dieser taktische Sieg über einen Kontrahenten, der sich über seine strategischen Absichten selbst nicht klar war, bereits genügend Dominanz in den Verhandlungen. May hinterließ den Eindruck, als habe sie nie eine klare Vorstellung davon entwickelt, was eigentlich jenseits des Austritts ihr strategisches Ziel war. Johnson hat offensichtlich eine Vorstellung, die allerdings sein Land weit weg von der EU rücken wird.

Die EU hat auf den Druck, den Johnson mit seiner Drohung eines *no-deal* aufbaute, ihrerseits mit Gegendruck reagiert. Anfang Oktober waren kritisch-skeptische Stimmen aus Brüssel zu hören. Juncker sprach von reiner Zeitvergeudung, Tusk warnte vor einem *blame game* und erklärte am 11. Oktober wörtlich: *"If there is no such proposal by today, I will announce publicly that there are no more chances – because of objective reasons – for a deal for the incoming European council."* [25] Das war ein

Ultimatum, das auch nicht dadurch gemildert wurde, dass Tusk versöhnlich hinzufügte: *"A no-deal Brexit will never be the choice of the EU."* Was Tusk zu dem Zeitpunkt offenbar noch nicht wusste, war die prinzipielle Verständigung, die Varadkar und Johnson am Vortag erzielt hatten. Wenig später sprach Tusk vom spektakulärsten Fehler in der Geschichte der EU. [26] Die EU ließ seit 2016 keinen Zweifel daran aufkommen, dass sie den Brexit nicht wollte, dass sie jedoch den demokratisch geäußerten Wunsch der Briten respektieren werde. Sie hat sich immer wieder bereit erklärt, in diesen Verhandlungen auf britische Sonderwünsche einzugehen, sie hat sich sogar ein weiteres Mal auf Nachverhandlungen eingelassen (wie schon Wilson, Thatcher und Cameron sie gefordert hatten), denn Johnson hat es geschafft, einen ausgehandelten Vertrag nachträglich noch einmal zu öffnen und zu revidieren. Die EU hat jedoch nie einen Zweifel daran aufkommen lassen, dass sie nicht bereit war, um eines Mitglieds willen, das ihr den Rücken kehren will, die eigenen, in Jahrzehnten sorgsam ausbalancierten Strukturen umzukrempeln. Das war legitim und nachvollziehbar – selbst wenn manchem die Rigidität, die hier zutage trat, als zu schroff erscheinen mag.

Die Flexibilität, mit der die EU auf die kategorischen Forderungen von Johnson positiv reagierte, hat alle Behauptungen widerlegt, der EU komme es darauf an, am Vereinigten Königreich ein Exempel zu statuieren, die Briten für ihren Brexit zu bestrafen oder sich so widerspenstig zu erweisen, dass jede britische Regierung mit ihren Brexitvorstellungen zwischen der Skylla von Brüssel und der Charybdis des eigenen Parlaments scheitern muss.

Den meisten Experten war ohnehin klar, dass die Abhängigkeit zwischen EU und Vereinigtem Königreich nicht ausgeglichen war. Seit 2000 war das britische Handelsdefizit mit der EU ständig angewachsen

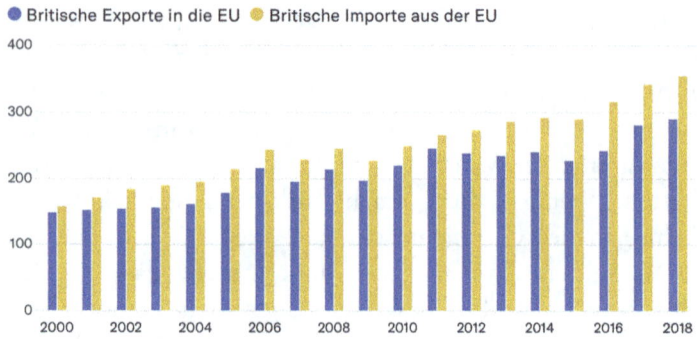

Abb. 3.11 Handelsströme zwischen dem VK und der EU. (Quelle: EU Kommission)

(Abb. 3.11). Das Vereinigte Königreich brauchte die EU dringlicher als umgekehrt die EU die Briten. Über 30 % aller Lebensmittel auf britischen Märkten kommen aus der EU, und da es sich überwiegend um Frischware handelt, lässt sich diese nicht leicht durch Importe aus fernen Kontinenten ersetzen. Die gesamte britische Industrie ist auf Vorprodukte aus EU-Ländern angewiesen. Selbst die Leuchttürme britischen Automobilbaus wie Aston Martin oder McLaren beziehen bis zu 60 % ihrer Komponenten von kontinentalen Herstellern. Ähnliches gilt für die Pharma-Industrie.

Umgekehrt greifen die kontinentalen Autobauer gerne auf britische Zulieferer zurück, sind aber global aufgestellt und können deshalb leichter auf andere Lieferketten ausweichen. BMW, VW und Daimler produzieren in den USA, in China, in Südafrika und in Russland. Kein britischer Autohersteller ist so breit aufgestellt. Vor allem die großen Automobilhersteller in Frankreich und Deutschland haben gleich nebenan leistungsfähige Betriebe in Süd- und Osteuropa, die nur zu gern die Lücken zu füllen bereit stehen, die ein Abreißen traditioneller Beziehungen zu Großbritannien hinterlassen könnte. Britische Exporte sind 2018 leicht gewachsen, gegenüber der EU deutlich mehr (+3,7 %) als gegenüber Nicht-EU-Ländern. Das steht im eklatanten Widerspruch zu der Behauptung mancher Brexiteers, wonach die EU todgeweiht *(moribund)* sei und der Schwerpunkt des Welthandels sich von der EU weg auf neue Schwellenländer verlagere. Der Handelsstreit zwischen den USA und China zeigt, wie unsicher die Entwicklung des Welthandels geworden ist.

Jedenfalls haben sich die großsprecherischen Vorhersagen einiger Brexiteers, die deutsche Automobilindustrie könne sich den Verlust des britischen Absatzmarktes gar nicht leisten und werde schon die Regierung in Berlin – und damit die EU – zum Einlenken bringen, als haltlos erwiesen, obwohl die deutsche Automobilindustrie wegen des Dieselskandals und wegen der unerwartet schnellen Hinwendung der öffentlichen Meinung zu Elektroantrieben ohnehin schon in einer tiefen Doppelkrise steckte. Nicht ein einziger Vertreter der kontinentalen Autoindustrie hat öffentlich dafür geworben, um der eigenen Absatzinteressen willen die Grundsätze des Binnenmarktes aufzuweichen. Vielleicht beleuchtet auch diese Episode einen fundamentalen Mentalitätsunterschied zwischen Briten und Kontinentaleuropäern: Dort, wo die einen pragmatisch, von Fall zu Fall denken und alles als transaktionales Interessenkalkül sehen, das je nach momentaner Interessenkonstellation eine Lösung findet, vollzieht sich kontinentales Denken stärker in prinzipiellen Bahnen, denkt dabei ans Allgemeine und an langfristige Folgen. Kants kategorischem Imperativ, der jedes individuelle Handeln auf die gesamte Menschheit bezieht, steht auf der Insel der Utilitarismus gegenüber, der alles für gut und sittlich erklärt, sofern es nur eine hinreichende Zahl von Individuen glücklicher als die übrigen macht, was letztlich auf eine grenzenlose Relativierung hinausläuft. Briten suchen im konkreten Einzelfall eine passende Lösung, die die jeweilige Stärke beider Kontrahenten widerspiegelt. Kontinentaleuropäer bevorzugen prinzipielle Lösungen mit Anspruch auf Universalität und Ewigkeitsgeltung (auch wenn sie dann praktisch gerne Wege suchen, diese hehren Grundsätze im Einzelfall elegant zu umgehen).

Die Brexit-Verhandlungen hatten zwei völlig unerwartete Effekte sowohl im Vereinigten Königreich wie innerhalb der EU. Zum ersten Mal waren auf der britischen Insel massenhaft EU-Symbole zu sehen. Waren bis 2016 EU-Fahnen im öffentlichen Raum nur an diplomatischen Vertretungen zu sehen und dominierte ansonsten der Union Jack (oder das englische Georgskreuz oder die schottische Saltire), demonstrierten Remainer mit EU-Flaggen und prägten so den goldenen Sternenkranz auf tiefblauem Grund tief ins öffentliche Bewusstsein. Die EU-Thematik beherrscht die Schlagzeilen und den politischen Dialog, sie ist zur Schicksalsfrage geworden, in der es angeblich um Gedeih und Verderb geht. Leider hat die Qualität der Argumente mit diesem auffrischenden Interesse nicht Schritt gehalten. Die EU wird immer noch von zu vielen britischen Medien und Politikern in einer geradezu karikierenden Verzerrung dargestellt – und immer mit gehässigem Unterton. Für viele ist die EU zum Sündenbock geworden, auf den man bequem alle Widrigkeiten der Gegenwart abladen kann. Die Hoffnung, dass man nur der EU zu entkommen hat, um wieder so ungebunden und wohlhabend zu werden wie früher, dürfte sehr rasch zerrinnen.

Auf dem Kontinent erlebte die EU und ihre Institutionen einen unerwarteten Popularitätszuwachs. EU-kritische Parteien, die in einigen EU-Ländern noch 2016 gefordert hatten, man müsse sich den Briten anschließen, verstummten plötzlich. Die Zustimmung zur Kommission, zum Rat, zum EU-Parlament und zur mehr Vergemeinschaftung stieg signifikant an. Vermutlich hat die britische Brexit-Agonie und die Belastungen, die damit für die britische Verfassung verbunden waren, auf viele EU-Skeptiker ernüchternd gewirkt. [27]

Trotzdem bleibt auch aufseiten der EU eine gemischte Bilanz. Der Verlust der drittgrößten Volkswirtschaft, der Mutter des Parlamentarismus, des neben Frankreich einzigen Landes mit weltweiter diplomatischer und militärischer Präsenz, zeichnet ein gewaltiges Fragezeichen über künftige Ambitionen der EU. Eine Sicherheit Europas wird weder militärisch noch polizeilich möglich sein ohne engste und vertrauensvolle Zusammenarbeit mit dem Vereinigten Königreich. Manche der britischen Forderungen nach einer Reform der EU mögen schrill und überzogen gewesen sein. Sie alle hatten einen Kern, der ernst genommen zu werden verdiente. Inzwischen neigen immer mehr EU-Experten zu der Auffassung, dass die vier Grundfreiheiten der EU nicht unbedingt gleichen Rang haben und dass Einschränkungen der Freizügigkeit eher hinzunehmen sein könnten als Einschränkungen des Waren- oder Dienstleistungsverkehrs. Gleichzeitig wächst das Bewusstsein dafür, wie wichtig staatlich garantierte Qualitätsstandards in der Berufsausbildung, im Bauwesen und in der Gesundheitsfürsorge sind. Es mag überraschen, wie wenig die EU über den Rückschlag, den der Brexit für sie bedeutet, reflektiert. Juncker hatte die Parole ausgegeben: "Jetzt erst recht weiter so!", und die ersten Schritte seiner Nachfolgerin deuten nicht darauf hin, dass sie zu einem Innehalten, zu einer neuen Standort- und Kursbestimmung bereit ist. Der Gedanke der europäischen Einigung hat den Mythos der Unwiderstehlichkeit verloren. Die Vorstellung, dass die EU das *manifest destiny* Europas sei und ein unumkehrbarer Weg historischer Notwendigkeit in letzter Konsequenz zu den Vereinigten Staaten von Europa führen müsse, ist verblasst. Es schwang immer schon ein wenig Anmaßung mit, wenn die EU mit Europa gleichgesetzt wurde. Aber lag nach der letzten großen Erweiterung von 2004 die Kongruenz beider Begriffe nicht zum Greifen nah? Würden die Schweiz und Norwegen sich irgendwann dem Sog nicht länger widersetzen können und dann doch der EU beitreten? Viele hegten solche Hoffnungen. Der Austritt des Vereinigten Königreichs bedeutet, dass sich Europa und die EU nicht mehr gleichsetzen lassen. Er bedeutet auch, dass sich das Vereinigte Königreich vom EU-Europa entfernen wird. Werden die Engländer zu Fremden in Europa? Welche Einflussmöglichkeiten werden Schotten und Iren haben, diesen Entfremdungsprozess zu beeinflussen? Wird sich in England selbst Ernüchterung einstellen, wenn die vom Brexit erhoffte Dynamik ausbleibt?

Das ist doppelt misslich: Einerseits hat der Brexit in der EU eine Wagenburgmentalität erzeugt. Der *acquis communautaire* wird noch mehr zur heiligen, unantastbaren Reliquie als je zuvor. Reformimpulse verkümmern, niemand wagt, strukturelle Defizite zu benennen, geschweige denn anzufassen aus Angst, damit weitere Knoten aufzulösen, die zu weiteren Ausfransungserscheinungen führen könnten. Die EU wirkt wie erstarrt. Niemand wagt, neue Initiativen zu unterstützen, weil jeder fürchtet, damit neue EU-kritische Strömungen loszutreten. Macron ruft zwar nach ehrgeizigen weiteren Vergemeinschaftungsschritten, erhält aber kein vernehmbares Echo.

Politische Erklärung über den Rahmen künftiger Zusammenarbeit zwischen der Europäischen Union und dem Vereinigten Königreich vom 17. Oktober 2019 (Zusammenfassung)

Die Politische Erklärung besteht aus 141 Paragraphen, die Bereiche für künftige Beziehungen zwischen der EU und dem Vereinigten Königreich aufzählen. Die Politische Erklärung folgt in den meisten Punkten dem Text, den Theresa May ausgehandelt hatte. Allerdings sind alle Aussagen über eine künftige Anlehnung *(alignment)* des VK an EU-Regeln und Standards deutlich abgeschwächt. Die Sprache ist dadurch unverbindlicher und vager geworden. Der Mangel an Substanz steht in auffälligem Gegensatz zu einem verbal aufgeladenen Stil, der davon redet, die künftige Kooperation solle anspruchsvoll *(ambitious)*, effizient, umfassend, ausgewogen, eng, vertrauensvoll und langfristig sein. Er vermeidet es jedoch durchgehend, diese Kategorien irgendwie zu konkretisieren oder zumindest Kriterien hierfür zu benennen. Im Grunde besteht die Erklärung aus wohlwollenden Absichtserklärungen, die jedoch immer wieder unter den Vorbehalt völliger Autonomie beider Seiten gestellt werden.

Eine kurze Aufzählung der zu regelnden Bereiche soll eine Vorstellung vom Umfang und der Komplexität dieses Vertragswerks geben:

1. Wirtschaft:
    1.1. Datenschutz
    1.2. Britische Beteiligung an EU-Gemeinschaftsprogrammen (Bildung, Entwicklungshilfe, Gemeinsame Aktionen in der Außen- und Sicherheitspolitik).
    1.3. Warenverkehr (Freihandelsabkommen, wobei Unterschiede in der Markt- und Rechtsordnung betont werden).
    1.4. Zölle, Abgaben, quantitative Begrenzungen sollen vermieden werden.
    1.5. Grenzkontrollen sollen, sofern erforderlich, so weit wie möglich automatisiert werden.

1.6. Kontrollen und Überprüfungen sollen nur so weit erfolgen, wie dies zur Risikoabwehr erforderlich ist.

1.7. Dienstleistungen, Investitionen: Das Kooperationsniveau soll deutlich über WTO- Niveau liegen und an jüngste Freihandelsabkommen anknüpfen. Keine Seite soll diskriminiert werden.

1.8. Regulierungen sollen transparent und möglichst kompatibel sein.

1.9. Für Finanzdienstleistungen sollen Äquivalenzkriterien entwickelt werden. Hier wird als Zieldatum explizit Ende Juni 2020 genannt.

1.10. Digitalhandel soll barrierefrei bleiben.

1.11. Kapitalverkehr soll, mit relevanten Ausnahmen (?), frei bleiben.

1.12. Geistiges Eigentum soll strenger geschützt werden als WTO-Regeln dies vorsehen.

1.13. Das Vereinigte Königreich beabsichtigt, dem WTO-Abkommen über Regierungsaufträge beizutreten. Öffentliche Ausschreibungen sollen transparent erfolgen, Aufträge nach sachlichen Kriterien vergeben werden.

1.14. Der Personenverkehr soll zumindest für kurzfristige Aufenthalte visafrei bleiben. Hier besteht umfangreicher Regelungsbedarf für Wissenschaft und Bildung, Jugendaustausch und im Familienrecht.

1.15. Luftfahrt, grenzüberschreitender Zugverkehr (Dublin-Belfast und Kanaltunnel), und Seeverkehr sollen das gegenwärtige Niveau halten. Für den Luftverkehr wird ein Umfassendes Luftverkehrsabkommen *(Comprehensive Air Transport Agreement, CATA)* erforderlich werden. Für Pkw- und Lkw-Verkehr soll beiden Seiten gleichberechtigter Zugang offen bleiben.

1.16. Im Energiesektor bedürfen trassengebundene Strom- und Gaslieferungen sowie die Zusammenarbeit im Bereich ziviler Nuklearenergie eines Rechtsrahmens. Karbonpreise und die Umweltzertifikate sollen gegenseitig gekoppelt werden.

1.17. Ein Fischereiabkommen soll Zugang zu den Gewässern und Fangquoten regeln. Es soll bis Ende Juni 2020 vorliegen.
1.18. Kooperation in globalen Fragen soll gesichert werden, u. a. in Klimafragen, nachhaltiger Entwicklung, grenzüberschreitender Umweltverschmutzung, Gesundheit und Verbraucherschutz, Stabilität der Finanzmärkte und beim Kampf gegen Protektionismus.
1.19. Die künftigen Beziehungen müssen offen und fair sein und gleiche Wettbewerbsbedingungen *(level playing field)* gewährleisten.

2. Innere Sicherheit:
   2.1. Kooperation bei Justiz und Strafverfolgung
   2.2. Datenaustausch
   2.3. Kampf gegen Geldwäsche und Terror-Finanzierung

3. Äußere Sicherheit:
   3.1. Sanktionen
   3.2. Gemeinsame Operationen und Missionen
   3.3. Rüstungszusammenarbeit
   3.4. Zusammenarbeit der Nachrichtendienste und Geheimschutz
   3.5. Weltraum (Ariane, ESA, Satellitenzentrum)
   3.6. Cybersicherheit
   3.7. Zivilschutz
   3.8. Gesundheitswesen
   3.9. Eindämmung illegaler Migration
   3.10. Terrorbekämpfung

4. Institutioneller Rahmen:
   4.1. Für die Steuerung der künftigen Beziehungen soll ein überwölbender institutioneller Rahmen geschaffen werden, der in die Form eines Assoziierungsabkommens gegossen werden kann. Hierfür sollen eingerichtet werden:
   4.2. Reguläre Dialogformate einschließlich eines direkten Dialogs zwischen dem Westminster Parlament und dem EU-Parlament

> 4.3. Ein Gemeinsames Komitee, das die Durchführung künftiger Kooperationsbeziehungen lenken und überwachen soll. Dieses Komitee soll sich seine eigene Geschäftsordnung geben und einstimmig entscheiden.
> 4.4. Kommt keine Einigung zustande, kann das Gemeinsame Komitee ein unabhängiges Schiedsgericht anrufen.
>
> Ein grober Überschlag zeigt, dass hier 36 Bereiche aufgezählt sind, die geregelt werden sollen. Sie sind nicht alle gleichwertig in ihrer ökonomischen Bedeutung und ihrer Dringlichkeit. Am dringendsten dürften die Bereiche Verkehr, Warenaustausch und Kapitalverkehr sein. Die abschließenden Aussagen zum künftigen institutionellen Rahmen stehen im Widerspruch zu früheren Aussagen. Ein Assoziierungsabkommen und ein gemeinsames Komitee können schwerlich als besonders anspruchsvoll gelten. Der Hinweis, im Streitfall Rekurs auf ein unabhängiges Schiedsgericht zu nehmen (ohne dass dieses definiert ist), zeugt davon, dass die Zuversicht auf eine besonders vertrauensvolle Zusammenarbeit an ihre Grenzen stößt.
>
> In zwei Fällen (Finanzdienstleistungen, Fischerei) ist ausdrücklich ein früheres Zieldatum genannt (30. Juni 2020). Dies ist ebenfalls das Datum, zu dem eine Verlängerung der Übergangsfrist beantragt werden müsste.
>
> Diese 36 Bereiche in weniger als 9 Monaten abhandeln zu wollen, ist wenig realistisch.

Die Worte und das Gebaren von Johnson und einiger seiner Scharfmacher werden in Brüssel noch lange nachhallen. Misstrauen, Verärgerung und Bitterkeit sitzen tief. Die Bereitschaft zu großzügigen Kompromissen ist erschöpft. Die Verhandlungen über zukünftige Beziehungen versprechen zäh, kleinlich und unübersichtlich zu werden. Denn für sie wird wie für den Austrittsvertrag gelten, dass alles vorläufig bleibt, bis der letzte Punkt geklärt ist: *Nothing is agreed until everything is agreed.* Das bedeutet aber, dass der schwierigste Fragenkomplex, selbst wenn er eher nebensächlich sein sollte, das Potenzial hat, das gesamte Vertragspaket aufzuhalten. Zu hoffen, unter diesen Bedingungen ließen sich die 36 Punkte der Politischen Erklärung in kaum mehr als sechs Monaten befriedigend aushandeln, zeugt von wenig Realismus.

Die EU ist beisammen geblieben. Alle Versuche, sie mit bilateralen Ansätzen zu zermürben und die einheitliche Front in der Brexit-Frage aufzubrechen, sind gescheitert. Das ist das stärkste positive Ergebnis der Brexit-Verhandlungen aus Sicht der EU

Das wird künftig nicht mehr so sicher sein. Denn die 27 restlichen EU-Mitgliedstaaten haben stark auseinander laufende Interessen, wie sie die künftigen Beziehungen zum Vereinigten Königreich ausgestalten möchten. Michel Barnier hat Recht: Im Vergleich zu den bevorstehenden Verhandlungen werden die Austrittsverhandlungen rückblickend als einfach und glatt erscheinen. Die EU hat am 16. Januar 2020 einige Schaubilder veröffentlicht, aus denen ihr Strategie für die bevorstehenden Verhandlungen über künftige Beziehungen zum Vereinigten Königreich hervorgeht.[54]

Die EU verliert 20 % ihrer Wirtschaftskraft, 13 % ihrer Bevölkerung und fast 25 % der operativen militärischen Fähigkeiten. Die EU verliert vor allem einen kräftigen Beitragszahler. Durch den Britenrabatt lagen die Zahlungsverpflichtungen Großbritanniens deutlich unter dem

---

[54]*Negotiating documents on Article 50 negotiations with the United Kingdom* (https://ec.europa.eu/commission/brexit-negotiations/negotiating-documents-article-50-negotiations-united-kingdom_en, 17. Januar 2020).

EU Durchschnitt. Der EU-Haushalt umfasst etwa 1 % der gesamten Wirtschaftsleistung sämtlicher Mitgliedstaaten. Im Schnitt sollte also jedes einzelne Mitglied etwa 1 % seiner Wirtschaftsleistung und die EU abführen. Großbritannien kam mit 0,8 % davon. Dennoch hat das Land einen hohen Nettobeitrag zum EU-Budget geleistet. Die EU-Kommission geht davon aus, künftig mit jährlich rund 10 Mrd. € weniger auskommen zu müssen. Damit wird ein empfindlicher Nerv getroffen: Sollen diese Mindereinnahmen auch die Ausgaben mindern, müssen also Projekte und Programm, die bereits beschlossen sind, abgespeckt werden? Oder müssen die verbleibenden Mitglieder höhere Beiträge leisten? Der siebenjährige Finanzrahmen, der 2019 gebilligt worden ist, stellt einen Kompromiss dar: Der Anteil des EU-Haushalts erhöht sich auf über 1,1 % der Wirtschaftsleistung der 27 verbleibenden Mitglieder, die Ausgaben gehen nur unmerklich zurück, die wirtschaftsstärksten Mitglieder werden höhere Beiträge leisten. [28]

Die Politische Erklärung enthält eine Vielzahl von Bereichen, die es künftig zu regeln gilt. Es wäre ein Wunder, wenn es im Verlauf dieser Verhandlungen nicht zu massiven Meinungsunterschieden käme.

Die Probleme der EU liegen jedoch viel tiefer und berühren Grundstrukturen. Dem Verlust eines der wichtigsten Staaten Europas steht eine Blockade weiterer Erweiterungen gegenüber. Frankreich (unterstützt von Dänemark und den Niederlanden) hat im Oktober 2019 die Beitrittsgespräche mit Nordmazedonien und Albanien blockiert.[55] Obwohl die EU ihre Geschlossen-

---

[55]Damit wurden die beiden Balkanstaaten schlechter gestellt als die Türkei, mit der seit 2005 Beitrittsverhandlungen laufen, obwohl in den letzten Jahren kein Fortschritt mehr möglich war. Die Perspektive einer Türkei, die Mitglied in der EU wird, ist in verschwindend weite Ferne gerückt.

heit gegenüber dem britischen Austrittswunsch gewährt hat, nimmt ihre Homogenität in anderen Bereichen deutlich ab. Nach außen hin ist sie nicht in der Lage, eine wirksame Migrationspolitik zu formulieren, geschweige denn zu implementieren. Sie vermag weder in Syrien noch in Libyen eine ordnende Rolle zu spielen, obwohl sie von beiden Konflikten unmittelbar betroffen ist. Sie finden gleichsam auf ihrer Schwelle statt. Die EU erweist sich als unfähig, gegenüber Russland und China ein effektives Gegengewicht zu bilden. Dem Druck, den Präsident Trump aus den USA ausübt, hat sie wenig entgegenzusetzen. Ihr künftiger Kurs ist trotz ambitionierter Ankündigungen der neuen Kommissionspräsidentin alles andere als klar: Erweiterungen sind vorerst unmöglich, Vertiefung scheitert an den zunehmenden Spannungen. Polen, Ungarn und die Tschechische Republik gelten in den Gründungsmitgliedern als problematisch. Gegen alle drei laufen Vertragsverletzungsverfahren, deren Ausgang ungewiss ist. Sollten sie in einer Verurteilung münden, stünde die EU erneut vor der Herausforderung, einen Rechtsspruch des EuGH politisch zu vollstrecken. Das ist bislang noch nie überzeugend gelungen.

Die EU steht vor einem gewaltigen Reformbedarf. Aber niemand zeigt sich derzeit gewillt, Reformen anzugehen. Einerseits hat der Brexit eine Unbeweglichkeit gefördert. Jede Erschütterung, so die Befürchtung, könnte weitere Lawinen auslösen. Je mehr die Briten sich selbst zu einem Gegenentwurf zur EU erklären, um so stärker verschanzt sich diese hinter ihrem *acquis communautaire*. Andererseits scheut jedes Mitglied neue Vertragsverhandlungen, weil jeder neue Vertrag von allen Mitgliedern ratifiziert werden muss und eine solche Reihe von 27 Ratifizierungen unter den gegebenen Umständen Gefahr läuft, zu scheitern. Eine einzige missglückte Ratifizierung genügt. 2005 ist der Verfassungsvertrag an Volksabstimmungen in Frankreich und in den Niederlanden gescheitert. Einige der östlichen Mitgliedstaaten sind von ihrer nationalen Verfassung verpflichtet, jede Vertragsänderung einer Volksabstimmung zu unterbreiten. Dazu gehört Ungarn. Es fällt schwer, zuversichtlich zu sein, dass eine Volksabstimmung unter Viktor Orban positiv ausgehen würde.

Die größte Gefahr liegt zukünftig darin, dass die EU in ein verhängnisvolles Dilemma zwischen Demokratie und einer als dogmatisch und unveränderlich aufgefassten Werteordnung geraten könnte. In Polen geht sie gegen eine in demokratischen Verfahren gebilligte Änderung der Richterordnung vor. In Spanien duldet sie, dass die demokratische Willensbildung in Katalonien von der Zentralregierung und dem zentralen Verfassungsgericht kriminalisiert wird. Die demokratische Legitimierung der EU ist schwach, bei einer Wahlbeteiligung, die im Schnitt bei unter 60 % der nationalen Wahlbeteiligungen liegt. Das Brüsseler Parlament hat in mehrfacher Hinsicht ein Repräsentationsdefizit. Die EU wird nicht mit einem höheren moralischen Anspruch sich gegen eine wegbrechende Akzeptanz an der Wählerbasis erfolgreich wehren können. Den Kampf um das Wertegerüst der EU wird Brüssel nicht gewinnen können gegen politische Kräfte, die sich auf breite Zustimmung in den jeweiligen Nationen stützen. Das Anschwellen von Zustimmung in der Bevölkerung zu den Brüsseler Institutionen könnte sich als temporär herausstellen und schnell wieder alten Ressentiments Platz machen. Die EU hat die Brisanz der EU-feindlichen Stimmung in England zu lange unterschätzt und darauf vertraut, dass die eigene Erfolgsgeschichte stärker sei und dass ein Rückschlag im europäischen Einigungswerk nicht vorgesehen war. Die EU muss sich hüten, nicht ähnliche Ansätze in anderen Mitgliedstaaten ebenso zu unterschätzen. Gegenwärtig wirken die massiven Mittelzuweisungen an die östlichen Mitgliedstaaten noch als Stabilisatoren. Doch wenn aus welchen Gründen auch immer diese Geldströme eines Tages nur noch tröpfeln oder gänzlich versiegen, wird auch die Bereitschaft, sich der Gemeinschaft unterzuordnen, abnehmen.

Die Politische Erklärung lässt breiten Raum für Interpretationen. In ihrem Verlauf werden die Interessenunterschiede der EU-Mitgliedstaaten offen zutage treten. Die einen werden versuchen, Zugang zum britischen Absatzmarkt zu behalten, anderen wird die Freizügigkeit und die Arbeitsmigration wichtiger sein, wieder andere werden versuchen, aus London abziehende Finanzdienstleister auf ihr Territorium zu locken, um über deren Ertragsstärke das nationale Steueraufkommen anwachsen zu lassen. Auch für die EU sind die Ungewissheiten des Brexit noch lange nicht vorüber. In mancher Hinsicht haben sie gerade erst begonnen.

Die höchsten Repräsentanten der EU bewerteten den Brexit unterschiedlich. Jean-Claude Juncker sprach von einer Zeit- und Energieverschwendung, Donald Tusk nannte die Brexit-Entscheidung der Briten einen der spektakulärsten Fehler in der Geschichte der EU und geißelte eine beispiellose Bereitschaft zu lügen. Der neue (und alte) Vizepräsident der Kommission Frans Timmermans fühlte sich berufen, den Briten zum Abschied einen Liebesbrief hinterher zu schicken. [29]

3.4.2 Deutschland

> *Deutschland geht es nur gut, wenn es Europa gut geht.*
> Angela Merkel

Das Handelsvolumen zwischen Deutschland und dem Vereinigten Königreich ist seit 2016 zurückgefallen, in deutlichem Kontrast zu allen übrigen Handelspartnern. Der Handel mit dem Vereinigten Königreich ging um 7 % zurück, während beispielsweise der mit Italien, China oder Polen um über 20 % zunahm. In diesen drei Jahren rutschte das Vereinigte Königreich in der Rangliste der Außenhandelspartner Deutschlands von Platz drei auf Platz sechs ab. Der Anteil des Vereinigten Königreichs am deutschen Außenhandel ist mit 6,2 % heute dort, wo er während der Finanzkrise von 2008 lag.

Abb. 3.12 zeigt, dass es dem Vereinigten Königreich von 2010 bis 2015 gelungen ist, seine Handelsposition gegenüber Deutschland auszubauen, dass dieser Entwicklungspfad 2016 jedoch plötzlich abknickt und seither nach unten weist.

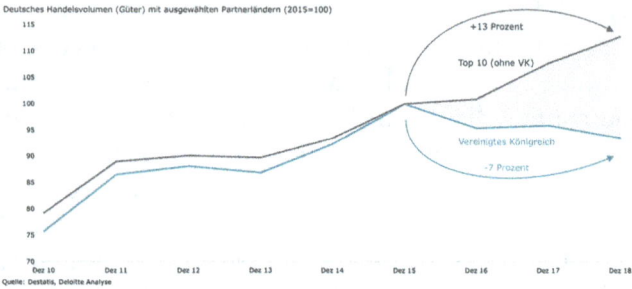

Abb. 3.12 Der deutsche Handel mit dem Vereinigten Königreich ist seit dem Brexit-Referendum um mehr als 8 Mrd. € gefallen. (Quelle: NZZ)

Am stärksten betroffen sind in Deutschland der Automobilbau, der Maschinenbau die Pharmaindustrie. Deutsche Automobilexporte nach Großbritannien sind seit 2016 um 30 % zurückgegangen. Das führt zu auffälligen regionalen Unterschieden. Während die Kernländer des deutschen Automobilbaus Niedersachsen, Bayern und Baden-Württemberg die deutlichsten Einbrüche verzeichnen (−12 %, −17 %, −32 %) und auch NRW stark leidet (−13 %), können einige Bundesländer vom Brexit profitieren: Berlin (+28 %) sowie einige östlichen Bundesländer (Thüringen +14 %, Sachsen-Anhalt +11 %, Sachsen +10 %). Schwer getroffen sind auch die Ausfuhrhäfen Hamburg (der "östlichste Vorort Londons") und Bremerhaven, letzteres vor allem durch den Rückgang der Automobilexporte. [30]

Britische Direktinvestitionen sind nicht zurückgegangen, konzentrieren sich jedoch auf einige wenige Großstädte (Düsseldorf: +120 %; Frankfurt: +104 %), wohingegen Investitionen in der Fläche und an Produktionsstandorten zurückgegangen sind. Britisches Geld fließt derzeit vornehmlich in Immobilien, d. h. Büroflächen, oder Beteiligungen an Dienstleistern. Briten investieren in Services und ziehen sich aus der Industrieproduktion zurück.

Das deckt sich mit den Beobachtungen aus der Finanzbranche. Dort rechnet man mit fast 1,5 Billionen €, die an Anlagevermögen aus Großbritannien in die Eurozone verlagert werden. 24 Banken werden ihren Geschäftsschwerpunkt aus London vollständig in die Eurozone verlagern, die meisten anderen werden Geschäftsstellen in der Eurozone aufmachen, um über sie weiterhin innerhalb der EU präsent zu sein und unbeschränkt im Binnenmarkt Geschäfte machen zu können *(passporting rights)*.

Insgesamt sieht der BDI im Brexit eine Herausforderung, die Deutschland wirtschaftliche Substanz kosten wird. Er gibt sich ansonsten aber entspannt und zuversichtlich. Erstens ist noch völlig unklar, wie das künftige Handelsregime mit dem Vereinigten Königreich tatsächlich aussehen wird, und zweitens rechnet man damit, dass sich die Verluste auf dem britischen Markt schon nach wenigen Jahren durch Zugewinne auf Drittmärkten kompensieren lassen.

Deutschland verzeichnet einen auffälligen Aufwuchs von Einbürgerungsanträgen von Inhabern britischer Pässe. Waren es im Jahresdurchschnitt vor 2016 rund 300 Anträge, so sind es seither deutlich über 5000 – eine Steigerung auf nahezu das Zwanzigfache!

Umgekehrt ist die Zahl der Deutschen, die ihr Land mit Ziel Großbritannien verlassen, konstant geblieben. Nach wie vor liegt Großbritannien auf Platz vier der deutschen Auswanderungsstatistik. Etwa 300.000 Deutsche leben in Großbritannien, die meisten in England, nur wenige in Wales, Schottland oder Nordirland. Unbekannt bleibt, wie viele von ihnen beruflich bedingt von ihrem Arbeitgeber kurzfristig nach Großbritannien entsandt werden (die gegenwärtige Ungewissheit und die absehbare Notwendigkeit, grundlegend umzustrukturieren, könnte für einen kurzfristigen Höhepunkt sorgen), und wie viele aus eigenem Antrieb langfristig eine bessere Zukunft jenseits des Kanals suchen.

Am deprimierendsten sind die psychologischen Auswirkungen des Brexit. Das Ansehen Großbritanniens, das nach den Weltkriegen von vielen Deutschen mit seiner Debattenkultur, seinem Sinn für pragmatische Vernunft und seiner rigorosen Absage an metaphysische Spekulationen als Vorbild betrachtet worden war, ist rapide gesunken. Unvorteilhafte Witze und Karikaturen machen die Runde. Laut einer Umfrage Ende 2019 bezeichnen nur noch 37 % der Deutschen Großbritannien als vertrauenswürdigen Partner. Anfang des Jahres waren es noch fast 55 %. 67 % der Befragten zeigten sich überzeugt, dass es unter einem Premierminister Johnson in den kommenden fünf Jahren nur schlimmer werden kann.

Und auf britischer Seite? Dort wurden schon während der Leave-Kampagne die alten Nazi-Vorurteile gegenüber Deutschland wieder ausgegraben – wenn sie denn überhaupt jemals zur Ruhe gelegt worden sind. Anfang Oktober, als der Stab von Johnson den Inhalt seines Telefonats mit Angela Merkel in verfälschter Form in die Öffentlichkeit trug, ließ es sich leave.eu nicht nehmen Angela Merkel und die Deutschen aufs Korn zu nehmen (Abb. 3.13).

Diese Entwicklungen bestätigen die Befürchtung, dass jenseits aller ökonomischen, politischen und sonstigen messbaren Verwerfungen langfristig das schlimmste Gift des Brexit in der kollektiven Psychologie der Völker wirksam werden könnte. Alte Vorurteile werden neu belebt, historisches Misstrauen wächst wieder auf, Schablonen aus Kriegszeiten werden hervorgekramt, um im Brexit-Streit billige, aber wirksame Punkte zu sammeln. Auf Britischer Seite werden alte Kriegsmythen bemüht, Dünkirchen, die Battle of Britain, die Bismarck und die Graf Spee. Sogar die Schlacht an der Somme taucht in Kommentare wieder auf – wobei der Zusammenfall des Brexit-Referendums mit dem hundersten Jahrestag dieser Schlacht die Assoziationen beflügelte.[56] Dann wird auf dem Kontinent das perfide Albion, der spleenige Engländer, der exzentrische Gentleman wieder als dankbare Popanze für nationalistische Demagogen herhalten müssen, und von der anderen Seite des Kanals wird es herüber schallen:

---

[56]Das Referendum fand am 23. Juni 2016 statt. Die Schlacht an der Somme begann. am 1. Juli 1916.

Abb. 3.13 So kommentierte leave.eu das Telefongespräch zwischen PM Boris Johnson und Bundeskanzlerin Angela Merkel vom 7. Oktober, 2019

Krauts, Huns, Jerries, Frogs, Maccaronis und andere nicht zitierfähige Ausdrücke.

3.4.3 Frankreich

Das Beste, was Frankreich und England gemeinsam haben, ist das Meer, das sie trennt.
Douglas Jarrold

Frankreich wird von allen EU-Mitgliedsstaaten am stärksten vom Brexit profitieren. Nach dem Ausscheiden des Vereinigten Königreichs bleibt Frankreich der einzige EU-Staat, der über Nuklearwaffen und damit ein Abschreckungsmonopol verfügt, der einzige Staat mit einem permanenten Sitz im VN-Sicherheitsrat, der Staat mit der stärksten Rüstungsindustrie. Frankreichs überseeische Territorien verleihen ihm eine einzigartige globale Präsenz. Frankreichs Regierungen waren schon seit langem bestrebt, Paris zu einem gleichwertigen Finanzzentrum zu London zu machen. Deshalb war es Frankreich so wichtig, die Bankenaufsichtsbehörde nach Paris zu bekommen. Damit hoffte es, ein Gegengewicht gegen den Sitz der EZB in Frankfurt zu gewinnen. Der Brexit wird die City of London stärker von Europa weg auf globale Geschäfte lenken. Das Euro-Geschäft wird aus London abwandern. Das wird Frankreichs Position innerhalb der Eurozone stärken. Inzwischen steht mit Christine Lagarde zum zweiten Mal ein Franzose an der Spitze der EZB.[57] Ein Deutscher hat es noch nie auf diese Position geschafft, und einige EU-Partner haben wenig Zweifel daran gelassen, dass sie dort auch künftig keinen Deutschen sehen möchten.

Paris liegt mit der Eurostar-Verbindung nur wenige Stunden von London entfernt. Viele Banker können in Paris arbeiten, ihren Wohnsitz in London aber halten, vor allem wenn der Partner in London einen guten Job hat und Steuervorteile winken. Anders als die deutschen

---

[57]Der erste Präsident der EZB, der Niederländer Wim Duisenberg, musste seinen Posten vorzeitig abgeben, um seinem 1998 unterlegenen Konkurrenten Jean-Claude Trichet den Weg frei zu machen, der eine volle Amtszeit ausüben konnte (2003–2011). Wenn Christine Lagarde ihre Amtszeit voll ausschöpft (2019–2027), wird die EZB von den knapp 30 Jahren ihrer Existenz 16 Jahre unter französischer, 8 Jahre unter italienischer und lediglich 5 Jahre unter niederländischer Führung gestanden haben.

Automobilhersteller, die sich stark in Großbritannien engagiert haben,[58] hat Frankreich Partner für die eigenen Automobilhersteller im Osten und im Süden gesucht: PSA (Peugeot) hat Opel übernommen und mit FIAT-Chrysler fusioniert. Renault hat Partner in Japan (Nissan) und Rumänien (Dacia).

Der Brexit wird die Bedeutung der britischen Industrie für europäische Projekte in der Luft- und Raumfahrt reduzieren. Dadurch wird der Airbus-Standort Toulouse aufgewertet, vermutlich stärker als der in Finkenwerder. Die unglückliche Geschichte des Galileo-Projektes, aus dem Großbritannien 2018 ausscheiden musste, wirft ein Schlaglicht auf die Gefahr einer Abkoppelung britischer Technologieprojekte von solchen, die im EU-Rahmen vorangetrieben werden. Ähnliche Divergenzen dürften langfristig auch bei der Fusionsforschung zu befürchten sein. Damit zeichnet sich für Großbritannien ein dreifaches Dilemma ab: Es wird immer weniger in gesamteuropäische Projekte eingebunden werden. Der Informationsaustausch wird behindert werden, schon allein deshalb, weil der Austausch von Spitzenforschern und vielversprechenden Studenten nach dem Brexit auf erhöhte bürokratische Hürden stoßen wird. Drittens wird Großbritannien sich überlegen müssen, ob es eine primär nationale Technologiepolitik betreiben will oder ob es sich starke Partner sucht. Für eine solche langfristige Partnerschaft kommen eigentlich nur die USA oder China infrage. Es zeichnet sich bereits ab, dass Technologiekonzerne aus beiden Ländern versuchen, verstärkt in Großbritannien Fuß zu fassen. Frankreich betrachtet Großbritannien als hauptsächlichen Rivalen zu seinen nationalen Anstrengungen

---

[58]Rolls Royce und Mini gehören zur BMW-Gruppe, Bentley zu Volkswagen, Daimler ist inzwischen stark an Aston Martin beteiligt.

bei Luft- und Raumfahrt, Rüstungsprojekten beim Automobilbau. Zudem lebt in Frankreich der Verdacht de Gaulles fort, Großbritannien könne zu leicht zum Einfallstor nicht-europäischer Interessen in die EU sein. Großbritannien als Trojanisches Pferd ist ein in Frankreich immer noch beliebter Vergleich. Frankreich wird deshalb zu verhindern suchen, dass die EU Großbritannien allzu weitreichende Privilegien nach dem Brexit anbietet.

Für Frankreich ergeben sich weitere Zugewinne für seine strategische Position. Es wird vermutlich einer der wichtigsten Lieferanten für britische Nahrungsmittelmärkte bleiben. Großbritannien hat den höchsten pro-Kopf-Konsum an Champagner außerhalb Frankreichs und liegt mit einem Gesamtimport von 23 Mio. l noch vor den USA (21 Mio. l), die allerdings viermal so viele Einwohner haben. Frankreich hat die längste gemeinsame Seegrenze mit dem Vereinigten Königreich, die Küstengewässer des Kanals sind fischreich. Präsident Macron hat bereits angekündigt, dass er auf freiem Zugang für französische Fangschiffe in britischen Gewässern bestehen wird. Da eine Einigung in Fischereifragen gemäß der politischen Erklärung schon bis zum 30. Juni 2020 vorliegen muss, zeichnen sich hier harte Verhandlungen ab.

Frankreich kontrolliert mit dem Kanaltunnel und den wichtigsten Fährverbindungen die Lebensadern Großbritanniens. Es kann dort leicht Druck aufbauen und einen britischen Schwächeanfall provozieren. Dem hätte die andere Seite wenig entgegen zu setzen. Das kann von administrativen Verzögerungen, ausgedehnten Inspektionen bis hin zu Streiks oder technischen Problemen reichen. Jede Störung an diesen neuralgischen Stellen wird sofort weitreichende Folgen für die gesamte britische Wirtschaft und die Infrastruktur haben. Großbritannien hat bereits geübt, wie sich Lastkraftwagen auf der Strecke zwischen London Dover stauen lassen, sollte es am Kanal zu Engpässen kommen.

Der Brexit dürfte das Ende für ein Zukunftsprojekt bedeuten, das einen großflächigen Energieverbunde im Dreieck Großbritannien-Norwegen-Niederlande/Frankreich vorsah. Mit diesem Stromverbund sollten Überschüsse in der Stromproduktion aus Renewables im Norden Großbritanniens in norwegische Wasserspeicher geleitet werden, die es bei Bedarf an die Industriezentren in den Niederlanden und Frankreich abgeben sollten, von wo aus Gas und in Kernkraftwerken erzeugter Strom wiederum Flauten bei den britischen Renewables ausgleichen könnten.

Alternativ hierzu hat Frankreich mit der Planung einer Direktanbindung der Republik Irlands an das kontinentale Verteilernetz begonnen: Eine Starkstromleitung und ein Breitbandkabel soll Irland unter Umgehung des dazwischenliegenden Großbritanniens direkt an den Kontinent anschließen.

Frankreich hat jeder Verlängerung der Austrittsfrist am heftigsten widersprochen. Im April 2019 bestand Frankreich auf einer maximalen Fristausweitung bis zum Sommer und beugte sich nur widerwillig dem von der Mehrheit vorgeschlagenen Termin 31. Oktober. Im Oktober war es wiederum Frankreich, das die dritte Fristverlängerung am liebsten verhindert hätte. In Paris hofft man darauf, dass der Brexit Strukturumbrüche in der britischen Industrie nach sich ziehen wird und dass dabei lukrative Bruchstücke für Frankreich abfallen können.

Die EU verliert mit Großbritannien ein Land, dessen liberale Tradition für freie Märkte und freien Handel stand und staatliche Interventionen prinzipiell ablehnte. Es bildete damit einen ordnungspolitischen Gegenpol zu dem Staatsdirigismus und protektionistischen Ansätzen, die für Frankreich charakteristisch sind. Während Großbritannien stolz auf seine Tradition eines globalen Freihandels ist, gehört Frankreich zu den Protagonisten, die nationale (bzw. europäische) Champions befürworten. Damit verschieben sich die ideologischen Gewichte innerhalb der EU in Richtung Frankreich. Es wird künftig bei seinen Vorschlägen mit geringerem Widerstand zu rechnen haben.

Frankreichs Rolle als Scharnier zwischen einem ausgabefreudigen Süden und einem finanziell restriktiveren Norden *(Hanseatic League)* der EU wird an Bedeutung gewinnen. Künftig wird Frankreich immer öfter zwischen beiden Gruppierungen die entscheidende Stimme in die Waagschale werfen können. Das deutsch-französische Verhältnis wird an Bedeutung für die gesamte EU zurück gewinnen. Aber es ist zur Zeit weitgehend gelähmt, weil Berlin in der Großen Koalition gefesselt bleibt und sich passiv verhält. Das verleiht Frankreich zusätzliches Gewicht. Macron versucht, die EU-Agenda zu setzen und Deutschland dann halb willig, halb widerstrebend, hinterher zu zerren. Im berühmten *couple franco-allemand* wird das Übergewicht Frankreichs stärker werden. Der Integration der europäischen Rüstungsindustrie und EU-geführten militärischen Operation setzt Frankreich unverkennbar seinen nationalen Stempel auf. Während Deutschland mit seinem Ausstieg aus der Kernenergie wenig Nachahmer findet, baut Frankreich im eigenen Land und in anderen Ländern der EU seinen neuesten Kernkraftwerkstyp. In der Migrationspolitik der EU stoßen deutsche Lösungsversuche immer wieder auf Zurückhaltung der anderen Mitglieder, die von Frankreich ermutigt werden. Im Verhältnis zu Trumps USA und zu Putins Russland versucht Macron, die Initiative an sich zu reißen und damit den Weg für die restliche EU vorzuzeichnen. Deutschland, Italien und Spanien sind innenpolitisch so schwach, dass sie diesen strategischen Initiativen wenig entgegenzusetzen haben.

Großbritannien besinnt sich wieder stärker auf seine atlantischen Bindungen zurück und setzt seine Hoffnungen auf enge Beziehungen zu Washington, während die Beziehungen zu Moskau nach den Attentaten auf Litwinenko und Skripal und der anhaltenden Magnitzki-Krise auf einem Tiefpunkt sind. Macron hingegen unternimmt eine prononcierte Ouvertüre in Richtung Moskau. Während die Briten nach Westen schauen, macht Frankreich Avancen nach Osten. Er knüpft dabei an alte Traditionen an. Schon de Gaulle versuchte, Sonderbeziehungen zu Moskau zu knüpfen, und Jacques Chirac unternahm 2002 vor dem Golfkrieg den Versuch, zusammen mit Russland und Deutschland eine Allianz gegen den Irak-Krieg zusammenzubringen und sich den USA und Großbritannien in den Weg zu stellen.

Die britische Gesellschaft ist besessen von Traditionen und vom Stolz auf eine glorreiche Vergangenheit. Waterloo und Trafalgar und der große Feind Napoleon spielen im nationalen Selbstbewusstsein eine kaum geringere Rolle als die Somme und die Battle of Britain, als es gegen Deutschland ging. Jacob Rees-Mogg sprach keineswegs als Außenseiter, als er abschätzig meinte, Franzosen seien dumm und unordentlich, ihre Wirtschaft ein Saustall und Franzosen seien die letzten, die ihm irgend eine Lektion erteilen könnten. [31] Vorbild für englische Aristokratie war im 18. Jahrhundert das Italien der Renaissance, niemals das barocke Frankreich. Dennoch sahen sich beide Länder als legitime Nachfahren Roms in ihrem Anspruch auf Weltherrschaft und übernahmen römische Insignien und die repräsentative klassisch-römische Architektur für die Zurschaustellung ihrer politischen Macht – England deutlich weniger als Frankreich, weil es viel stärker an mittelalterlichen Traditionen festhielt und im öffentlichen Bereich der gotische Stil dominierte. Aber abgesehen vom neo-gotischen Parlament folgen die meisten Gebäude in Whitehall, in denen politisch-kulturelle Macht zur Schau gestellt werden soll, wie beispielsweise das Foreign and Commonwealth Office, die Treasury, die Admiralty, römisch-italienischen Vorbildern. Das gilt auch für die Bank of England, die Börse, den Buckingham Palast, die großen nationalen Museen wie National Gallery, British Museum oder Tate Gallery. Sowohl England wie Frankreich erheben den Anspruch, beste gesamteuropäische Traditionen zu verkörpern. Zum europäischen Erbe gehören beide Pole, die rationalistische, deduktive, hierarchisch-logisch vorgehende Kultur Frankreichs und die induktive, pragmatische, fallbezogen vorgehend Kultur Englands.

3.4.4 Niederlande

Das EU-Verfassungsprojekt ist am Nein der Niederländer gescheitert.

Wegen der Ungewissheit des bevorstehenden Brexit haben fast 100 internationale Unternehmen ihren Sitz von Großbritannien in die Niederlande verlegt. 325 weitere Firmen haben Interesse gezeigt, ihren Standort in die Niederlande zu verlegen. [32] Mit dieser Verlagerung wandern mehr als 5000 Arbeitsplätze von Großbritannien in die Niederlande. Einige der großen britisch-niederländischen Unternehmen wie Shell und Unilever sind noch unentschieden, wo künftig ihr Standbein stehen wird. Die Niederlande dürften deshalb ebenfalls stark vom Brexit profitieren. Sie bieten geografische

Nähe, einen guten Zugang zu den kaufkräftigsten Märkten Europas und ein kulturell und sprachlich vertrautes Umfeld. Schließlich ist das entscheidende Datum der neueren englischen Geschichte, die Glorious Revolution und damit der Durchbruch demokratischer Institutionen, mit der Ankunft einer niederländischen Dynastie verbunden.[59]

Über die Niederlande wickelt Großbritannien einen wichtigen Teil seines Außenhandels mit Partnern auf dem Kontinent ab. Die niederländischen Häfen dienen dabei als Verteilerpunkte. Sollte dieses Handelsvolumen nach dem Brexit zurückgehen, dürften niederländische Häfen davon ebenso negativ betroffen sein wie Hamburg oder Bremerhaven.

Die Niederlande haben bereits davon profitiert, dass die Arzneimittelagentur der EU ihren Sitz von London nach Amsterdam verlegt hat.

Auch in den Niederlanden gibt es eine starke EU-kritische Strömung, die mit den Namen Geert Wilders, Derk Jan Eppink und Thierry Baudet verbunden ist.[60] Die Brexit-Agonie und die Unwägbarkeiten der Folgen des Brexit haben diese Stimmen einstweilen verstummen lassen. Sie könnten jedoch wieder vernehmlich werden, sobald der britische Austritt aus der EU vollzogen und seine Folgen abschätzbar werden. Der Wahlsieg Johnsons dürfte ihnen gelegen kommen.

---

[59]William III. entstammte der Adelsfamilie Oranien-Nassau und war von Geburt an in den Niederlanden aufgewachsen, bevor er 1688 König Englands wurde.

[60]Geert Wilders gründete und führte die PVV. Eppink und Baudet haben ihre neue Partei FvD zu einige überraschenden Wahlerfolgen (15 % in den Senatswahlen 2019) geführt.

3.4.5 Skandinavien einschließlich Norwegen

If anything, I've thought of myself as Scandinavian. Particularly, Danish. We spoke English at home.
Prince Philip

An independent Scotland would benefit a great deal from links with Scandinavia.
Tariq Ali

Skandinavien hat historisch enge Beziehungen zu Großbritannien gepflegt. Nördliche Teile der britischen Inselgruppe gehörten bis ins 15. Jahrhundert zu Norwegen. Je weiter man nach Norden kommt, um so auffälliger werden die linguistischen Einflüsse aus skandinavischen Sprachen und um so schwächer die des normannischen Französisch. Auf den Shetland und Orkney Inseln ist dieser skandinavische Einfluss bis heute spürbar. Der Wunsch nach einem unabhängigen Schottland ist eng mit der Vorstellung einer Annäherung an die skandinavische Ländergruppe verbunden.

Norwegen diente einigen Befürwortern eines weichen Brexit als Vorbild. Diese Variante ist nach 2016 schnell verschwunden. Ausschlaggebend hierfür war nicht nur die harte Sprache Theresa Mays, die einen harten Brexit forderte; entscheidender dürfte gewesen sein, dass die totale Abhängigkeit von Vorgaben der EU ohne eigenes Mitspracherecht, wie es die Norwegen-Lösung mit sich bringt, für keinen Brexiteer akzeptabel war und für ein Land von der Größe und Bedeutung des Vereinigten Königreichs keinen Sinn macht. Weshalb die Mitgliedschaft kündigen, wenn man danach verpflichtet bleibt, sich weiterhin an alle Regeln des Clubs zu halten? Wer schon über Vasallenstatus klagte, obwohl er gleichberechtigt in Brüssel mit am Tisch sitzt, kann sich unmöglich damit abfinden, in der gleichen Abhängigkeit zu bleiben, aber auf das Mitspracherecht zu verzichten. Norwegen hat wiederholt klar gemacht, dass eine Mitgliedschaft des Vereinigten Königreichs in der EFTA nicht erwünscht ist.[61]

In Schweden hat eine EU-skeptische Partei in jüngster Zeit erheblichen Zulauf erhalten. Bei den letzten Reichstagswahlen von 2018 erhielt sie über 17 %, bei den Wahlen zum EU-Parlament 2019 gut 15 %. Schweden lehnt es ebenso wie Großbritannien ab, der Eurozone beizutreten. Der Handelsaustausch zwischen Schweden und Großbritannien ist vom Umfang her eher unbedeutend. Schweden macht etwa 1,6 % des britischen Außenhandels aus. Für Schweden ist Großbritannien allerdings innerhalb Europas der viertwichtigste Handelspartner (nach Deutschland, Finnland und Dänemark), noch deutlich wichtiger als Frankreich, Italien oder Polen. Schweden exportiert einige technologieintensive Produkte nach Großbritannien (Volvo). Schweden erwartet, dass der Umfang britischer Direktinvestitionen im eigenen Land weiter zunehmen wird, weil britische Unternehmen verstärkt Präsenz im Binnenmarkt suchen werden und Schweden ihnen, ähnlich wie die Niederlande, ein geografisch und kulturell attraktives Umfeld bieten kann. Schweden hat einen untadeligen Ruf als Rechtsstaat und ist wenig korruptionsanfällig. Der Zugang Schwedens zum britischen Markt dürfte künftig jedoch schwieriger und teurer werden. [33] Vor allem fürchtet Schweden an politisch-gestalterischem Einfluss im Kreis der restlichen EU zu verlieren, weil es in Großbritannien einen engen Verbündeten in Währungs- und Finanzfragen verliert. Schweden war deshalb einer der Initiatoren der Neuen Hansa, die im Februar 2018 von acht nordischen Staaten aus der Taufe gehoben wurde.

---

[61]Die EFTA (European Free Trade Association) wurde 1960 auf britisches Betreiben als Gegenstück zur EWG gegründet. Großbritannien wandte sich aber schon nach einem Jahr von EFTA ab und der EWG zu.

3.4.6 Die Mittelmeerländer

We must break up the eurozone. We must set those Mediterranean countries free.
Nigel Farage

Der Brexit wird geringe Auswirkungen auf die mediterranen EU-Mitgliedstaaten haben. Spanien stellt hier eine Ausnahme dar, denn es hat bereits angekündigt, den Brexit zum Anlass zu nehmen, den Status der britischen Exklave Gibraltar zu revidieren. Der Austrittsvertrag ist ein reiner Vertrag zwischen Großbritannien und der EU. Er muss lediglich vom EU-Parlament ratifiziert werden. Der Vertrag über künftige Beziehungen wird jedoch von allen 27 übrigen nationalen Parlamenten der EU-Staaten ratifiziert werden müssen. Die durch die blockierten Sezessionsbestrebungen angeheizte Stimmung in Madrid wird mit hoher Wahrscheinlichkeit Korrekturen am *status quo* in Gibraltar fordern. Mit dem einzigen Landzugang kontrolliert Spanien eine britische Lebensader, auch wenn sie nur ein winziges Territorium von 6,5 qkm versorgt. Für Großbritannien ist mit dem Erhalt dieser Exklave hohes nationales Prestige verbunden. Ein britischer Minister hat davon schwadroniert, dass sein Land nicht vor Krieg gegen Spanien zurückschrecken würde.[62] Das Verhältnis zu Großbritannien ist heute primär geprägt durch eine ungewöhnlich hohe Zahl von britischen Staatsangehörigen, die sich langfristig in Spanien niedergelassen haben. Sie kommen überwiegend aus Englands Norden und leben

---

[62] ... und hat dabei in englischem Geschichtsstolz natürlich auf die spanische Armada von 1588 verwiesen. Der Politiker war Michael Howard, 2003–2005 immerhin Anführer der Konservativen Partei.
Brexit and Gibraltar: May laughs off Spain 'war' talk, BBC 3. April 2017 (https://www.bbc.com/news/uk-politics-39475127, 14. Dezember 2019).

überwiegend in Spaniens Süden. Ihr Durchschnittsalter liegt über 60. Es sind zu 40 % Rentner und Pensionäre, die ihren Lebensabend in dem wärmeren Mittelmeerklima verbringen. Die meisten von ihnen sprechen kein Spanisch. Interaktion mit dem spanischen Umfeld findet kaum statt, Integration erst recht nicht. Dieser Trend, die Pension in einem Land mit angenehmerem Klima, farbigerer Lebensart und höherer Kaufkraft zu verbringen, begann in den 90er Jahren. Offizielle Zahlen sind schwer zu erhalten. Es dürften um 300.000 Briten sein, deren Aufenthalt und vor allem deren Aufenthaltsbedingungen mit dem Brexit infrage stehen. Welche Aufenthaltsgenehmigung wird künftig erforderlich sein? Wie sicher sind erworbene Eigentumsansprüche? Wird die Geldversorgung klappen und werden die Kosten für Überweisungen und Telefongespräche in die Höhe schießen? Wie wird die Gesundheitsversorgung künftig sein? Gerade für ältere Menschen kann dies zu einer existenziellen Frage werden. Die spanische Regierung hat, ebenso wie die portugiesische, versichert, dass sich zunächst nichts ändern wird. Für die Übergangsperiode ist dies ohnehin vorgesehen. Was danach geschieht, wird vom Gesamtpaket abhängen, das Großbritannien mit der EU aushandelt. Auch hier zeichnet sich ein Ungleichgewicht zuungunsten der britischen Seite ab. Die meisten Kontinentaleuropäer in Großbritannien sind jung und im besten Arbeitsalter. Es gibt wenig Franzosen, Italiener, Spanier oder Deutsche, die ihren Lebensabend in Großbritannien verbringen möchten. Für sie ist eine Rückkehr in ein Erwerbsleben im Heimatland unproblematisch. Die Briten in den Mittelmeerländern haben jedoch in der Regel nichts, wohin sie zurückkehren können. Sie leben von Renten oder Erspartem. Der Immobilienmarkt in Spanien ist geplatzt, ein Verkauf des dort erworbenen Hauses bringt nicht viel. Und sich mit 75 Jahren nach 15 Jahren in Spanien eine neue Bleibe in

Yorkshire oder am Tyne suchen zu müssen, ist nicht verlockend. Auch deshalb sind Briten, die im europäischen Ausland leben, so empört, dass sie beim Referendum von 2016 keine Stimme hatten.

3.4.7 Mittel- und Osteuropa

> *Bram Stoker's 'Dracula' was a story about the fear of immigration; the bad old bloodsucker swooping in from Eastern Europe*
> Victor LaValle

Großbritannien war einer der energischsten Befürworter der Osterweiterung der EU, vielleicht damals schon in der Hoffnung, mit der Hereinnahme von zehn neuen Mitgliedern zentralisierende und uniformierende Tendenzen in der EU zu schwächen. Den neuen Mitgliedern war die Integrationsphilosophie der EU zunächst fremd, vielleicht sogar noch fremder als den Briten, als sie dreißig Jahre zuvor beitraten. Die Osteuropäer hatten sich gerade mit hohem Risiko aus einer Zwangsunion befreit. Manche Briten hofften, die EU werde nach dieser größten Erweiterung der EU-Geschichte viel von ihren Vereinheitlichungsambitionen verlieren, heterogener werden und letztlich doch wieder auf die Funktionen einer Freihandelszone zurückfallen. Denn erstaunlicher Weise hat Großbritannien die ökonomischen Chancen, die diese Erweiterung bot, kaum genutzt. Der britische Handelsaustausch mit den östlichen Mitgliedstaaten der EU bleibt unbedeutend, mit einigen hat er seit 2004 kaum zugelegt. Der wichtigste britische Handelspartner in der östlichen EU ist Polen. Es belegt in der Außenhandelsstatistik Platz 15, gleich hinter Schweden. Das britische Defizit in diesem Handel ist jedoch eines der größten in der EU (−£6 Mrd.), übertroffen nur von Deutschland, Spanien, den Niederlanden und Belgien. Der Handelsaustausch mit den übrigen neuen EU-Mitgliedern hat sich seit 2004 unterproportional entwickelt, d. h. der Zuwachs des globalen Handelsvolumens war größer als der mit diesen Partnern. Polen und Litauen exportieren vor allem Lebensmittel, Ungarn, Tschechien und die Slowakei überwiegend Industriekomponenten. Der Handel mit Bulgarien ist minimal. Lediglich der Warenaustausch mit Kroatien hat sich seit 2015 verfünffacht. [34] Zum Vergleich: Im deutschen Außenhandel machen die östlichen EU-Partner einen bedeutenden, ständig wachsenden Anteil aus, der inzwischen 20 % erreicht hat und wichtiger ist als der Handelsaustausch mit Frankreich und den USA. Auch für Großbritannien macht der Handel mit den USA etwa 20 % aus, der mit dem östlichen Europa liegt jedoch bei weniger als 3 %.

Die besondere Problematik der künftigen Beziehungen zu den östlichen EU-Mitgliedstaaten liegt darin, dass sie alle eine relativ starke Diaspora eigener Staatsangehöriger im Vereinigten Königreich – genauer gesagt: in England – haben. Migration ist primär ein englisches, kein britisches Problem. Gegenwärtig dürften sich mehr als eine Million Polen und eine halbe Million Rumänen in England aufhalten. [35] Die meisten EU-Migranten suchen im Vereinigten Königreich bessere Arbeitsbedingungen, höhere Löhne und eine bessere soziale Versorgung. Diese Kombination hat bei vielen Briten Ressentiments ausgelöst. Vor allem Briten mit geringeren beruflichen Qualifikationen sehen sich von Konkurrenten aus Polen oder Rumänien von lukrativen Aufträgen verdrängt. Osteuropäer sind nicht nur als Handwerker gesucht und erfolgreich. Sie sind zu finden als Arbeiter auf Baustellen, als saisonale Erntehelfer, als Mechaniker und als medizinisches Hilfs- und Pflegepersonal. Da Briten in diesen Berufen nur über geringe formale Qualifikationen verfügen, trifft sie die Konkurrenz dieser Zuwanderer hart. Die Herkunftsländer haben bereits angekündigt, dass der künftige Status ihrer Staatsangehörigen in Großbritannien ein wichtiger Verhandlungspunkt sein wird. Während der Nachverhandlungen, die Premierminister Cameron im Frühjahr 2016 führte, hat sich vor allem Polen hartnäckig jedem Ansatz widersetzt, seinen Staatsangehörigen den Zugang zu britischen Sozialleistungen zu beschneiden. Es ist nicht zu erwarten, dass die polnische Haltung weicher sein wird, wenn es um die Definition der künftigen Beziehungen geht.

3.5 USA und Commonwealth

It is easy enough to define what the Commonwealth is not.
Queen Elizabeth II.

3.5.1 USA

Im Herbst 2019 brüstete sich Boris Johnson damit, dass ein Handelsvertrag mit den USA so gut wie ausgehandelt bereits in den Schubladen liege *(oven ready)*. Er behauptete, gleich nach vollzogenem Austritt aus der EU könne dieser Vertrag in Kraft gesetzt werden. Präsident Trump widersprach dieser Behauptung entschieden, als er gleich nach Bekanntwerden des neuen Austrittsvertrags twitterte, damit werde ein Handelsabkommen mit den USA erschwert, wenn nicht unmöglich gemacht. [36] Ähnlich hatte sich der britische Handelsminister Liam Fox geäußert kurz bevor er sein Amt verlor. Er hatte darauf verwiesen, dass ein Handelsabkommen mit den USA nicht nur mit Washington auszuhandeln ist, sondern dass viele nicht-tarifäre Hemmnisse von den einzelnen US-Bundesstaaten verhängt werden und deshalb mit diesen auszuhandeln sind. [37]

Die Wirtschaftskraft der USA ist mehr als siebenmal so groß wie die des Vereinigten Königreichs. Dieses Gefälle wird in Handelsgesprächen eine Rolle spielen, wenn es darum geht, wer seine Vorstellungen durchsetzen kann. Bislang hat die Trump-Administration keinen Zweifel daran gelassen, dass sie in solchen Verhandlungen keine Hemmungen kennt, dieses massive Übergewicht einzusetzen. Auch sentimentale Beschwörungen einer *special relationship* werden Robert Lighthizer oder Peter Navarro nicht zum Einlenken bewegen. Für sie, wie für ihren Präsidenten, gilt: *America First!*

Zwar hat Trump sonst kaum eine Gelegenheit verstreichen lassen, um Boris Johnson als Politiker und die Perspektiven künftiger Handelsbeziehungen mit den ihm eigenen Superlativen zu rühmen. Faktisch verfolgt er mit seiner *America First*-Politik einen unerbittlichen Wirtschaftsegoismus. Trump neigt zu protektionistischen und merkantilistischen Ökonomiemodellen. Es ist schwer vorstellbar, dass er Großbritannien Konzessionen macht, ohne dafür selbst entsprechende Zugeständnisse zu erhalten. Die dürften vor allem im Agrar- und Pharmabereich liegen. Vermutlich wird sich auch die britische Luft- und Raumfahrt langfristig an amerikanische Partner anlehnen. Damit einher gehen wird eine stärkere Ausrichtung britischer Standards und Normen an US-Vorbildern. Beide Länder teilen ohnehin die Vorliebe für nicht-metrische Maßeinheiten – auch wenn die amerikanischen Einheiten geringfügig von den britischen abweichen – ein Relikt der Geschichte.[63]

---

[63]Als die USA 1776 ihre Unabhängigkeit erklärten, hatte Großbritannien die gängigen Maße für sich selbst noch nicht einheitlich definiert. Diese Definition erfolgte in Antwort auf die rationalen Definitionen der französischen Revolution erst 1824. Seither sind die imperialen Maßeinheiten für Großbritannien und sein Empire einheitlich definiert (und leiten daher ihren Namen ab). Die USA gehörten damals bereits nicht mehr zum Empire, hatten gerade einen ersten Krieg gegen das einstige Mutterland geführt (1812–1814) und verspürten keinerlei Neigung, dem nachzufolgen, was sie als britischen Sonderweg abtaten.

Mindestens sechs Gesprächsrunden haben zwischen der britischen und amerikanischen Regierung stattgefunden. Bis ein belastbarer Vertrag in Kraft tritt, dürften jedoch noch einige Monate, wenn nicht Jahre vergehen. Im Wahlkampf spielten die berüchtigten Chlorhühnchen und die Gefahr, dass sich US-Pharmafirmen monopolartige Positionen gegenüber dem NHS sichern könnten, eine markante Rolle. Hier dürften sich in der britischen Öffentlichkeit erhebliche Widerstände artikulieren.

Die USA sind schon seit Vorkriegszeiten mit etwa 20 % kontinuierlich der wichtigste traditionelle britische Außenhandelspartner. Man spricht die gleiche Sprache, bewegt sich in ähnlichen Rechtsräumen, die unternehmerische Mentalität ist verwandt und häufig kommen familiäre Beziehungen hinzu. Viele Indizien deuten darauf hin, dass US-Unternehmen Einfluss auf die innerbritische Brexit-Debatte ausgeübt haben, durch finanzielle Unterstützung, durch Lobbyarbeit oder durch entsprechende akademische Analysen. Die moderne Ökonomie wird weitgehend von angelsächsischen Begriffen, Modellen und Forschungszentren dominiert. Amerikanische Banken, Versicherungen und Hedge Fonds haben kein Interesse daran, dass London langsam, aber sicher in das Gravitationsfeld von EU-Normen und EU-Aufsicht hineingezogen wurde. Das Projekt einer Börsenfusion zwischen Frankfurt und London ist 2017 an einem Veto der EU-Kommission gescheitert. Sie stand ohnehin nach dem Brexit-Referendum von 2016 vor nahezu unüberwindlichen Problemen. Faktisch dürfte die EU-Kommission damit aus einer auf den Binnenmarkt beschränkten Sichtweise den USA und vor allem der New Yorker Börse direkt in die Hand gearbeitet haben. Denn die Fusion sollte dazu dienen, den amerikanischen Giganten einen ebenbürtigen europäischen Champion entgegen zu setzen. Statt dessen wandten sich einige der stärksten Londoner Finanzinstitutionen sofort New York zu und vereinbarten eine weitreichende Kooperation. Für den Eventualfall eines vertraglosen Ausscheidens aus der EU sollte New York bereit stehen, dann zu erwartende Ausfälle zu kompensieren. Die Londoner City wird mit dem Brexit substanzielle Teile ihrer Geschäfte in Euro verlieren – dafür wird schon Frankreich sorgen – dafür aber das Geschäft mit Partnern in den USA, in China, in der arabischen Welt und in Russland ausbauen. Die transatlantische Kooperation bei Finanzdienstleistungen dürfte sich deshalb nach dem Brexit intensivieren. Auch die Verkehrspolitik könnte betroffen sein, sollte sich das Vereinigte Königreich auch in der Luftfahrt von dem Regelwerk der EU absetzen.

Ein künftiger Handelsvertrag mit den USA wird dadurch erschwert, dass die USA sich bereits im Vorwahlkampf befinden. Die Präsidentschaftswahlen finden am 3. November 2020 statt. Trump will unbedingt für eine zweite Amtsperiode wieder gewählt werden. Er darf sich deshalb keine Blöße geben. Trump muss äußerste Vorsicht walten lassen, will er sich nicht dem Verdacht aussetzen, mit Großbritannien zu schwach verhandelt und dabei die Wirtschaftsinteressen wichtiger Wählergruppen vernachlässigt zu haben. Statt wirtschaftlicher Konzessionen scheint Trump Johnson protokollarisch hofieren zu wollen. Eine Einladung an den britischen Premierminister, im Februar 2020 vor beiden Häusern des amerikanischen Kongresses eine Rede zu halten, scheint so gut wie sicher. Trump spielt so den Ball zurück, den Theresa May ihm zugespielt hatte, als sie ihm auf ihrer ersten Auslandsreise ihre Aufwartung machte und ihn zum Staatsbesuch mit Staatsempfang auf Schloss Windsor einlud. Ebenso unnachgiebig, wie er gegenüber China und der EU für amerikanische Interessen gekämpft hat, wird er auch gegenüber dem Vereinigten Königreich auftreten müssen. Die Verhandlungen könnten auch durch die gut organisierte und einflussreiche irische Bevölkerungsgruppe in den USA beeinflusst werden, die überwiegend mit den irischen Nationalisten sympathisiert. Insofern könnte die Art und Weise, wie das Nordirland-Protokoll sich in der Praxis bewährt (oder eben auch nicht), indirekt die Verhandlungen über ein Handelsabkommen mit den USA beeinflussen.

In jüngster Zeit ist Boris Johnson auf Distanz zu Donald Trump gegangen. Dieser hatte sich am 31. Oktober, am Tag, an dem die Niederlage Johnsons im Ringen um das Austrittsdatum ersichtlich war, in einem Interview mit Nigel Farage dazu schalten lassen und so Farage öffentlich aufgewertet. Farage rieb in diesem Interview Salz in die offene Wunde des Premierministers, und Trump meinte, das Beste sei ein gemeinsames Zusammengehen von Farage und Johnson. [38] Während des NATO-Gipfels am Vorabend des Wahltages im Dezember ging Johnson ängstlich jedem öffentlichen Auftritt mit Trump aus dem Weg und vermied es, Trumps Namen überhaupt zu erwähnen.

Großbritannien distanziert sich trotz aller betonter Verbundenheit mit Washington in auffälliger Weise politisch von den USA. Großbritannien weigert sich, dem amerikanischen Rückzug aus dem Pariser Klimaprotokoll zu folgen. Es hält, anders als die USA, an dem Nuklearabkommen mit dem Iran (JCPOA) fest und hat seine völkerrechtlichen Bedenken gegen die Ermordung des Generals der iranischen Revolutionsgarden Qasem Suleimani nicht verschwiegen. Großbritannien belässt seine Botschaft in Israel in Tel Aviv und plant nicht, sie nach Jerusalem zu verlegen. Was britische Diplomaten von Trump und seiner Präsidentschaft halten, ist durch die Krise um den britischen Botschafter Kim Darroch im Sommer 2019 deutlich geworden.[64] Belastet wurde das Verhältnis auch durch einen diplomatischen Zwischenfall, bei dem die Ehefrau eines amerikanischen Diplomaten einen tödlichen Verkehrsunfall verursachte. Sie verließ das Land zusammen mit ihrem Ehemann und lehnte es ab, sich einer gerichtlichen Aufklärung des Geschehens zu stellen. Sie wurde dabei von Präsident Trump persönlich unterstützt. Trotz wiederholter Interventionen des britischen Außenministers und von Boris Johnson weigern sich die USA, die Frau für ein Strafverfahren nach Großbritannien auszuliefern oder ein entsprechendes Strafverfahren nach amerikanischem Recht zu eröffnen.[65]

Die einzige Region, die dem britischen Außenhandel substanzielle neue Chancen zu bieten vermag, ist Nordamerika. Die transatlantischen Verbindungen sind geografisch eng. Kulturell sind die vermutlich enger als zu den meisten EU-Mitgliedern, und das britische Geschäftsmodell ist dem nordamerikanischen am nächsten verwandt. Das Problem hier wird nur sein, dass Kanada nur sehr beschränkten Zuwachs anzubieten hat und dass

---

[64]Im Juli 2019 wurden vertrauliche Einschätzungen des britischen Botschafters in Washington Kim Darroch der Presse zugespielt und veröffentlicht. Darin bezeichnete er Trump unter anderem als unfähig und unsicher. Botschafter Darroch trat am 10. Juli 2019 von seinem Amt zurück. Ein Nachfolger war bis Jahresende nicht ernannt.

[65]Anne Sacoolas war die Ehefrau eines technischen Mitarbeiters auf dem Luftwaffenstützpunkt Croughton in Northamptonshire. Beim Verlassen des Dienstgeländes fuhr sie am 27. August 2019 mit ihrem Volvo auf der falschen Straßenseite und verletzte Harry Dunn tödlich, als dieser ihr auf einem Motorrad entgegenkam. Die US-Botschaft weigerte sich, ihre diplomatische Immunität aufzuheben, die Frau verließ mit ihrem Mann das Land, obwohl sie von der Polizei wegen unbedachten Fahrens verwarnt worden. Die Eltern des getöteten Harry Dunn wurden am 15. Oktober von Präsident Trump persönlich empfangen Er versuchte, sie mit Anne Sacoolas zu einem direkten Versöhnungsgespräch zusammenzubringen. Das lehnten die Eltern des Opfers ab.

die USA unter Trumps *America First*-Politik nicht bereit sein werden, ihren britischen Freunden Zugänge zu gewähren, die sie im Gegenzug nicht selbst erhalten. Die USA haben dabei bestenfalls marginal etwas zu gewinnen, Großbritannien hingegen viel zu verlieren.

3.5.2 Das Commonwealth

Die höchsten Hoffnungen richten überzeugte Brexiteers auf das Commonwealth. Hier hoffen sie, an alte historische Beziehungen anknüpfen zu können und nostalgische Reminiszenzen einer imperialen Vergangenheit zu ökonomischen Privilegien in einer globalen Zukunft ummünzen zu können. Wenig spricht dafür, dass derartige Hoffnungen Früchte tragen werden.[66] **Kanada** hat gerade zwei wegweisende Handelsverträge mit den USA und der EU abgeschlossen. CETA ist mit der EU sieben Jahre lang verhandelt worden und ist immer noch nicht regulär in Kraft. Diese beiden Verträge werden weitgehend den Manövrierraum umreißen, in dem Kanada sich auch gegenüber dem Vereinigten Königreich bewegen wird. Gegenüber Kanada wird das Vereinigte Königreich das gegenwärtige Handelsvolumen kaum nennenswert ausweiten können.

Die Fühler, die Johnsons Vorgänger nach **Indien** ausgestreckt haben, sind bislang mit freundlichem Desinteresse zurückgewiesen worden. Indien verdankt einen Großteil seiner heutigen Infrastruktur britischen Pionieren und britischem Kapital. Eisenbahnen, Kraftwerke, die Industrialisierung Indiens sind noch heute von

---

[66]Hierzu ausführlicher, aber in allen Punkten nach wie vor aktuell: BEB, S. 308–323; BCC, S. 247–252.

der Epoche des Raj, der britischen Kolonialherrschaft, geprägt. Großbritannien half, die Nukleartechnologie Indiens in Gang zu bringen, wurde dann aber beim Bau der ersten Kernkraftwerke von Kanada und den USA ausgestochen. Inzwischen haben die USA trotz erheblicher Bedenken ein Abkommen über umfassende Zusammenarbeit in der zivilen Nutzung der Kernenergie mit Indien geschlossen. Viele britische Unternehmer hoffen, an diese historischen Verbindungen anknüpfen zu können. Sie vergessen dabei, dass Indien sich längst völlig anders ausgerichtet hat. Sein vorrangiges Interesse gilt seinem südasiatischen und südostasiatischen regionalen Umfeld. Als internationale Partner sind die USA, die arabische Welt, China, Indonesien und Russland für Indien weitaus wichtiger als Großbritannien. Denn gerade die nostalgische Beschwörung der imperialen Vergangenheit löst bei Indern negative Reflexe aus. Sie fühlen sich als Kolonie von Großbritannien über zweihundert Jahre lang ausgebeutet, in ihrem Entwicklungspotenzial zurückgeworfen, um historische eigene Chancen gebracht. Indien war bis zur industriellen Revolution weltweit der größte Textilexporteur. Innerhalb von weniger als einer Generation wurde Indien dann mit Stoffen überschwemmt, die die industriellen Webstühle in den englischen Midlands in einer Geschwindigkeit und in Quantitäten und Qualitäten produzierten, der keine indische Handarbeit gewachsen war. Indien wurde vom größten Textilexporteur zum größten Textilimporteur – mit zerstörerischen sozialen Folgen und unabsehbaren ökonomischen Verwerfungen. Einige indische Historiker machen den industriellen Aufschwung Englands im 18. Jahrhundert verantwortlich für die heutige Rückständigkeit ihres eigenen Landes. Dem gegenüber stehen die vielfältigen familiären Bindungen, die die indischstämmige

Bevölkerungsgruppe in Großbritannien mit ihren Verwandten in Indien unterhält. British Indians (oder Indian Britons) zählen etwa 1,5 Mio. und stellen die weitaus größte Gruppe mit nicht-europäischen Vorfahren dar. Diese Gruppe hebt sich von anderen Gruppierungen mit nicht-britischen ethnischen und kulturellen Wurzeln dadurch ab, dass sie im Schnitt deutlich bessere berufliche Qualifikationen und höhere Einkommen erreichen als vergleichbare andere Gruppen. Dies dürfte Großbritannien einen massiven Vorteil bei der Weiterentwicklung künftige Wirtschaftsbeziehungen verleihen, denn der indische Markt ist heterogen und kulturell divers und erfordert eine hohe Kenntnis der örtlichen Bedingungen. Dabei können familiäre Beziehungen und kulturelle Vertrautheit helfen.

In einer Weltwirtschaft, deren Wachstum sich abgeschwächt hat, weist Indien immer noch ungewöhnlich hohe Wachstumsraten auf (um 7 %), deren Bedeutung durch die Größe des indischen Heimatmarkts verstärkt wird (1,4 Mrd. Menschen). Das Durchschnittseinkommen pro Kopf könnte sich in Indien in den nächsten 15 Jahren verdoppeln, die Zahl seiner Einwohner wird die Chinas übertreffen. Dies würde einen ungeheuren Zuwachs an Kaufkraft nach sich ziehen. Dies könnte allerdings auch bedeuten, dass Indien, das stark auf die Entwicklung seiner Dienstleistungsbranchen setzt, sich bis dahin in einigen Bereichen auch zu einem Konkurrenten für Großbritannien entwickeln könnte. Aber selbst diese durchaus positiven Zukunftsperspektiven können nicht verdecken, dass die erhofften Zuwächse von äußerst niedrigem Niveau starten. Indien liegt in der Außenhandelsstatistik Großbritanniens auf Platz 17, hinter Belgien, Polen und Schweden. Auch für Indien nimmt das Vereinigte Königreich erst den 17. Platz im Außenhandel ein, hinter dem Irak und Kuwait. Das britisch-indische

Handelsvolumen erreichte 2018 kaum 3 % des britischen Handelsaustausches mit der EU. Ein Zuwachs von 20 % im Handel mit Indien könnte einen Rückgang von 0,5 % im Handel mit der EU nicht ausgleichen. Der britische Handelsaustausch allein mit Irland ist dreimal so groß wie der mit Indien. Blickt man in die Vergangenheit, fällt es noch schwerer, an einen rapiden, nachhaltigen Aufschwung im britischen Außenhandel mit Indien zu hoffen. Großbritannien hatte eine geradezu monopolartige Stellung in Indiens Außenhandel inne, als das Land 1947 unabhängig wurde. Eisenbahnen, Kraftwerke, Automobile, Werkzeugmaschinen stammten aus britischer Produktion. In den folgenden 20 Jahren hat Großbritannien diese privilegierte Position auf dem indischen Markt vollständig verloren. Eines der Kernprobleme für Indiens Wirtschaftswachstum ist sein Mangel an eigenen Energieressourcen. Indiens größter Importposten sind Kohle und Erdöl. Sie machen über 40 % seiner Importe aus. Hier wird Großbritannien wenig bieten können. Es ist selbst zum Nettoimporteur fossiler Brennstoffe geworden. Zum Ausbau der zivilen Nutzung von Kernenergie, einer Priorität der indischen Regierung, wird Großbritannien wenig beitragen können. Es ist gar nicht mehr in der Lage, aus eigener Kraft derartige Anlagen zu bauen. Die Kernkraftwerke der nächsten Generation werden in Großbritannien von ausländischen Firmen errichtet.[67] Eine kritische Evaluierung sieht deshalb zwar gute Chancen, dass künftiges Wirtschaftswachstum in Indien eine Ausweitung

---

[67] Zur Zeit baut ein französisch-chinesisches Konsortium (EDF/Areva und CGN/CNNC) ein neues Kernkraftwerk in Hinkley Point (Block C, Somerset). Geplante Neubauten in Sizewell (Suffolk) und Bradwell (Essex) sollen ebenfalls von EDF/Areva bzw. von einem noch zu benennenden chinesischen Konsortium errichtet werden. Für Bradwell ist der chinesische Druckwasserreaktor Hualong One im Gespräch.

britischer Handelschancen nach sich ziehen wird. Diese werden sich jedoch auf zweitrangige Sektoren beschränken, und selbst spektakuläre Zuwächse können geringfügige Einbußen im Handelsaustausch mit der EU nicht auffangen.

Australien und Neuseeland haben sich in ihrem Außenhandel längst auf das boomende Ost- und Südostasien ausgerichtet: China, Südkorea, Taiwan, Vietnam, Singapur, Indonesien sind für diese beiden britisch geprägten Länder im südlichen Pazifik viel wichtiger geworden als das einstige Mutterland. In Canberra und in Wellington ist noch ein Nachhall der Enttäuschung darüber zu vernehmen, mit welch kurzfristigem Egoismus das Vereinigte Königreich 1973 die traditionellen Lieferbeziehungen zu diesen Ländern abbrach, um der EWG beizutreten. Diese britische Entscheidung stürzte beide Länder in eine schwere Strukturkrise, die vor allem die Landwirtschaft betraf. Sie mussten ungewöhnliche Energie und Findigkeit aufbieten, um diesen Rückschlag zu überwinden. Um so vorsichtiger werden sie sein, die neuen Strukturen, die sie seither so erfolgreich aufgebaut und die ihnen einen soliden, stetigen Aufschwung beschert haben, jetzt erneut aufs Spiel zu setzen, bloß weil eine kleine Insel auf den Antipoden plötzlich die Entscheidung von 1973 rückgängig macht. China, die USA, Japan, Südkorea und Thailand machen mehr als die Hälfte des gesamten Außenhandels Australiens aus. Der britische Anteil hieran ist von über 40 % kurz nach dem Zweiten Weltkrieg auf weniger als 3 % abgesunken.

In Neuseeland sieht es ähnlich aus. Vor 1973 gingen mehr als 50 % sämtlicher Exporte aus Neuseeland nach Großbritannien, vor allem Obst, Fleisch, Milchprodukte. Heute ist der Anteil Großbritanniens auf weniger als 3 % abgesunken. Den Löwenanteil von zusammen über 50 % machen die drei großen Partner China, Australien und die

USA aus. Bis heute spricht man *down under* von dem Verrat, der Untreue von 1973, als Neuseeland seine Landwirtschaft binnen weniger Monate völlig umstellen musste. Die traditionelle Schafwirtschaft (Wolle, Fleisch, Milch) erhielt damals einen Schlag, von dem sie sich nie wieder erholt hat.

Noch ungewisser sind die Handelsaussichten mit den Commonwealthstaaten in **Afrika.** Darunter finden sich Länder wie Südafrika und Nigeria, die gute Wachstumsvoraussetzungen und eine relativ qualifizierte Bevölkerung aufweisen (BIP pro Kopf 5200 bzw. 2000 US$), neben Ländern, die zu den ärmsten und am wenigsten entwickelten auf dem Kontinent gehören wie Mozambique oder Sierra Leone (BIP pro Kopf 420 bzw. 500 $). Es ist nicht erkennbar, wie diese Partner auch nur im entferntesten einen Ersatz bieten könnten, wenn der Zugang zum EU-Binnenmarkt schwieriger wird. Es ist ebenso wenig erkennbar, weshalb ein Land wie China, Indien oder Brasilien einem Vereinigten Königreich, das als Wortführer einer Gruppe von Commonwealthstaaten auftritt, bessere Handelsbedingungen einräumen sollte als wenn das Vereinigte Königreich als konstitutiver Bestandteil der EU über Marktzugänge verhandelt.

3.6 China, Japan, Russland und die arabische Welt

3.6.1 China

Ebenso wenig gute Erinnerungen an die Präsenz der Briten wie die Inder hat China. Die Opiumkriege, die ungleichen Verträge, die aus chinesischer Sicht anomale Situation in Hongkong, die Ausländerghettos der

Kolonialzeit, an deren Außengrenzen Schilder Hunden und Chinesen den Zutritt verboten, sind auch nach drei Generationen nicht vergessen. Auch für China ist das Vereinigte Königreich als alleinstehender Akteur von deutlich geringerem Interesse denn als wichtige Komponente des EU-Binnenmarktes. Zwar liegt hier das Vereinigte Königreich auf einem deutlich besseren Platz als gegenüber Indien – innerhalb der EU ist Großbritannien der zweitwichtigste Handelspartner Chinas. Das Volumen liegt jedoch nur bei etwa einem Viertel des deutschen Handelsvolumens mit China. Wenn es ein Land gibt, das noch stärker als die USA politische Macht in Wirtschaftsmacht ummünzt und umgekehrt, dann ist das China. China macht Zugeständnisse nur, wenn es unter Druck nicht anders kann. Die britischen Hoffnungen, hier im nationalen Alleingang bessere Zugangskonditionen zu erhalten als die EU, sind trügerisch. Großbritannien bräuchte theoretisch nach einem Ausscheiden aus der EU das EU-Waffenembargo gegen China nicht mehr zu beachten. China könnte von Großbritannien für künftigen Zugang zu seinem immensen Markt politische Zugeständnisse verlangen: Hongkong, Taiwan, Tibet, Xinjiang, Menschenrechte, Waffen, chinesische Ansprüche im südchinesischen Meer könnten zu Punkten werden, an denen China britisches Entgegenkommen für wirtschaftliche Konzessionen verlangt. Die neue Seidenstraße (Road and Belt Initiative) wird China auf dem Landweg stärker an Kontinentaleuropa anbinden und die bisherige Bedeutung der Seewege schwächen. Das impliziert auch eine Schwächung der britischen geoökonomischen Position.

Auch für den Chinahandel gilt: Jeder künftige Zuwachs wird von relativ niedrigen Niveau aus starten: Der britische Handelsaustausch mit China macht ein Drittel des Handels mit den USA und die Hälfte des Handels mit

Deutschland aus. Zum Vergleich: Deutschlands Exporte nach China sind fast so groß wie die nach Frankreich und in die USA. Deutschland importiert von China fast doppelt so viel wie aus den USA. Vor diesen statistischen Zahlen bleibt es unverständlich, weshalb ein Austritt aus der EU den Handel mit den dynamischsten Wirtschaften Asiens beflügeln sollte. Die EU-Mitgliedschaft war jedenfalls für Deutschland, Frankreich, Italien oder Schweden kein Hindernis, den Handel mit nicht-EU-Staaten stürmisch auszuweiten.

3.6.2 Japan

Die ersten exploratorischen Kontakte, die Cameron und May in den letzten Jahren in Tokio geknüpft haben, ergaben wenig hoffnungsvolle Anknüpfungspunkte. Die japanische Seite ließ keinen Zweifel daran, dass sie einen Verbleib Großbritanniens in der EU vorziehen würde und warnte eindringlich vor einem Austritt ohne regelnden Vertrag. Die japanische Regierung bezeichnete es als unausweichlich, dass Japan seine Investitionspolitik gegenüber dem Vereinigten Königreich revidieren müsse, falls der Zugang zum Binnenmarkt schwieriger wird. Die japanischen Automobilbauer haben bereits angekündigt, dass sie ihre britischen Produktionsstandorte in einem solchen Fall deutlich verkleinern oder gänzlich aufgeben werden. Als Nissan vor 40 Jahren begann, in Sunderland zu produzieren, nannte es dieses Engagement „eine europäische Investition auf britischem Boden". Japan hat im Gegenzug zugesagt, das Economic Partnership Agreement (EPA) mit der EU nach dem Brexit provisorisch weiter gegenüber Großbritannien anzuwenden. Rechtlich verbindlich und damit praktisch belastbar ist diese Zusage aber nicht. Damit ist bestenfalls Zeit gewonnen. Das prinzipielle Problem, die künftigen Handelsbeziehungen auf eine neue vertragliche Grundlage zu stellen, ist damit nicht gelöst. Der japanische Markt ist bekanntermaßen schwer, und in Zeiten wirtschaftlicher Stagnation, demografischer Überalterung und nationaler Überschuldung wird Japan wenig Bereitschaft zeigen, sich gegenüber fremden Partnern zu öffnen.

3.6.3 Russland

Es gehört zu den eigenartigen und unauflöslichen Widersprüchen britischer Wirklichkeit, dass Großbritannien Russland janusartig zwei völlig verschiedene Gesichter zeigt. Einerseits gehört Großbritannien historisch zu den europäischen Ländern, die Russland am distanziertesten gegenüber stehen. Das galt schon zur Zarenzeit, als Russland dem fortschrittlich-liberalen und industrialisierten England hinterwäldlerisch, unaufgeklärt und hoffnungslos autokratisch erschien. Die kommunistische Revolution und die Sowjetherrschaft haben diesen Gegensatz weiter vertieft. Großbritannien gehört auch heute zu den Wortführern einer kompromisslosen Sanktionspolitik gegenüber Russland. Russische Regierungsorgane haben in Großbritannien die schlimmsten Anschläge auf angebliche Verräter ausgeführt. Diese Anschläge waren nicht nur durch die Art ihres tollkühnen Vorgehens, sondern durch die Gefährlichkeit der eingesetzten Stoffe spektakulär: Alexander Litwinenko wurde 2005 durch Polonium vergiftet, eine langsam strahlende Substanz, die den Organismus von innen zerstört. Sergei Skripal und seine Tochter wurden Opfer eines Anschlags mit Nowitschok, einem neuartigen Nervengift, das unweigerlich zum Tod geführt hätte, wäre der Anschlag nicht so rasch entdeckt worden und hätte das Forschungslabor für chemische

Kriegsführung nicht in unmittelbarer Nähe gelegen. Beide Übergriffe haben die Beziehungen lange nachwirkend belastet.[68] Durch London schwirren nach wie vor Gerüchte über eine russische Beeinflussung der Volksabstimmung, über eine verdeckte Umwegfinanzierung der Leave-Kampagne und von Nigel Farages Parteien. Die britischen Sicherheitsdienste haben diese Vorwürfe untersucht und im Oktober 2019 einen offiziellen Bericht zu dieser Thematik vorgelegt. Boris Johnson hat diesen Bericht vorerst zurückgehalten. Er lag nicht vor den Wahlen vom 12. Dezember 2019 vor, er unterliegt auch Ende Januar 2020 noch der Geheimhaltung. 2017 meinte der russische Botschafter in London, die bilateralen Beziehungen hätten ein historisches Tief erreicht. Im gleichen Jahr bezeichnete Theresa May Russland als den Anführer derjenigen, die offene Märkte und freie Gesellschaften zu unterwandern suchen. Im Juni 2018 sprach der Generalstabschef Mark Carleton-Smith von der Gefahr eines feindseligen Russlands und von der Notwendigkeit eines unauslöschlichen Siegeswillens *(inextinguishable will to win)*. [39] Bill Browder, ein britisch-amerikanischer Investor, war mit seinem Hermitage Capital Management Anfang des Jahrhundert für einige Jahre der größte ausländische Portfolio-Verwalter in Russland. 2005 wurde er aus Russland ausgewiesen. Er beauftragte den Steuerspezialisten Sergei Magnitzki, seine Interessen in Moskau wahrzunehmen. Magnitzki wurde 2008 verhaftet und starb ein Jahr später unter ungeklärten Umständen im Gefängnis.

---

[68]Jenseits dieser spektakulären Fälle gibt es mindestens ein Dutzend russische Prominente, die auf englischem Boden unter Umständen gestorben sind, die bis heute unbefriedigend aufgeklärt sind. Der Tod Boris Beresowskis (gestorben 2013) und Valeri Sawodows (gestorben 2018) sowie das erfolglose Attentat auf German Gorbunzow (2012) bleiben unaufgeklärt.

3 Der Brexit und seine Folgen

Seither führt Browder einen persönlichen Feldzug gegen die russische Regierung und gegen Putin persönlich. Sein unermüdlicher Einsatz hat dazu geführt, dass zunächst die USA, dann aber auch Kanada und das Vereinigte Königreich spezielle Gesetze verabschiedet haben, die sich nur als Reaktion auf Magnitzkis Tod und Browders erfolgreiches Lobbying verstehen lassen.[69]

Auf der anderen Seite gibt sich keine Metropole in Europa russlandfreundlicher, wenn es um Geldanlagen geht. Der Fußballclub Chelsea gehört dem russischen Oligarchen Roman Abramowitsch. Die Zeitung Evening Standard, der Independent und der Fernsehkanal London Live gehören seit 2009 Alexander Lebedew, bis 1994 KGB-Offizier. Sein Sohn Evgeni hält im besten Kensington Hof. Nach seinem Wahlsieg zeigte sich Premierminister Johnson mit Lebensgefährtin am Abend des 13. Dezember unter seinen Gästen. [40] Lebedev unterhält eine Luxusvilla in Umbrien, wo Johnson ihn unter fragwürdigen Umständen besucht hat. Lebedev hält dort auch einen zahmen Wolf, den er Boris nennt. Etwa ein Drittel der von Ausländern aufgekauften Immobilien in London und Südengland sollen in russischer Hand sein. Schätzungen gehen davon aus, dass in Großbritannien knapp 200.000 Russen bzw. Menschen mit russischen Wurzeln leben. London war schon nach 1918 ein beliebter Zufluchtsort für Weiße und Angehörige des russischen Adels. Seit etwa 2000 ist die russische Präsenz in London und Südengland deutlich angestiegen.

---

[69]Der US Kongress hat 2012 mit den Stimmen beider Parteien den *Magnitzky-Act* (*Sergei Magnitzky Rule of Law Accountability Act*) in Kraft gesetzt. Er wurde 2017 erweitert zum *Global Magnitzki Human Rights Accountability Act*. Kanada hat 2017 ein ähnliches Gesetz verabschiedet (*Justice for Victims of Corrupt Foreign Officials Bill (Sergei Magnitsky Law)*). Das Vereinigte Königreich hat sich lange gesträubt, dann aber im Mai 2018 nachgezogen und ein *Magnitsky amendment* zur *Sanctions and Anti-Money Laundering Bill* gebilligt, das gravierende menschenrechtliche Verstöße mit Sanktionen belegt.

Wirtschaftlich hinkt der britische Austausch von Waren und Dienstleistungen mit Russland weit hinter dem anderer EU-Mitglieder hinterher. Russland steht im britischen Außenhandel an 25. Stelle. Die 2014 beschlossenen Wirtschaftssanktionen haben den Handelsaustausch 2015 abrupt einbrechen lassen auf weniger als £10 Mrd. Bis Ende 2019 könnte er wieder nahe an £15 Mrd. herankommen. Damit beträgt er aber immer noch kaum mehr als 1 % des gesamten britischen Außenhandels. Im Vergleich dazu beläuft sich der deutsche Außenhandel mit Russland trotz gleichartiger Sanktionen auf etwa 50 Mrd. € (nach schweren Einbrüchen 2014 und 2015). Russland lag damit in der deutschen Außenhandelsstatistik auf Platz 13. Auch das Russlandgeschäft taugt deshalb wenig, nach vollzogenem Brexit etwaige Handelsverluste mit der EU zu kompensieren. Dominic Cummings hat zwar selbst Erfahrungen, wie in Russland Geschäfte gemacht werden, weil er sich selbst dort drei Jahre lang als Geschäftsmann versucht hat. Es wäre jedoch verfehlt, von ihm Impulse für eine Belebung des britisch-russischen Wirtschaftsaustausches zu erwarten.

3.6.4 Arabische Länder

Die arabische Welt hat in den letzten 30 Jahren ständig an wirtschaftlicher Bedeutung für das Vereinigte Königreich gewonnen. Vor allem Finanzinstitutionen haben von den gewaltigen Geldströmen profitiert, die die Rezyklierung von Petrodollars nach der Explosion der Rohölpreise von 1973 ausgelöst hat. Britische Banken stehen an vorderster Front, wenn es um die Finanzierung gigantischer Bauprojekte auf der arabischen Halbinsel geht. Fast ein Drittel der Produktion von Rolls Royce und Bentley geht in arabische Länder Sie stellen für Rolls Royce den zweitwichtigsten Markt nach den USA dar. Keine Filiale verkauft so viele Rolls Royce wie die in Abu Dhabi. [41] Viele dieser Autos sind Sonderanfertigung mit aufwendigem individualisiertem Luxus, der den Endpreis – und damit auch den Unternehmensgewinn – leicht verdoppelt.

Die arabischen Länder sind aufgrund historischer Verbindungen einer der wichtigsten Abnehmer britischer Waffen. Sollte das Vereinigte Königreich waffentechnisch langsam von der EU wegdriften, weil es der EU gelingt, die eigene Rüstungsindustrie stärker zu integrieren, dürften solche umfangreichen Waffenverkäufe in die arabische Welt für die britische Rüstungsindustrie noch wichtiger werden. Drei Aspekte können die Beziehungen zur arabischen Welt künftig stark beeinflussen: Ihre Finanzmacht als Investoren, ihre Bedeutung als zahlungskräftige Abnehmer von Waffensystemen und ihre Energiemacht als Lieferanten von Erdöl und Erdgas, wenn die britischen Reserven an fossilen Energieträgern in den kommenden Jahren langsam erschöpft sind.

Quellen

1. Wahlkampfprogramm der Konservativen Partei: *Our Plan / Conservative Manifesto 2019*, S. 5 https://assets-global.website-files.com/5da42e2cae7ebd3f8bde353c/5dda924905da587992a064ba_Conservative%202019%20Manifesto.pdf, 20. Dezember 2019)
2. Graeme Cowie: *The new EU (Withdrawal Agreement) Bill: What's changed?*, House of Commons Library 19. Dezember 2019 (https://commonslibrary.parliament.uk/brexit/legislation/the-new-eu-withdrawal-agreement-bill-whats-changed/, 22. Dezember 2019)

3. HMG: *The Future Relationship between the United Kingdom and the European Union* (Chequers White Paper) 18. Juli 2018, S. 6 (https://assets.publishing.service.gov.uk/government/uploads/system/uploads/attachment_data/file/786626/The_Future_Relationship_between_the_United_Kingdom_and_the_European_Union_120319.pdf, 22. Dezember 2019). Das Weißbuch ist ein Paradestück politischer Vergeblich- und Vergänglichkeit: Mit erheblichem Aufwand produziert und gedruckt, war es schon sechs Monate später Makulatur.
4. Matha Busby: *Michael Howard claims judges 'distorted' law in prorogation ruling*, Guardian 28. Dezember 2019 (https://www.theguardian.com/law/2019/dec/28/michael-howard-claims-judges-distorted-law-in-prorogation-rulinghttps://policyexchange.org.uk/publication/protecting-the-constitution/, 2. Januar 2020)
Richard Ekins: *Protecting the Constitution*, Policy Exchange 28. Dezember 2019, (https://policyexchange.org.uk/publication/protecting-the-constitution/, 2. Januar 2020)]
5. Michael Oakshott: *On Being Conservative*, in: *Rationalism in Politics and Other Essays* (London: Methuen,1962), pp. 168–96, (https://quillette.com/2019/05/25/michael-oakeshott-and-the-intellectual-roots-of-postmodern-conservatism/, 27. November 2019)
6. Interview mit Sophy Ridge: *General election: Boris Johnson speaks to Sky News*, Sky News 3. November 2019 (https://www.youtube.com/watch?v=64AvqpidI4g, 3. Januar 2020)
7. Andrew Sparrow: *General election: Johnson appeals to Labour leavers with plan for more state aid for jobs after Brexit – as it happened*, Guardian 29. November 2019 (https://www.theguardian.com/politics/live/2019/nov/29/general-election-tories-threaten-channel-4-after-climate-debate-ice-stunt-live-news?page=with:block-5de10dd68f08dcf251b4b6e9#block-5de10dd68f08dcf251b4b6e9, 24. Dezember 2019). Wörtlich sagte Johnson: *"We will back British business by fundamentally changing our public procurement policy so it promotes the local economy. This*

3 Der Brexit und seine Folgen

will allow us to make sure that we can boost UK SME [small and medium-sized enterprises."

8. Eleni Courea: *Trump: Brexit deal 'precludes' US-UK trade agreement*, Politico 31. Oktober 2019 (https://www.politico.eu/article/trump-brexit-deal-precludes-us-uk-trade-agreement/, 23. Dezember 2019)
9. Jeremy Hunt: *I would tell bust businesses no-deal Brexit was worth it*, BBC Andrew Marr-Show, 30. Juni 2019 (https://www.youtube.com/watch?v=yCi4TFx8_cc, 12. Dezember 2019)
10. Faisal Islam: *Businesses deny Gove claims on no-deal preparation*, BBC 25. September 2019 (https://www.bbc.com/news/business-49833221, 12. Dezember 2019)
11. SMMT: *Letter to Prime Minister Boris Johnson,* 25. Juli 2019, (https://www.smmt.co.uk/2019/07/smmt-letter-to-prime-minister-boris-johnson/, 4. Dezember 2019)
12. Matthias Holweg: *Death by a thousand cuts: the UK automotive industry beyond Brexit*, Said Business School, Oxford 10. April 2019 (https://www.sbs.ox.ac.uk/news/death-thousand-cuts, 4. Dezember 2019)
13. Helmut Becker: *Englands Autoindustrie stirbt mit dem Brexit*, ntv 25. August 2019 (https://www.n-tv.de/wirtschaft/Englands-Autoindustrie-stirbt-mit-dem-Brexit-article21225001.html, 11. Dezember 2019)
14. Anand Menon: *The Economic Consequences of a Brexit Deal*, UK in a Changing Europe, Oktober 2019 (https://ukandeu.ac.uk/wp-content/uploads/2019/10/The-economic-impact-of-Boris-Johnsons-Brexit-proposals.pdf, 11. Dezember 2019)
    Chris Giles: *How Boris Johnson's hard Brexit would hit the UK economy*, FT 13. Oktober 2019 (https://www.ft.com/content/a6f991ba-eda8-11e9-bfa4-b25f11f42901, 11. Dezember 2019)
    Richard Partington: *How has Brexit vote affected the UK economy? October verdict*, Guardian 25. Oktober 2019 (https://www.theguardian.com/business/2019/oct/25/how-has-brexit-vote-affected-uk-economy-october-verdict, 11. Dezember 2019)

Bank of England: *The impact of Brexit on UK firms*, Staff Working Paper 818 30. August 2019 (https://www.bankofengland.co.uk/working-paper/2019/the-impact-of-brexit-on-uk-firms, 12. Dezember 2019)
15. Gabriel Felbermayr: *Hart but smart*, ifo Schnelldienst 4/2019 (https://www.ifo.de/DocDL/sd-2019-04-felbermayr-hard-but-smart-brexit-2019-02-21.pdf, 2. Dezember 2019)
16. Rupert Neate: *Superyachts and private jets: spending of corrupt super-rich revealed. Groundbreaking nalysis finds £300bn of suspect funds funnelled through the UK*, Guardian 24. Oktober 2019 (https://www.theguardian.com/uk-news/2019/oct/24/superyachts-and-private-jets-spending-of-corrupt-super-rich-revealed, 11. Dezember 2019)
17. Peter Geoghegan: *The Tory party is so dependent on big money it now represents only a tiny elite*, Guardian 9. Dezember 2019 (https://www.theguardian.com/commentisfree/2019/dec/09/money-matters-elections-tories-ultra-rich-brexit-donors?CMP=share_btn_link, 10. Dezember 2019)
    Peter Geoghegan: *Revealed: The elite dining club behind £130m+ donations to the Tories*, openDemocracy 22. November 2019 (https://www.opendemocracy.net/en/dark-money-investigations/revealed-the-elite-dining-club-behind-130m-donations-to-the-tories/, 10. Dezember 2019)
18. Philip Hammond: *Philip Hammond: I no longer recognise this party of radicals*, The Times 28. September 2019 (https://www.thetimes.co.uk/article/i-no-longer-recognise-this-party-of-radicals-cpdmxcxwf, 18. Dezember 2019)
    Ashley Cowburn: *Hammond launches blistering attack on Johnson's party of 'radicals backed by speculators who bet billions' on no-deal Brexit*, Independent 28. September 2019 (https://www.independent.co.uk/news/uk/politics/boris-johnson-news-latest-brexit-philip-hammond-no-deal-radicals-a9124186.html)
    Graeme Wearden: *Ex-top civil servant: Hammond was right to query no-deal backers*, Guardian 29. September 2019 (https://www.theguardian.com/politics/2019/sep/29/ex-top-civil-servant-hammond-was-right-to-query-no-deal-backers, 18. Dezember 2019)

19. David Wilcock: *Boris Johnson accuses his sister Rachel of talking 'absolute nonsense' over her claim that he wants a No Deal Brexit to help hedge funds make billions as he admits 'I disagree with some people in my family' over politics*, Mail online 1. Oktober 2019 (https://www.dailymail.co.uk/news/article-7523977/Boris-Johnson-accuses-sister-Rachel-talking-absolute-nonsense-No-Deal-Brexit-hedge-fund-claims.html, 26. Dezember 2019)
20. Adam Marshall: *Letter to Prime Minister Boris Johnson*, 13. Dezember 2019 (https://www.britishchambers.org.uk/news/2019/12/an-open-letter-to-the-prime-minister-and-government, 19. Dezember 2019)
21. Dominic Raab in der *Chatham House Foreign Policy Debate*, 28. November 2019 (https://www.chathamhouse.org/file/uk-general-election-2019-bbc-chatham-house-foreign-policy-debate?utm_source=Chatham%20House&utm_medium=email&utm_campaign=11110350_CH%20Newsletter%20-%2029.11.2019&utm_content=Election-CTA&dm_i=1S3M,6M4SU,WBRZDJ,QBYIH,1#, 19. Dezember 2019).
    Raab hat damit gezeigt, dass sich *buccaneer* und *brexiteer* nicht nur reimen, sondern dass zwischen ihnen eine inhaltliche Beziehung besteht.
22. Ned Simons: *Nancy Pelosi Warns 'No Chance Whatsoever' Of US-UK Trade Deal If Brexit Harms Good Friday Agreement*, Huffpost 15. April 2019 (https://www.msn.com/en-ie/money/news/nancy-pelosi-warns-no-chance-whatsoever-of-us-uk-trade-deal-if-brexit-harms-good-friday-agreement/ar-BBVZlU9, 13. Dezember 2019)
23. *Brexit: PSNI chief says potential for loyalist disorder if Brexit threatens union*, BBC News 23. Oktober 2019 (https://www.bbc.com/news/uk-northern-ireland-50157743, 24. Dezember 2019)
    Hard Brexit will have detrimental impact on Northern Ireland peace process, police chief warns, Belfast Telegraph 13. Juli 2019 (https://www.belfasttelegraph.co.uk/news/northern-ireland/hard-brexit-will-have-detrimental-

impact-on-northern-ireland-peace-process-police-chief-warns-38309060.html, 24. Dezember 2019)
24. Europäische Kommission: *European Commission launches infringement proceedings against the UK following its failure to name a candidate for EU Commissioner*, Pressemitteilung vom 14. November 2019 (https://ec.europa.eu/commission/presscorner/detail/en/ip_19_6286, 24. Dezember 2019)
25. *Remarks by President Donald Tusk after his meeting with President of Cyprus Nicos Anastasiades,* European Council 11. Oktober 2019 (https://www.consilium.europa.eu/en/press/press-releases/2019/10/11/remarks-by-president-donald-tusk-after-his-meeting-with-president-of-cyprus-nicos-anastasiades/#, 13. Dezember 2019)
EU's Tusk: Brexit deal may be possible but no guarantee of success as time is 'practically up', Reuters 11. Oktober 2019 (https://uk.reuters.com/article/uk-britain-eu-tusk/eus-tusk-brexit-deal-may-be-possible-but-no-guarantee-of-success-as-time-is-practically-up-idUKKBN1WQ13A, 13. Dezember 2019)
26. Jennifer Rankin: *Brexit is one of most spectacular mistakes in EU history, says Tusk*, Guardian 5. Dezember 2019 (https://www.theguardian.com/world/2019/dec/05/brexit-one-of-most-spectacular-mistakes-in-eu-history-donald-tusk, 24. Dezember 2019)
27. Gustav Theile: *Wie die EU von der Brexit-Saga profitiert,* FAZ 22. Oktober 2019 (https://www.faz.net/aktuell/wirtschaft/schneller-schlau/wie-die-eu-in-bruessel-von-der-brexit-saga-profitiert-16444257.html, 11. Dezember 2019)
28. Europäisches Parlament (Matthew Parry / Magdalena Sapała): *Mehrjähriger Finanzrahmen 2021–2027 und neue Eigenmittel – Analyse des Vorschlag der Kommission*, Brüssel 2018 (https://www.europarl.europa.eu/RegData/etudes/IDAN/2018/625148/EPRS_IDA(2018)625148_DE.pdf, 2. Januar 2020)
29. Maia de la Baume: *Jean-Claude Juncker: Brexit has been a 'waste of time and energy'*, Politico 22. Oktober 2019 (https://www.politico.eu/article/brexit-awaste-of-time-and-energy-jean-claude-juncker/, 3. Januar 2020)

Jennifer Rankin: *Brexit is one of most spectacular mistakes in EU history, says Tusk*, Guardian 5. Dezember 2019 (https://www.theguardian.com/world/2019/dec/05/brexit-one-of-most-spectacular-mistakes-in-eu-history-donald-tusk?utm_term=RWRpdG9yaWFsX01vcm5pbmdCcmllZmluZ1VLLTE5MTIwNg%3D%3D&utm_source=esp&utm_medium=Email&utm_campaign=MorningBriefingUK&CMP=morningbriefinguk_email, 3. Januar 2020)

Frans Timmermann: *My love letter to Britain: family ties can never really be severed*, Guardian 26. Dezember 2019 (https://www.theguardian.com/commentisfree/2019/dec/26/my-love-letter-to-britain-family-ties, 3. Januar 2020)

30. Deloitte: *Brexit Briefing 11: Brexit so far: Die bisherigen Effekte auf den Standort Deutschland*, Oktober 2019 (https://www2.deloitte.com/content/dam/Deloitte/de/Documents/strategy/brexit_so_far_dtsch.pdf, 2. Dezember 2019)

    Andreas Sachs: *Brexit und deutsch-britische Produktionsverflechtungen, Eine Analyse der Wertschöpfungsbeziehungen auf Branchenebene*, Prognos/Bertelsmann März 2019 (https://www.prognos.com/uploads/tx_atwpubdb/201904_MT_Brexit_dt-britische_Produktionsverflechtungen.pdf, 11. Dezember 2019)

    Welche Branchen der Brexit am meisten trifft, Prognos, 2019 (https://www.prognos.com/publikationen/alle-publikationen/902/show/408c6533fca1f983b72a16ee357b9e04/, 11. Dezember 2019)

31. Jacob Rees-Mogg, Unterhausdebatte am 11. Februar 2014: "*The French have a very different understanding of economics, an absolutely rotten economy, and are the last people from whom I would take lessons.*" Hansard 575, col. 781, (https://hansard.parliament.uk/Commons/2014-02-11/debates/14021168000001/FairnessAndInequality?highlight=french%20economy#contribution-14021183000333, 14. Dezember 2019)

32. *More Brexit-impacted companies choose the Netherlands due to ongoing uncertainty*, NFIA 26. August 2019 (https://investinholland.com/news/more-brexit-impacted-companies-choose-the-netherlands-due-to-ongoing-uncertainty/, 14. Dezember 2019)

33. *Brexit: Alternativ till framtida regelverk för handel med tjänster och tull- och handels- procedurer mellan EU och Storbritannien*, National Board of Trade Sweden 10. Februar 2017 (https://www.regeringen.se/contentassets/6fda5c79a5 d94ad692e4c65f082b4aa6/brexit—framtida-regelverk.pdf, 14. Dezember 2019)

    Brexit – It is time to act, Business Sweden 13. Dezember 2019 (https://marketing.business-sweden.se/acton/media/28818/ brexit-its-time-to-act, 14. Dezember 2019)

    Lena Sellgren: *Brexit – What happens now and what does it mean for Swedish Companies and Sweden?*, Business Sweden (https://www.business-sweden.se/en/Trade/analysis-and-reports/analysis-and-macro-view/chefekonomen-kommenterar/ brexit—what-happens-now-and-what-does-it-mean-for-swedish-companies-and-sweden/, 14. Dezember 2019)

34. Janusz Bugajski: *Brexit Impact on Europe's East*, CEPA 9. Januar 2019 (https://www.cepa.org/brexit-impact-on-europes-east, 15. Dezember 2019)

    Who does the UK trade with, ONS 3. Januar 2018 (https:// www.ons.gov.uk/businessindustryandtrade/internationaltrade/ articles/whodoestheuktradewith/2017-02-21, 15. Dezember 2019)

35. *Migration in the UK: An Overview*, The Migration Observatory at the University of Oxford 4. Oktober 2019 (https://migrationobservatory.ox.ac.uk/resources/briefings/ migrants-in-the-uk-an-overview/, 15. Dezember 2019)

36. Rowena Mason: *Trump says Johnson's Brexit could rule out US trade deal*, Guardian 1. November 2019 (https://www. theguardian.com/politics/2019/oct/31/trump-says-johnson-and-farage-could-form-unstoppable-force, 11. Dezember 2019)

37. Peter Walker: *Post-Brexit trade pact with US may take some time, says Liam Fox*, Guardian 15. Juli 2019 (https://www. theguardian.com/politics/2019/jul/15/post-brexit-trade-pact-with-us-may-take-some-time-says-liam-fox, 15. Dezember 2019)

38. LBC: *WORLD EXCLUSIVE: Interview with President Donald Trump: watch in full*, 31. Oktober 2019 (https://www.lbc.co.uk/radio/presenters/nigel-farage/donald-trump-interview-in-full/, 11. Dezember 2019)
39. Joshua Nevett: *Britain ready to 'fight and win' IMMINENT war against Russia, new army head warns*, Daily Star 21. Juni 2019 (https://www.dailystar.co.uk/news/latest-news/british-army-head-mark-carleton-16862776, 15. Dezember 2019)
40. David Wilcock/Rory Tingle: *Boris Johnson parties with girlfriend Carrie Symonds as he celebrates historic election victory alongside A-list celebrities Mick Jagger, Anna Friel, Princess Beatrice… and even ex-PM David Cameron and wife Samantha*, Daily Mail 14. Dezember 2019 (https://www.dailymail.co.uk/news/article-7792383/Boris-Johnson-parties-night-away-Carrie-Symonds-Annabels.html, 15. Dezember 2019)
41. Ankush Chibber: *Middle East Sales Drive Rolls-Royce's Record Year*, Gulf Business 6. Januar 2015 (https://gulfbusiness.com/middle-east-sales-drive-rolls-royces-record-year/, 15. Dezember 2019)

4

Rückblick und Ausblick

What reason weaves, by passion is undone.
Alexander Pope

Two nations between whom there is no intercourse and no sympathy; who are as ignorant of each other's habits, thoughts, and feelings, as if they were dwellers in different zones, or inhabitants of different planets.
Benjamin Disraeli

War Camerons Referendum von 2016 ein Bilderbuchbeispiel dafür, wie man eine Volksabstimmung nicht durchführen sollte, so bietet der Brexit Anschauungsmaterial dafür, wie ein unbedeutendes Randproblem in wenigen Jahren zu einer Kernfrage nationaler Identität aufwachsen kann. Noch 2012 spielte die EU in Meinungsumfragen eine nachgeordnete Rolle auf der Prioritätenskala britischer Wähler. Die ersten Plätze nahmen Gesundheit und Beschäftigung, Migration, Inflation und innere

Sicherheit, erschwinglicher Wohnraum und Infrastruktur, Renten und Umwelt ein. Erst danach, meist auf Platz 9 bis 11, kam die EU. Die EU war nicht beliebt. Sie war lästig und irritierend, Briten fremdelten mit ihr. Aber sie galt eher als nebensächlich. Viele Briten zögerten nicht, sich abfällig über die EU zu äußern, aber die wenigsten wussten anzugeben, wo und in welchem Umfang die EU und deren Vorgaben sie in ihrem täglichen Leben einengte. Die meisten Briten fanden sich mit ihr ab wie mit dem Wetter und mit British Rail: etwas Lästiges, dem man nicht entkommt, das einem das Leben schwer macht, mit dem man sich aber letztlich stoisch abfindet.

Rückblickend war das Scheitern der britischen EU-Mitgliedschaft schon in den Modalitäten des Beitritts angelegt. Großbritannien trat der EU 1973 nicht aus Überzeugung, sondern aus Verzweiflung bei.[1] Die Idee eines supranationalen Zusammenschlusses war auf dem Kontinent geboren worden Sie war die Antwort auf die Verwüstungen zweier Weltkriege. Die EU sollte den Teufelskreis von Sieg und Niederlage und erneuter Revanche ein für allemal durchbrechen. Die EWG war eine Wirtschaftsgemeinschaft. Sie hatte aber von Anfang an eine ambitionierte politische Zielsetzung: Krieg überwinden, Frieden unverbrüchlich machen, Verständigung und Freundschaft zwischen den Völkern zu fördern. Ein solches Programm stieß in England, das sich zweimal als Sieger sah, keine feindlichen Truppen auf seinem Territorium und keine Besatzung erlitten hatte, auf wenig Gegenliebe. Der Gründung der EU war Großbritannien

---

[1]Das Wahlprogramm der Konservativen Partei für die Wahlen vom Oktober 1974 endete mit der dramatischen Fanfare: *Europe gives us the opportunity to reverse our political and economic decline. It may be our last.* (http://www.conservativemanifesto.com/1974/Oct/october-1974-conservative-manifesto.shtml, 12. Dezember 2020).

in herablassender Distanz ferngeblieben. Die Vorstellung, sich einer internationalen Kommission oder gar einem supranational zusammengewürfelten Parlament unterzuordnen, rief in England tief sitzende Ablehnungsreflexe hervor. Engländer sahen sich zum Herrschen bestimmt, nicht zum Beherrschtwerden. War nicht das Empire von der Ideologie durchdrungen, die überlegene britische Kultur den weniger entwickelten Völkern zu bringen? Und jetzt wollten Staaten, gegen die man in den letzten Jahrhunderten blutige, aber siegreiche Kriege geführt hatte, sich anmaßen, über Brüssel nach England hinein zu regieren? Hatten diese Siege nicht die Überlegenheit britischer Institutionen und britischer Politik bewiesen? Noch 1953 meinte ein britischer Politiker voller Überzeugung: *"The British Constitution is as nearly perfect as any human institution could be."* [1] Engländer haben die EU nie zum Erlöser von Krieg und Gewalt empor stilisiert. Sie haben Europa nie als etwas Höheres, geradezu Heiliges betrachtet, als Überwindung nationaler Egoismen auf dem Weg zu einem Weltbürgertum von Aufklärung, Demokratie und Freiheit. Engländer fühlten sich längst als Weltbürger, die Aufklärung verdankte England nicht weniger als Frankreich, und Demokratie und Freiheit hielt jeder Engländer ohnehin für sein ureigenstes Geburtsrecht.

Das Empire zerbrach zwischen 1955 und 1970. Damit brachen traditionelle Handelswege weg, die Industrie stand vor gewaltigen Strukturproblemen. Deren Bewältigung wurde erschwert durch einen klassenkämpferischen Gegensatz zwischen Gewerkschaften und Management, der zu Streikwellen und zum Stillstand ganzer Industriezweige führte. Die Wirtschaftsleistung sackte bedrohlich ab. Die Hinwendung zur EWG erfolgte in der Hoffnung, an der überlegenen Dynamik der kontinentalen Wirtschaften teilhaben zu können. Deutschland hatte Großbritannien schon Anfang der 60er

Jahre wirtschaftlich überholt, Frankreich war dabei, nachzuziehen. Selbst Italien hatte sich in den Nachkriegsjahren mit Wachstumsraten zwischen 6 % und 8 % von einem Agrar- zu einem Industrieland gemausert.

Großbritannien fiel es schwer, die politische Finalität der EWG zu akzeptieren. Aber es sah die enormen handelspolitischen Vorteile, die mit einem besseren Zugang zu europäischen Märkten verbunden waren, nachdem die überseeischen Märkte mit dem Empire weitgehend weggebrochen waren. In England sah man die EWG als Sonderform einer Freihandelszone und betrachtete die politischen Ambitionen als dekoratives Ornament, gedacht als idealistische Motivation für Bevölkerungen, die immer noch von Erinnerungen an die Verwüstungen tödlicher Nationalismen heimgesucht wurden. Zweimal wurde das Beitrittsgesuch brüsk von Frankreich zurückgewiesen. Das war demütigend. Wenn es überhaupt jemals einen Funken von europäischer Begeisterung in England gegeben hat, trugen diese Zurückweisungen und mehr noch die Wortwahl, mit der de Gaulle sein Nein begründete, dazu bei, diese Funken gründlich auszutreten.

Der Beitritt kam zu spät. Wichtige institutionelle Entscheidungen waren ohne britische Beteiligung gefallen und ließen sich nicht mehr revidieren: Die Gemeinsame Agrarpolitik – hier hatte Frankreich nicht gezögert, die gesamte EWG für mehrere Monate zu lähmen, um seine nationalen Interessen durchzusetzen – und die Beitragsbemessung. Es war kein gutes Vorzeichen, dass die sechs EWG-Mitglieder am Vorabend der erneuten Beitrittsanträge von Irland, Dänemark, Norwegen und dem Vereinigten Königreich sämtliche Fischbestände zu einer Gemeinschaftsressource erklärten. Dies war einer der Gründe, weshalb Norwegen den Beitritt in zwei Volksabstimmungen verwarf. Fischerei ist ein wirtschaftlich unbedeutender, politisch aber hochbrisanter Grund für den britischen Austrittswunsch. In den alten Fischereihäfen an der Ostküste erreichten die Leave-Stimmen bis zu 70 %.

Der Beitritt erfolgte zu hastig. Edward Heath war seit über zehn Jahren mit der Beitrittsfrage befasst gewesen. Als er Premierminister wurde, war es sein Hauptziel, den Beitritt endlich durchzusetzen. Seine politische Position war prekär. Sein Land wurde von Streikwellen überrollt und diese Streiks wurden mit immer rabiateren Mitteln ausgetragen. Die Arbeitslosigkeit stieg auf Rekordhöhe. Heath war 1970 ins Amt gewählt worden. Er wusste, dass er nicht viel Zeit hatte. Die Beitrittsverhandlungen wurden in Windeseile (18 Monate) abgeschlossen.[2] Heath dränge auf Ergebnisse. Das Vereinigte Königreich übernahm praktisch den *acquis communautaire*. Es akzeptierte einen Beitrag zum EWG-Haushalt in Höhe von 19 % und übernahm die Gemeinschaftspräferenzen und die Preisstützungsmechanismen der Gemeinsamen Agrarpolitik. Das bedeutete eine hohe Belastung des britischen Staatshaushaltes und der britischen Konsumenten, weil Nahrungsmittelpreise spürbar stiegen. Heath hatte wohl gehofft, dass ein durch den EWG-Beitritt beflügeltes Wirtschaftswachstum diese Belastungen kompensieren werde. Aber es kam anders. Die Streikwellen erreichten 1974 ihren Höhepunkt, die Heath-Regierung wurde von Harold Wilsons Labour abgelöst. Durch den Jom-Kippur-Krieg und die von der OPEC durchgesetzte Verteuerung von Erdöl kam es noch im Beitrittsjahr zu einer drastischen Verteuerung und Verknappung von Energie. Die britischen Erdölreserven in der Nordsee

---

[2] Die Beitrittsverhandlungen waren damit weniger als halb so lang wie die Austrittsverhandlungen.

waren zwar schon entdeckt aber noch nicht erschlossen. Zwischen 1971 und 1973 zerbrach das Bretton Woods System fester Wechselkurse. Der Dollar verfiel, Gold kletterte binnen weniger Jahre auf den vierzigfachen Wert von 1971. Die Inflation stieg auf zweistellige Beträge. Anfang 1974 (1. Januar bis 7. März) wurde die Lieferung elektrischer Energie von der Konservativen Regierung auf drei Tage pro Woche reduziert, um die Auswirkungen eines Bergarbeiter Streiks aufzufangen. Selbst Fernsehübertragungen wurden ausgesetzt. Die Welle von Streiks setzte sich mit Unterbrechungen bis 1979 *(Winter of Discontent)* fort. Erst Margaret Thatcher brachte es fertig, die Macht der Gewerkschaften zu brechen, die Inflationsrate auf ein akzeptables Niveau zu reduzieren und den Strukturwandel einzuleiten, der aus einem überalterten Industrieland eine verjüngte Nation finanzieller Dienstleister machte. Geholfen hat ihr dabei freilich der technologische Wandel: Ab 1990 wurde klar, dass Steinkohleförderung im Vereinigten Königreich keine Zukunft haben würde. Die Förderung von Öl und Gas aus der Nordsee erschloss nach 1980 eine ergiebige und preisgünstige Energiequelle. Computer und das Internet bedeuteten das Ende für das Telegramm und den konventionellen Brief. Aber die 1970er waren für die Briten eine Dekade der Prüfungen. Die markanteste Wortneuschöpfung der Ökonomen in den 70er Jahren lautete "Stagflation". Für den einfachen britischen Bürger war die Sache klar: Der Beitritt zur EWG 1973 hatte dem Land nur Unheil gebracht.

Margaret Thatcher, obwohl eine große Verfechterin der EWG-Mitgliedschaft, machte die Stimmung nicht besser, als sie mit scharfer Stimme auf eine Revision der Beitragszahlungen pochte. Sie hatte damit nicht Unrecht. Die besondere Außenhandelsposition des Vereinigten Königreichs führte dazu, dass die Kriterien des Verteilerschlüssels, der zwischen den kontinentalen

EWG-Mitgliedern erarbeitet worden war, das Land überproportional belasteten. Unglücklicher Weise erhielt der neue Berechnungsschlüssel, nach dem sich der britische Beitrag ergab, den Namen Britenrabatt. Das suggerierte den restlichen EWG-Mitgliedern, dass hier einem Mitglied eine privilegierte Sonderposition eingeräumt wurde. In Großbritannien wurde dies hingegen als längst überfällige Korrektur aufgefasst, die allerdings von der EWG nicht in Anerkennung objektiver Fakten, sondern als Geste der Großzügigkeit ausgegeben wurde. Auf einen Rabatt besteht nach allgemeinem Verständnis kein Rechtsanspruch. Er wird vom Rabattgeber als freundliches Zugeständnis gewährt. Mit diesem Schritt begann der Weg des Vereinigten Königreichs in eine Außenseiterposition, die sich in den Folgejahren verfestigte. In Brüssel war Großbritannien bald als Störenfried verschrien, der ständig Extrawürste forderte. In Großbritannien machte sich das Gefühl breit, mit wichtigen nationalen Anliegen nicht ernst genommen und in eine irrelevante Ecke abgedrängt zu werden.

Hätte Heath hartnäckiger und weniger unter Zeitdruck verhandelt, hätte er sich nicht gescheut, auch Grundsätzliches infrage zu stellen, wäre der Beitritt des Vereinigten Königreichs mit weniger ungelösten Fragen belastet geblieben und hätte nicht so oft nachverhandelt werden müssen.

Der letzte Schwachpunkt war die Blindheit selbst führender britischer Verfassungsexperten gegenüber den Implikationen eines Beitritts zu einer Staatengruppe, die sich explizit eine politische Union zum Ziel gesetzt hatte. Der Generalanwalt *(Solicitor General)* der Regierung, Sir Geoffrey Howe, publizierte 1971 ein Weißbuch, in dem er feststellte:

"The Community is no federation of provinces of counties. It constitutes a Community of great and established nations, each with its own personality and traditions. The pracitcal workings of the Community accordingly reflect the reality that sovereign Governments are represented round the table. Like any other treaty, the Treaty of Rome commits its signatories to support agreed aims; but the commitment represents a voluntary undertaking of a sovereign state to observe policies which it has helped to form. There is no question of any erosion of essential national sovereignty. Our courts will continue to operate as they do, all the essential features of our law will remain." [2]

In der Parlamentsdebatte über die innerstaatliche Gesetzgebung, die für den Beitritt erforderlich war, sagte Lord Hailsham, damals Lord Chancellor und damit der höchstrangige britische Jurist, im House of Lords: *"It is abundantly obvious not merely that this bill does nothing to qualify the sovereignty of Parliament but that it could not do so."* Sir Geoffrey Howe pflichtete ihm im Unterhaus bei: *"The ultimate supremacy of Parliament will not be affected because it cannot be affected."* [3]

Keiner der eminenten Experten sah das Problem, dass die Souveränität des Parlaments zwar das Recht beinhaltete, vom Vertrag zurückzutreten – was Volk und Parlament 2016 tatsächlich beschlossen haben -, aber sie unterschätzten vollkommen die langsame Aushöhlung dieser Souveränitätsrechte, solange ihr Land innerhalb des Vertrags blieb. Keiner hat damals vorhergesehen, dass die Mitgliedschaft in der EWG – später EU – den Weg für Gerichte ebenen würde, Entscheidungen des Parlaments zu revidieren oder aufzuheben.

Freilich gab es auch andere Stimmen. Aber es waren wenige und sie fanden kaum Gehör. Enoch Powell und Tony Benn wurden nicht müde, vor einem Beitritt zur EWG zu warnen. Peter Shore, ein prominenter Labour-Politiker, erklärte in der Unterhausdebatte 1972:

> "This is a treaty which carries the most formidable and far-reaching obligations. It is a treaty—the first in our history—which would deprive the British Parliament and people of democratic rights which they have exercised for many centuries. I can think of no treaty, to cite only one characteristic of the Rome Treaty, in which the British Parliament agree that the power to tax the British people should be handed over to another group, or countries, or people outside this country, and that they should have the right in perpetuity to levy taxes upon us and decide how the revenues of those taxes should be spent." [4]

Das Bewusstsein, dass das Vertragswerk der EWG eine eigene Dynamik besaß und dass insbesondere der Durchbruch zu Mehrheitsentscheidungen Mitglieder, deren Vorstellungen nicht mit der kontinentalen Mehrheit übereinstimmten, immer stärker isolieren musste, war damals in der politischen Elite Großbritanniens kaum vorhanden.[3] Sie begann aufzuwachen mit dem Maastricht-Vertrag, der den Weg zur Währungsunion und zur politischen Union öffnete.

Die Vorzeichen, unter denen die britische EU-Mitgliedschaft begann, waren in mehrfacher Hinsicht ungünstig. Unter Briten begann sich das Gefühl zu verbreiten, in einen Zug eingestiegen zu sein, der mit zunehmender Geschwindigkeit über Gleise brauste, zu denen andere die Weichen und Signale stellten. Das Unbehagen wurde verstärkt durch eine politische Rhetorik, die die meisten britischen Politiker und Medien seither pflegen. Die EU

---

[3]Den Beschluss, zu Mehrheitsentscheidungen im Rat überzugehen, hatte Margaret Thatcher mitgetragen.

wird selten erwähnt. Aber wenn sie erwähnt wird, dann mit höhnischem, sarkastischem oder empörtem Unterton. Die Berichte eines damals noch unbekannten britischen Journalisten, der in den 90er Jahren in Brüssel arbeitete, waren typisch. Sie strotzten von haarsträubenden Geschichten über verbohrte Bürokraten und unsinnige Prozeduren. Das Problem war, dass viele dieser Berichte aus der Luft gegriffen waren. Aber sie wurden begierig aufgegriffen und prägten die britischen Vorstellungen von der EU. Sie entsprangen der wilden Fantasie eines schon damals geltungssüchtigen jungen Mannes. Sein Name war Boris Johnson.

Trotzdem gab es bis 2010 weder im Parlament noch in der Bevölkerung eine Mehrheit, die gedrängt hätte, die EU zu verlassen. Im Vereinigten Königreich gab es wenig EU-Enthusiasmus. EU-Symbole finden sich nur an den diplomatischen Vertretungen. Sonst ist die EU-Flagge nirgends zu sehen. Am Schlusstag der Proms, dem Höhepunkt des Londoner Kultursommers, werden die alten britischen Nationalsongs angestimmt, das Publikum hüllt sich in Union Jacks; es fehlt die Ode an die Freude von Beethoven. Zuhörer, die sich in das blaue Tuch mit den zwölf Sternen kleiden, waren extrem selten. Erst durch den Brexit und die dadurch ausgelösten Remain-Demonstrationen ist die Europa-Fahne auch in Großbritannien öfter zu erblicken. Sie ist allerdings Kampfsymbol und noch weit davon entfernt, zum normalen Bestandteil des Alltags zu werden.[4]

Noch 2012/2013 sprach man in London besorgt vom Grexit, vielleicht sogar auch davon, dass nach Griechenland

---

[4]Jonathon Read: *Thousands of European flags waved at Last Night of the Proms thanks to anti-Brexit campaigners*, The New European 14. September 2019 (https://www.theneweuropean.co.uk/top-stories/last-night-of-the-proms-eu-flags-1-6270280, 11. Januar 2020).

weitere Länder die Eurozone oder sogar die EU verlassen müssten. Ein Austritt des eigenen Landes war damals nicht mehr als die Forderung einer kleinen, radikalen Gruppe von Politikern und Medienexperten. Selbst Cameron nahm sie zunächst nicht sonderlich ernst. Die Volksabstimmung setzte er für 2016 an, weil er sich absolut sicher wähnte, sie gewinnen und damit die EU-Skeptiker ein für allemal zum Schweigen bringen zu können.

Diese kleine Gruppe von erbitterten EU-Gegnern hat es geschafft, binnen sechs Jahren die Stimmung im Land kippen zu lassen. Das Wahlergebnis von 2019 ist die Bestätigung, dass der Brexit tatsächlich zum Wille des Volkes geworden war. Dafür spricht die überwältigende Mehrheit der Tories, die sich unter Johnsons Führung zur reinen Brexit-Partei gemausert hatten.

Oder etwa nicht? Es gibt auch das andere Argument. Unbestritten hat Boris Johnson nicht nur gemessen am Ausmaß seiner Mehrheit an Parlamentssitzen eines der besten Wahlergebnisse in der Geschichte seiner Partei erzielt. Er erhielt mehr Stimmen als alle seine Vorgänger und Vorgängerinnen. Nur John Major (nicht etwa Margaret Thatcher!) holte 1992 ebenfalls 14 Mio. Stimmen. Zusammen mit den 650.000 Stimmen, die auf die Brexit-Partei entfielen, waren dies 14,65 Mio. Stimmen für den Brexit. Zählt man hingegen die Stimmen der Oppositionsparteien zusammen, wobei Labour zwar in der Brexitfrage zwiespältig blieb, aber jedenfalls den Austrittsvertrag, den Johnson vorgelegt hatte, ablehnte, kommt man auf 16 Mio. Stimmen. Was also ist die Stimme des Volkes? Die durch das Mehrheitswahlrecht verzerrte parlamentarische Mehrheit oder die Zahl der Stimmen? Wer die Wahl als Äquivalent zum zweiten Volksentscheid wertet, sollte dies berücksichtigen.

Die Argumente und die Semantik der Brexit-Debatte haben sich auffällig verschoben. 2016 versprach Leave einen schnellen, leichten Austrittsvertrag (*easiest treaty in diplomatic history*, so damals Liam Fox). Das Vereinigte Königreich werde seine Handlungsfreiheit zurückgewinnen und dennoch uneingeschränkten Zugang zum Binnenmarkt behalten, die deutsche Automobilindustrie werde schon dafür sorgen, dass Berlin einknicke, man werde die einheitliche Position aufbrechen und einzelne Länder bilateral auf die eigene Seite ziehen, so hieß es in der Leave-Kampagne 2016. Damals wurde ein Rückfall auf WTO-Niveau kategorisch ausgeschlossen.

Heute erklärt Johnson, genau eine solche reine WTO-Option sei durchaus attraktiv. Der Austrittsvertrag hat sich endlos hingezogen, und der Vertrag über die künftigen Beziehungen zur EU verspricht noch langwieriger zu werden. Die EU hat ihre Geschlossenheit gewahrt, die kontinentale Industrie hat keinen einzigen Versuch unternommen, die prinzipielle Haltung der EU aufzuweichen. Ursprünglich bedeutete ein *soft* Brexit einen Austritt, der Zugang zum Binnenmarkt der EU offen hält bzw. das Land in einer Zollunion hält. Heute bedeutet *soft* Brexit schon, dass es überhaupt einen Vertrag mit der EU gibt. Entsprechend hat sich die Bedeutung von *no-deal* verändert. Ursprünglich bedeutete der Ausdruck das Herausfallen des Vereinigten Königreichs aus der EU ohne Austrittsvertrag. Dieser ist mittlerweile unter Dach und Fach. Wer heute noch von der Gefahr eines *no-deal* spricht, meint damit, dass die künftigen Beziehungen zur EU nicht vertraglich geregelt werden, sondern auf WTO-Niveau zurückfallen – genau das, was die Wortführer der Leave-Kampagne 2016 noch kategorisch ausgeschlossen hatten.

Die unveränderte Übernahme des Enddatums des Übergangsperiode hat durchaus verständliche Gründe: Eine Verlängerung über den 31. Dezember 2020 würde bedeuten, dass das Vereinigte Königreich weiterhin an die

Bedingungen einer EU-Mitgliedschaft gebunden bleibt ohne jegliche Möglichkeit, mitzubestimmen: *pay without say*. Das würde insbesondere erfordern, dass das Vereinigte Königreich weiterhin volle Mitgliedsbeiträge entrichtet (nach der Forderung aus der Brexit-Kampagne, die angeblichen £350 Mio. pro Woche, die diese Mitgliedschaft kostet, einzusparen und in den NHS zu stecken, eine schwer zu vermittelnde Zumutung) und keine eigenständigen Handelsverträge abschließen kann – was ja der Kern aller Brexit-Versprechen ist. Die in England verhasste Jurisdiktion des EuGH würde fortgelten. Dass Johnson sich gleich nach seinem Wahlsieg festgelegt hat, diese Frist nicht zu verlängern und dies gesetzlich hat festschreiben lassen, macht aus seiner Sicht der Dinge durchaus Sinn. Zudem hofft er darauf, dass es in der zweiten Phase der Verhandlungen leichter werden könnte, die EU auseinander zu dividieren. Diese Hoffnung ist ebenfalls nicht unbegründet: Beim Austritt aus der EU bestand weitgehende Interessenkonvergenz sämtlicher EU-Mitglieder, das Funktionieren des Binnenmarkts, die finanziellen Ausgleichsansprüche und die Einheitlichkeit der EU zu wahren. Wenn es um die künftigen Beziehungen geht, werden die Mitgliedstaaten der EU ganz unterschiedliche Interessen verfolgen. Deutschland und die Niederlande werden die Handelswege so offen wie möglich halten wollen, Frankreich wird seine Wirtschaftsinteressen gegen seine politischen Ansprüche aufwiegen und nur begrenzt bereit sein, Großbritannien entgegen zu kommen. Zudem hat es über die Kanalverbindungen die Option, jederzeit massiven Druck auszuüben. Die südlichen und östlichen Mitgliedstaaten sind vor allem am Erhalt der Freizügigkeit ihrer Bürger und deren Zugang zu Sozialleistungen interessiert. Ein Grund, die Austrittsverhandlungen strikt von den Verhandlungen über künftige Beziehungen abzutrennen, war vermutlich die Einsicht in Brüssel, dass die Interessenlage der EU-Mitglieder bei beiden Verhandlungen ganz anders gelagert sind. Noch ein Punkt ist bei den Verhandlungen über künftige Beziehungen anders als bei den Austrittsverhandlungen: Die Austrittsverhandlungen standen immer unter einem Enddatum, zu dem die Guillotine fallen würde. Dass dieses Enddatum dreimal verschoben wurde, änderte nichts daran, dass es einen Zeitdruck gab, den Johnson wirksam im Oktober eingesetzt hat. Eine solche automatische Frist gibt es in den jetzt bevorstehenden Verhandlungen nicht mehr. Sie können sich über Jahre hinziehen – und es würde an ein Wunder grenzen, wenn sie es nicht täten.

Der harte Brexit, der sich jetzt abzeichnet, ist nicht das, wofür die Wähler 2016 gestimmt haben. Jedenfalls wurde ihnen damals etwas ganz Anderes versprochen. Je härter der Brexit, um so härter die Lage Nordirlands, um so härter die Belastungen der britischen Industrie, um so härter die Entfremdung zwischen Briten und den übrigen Europäern – einschließlich der Iren.

Der Brexit hat zwei Premierminister das Amt gekostet, dem Land zwei vorgezogene Neuwahlen und eine Volksabstimmung beschert. Die hat das Ergebnis der früheren Volksentscheidung von 1975 ins Gegenteil verkehrte. Das EU-Thema hatte zuvor schon sechs Premierministern das Leben schwer gemacht. Es hat die Labour-Partei gespalten und 2019 dazu geführt, dass Johnson prominente Mitglieder aus der Partei ausschloss. Der Brexit hat Unsummen verschlungen. Allein die Operation Yellowhammer hat über £2 Mrd. gekostet – von den Opportunitätskosten ganz zu schweigen, denn weite Teile des Regierungsapparates waren auf diese eine Aufgabe konzentriert und andere Aufgaben mussten derweil liegen bleiben, obwohl eigentlich klar war, dass diese Eventualplanungen nur geringste Chancen hatten, tatsächlich im

Notfall umgesetzt zu werden. Dafür wurden andere erheblich drängendere Aufgaben auf die lange Bank geschoben.

Der Ausbruch aus der EU hat tiefe Risse im eigenen Land aufbrechen lassen. Der Zusammenhalt der Union mit Schottland von 1707 und die Zugehörigkeit Nordirlands sind nicht mehr selbstverständlich. So, wie die EU mit dem Verlust eines der wichtigsten Mitglieder die Aura verliert, die prädestinierte zukünftige Gestalt Europas zu sein, zu der alle Weg hin und keiner wegführt, so büßt die Union der britischen Inseln die Fraglosigkeit ein, mit der sie ihren Bestand als ewig gesichert ansah.

Der Brexit wird eine Trennlinie zwischen Großbritannien und Nordirland ziehen. Auch wenn auf Personenkontrollen im Rahmen der Common Travel Area verzichtet wird, wird es Warenkontrollen und Abgaben auf Güter geben, die über Nordirland in den EU-Binnenmarkt, d. h. in die Republik Irland gelangen könnten. Und selbst auf Personenkontrollen wird zumindest auf britischer Seite nicht völlig verzichtet werden können. Denn Irland wird weiterhin allen EU-Bürgern uneingeschränkte Freizügigkeit gewähren. Wenn diese damit in die Common Travel Area gelangen, können sie ohne weitere Kontrollen nach Großbritannien weiter reisen. Die Briten lehnen nach wie vor Personalausweise ab. Es wird dann äußerst schwierig werden, solche illegal eingereisten EU-Bürger aufzuspüren und auszuweisen. Insgesamt dürfte das Nordirland Protokoll, wenn es über einige Jahre tatsächlich korrekt angewandt wird – der vage Wortlaut des Protokolls macht Streit über die korrekte Implementierung geradezu unvermeidlich – dazu beitragen, dass die Bevölkerung Nordirlands sich stärker nach Süden als nach Osten orientieren. Der Brexit dürfte die im Karfreitagsabkommen vorgesehene Möglichkeit beschleunigen, dass in einer Volksabstimmung der Norden für den Anschluss an den Süden votiert und damit automatisch wieder Teil der EU wird. Eine solche

Entwicklung dürfte allerdings Gewalttätigkeiten der extremen Gruppierungen, des Oranierordens und der IRA, wieder aufflammen lassen.

Das Karfreitagsabkommen soll nicht gefährdet werden. Dem Buchstaben nach scheint das gelungen. Nicht aber der Substanz nach. Der irische Regierungschef Varadkar hatte erkannt, dass das Karfreitagsabkommen nach diesem Nordirland Protokoll seine Verankerung verloren hat und frei in der Luft schwebt. Es baute auf einer von außen erzwungenen Interessenkonvergenz zwischen den beiden antagonistischen Volksgruppen auf. Das Nordirland Protokoll kehrt diese Konvergenz in eine Divergenz um. Eine Absprache, die von keinen überwölbenden gemeinsamen Interessen mehr getragen wird, ist nicht mehr viel wert. Beide Seiten, Unionisten und Republikaner, haben in einer Frage, die die Identität und die wirtschaftspolitische Ausrichtung Nordirlands betrifft einander ausschließende Interessen. Die einen begrüßen den faktischen Status einer Sonderwirtschaftszone, die anderen sehen in ihr eine existenzielle Gefahr. Über kurz oder lang wird Nordirland zwischen zwei Optionen zu wählen haben: Entweder eine vollständige Reintegration in den Wirtschaftsraum des Vereinigten Königreichs mit einer einschneidenden Grenze, die die beiden Inselteile zunehmend auseinander fallen lässt, oder eine schleichende Annäherung an den im Süden lockenden Binnenmarkt mit der Perspektive einer Wiedervereinigung der ganzen Insel.[5] Für die beiden Gruppierungen in Nordirland

---

[5]Mary Lou McDonald, Vorsitzende von Sinn Féin, hat erklärt, dass der Brexit unweigerlich ein Referendum über Wiedervereinigung Irlands nach sich ziehen werde: *"Constitutional change is in the air."* Guardian, 31.07.2019 (https://www.theguardian.com/uk-news/2019/jul/31/sinn-fein-border-poll-ireland-unity-must-follow-no-deal-brexit).

gibt es keine friedliche Koexistenz mehr. Das Nordirland Protokoll zeichnet einen Weg vor, auf dem es nur Sieg oder Niederlage für eine der beiden gibt. Auf die Dauer können die unabwendbaren Kontrollen zwischen Großbritannien und Nordirland und der verlockende Sog einer EU-Mitgliedschaft durch einfachen Anschluss an die Republik Irland, gewaltige dynamische Wirkung entfalten. Die kommenden Jahre werden erweisen, ob das Nordirland-Protokoll eine Achilles-Ferse der EU bloßgelegt hat oder ob die EU damit ein Trojanisches Pferd nach Belfast eingeschleust hat, und ob Johnson, als er den gordischen Brexit-Knoten einfach zerhieb, nicht auch die Bande irreparabel zerschlagen hat, die Nordirland an das Vereinigte Königreich binden.

In Schottland hat der Sog der Unabhängigkeitsströmung zugenommen. Die SNP dominiert seit 2010 die regionale Politik und hat in den letzten Wahlen 48 von 56 Mandaten gewonnen. 2021 wird das schottische Regionalparlament neu gewählt. Die Regierungschefin Nicola Sturgeon fordert ein erneutes Unabhängigkeitsreferendum zum nächstmöglichen Zeitpunkt: *"You cannot hold Scotland against its will in the Union. You cannot lock in a cupboard and turn the key and hope that everthing goes away. If the United Kingdom is to continue than only by consent. Scotland cannot be imprisoned in the United Kingdom."* [5] Am 5. Oktober 2019 zog eine Massendemonstration durch Edinburgh. In einer Stadt, die 480.000 Einwohner hat, waren 150.000 Menschen auf den Straßen. Der Unabhängigkeitswille mag durch den Brexit gestärkt werden. Er stößt nach vollzogenem Brexit jedoch auf schwer überwindbare Schranken. Denn wenn das dann verbleibende Little England weiter von der EU abdriftet, würde es sich automatisch auch von Schottland entfernen. Dementsprechend würde die heute noch unbemerkbare Grenze zwischen Schottland und England zu einer sich weitenden Kluft. Eine Unabhängigkeit Schottlands würde die ganze Nordirland-Problematik auf die britische Insel transponieren. Für solch eine Perspektive mag es in den Hebriden und im hohen Norden eine Mehrheit geben, nicht aber in Glasgow, Edinburgh oder Aberdeen. Die Entwicklungen auf der irischen Insel sind für die Einheit des Vereinigten Königreichs deshalb bedrohlicher als die in Schottland. Vermutlich wird die schottische Unabhängigkeitsbewegung mit einer verstärkten Devolution *(Devo max)* aufgefangen werden können – eine Option, die 2014 nicht zur Wahl stand.

Die stärksten und langfristig revolutionären Veränderungen stehen jedoch England selbst bevor. Die Verfassung des Königreichs ist ins Wanken geraten. Es wird ungewöhnlicher Anstrengungen bedürfen, sie wieder in ein neues Gleichgewicht zu bringen. Die Rufe, das Ineinandergreifen der vier großen Machtzentren, Krone, Regierung, Parlament und Volk, neu auszutarieren und die Regeln, nach denen das Land regiert wird, zu systematisieren und schriftlich zu fixieren, werden lauter. Das Wahlprogramm der Konservativen lässt keinen Zweifel: *"After Brexit we also need to look at the broader aspects of our constitution: the relationship between the Government, Parliament and the courts; the functioning of the Royal Prerogative; the role of the House of Lords; and access to justice for ordinary people."* [6] Es hat sich eine parteiübergreifende *Constitution Reform Group* gebildet. [7] Führende Verfassungsrechtler drängen auf Kodifizierung der Verfassung, die bislang aus einer eher zufälligen Mischung von historischen Gesetzen praktizierter, kontinuierlicher Tradition und stillschweigender Konvention besteht. [8]

Die Krisensymptome sind unübersehbar: Der Supreme Court wächst in die Rolle eines Verfassungsgerichts hinein, ohne dass eine eindeutige Grundlage für seine

Rechtsprechung existiert. Er hebt zweimal Entscheidungen der Regierung auf. Der Civil Service, sonst das Musterbeispiel diskreter, bedingungsloser und effizienter Regierungsarbeit, begehrt auf. Dass ein hochrangiger Beamter die Regierung, der er dient, anonym öffentlich kritisiert, ist beispiellos. [9] Der ehemalige *Head of the Civil Service*, Bob Kerslake, stellte sogar die Loyalität des Dienstes infrage: *"We are reaching the point where the civil service must consider putting its stewardship of the country ahead of service to the government of the day."* [10] Dass die Begriffe *Civil Service* und *Rebellion* überhaupt in einem Satz zusammengefügt werden, ist ein Indikator, wie stark überkommene Traditionen und Verhaltensschablonen ins Bröckeln geraten sind.

Johnson und sein Kabinett sprechen mit Vorliebe von sich als einer Volksregierung *(people's government)* und vom Volksparlament *(people's Parliament)*. Sie sind allerdings noch nicht so weit gegangen, von einer Volksdemokratie, einer Volksarmee, einer Volkspolizei oder einem Volksgerichtshof zu sprechen. Dominic Cummings fordert nichts weniger als eine Revolution.

Am stärksten ist das Westminster Parlament ins Straucheln geraten. Die Geschichte des Brexit war für das Parlament eine Mischung aus Farce und Katastrophe. Der Brexit sollte ursprünglich die Souveränität des Parlaments wieder herstellen. Aber um dieses Ziel zu erreichen, delegiert das Parlament seine höchste Entscheidungsgewalt zunächst einmal an die Wähler, deren Votum der Mehrheitsmeinung im Parlament diametral zuwider läuft. Die Regierung versucht sodann, eine Austrittserklärung gegenüber der EU abzugeben und dabei das Parlament zu übergehen, indem es sich auf königliche Prärogative beruft. Es bedarf der Intervention des Supreme Court, um diese Kaltstellung des Parlaments zu verhindern. Das gleiche Parlament, das noch ein Jahr zuvor zu 80 % Remain favorisiert hatte, stimmt dann mit überwältigender Mehrheit für den Austrittsantrag. Das Parlament trifft alle Vorbereitungen für die interne gesetzliche Durchsetzung dieses Beschlusses *(Withdrawal Act)*. Sobald diese Gesetzgebung abgeschlossen ist, bekommt das Parlament kalte Füße und unternimmt alles, um die Umsetzung dieses Beschlusses nach außen gegenüber der EU zu torpedieren. Mit anderen Worten: Das Parlament erteilt der Regierung einen Auftrag, schafft auch alle Voraussetzungen, um diesen Auftrag innerstaatlich umzusetzen, verweigert der Regierung dann aber die Mittel, um den Auftrag völkerrechtlich nach außen zu erfüllen. Dreimal wird die entsprechende Regierungsvorlage niedergestimmt. Versuche, aus den eigenen Reihen Alternativen zum Regierungsentwurf zu entwickeln, scheitern achtmal kläglich. Ein neuer Premierminister schlägt einen radikaleren Kurs ein, und wieder versucht das Parlament, ihn daran zu hindern, bis er schließlich entscheidet, das Parlament für fünf Wochen in Zwangsferien zu schicken und damit dessen demokratischen Kontrolle zu entschlüpfen. Er beruft sich dabei erneut auf königliche Prärogative. Wieder wird er vom Supreme Court gestoppt. Schließlich gelingt es dem Parlament, nur noch ein ungeordnetes Herausstürzen des Landes aus der EU zu verhindern. Der neue Austrittsvertrag lässt sich nicht mehr aufhalten. Die Mehrheitsverhältnisse nach der Parlamentswahl vom Dezember 2019 sind zu eindeutig. Aber die neue Regierung unter Premierminister Johnson stellt in der von ihm modifizierten Version des *Withdrawal Agreement Act* im Januar 2020 sicher, dass der Vertrag, der das künftige Verhältnis zur EU regeln soll, nicht mehr der Zustimmung des Parlaments unterliegt. Nachdem das Parlament zwei Jahre lang verbissen darum gekämpft hat, den Abschied von der EU-Vergangenheit zu bestimmen, stimmt es in der viel wichtigeren Frage der Ausgestaltung der Zukunft des Landes seiner eigenen Entmachtung zu.

Das Ganze wäre lächerlich, wenn es nicht so deprimierend wäre. Der Machtkampf zwischen Regierung und Parlament hat gezeigt, wie wenig das Westminster Parlament Herr seiner eigenen Tagesordnung ist, wie wenig es zu eigenen Initiativen in der Lage ist und wie leicht sich seine Kontrollfunktionen aushebeln lassen. Der Mythos von der Souveränität dieses Parlaments und von der demokratischen Kontrolle der Regierung ist verblasst. Das Ansehen des Parlaments ist ramponiert, seine Stellung als höchstes politisches Organ ins Zwielicht geraten. Das britische Parlament wird nicht mehr als repräsentativ empfunden. Das Vordringen von Volksentscheiden und die Perspektive, ständig einen Volksentscheid durch einen folgenden aufheben zu lassen, die Selbstblockade und ein eklatanter Mangel an Konsequenz, haben das Ansehen des Parlaments untergraben. Es ist für manche bereits zur Witzfigur geworden.[6]

Die Krone ist durch den vom Supreme Court konstatierten Missbrauch der monarchischen Vollmachten beschädigt. Das Ansehen von Königin Elizabeth II. ist so groß, dass ihr dies verziehen wird. Ein Nachfolger wird unnachsichtiger kritisiert werden. Eine Thronfolge zeichnet sich für die kommende Legislaturperiode ab. Charles wird als König mehr Angriffsflächen bieten. Der Skandal um Prinz Andrew und mehr noch die überstürzte Ankündigung von Prinz Harry, sich mit Frau

---

[6]Britische Zeichner werden nicht müde, das House of Commons zu karikieren. Ein Bild von Banksy zeigt das House of Commons von Schimpansen bevölkert. Es wurde für fast zehn Millionen Pfund versteigert. Ein Kommentator meinte, er werde nicht mehr Netflix schauen; die Übertragungen der Parlamentssitzungen seien viel amüsanter. Wer Karikaturen liebt, wird bei Google unter "*brexit cartoons,* Bilder" fündig.

Meghan und Kind Archie von seinen Pflichten als Mitglied des Königshauses zurückzuziehen, haben Zweifeln an der Rolle des Königshauses neue Nahrung gegeben. Welche Rolle kommt einer Erbmonarchie im 21. Jahrhundert zu? Wie soll sie finanziert werden? In welchem Verhältnis stehen Apanage und öffentliche Pflichten zu einander, Adelstitel und der Wunsch, ein unauffälliges Privatleben zu führen? Zwar ist die britische Monarchin gleichzeitig Staatsoberhaupt in mehr als einem Dutzend Commonwealth-Ländern, aber bisher galt der ungeschriebene Grundsatz, dass Angehörige des Königshauses im Vereinigten Königreich zu residieren haben. Was geschieht, wenn ein Prinz seinen Lebensmittelpunkt nach Kanada verlegt? Sollte sich der Verfassungskonflikt zuspitzen, könnte ein frisch inthronisierter König Charles III. in Versuchung kommen, mit eigenen Vorstellungen in die Debatte einzugreifen. Damit könnte er sich angreifbar machen und die gesamte Rolle der Monarchie gefährden. Charles ist bei weitem nicht so beliebt wie seine Mutter. Seine Versuche, sich mit eigenen Ansichten aktiv in die Tagespolitik einzumischen, sind berüchtigt und haben schon zu einigem Ärger geführt.[7]

Das House of Lords wartet seit der letzten Reform von 1999 auf längst überfällige weitere Reformen. Der Vorstoß der Liberaldemokraten ist 2012 gescheitert. Dennoch wächst die Dringlichkeit, dem Oberhaus, das längst über alle sinnvollen Proportionen hinausgewachsen ist, einen neuen Rahmen zu geben und ihm klare Aufgaben zuzuweisen.

---

[7]Gefürchtet sind seine Notizzettel, die er an Minister oder andere Politiker verschickt. Weil er sie mit schwarzem Filzstift hinkritzelt, sind sie als *black spider memos* bekannt. Sie haben Charles den Spitznamen *meddling Prince* eingetragen. In einem Aufsehen erregenden Streit um die Publikation dieser Notizen entschied der Supreme Court 2015 gegen die Regierung und damit gegen den Thronfolger. Die Notizen mussten veröffentlicht werden.

Die neue Regierung hat angekündigt, die Regierungsarbeit von Grund auf zu reorganisieren. Dazu gehört, das Kabinett zu verschlanken und die Abläufe innerhalb der Ministerien zu bereinigen.

Der schwebende Verfassungskonflikt zwischen Parlament, Regierung und Judikative ist voll ausgebrochen. Um ihn dauerhaft zu lösen, wird das Vereinigte Königreich nicht umhin kommen, zumindest Teile der tradierten Verfassungspraxis zu systematisieren und zu kodifizieren. Die britische Demokratie wird ihr Gesicht verändern. Erschwert wird diese Kodifizierung der Verfassung durch den Riss, der durch die englische Gesellschaft verläuft. Eine Verfassung setzt Konsens voraus. Und gerade ein solcher Konsens wird durch die tiefsitzenden Meinungsgegensätze, die der Brexit hinterlässt, erschwert. Es wäre fahrlässig zu glauben, der Vollzug des Austritts würde den Streit erledigen und das Land wieder zusammenführen. Boris Johnson hat sich in der Parlamentsdebatte am 19. Dezember in diesem Sinne geäußert. Wahrscheinlicher ist es, dass der Konflikt zwischen Remain und Leave die Debatten der künftigen Jahre weiterhin durchziehen wird. Nach der Französischen Revolution hat der unversöhnliche Gegensatz zwischen Royalisten und Republikanern die französische Politik für hundert Jahre nicht in ruhiges Fahrwasser gelangen lassen. Der Gegensatz zwischen einer Hinwendung zum europäischen Kontinent und der Verfolgung einer nationalistischen Sonderrolle, in der Großbritannien auf sich gestellt eine globale Ausrichtung sucht, geht siebzig Jahre zurück und wird weitere siebzig Jahre die britische Politik prägen. Großbritannien sucht seinen eigenen Sonderweg in Europa. Wahrscheinlicher scheint es, dass die Verhandlungen über die künftigen Beziehungen zur EU die britische Industrie und die Landwirtschaft veranlassen werden, stärker als bisher ihre Eigeninteressen ins Spiel zu bringen. Nachdem Johnson seine eigene Partei praktisch zur Brexit Partei gemacht hat, liegt es für Labour nahe, als Opposition die Gegenposition zu beziehen. Der Abgang Jeremy Corbyns könnte für eine solche neue Positionsbestimmung den Weg frei machen.[8]

Das alte politische System von Westminster beruhte auf dem unausgesprochenen Konsens einer kleinen, homogenen Elite von Politikern, Geschäftsleuten und Bankern. Man traf sich in Clubs, kannte sich oft schon von der Schule oder von der Universität her, hatte vielleicht auch schon einmal in einer der *Debating Societies* rhetorisch die Klingen gekreuzt. Das traditionelle Establishment, wie es noch Harold Macmillan exemplarisch verkörperte, war durch unzählige Heiraten, Affären, Kreuzinvestitionen und finanzielle Beteiligungen miteinander verwoben. Man kannte sich, man wusste um die gegenseitigen Schwächen und man schonte sich trotz aller verbaler Schaukämpfe im Parlament. Dieses Parlament ähnelt mit seinen grünen Polstern und seinen neogotischen Schnörkeln eher einem distinguierten *Gentlemen's Club* als einer modernen, sachorientierten Werkstatt der Demokratie. Es ist viel zu klein, um allen seinen Mitgliedern einen Sitzplatz zu bieten. Der alte antagonistische Aufbau mit zwei gegenüberliegenden Sitzreihen mochte für das alte Zusammenspiel von Regierung und Opposition angemessen sein. Für ein Parlament, in dem inzwischen neun Parteien vertreten sind,[9] ist diese Sitzordnung nicht mehr angemessen. In diesem musealen Raum wird jeden Tag ein theatralisches Spektakel aufgeführt. Auch wenn der Speaker Bercow

---

[8]Zum Zeitpunkt der Niederschrift dieses Buches schien Sir Keir Starmer gute Chancen zu haben, Corbyn nachzufolgen. Er würde mit Sicherheit Labour auf einen deutlichen pro-EU-Kurs leiten.

[9]Eigentlich müssten es zehn sein. Die sieben gewählten Abgeordneten von Sinn Féin treten ihre Mandate in Westminster jedoch nicht an, weil damit ein Loyalitätseid gegenüber der Monarchie verbunden wäre, was sie als Republikaner und irische Nationalisten ablehnen.

auf die Kostümierung mit Perücke, brokatbesticktem Umhang *(gown)* und seidenen Strümpfen verzichtet hat, bleibt das Zeremoniell steif, irgendwo zwischen Komödie und unverständlichem Kabuki. Nirgends wird dies deutlicher als bei der feierlichen Eröffnung einer neuen Parlamentssitzung, wenn die Monarchin in vollem Ornat auf ihrem vergoldeten Thron Platz nimmt, den ganzen Hofstaat diskret zur Seite, die Lords in ihren scharlachroten Roben den Saal füllen und sich hinten die Abgeordneten aus dem House of Commons stehend drängen, nachdem *Black Rod* sie zur Audienz mit der Krone befohlen hat und sie ihm wieder einmal symbolisch die Tür vor der Nase zugeschlagen haben. Das ist alles eindrucksvolle Inszenierung, die vom Fernsehen dankbar aufgenommen und verbreitet wird. Sie kann aber nicht übertünchen, dass das Parlament nicht einmal Herr seiner eigenen Tagesordnung ist und dass in den Debatten eine vorwitzige Pointe, ein funkelnder rhetorischer Seitenhieb mehr Zustimmung erfährt als ein nüchtern vorgetragenes, sauberes, logisches Argument. Bedenklich ist vor allem der Verfall der Sprache. Dass Abgeordnete sich gegenseitig zu Verrätern erklären, von Putsch, Sabotage, Unterwerfung reden, war bislang unerhört. Selbst John Bercow, der den Vorsitz im Unterhaus zehn Jahre lang geführt und die Debatten mit unbestechlicher Unparteilichkeit gelenkt hat, glitt bisweilen in seiner Wortwahl aus. Einen Abgeordneten schnauzte er an: *"I am not remotely interested in your pettifogging objections."* Einen anderen kanzelte er ab: *"I could not give a flying flamingo for what your view is."* [11] Gerade der Kontrast zwischen der erhabenen Architektur und der ordinären Polemik erzeugt einen halb komischen, halb abstoßenden Eindruck.

Am schwersten wiegt vermutlich, dass das Westminster Parlament die früheren engen Verbindungen mit der Industrie verloren hat. Noch bis zum Zweiten

Weltkrieg waren die meisten großen Branchen der Waren produzierenden Industrie im Parlament vertreten und konnten dort ihre Interessen artikulieren.[10] Das hat seit 1945 abgenommen. Den Todesstoß hat Margaret Thatcher dieser Symbiose versetzt. Viele Unternehmer wie der Pionier der beutelfreien Staubsauger Sir James Dyson, der legendäre Richard Branson oder der Chemie-Milliardär Sir Jim Ratcliffe haben ihren Wohnsitz und zum Teil auch ihre Produktion außerhalb des Vereinigten Königreichs verlegt, primär um Steuern zu vermeiden. Rupert Murdoch, ein Australier, ist zum einflussreichsten und mächtigsten Zeitungsmann in Großbritannien geworden und lenkt sein Medienimperium von den USA aus. Das dichte Gewebe zwischen Industrie und Politik, das Grundlage der industriellen Revolution war, trägt nicht mehr. An seine Stelle ist die sehr viel diskretere, aber nicht weniger wirksame Allianz von Kapital und Politik getreten. Die Interessenverbände der britischen Industrie, die Confederation of British Industry (CBI) und das Institute of Directors (IoD), sind in den Brexit-Debatten auffallend zurückhaltend geblieben.

Tradition ist der Ballast, der das britische Staatsschiff bisher vor dem Kentern bewahrt hat. Gerade dieser Ballast macht es aber auch träge und schwer zu manövrieren. Manche Beobachter sehen das britische Staatsschiff zunehmend als Narrenschiff mit einem Gaukler am Steuer,

---

[10]Stanley Baldwin hatte sich in der Stahl- und Eisenbahnbranche den Ruf eines tüchtigen Businessman erworben und galt als leidenschaftlicher Modernisierer. Er war dreimal Premierminister. Neville Chamberlain hatte zwanzig Jahre als erfolgreicher Manager hinter sich, bevor er sich ins Parlament wählen ließ und später Premierminister wurde. Max Aitken, später Lord Beaverbrook und Isidore Salmon (Vorstand von Lyons Tea Corner) saßen lange Jahre im Unterhaus. Bis etwa 1960 war die Konservative Partei die Partei des Business. 2018 erklärte Boris Johnson: *"Fuck business!"*.

geentert von einer Piratenmannschaft mit vollen Segeln auf dem Kurs nach Utopien.

Das Vereinigte Königreich hat am 31. Januar 2020 die EU verlassen. Die Brexit-Problematik ist damit noch lange nicht gelöst. Sie wird die Politik des Landes auf Jahre hinaus begleiten und immer wieder aufs Neue für Zwietracht und Streit sorgen. Zwar bietet die Übergangsperiode noch bis zum 31. Dezember 2020 einen gewissen Zeitpuffer, aber sollten die Verhandlungen bis dahin noch nicht abgeschlossen sein, müssten kreative Lösungen gefunden werden, um dennoch Zeit zu gewinnen. Entweder kann eine neue Verhandlungsphase mit neuem Namen erfunden werden, die im Wesentlichen den Übergangszustand fortsetzt oder nur geringfügige Änderungen vorsieht,[11] oder beide Seiten können stillschweigend übereinkommen, das bestehende Regime auch ohne reziproken rechtlichen Rahmen bis auf weiteres einseitig fortzuführen.

Der Slogan *Get Brexit Done* ist jedenfalls in mehr als einer Hinsicht irreführend. er suggeriert, als sei der Brexit eine Schlacht, die man nur zu gewinnen habe, um danach wieder in Frieden und Ruhe weiterleben zu können. Der Brexit ist kein Ereignis, er ist ein langwieriger, extrem komplexer Prozess. Denn nach dem vollzogenen Austritt am 31. Januar 2020 warten drei gewaltige weitere Aufgaben auf die britische Regierung und das britische Volk.

- Es muss sein Verhältnis zur EU neu definieren.
- Es muss sich um neue Handelsverträge mit dem Rest der Welt bemühen.

---

[11]Wäre die EU bereit, in einer solche zweiten Übergangsphase einen Beitragsrabatt zu gewähren oder Großbritannien zumindest Verhandlungen über eigene Handelsabkommen zu gestatten, auch wenn diese erst in Kraft treten dürfen, wenn der Zugang zum Binnenmarkt geregelt ist?

- Es muss alle die Bereiche, die bislang in den Kompetenzbereich der EU fielen, in seine nationale Gesetzgebung überführen und neu ordnen. Das wirft nicht nur die Frage auf, wo diese Kompetenzen angesiedelt sein sollen – die Regionalregierungen in Edinburgh, Cardiff und Belfast haben bereits weitreichende Forderungen gestellt – sondern auch wie die neuen Regeln und Normen aussehen sollen, die an die Stelle der EU-Direktiven und Verordnungen treten sollen.[12]

Die textlichen Veränderungen, die Johnson in der Politischen Erklärung hat vornehmen lassen, deuten darauf hin, dass er zur EU auf Distanz gehen will. Johnson hat dies bereits Anfang Oktober deutlich gemacht:

> *"The backstop acted as a bridge to a proposed future relationship with the EU in which the UK could be closely integrated with the EU customs arrangements and would align with EU law in many areas. That proposed future relationship is not the goal of the current UK government. The government intends that the future relationship should be based on a free trade agreement in which the UK takes control of its own regulatory affairs and trade policy. The very essence of the opportunity of Brexit is that we will no longer outsource these decisions. With renewed national confidence, we will take those decisions ourselves and answer to those who sent us here. This house should never doubt its ability to pioneer standards for the fourth industrial revolution, just as it did for the first."* [12]

---

[12]Die beste zusammenfassende Analyse zu den Problemen, die sich im Vereinigten Königreich nach dem 31. Januar 2020 stellen, enthält eine Studie des renommierten Institute for Government: Joe Owen/Maddy Thimont Jack/Georgina Wright/Jess Sargeant/Alex Stojanovic/Haydon Etherington: *Getting Brexit done. What happens now?*, Institute for Government, Januar 2020 (https://www.instituteforgovernment.org.uk/sites/default/files/publications/getting-brexit-done.pdf, 13. Januar 2020).

Je größer die Distanz, um so größer der Bedarf, Schnittstellen zu definieren und zu regulieren. Je stärker sich Großbritannien gegenüber dem Rest der Welt öffnet (*global Britain*), um so stärker wird die EU sich durch Zölle und andere Handelsbeschränkungen gegenüber Großbritannien ebenso abschirmen wie gegenüber dem Rest der Welt. Je stärker Großbritannien versucht, die eigene Wettbewerbsfähigkeit gegenüber der EU zu erhöhen, indem es Regeln und Normen der EU unterbietet, um so mehr zwingt es die EU, derartige Produkte vom Binnenmarkt fernzuhalten. Der Kampf um ein künftiges Regime zwischen EU und dem Vereinigten Königreich verspricht konfliktreich, komplex und kontrovers zu werden. Nach den bisweilen verletzenden rhetorischen Entgleisungen während der Austrittsverhandlungen dürfte auf beiden Seiten keine große Bereitschaft zu bestehen, großzügig Zugeständnisse zu machen. Das Misstrauen, die andere Seite könne unaufrichtig handeln, sitzt tief. Wettbewerb kann schnell zu Konkurrenz führen, Konkurrenz zu Rivalität, und aus Rivalen können leicht Gegner werden. Das künftige Verhältnis zur EU wird jedenfalls weit über ein bloßes Handelsregime hinausgehen. Es wird die Kooperation in Fragen der inneren und äußeren Sicherheit regeln müssen, die Beteiligung des Vereinigten Königreichs an außenpolitischen Positionen und Operationen der EU, den Austausch sensibler Polizeidaten, die Kooperation von Nachrichtendiensten, die Beteiligung der britischen Rüstungsindustrie an europäischen Gemeinschaftsprojekten. Sie wird die Zusammenarbeit im Gesundheitswesen ebenso umfassen wie den Transport von gefährlichen nuklearen oder chemischen Materialien, Luft-, Land- und Seetransport, Markenschutz und tausend weitere Dinge. Selbst wenn es gelingen sollte, hierfür einen groben Rahmen bis Ende 2020 zu zimmern, wird es Jahre dauern, bis die Details ausgehandelt sind – und dort steckt bekanntlich der Teufel. Der Haken an einer solchen mehrstufigen Option liegt darin, dass viele der in der Politischen Erklärung genannten Bereiche sehr unterschiedliche Lösungsansätze erfordern und erst ein Gesamtpaket einen ausgewogenen Interessenausgleich garantiert. Deshalb wird es Widerstand geben, einzelne Materien herauszulösen und vorab zu vereinbaren, bevor alles vereinbart ist. Beim Austrittsabkommen galt: Nichts ist vereinbart, bevor nicht alles vereinbart ist. Beim Abkommen über künftige Beziehungen dürften ähnliche Prinzipien gelten.

Noch entmutigender sind die Perspektiven neuer Handelsverträge mit Partnern jenseits von Europa. Zur Zeit versucht die britische Regierung, bestehende EU-Verträge, an denen sie als EU-Mitglied teilhat, für die Zeit nach dem Brexit zunächst einmal weiter laufen zu lassen. Allerdings ist sie damit noch nicht weit gekommen. Die Hauptaufgabe wird aber auch hier darin liegen, neue Verträge auszuhandeln. Denn weder werden die nicht-europäischen Partner bereit sein, Zugeständnisse, die sie der EU gemacht haben, ohne weiteres auf ein Vereinigte Königreich außerhalb der EU zu übertragen. Sie werden ihrerseits Konzessionen fordern, und die könnten über den reinen Warenverkehr hinausgehen und beispielsweise Reiseerleichterungen für Staatsangehörige umfassen. Es könnte nicht nur um Waren gegen Waren, sondern auch um freien Zugang britischer Waren gegen freien Zugang fremder Personen gehen. Vor allem aber wird sich das Vereinigte Königreich nicht damit zufrieden geben können, einfach bestehende Handelsverträge möglichst unverändert fortzuschreiben. Der Brexit sollte doch gerade unerhörte neue Handelsmöglichkeiten eröffnen! Also wird Großbritannien darauf drängen müssen, bestehende Handelsbeziehungen zu liberalisieren.

4 Rückblick und Ausblick

Am schwierigsten wird der innenpolitische Kampf sein, was an die Stelle der wegfallenden EU-Normen in nationale Gesetzgebung treten soll. Der European Union-Withdrawal-Act gibt der Regierung zunächst weitreichende Vollmachten, entsprechende Gesetze auf dem Verordnungsweg ohne Parlamentsbeteiligung zu erlassen. Diese Gesetze werden unter der von Johnson geführten Regierung einer vollständig UKIPisierten Partei radikal ausfallen. Labour wird mit dem Wunsch nach Transformation der weitreichenden Arbeiterschutzgesetzgebung (Arbeitszeitrichtlinie, soziale Absicherung) der EU in nationales Recht auf Granit beißen. Denn Brexiteers werden wiederum fragen: Wozu haben wir den Brexit vollzogen, wenn wir trotzdem weiterhin an solchen staatlichen Restriktionen gegenüber den Wirtschaftssubjekten festhalten? War nicht das Ziel des Brexit ein freies Unternehmertum freier Bürger, die ohne paternalistische Interventionen einer wohlmeinenden Bürokratie auskommen?

Ebensowenig kann der Slogan *Take back control* überzeugen, wenn das Nordirland Protokoll beweist, dass das Vereinigte Königreich jedenfalls auf der irischen Insel einen erheblichen Teil seiner Kontrollrechte verliert.

Der Brexit ist in vielem eine Scheinlösung. Die Leave-Rhetorik war bemüht, die schlimmsten Gravamina des britischen Staates auf die EU abzuwälzen und zu suggerieren, wenn das Land diesen Blutsauger erst einmal abgeschüttelt habe, werde es in alter Frische wieder aufblühen. Die Frage, wie weit diese Unzulänglichkeiten ihre Wurzeln im Land selbst haben, wurde nicht gestellt. Johnson mit seinem penetranten Superlativ-Optimismus lässt derlei Selbstzweifel gar nicht erst aufkommen. Für ihn steht fest:

> "*The greatest place to live. The greatest place to bring up a family. The greatest place to send your kids to school. The greatest place to set up a business or to invest. Because we have*

the best transport and the cleanest environment and the best healthcare and most compassionate approch to care. We will be the seedbed for the most exciting and most dynamic business investments on the planet." [13]

Die EU wird zum Sündenbock gemacht. Die eigenen Mängel lassen sich bequem auf diesen Schuldigen projizieren, der dann mit lautem Gejohle in die Wüste geschickt wird. 2016 hieß es in der Leave-Kampagne noch, es gelte, das Schlechte der EU abzuwerfen, das Gute aber zu behalten (reibungslosen Zugang zum Binnenmarkt, engste Zusammenarbeit bei Regulierung und Normsetzung); inzwischen heißt es: Nur wenn wir alles abwerfen, können wir sicher sein, dass wir auch alles Schlechte los werden. Dass denen, die 2016 ihre Stimme für Leave abgaben, etwas völlig Anderes versprochen worden war, spielt vier Jahre später keine Rolle mehr. Die Brexit-Debatte hat sich radikalisiert.

Es ist leicht, ein Gebäude einzureißen, aber unendlich viel schwerer, aus Ruinen einen neuen Bau zu errichten. Was man hat, lässt sich leicht fortwerfen. Für den Verlust einen adäquaten Ersatz zu finden, ist schwer. Die bekannte Vergangenheit lässt sich mit einem Federstrich auslöschen. Der unbekannten Zukunft Gestalt zu verleihen, erfordert hohe Anstrengungen und ist immer unvorhersehbaren Faktoren wie Zufall, Fehlkalkulationen oder feindlichen Widerständen unterworfen.

Die Vorstellung, das Vereinigte Königreich werde, einmal den Fängen des Brüsseler Molochs entkommen, seine uneingeschränkte Souveränität zurückgewinnen, wird schon bald an den Forderungen der neuen Wirtschaftspartner scheitern. Globalisierung schafft eben nicht nur Freiheiten, sondern auch Abhängigkeiten. Auch Interdependenzen sind Abhängigkeiten, und in der globalen Wirtschaft sind sie in den seltensten Fällen ausgewogen.

Die OPEC hat ihre quasi-Monopolstellung genutzt, um Erdölpreise in die Höhe zu treiben. China nutzt seine quasi-Monopolstellung als Lieferant von Seltenen Erden zu politischen Zwecken. Die USA nutzen die Unersetzlichkeit ihre Binnenmarktes als Hebel, um extraterritoriale Sanktionen durchzusetzen. Kaum war das Veto gegen Nord Stream verkündet, hat sich die Schweizer Allseas-Gruppe aus dem Projekt zurückgezogen. Alle großen nicht-amerikanischen Unternehmen haben sich aus dem Iran zurückgezogen, nachdem die USA ihre Sanktionen gegenüber Dritten verschärft hatten. Nordkorea unterliegt seit Jahrzehnten einem Handelskrieg, über den politische Zugeständnisse (Denuklearisierung) erzwungen werden sollen. Die USA haben NAFTA gekündigt und über eine Mischung aus Sanktionen und politischem Druck durch ein neues Handelsabkommen USCMA ersetzt. Selbst das Vereinigte Königreich instrumentalisiert Wirtschaftssanktionen für politische Zwecke.

Lieferketten sind eben auch Ketten. Das heißt, sie können zu Fesseln werden, die Freiheit einschränken. Der Brexit soll die Fesseln der EU abstreifen: *Unleash Britain's Potential* war einer der Wahlslogans der Konservativen Partei. Der Wahlspruch verdeckt, dass bestehende Fesseln abzustreifen nur bedeutet, sich andere Fesseln anzulegen. Marktzugang kann Abhängigkeiten schaffen. Denn zu glauben, danach winke ein Reich der Freiheit und Ungebundenheit, verkennt die moderne Weltwirtschaft. Große Akteure haben hier großes Gewicht, Akteure die strategische Ressourcen oder Nadelöre auf den Transportrouten kontrollieren, haben eine mächtige Hebelwirkung. Die EU ist ein globaler Akteur, der bestrebt ist, seine Werte, Normen und Standards auch jenseits seiner Grenzen durchzusetzen. Als Mitglied konnte Großbritannien an der Formulierung dieser politischen

Werte mitwirken. Die EU wirkte gleichzeitig als Dach, das Schutz vor Zudringlichkeiten anderer globaler Akteure bot. Sobald Großbritannien nicht mehr Mitglied der EU ist, wird es frei vom Zugriff Brüssels sein. Aber das bedeutet zugleich auch weniger Schutz vor Zumutungen anderer stärkerer globaler Akteure. Der Zugang zu technischem know how ist heute eine der wichtigsten Ressourcen geworden, die die einen ängstlichen zu schützen, die anderen mit hohem Aufwand sich anzueignen suchen. Die Globalisierung hat ein Netz von Abhängigkeiten geschaffen, das an Engpässen besonders verwundbar ist. In Netzen kann man sich verfangen. Netze haben unterschiedlich starke Stränge und Knoten. Wer Knoten kontrolliert, kontrolliert den Halt des ganzen Netzes. Die Kehrseite der globalen Freiheiten heißt Kontrolle und Erpressbarkeit. Wenn Logistik allein dem Kriterium maximaler Effizienz folgt, kann sie die Sicherheit gefährden. Sicherheit ist rein ökonomisch betrachtet ineffizient. Die Kaperung eines britischen Öltankers im Persischen Golf sollte den Briten ihre Verwundbarkeit vor Augen geführt haben.[13] Die USA, China, selbst Indien und natürlich die EU verfügen über wesentlich stärkere wirtschaftspolitische Hebel als das auf sich allein gestellte Vereinigte Königreich. Zwar kann das Vereinigte Königreich hoffen, als fünftgrößte globale Volkswirtschaft hier aus einer starken Position heraus verhandeln zu können, aber es ist seit Jahrzehnten zurückgefallen – es lag mitsamt seinen überseeischen Besitzungen zwischen den Weltkriegen noch mit den USA gleichauf. gegenwärtig setzten Indien und Frankreich zum Überholen an.

---

[13]Die Stena Impero war im Juli 2019 von iranischen Revolutionsgarden aus der Luft gekapert und zehn Wochen lang in einem iranischen Hafen festgehalten worden, nachdem ein früherer Kaperversuch noch von einem zufällig in der Nähe befindlichen britischen Kriegsschiff hatte gestoppt werden können.

Das Vereinigte Königreich wird sich gewaltig anstrengen müssen, um den fünften Platz auf der Skala der globalen Wirtschaftsleistung halten zu können. Die Verhandlungen über künftige Handelsbeziehungen werden diese Abhängigkeiten verdeutlichen. Fraglich bleibt, wie weit das Vereinigte Königreich faktisch dem übermächtigen Gravitationsfeld der EU entkommen kann. Auch Handelsbeziehungen unterliegen einem Anziehungsgesetz. Sie nehmen mit geografischer Nähe und wirtschaftlicher Masse zu.

In vieler Hinsicht läuft der Brexit den Entwicklungen globaler Handelsstrukturen zuwider. Der Brexit kommt zu einem ungünstigen Zeitpunkt. Das liberale, weltoffene Welthandelssystem, das auf Nicht-Diskriminierung aufbaute und Wirtschaftsbeziehungen unter reinen Effizienzgesichtspunkten so weit wie möglich von politischen Überlegungen abtrennen wollte, hat seinen Zenith überschritten. Wirtschaftsmacht wir zunehmend für politische Zwecke instrumentalisiert. Der Brexit vollzieht sich in einem globalen Umfeld, in dem der vorherrschende Wind in die umgekehrte Richtung weht: Im Moment vollziehen die wichtigsten Handelsnationen eine Abkehr von liberalen Prinzipien und wenden sich protektionistischen und merkantilistischen Modellen zu. Die Vorstellung eines global Britain, das allein auf Freihandel setzt, wirkt irgendwie deplatziert in einer Welt, in der America First gilt, China seine Wirtschafts- und Finanzkraft einsetzt, um sich geostrategische Bollwerke zu sichern, und selbst in der EU Zweifel wachsen, ob sich eine jeglicher nationaler Rücksichten entkleidete Wirtschaftspolitik auf Dauer durchhalten lässt. Das Sicherheitsnetz, das von allen Brexit-Befürwortern immer wieder beschworen wird, wird zusehends brüchig: Das WTO-Regime. Es heißt, notfalls werde man einfach auf diese Grundregeln des Welthandels zurückfallen. Dabei werden drei wichtige Aspekte übersehen:

- Die WTO ist nicht so universal wie die Vereinten Nationen. Von den 193 VN-Mitgliedern gehören nur 164 der WTO an.
- Die wenigsten dieser Mitglieder handeln allein nach WTO-Regeln. Über 95 % des Welthandels wird nach Standards abgewickelt, die über denen der WTO liegen. Allein zwölf Mitglieder handeln bloß auf der Grundlage der WTO-Regeln.[14] Freihandel, der über diese Grundregeln hinausgeht, muss bilateral vereinbart werden. Für ein hochentwickeltes Industrieland wie Großbritannien bieten die WTO-Regeln für sich allein wenig Sicherheit.
- Am gefährlichsten ist jedoch die unverkennbare Tendenz, die WTO zu schwächen und die Verbindlichkeit ihrer Regeln infrage zu ziehen. Die USA blockieren seit dem 8. Dezember die Ernennung neuer Richter für das WTO-Schiedsgericht. Damit ist diese oberste Streitschlichtungsinstanz gelähmt. Für eine Institution, deren primäre Aufgabe darin liegt, Streitigkeiten in Handelsbeziehungen zu schlichten, kann dies tödlich sein. Die jüngst zwischen den USA und China vereinbarten Handelsabsprachen sind mit WTO-Regeln unvereinbar. Trump hat mehrfach gedroht, notfalls die WTO zu verlassen und sich nicht mehr an ihre Grundsätze zu halten. Die WTO und ihr Vorgänger GATT waren darauf ausgerichtet, globalen Freihandel unter möglichst gleichen, unpolitischen Bedingungen, allein unter ökonomischen Effizienzgesichtspunkten zu organisieren. Politische Freundschaften oder Feindschaften sollten

---

[14]Darunter Serbien, Sudan, Südsudan, Somalia, Mauretanien und Timor Leste.

keine Rolle spielen. Die USA haben unter Trump jedoch Strafzölle und Wirtschaftssanktionen als effektiven Hebel einer Außenpolitik entdeckt, die mit nicht-militärischen Mitteln Druck und Zwang ausübt. Wirtschaft und Handel treten in den Dienst einer internationalen Machtpolitik. Gegenwärtig spricht vieles dafür, dass sich dieser Trend verstärken und von anderen Ländern aufgegriffen wird. Der Welthandel bilateralisiert sich, er wird regionaler. Handels- und Finanzbeziehungen werden politisiert und dienen nicht primär der Wohlstandsmehrung, sondern der Durchsetzung politischer Forderungen. Die Maßnahmen gehen von Strafzöllen über Sanktionen, das Einfrieren von Guthaben, die Sperrung von Kommunikationswegen bis hin zu Einreisesperren und zum Ausschluss gebrandmarkter Firmen von jeglichen Wirtschaftskontakten im eigenen Territorium. Das gibt Ländern mit großen Märkten und hohem Finanzpotenzial eine weitreichende Hebelwirkung. Der Abschluss von Geschäften folgt nicht mehr ökonomischer Rationalität, sondern wird instrumentalisiert, um auf politischer Eben Anreize oder Druck zu schaffen. Die USA machen seit dem Amtsantritt von Donald Trump von der politischen Hebelwirkung ihrer Wirtschafts- und Finanzmacht eifrig Gebrauch. Sie zögern nicht, diese Hebelwirkung auch gegenüber Drittstaaten in Fragen einzusetzen, von denen sie nicht direkt betroffen sind. Freunde werden so belohnt, Gegner bestraft. Das sind Grundsätze, die der Philosophie der WTO fundamental widersprechen. Insofern könnte die Hoffnung trügerisch sein, die WTO werde schon handelspolitische Minimalstandards gewährleisten, unter die man nicht hinabfallen kann.

Handelspolitik ist immer ein gegenseitiges Geben und Nehmen, sie reflektiert das jeweilige Gewicht einer Volkswirtschaft. Den USA gibt ihre unerreichte Position als wichtigster Produzent, kaufkräftigster Markt und unerschöpflicher Kreditgeber eine unangreifbare Stellung in allen Wirtschaftsbeziehungen. Sie nutzen diese einzigartige Stellung, um massiven politischen Druck auszuüben. China münzt seine Wirtschafts- und Finanzkraft ebenfalls in politische Hebelwirkung um und sucht sich geopolitische und geoökonomische Vorteile zu verschaffen. Großbritannien ist global betrachtet immer noch eine der größten, hochproduktiven und innovativen Volkswirtschaften. Auf sich alleine gestellt wird es aber rasch an gestalterischem Einfluss verlieren und sich vor die Wahl gestellt sehen, entweder doch wieder die Nähe zur EU zu suchen oder sich in das Gravitationsfeld eines anderen Wirtschaftsriesen zu begeben. Wenn es nicht erneut die EU sein soll, bieten sich auf absehbare Zeit nur China und die USA an. Unter diesen Voraussetzungen ist eine Hinwendung Großbritanniens zu den USA und den alten transatlantischen Bindungen sehr viel wahrscheinlicher als eine Hinwendung nach Fernost und eine Beteiligung an der Asia Pacific Economic Cooperation (APEC), an der Transpacific Partnership (TPP) oder an der Asian Infrastructure Investment Bank (AIIB) – obwohl führende britische Politiker diese Option nach Kräften verfolgen. In dieser Perspektive drängt sich die Frage auf, ob das „Diktat Brüssels" so viel unerträglicher ist als das absehbare „Diktat Washingtons". Der Schwerpunkt der wirtschaftlichen Außenbeziehungen wird auch nach dem Brexit auf der EU liegen. Hierfür einen Ausgleich auf fernen Kontinenten zu suchen, widerspricht allen Erfahrungen der Wirtschaftsgeschichte. Das koloniale Wirtschaftssystem begünstigte zwar europäische

Handelsbeziehungen mit fernen Kontinenten, aber es wird sich im 21. Jahrhundert nicht wiederbeleben lassen. Den Wunschträumen so vieler Brexiteers, die von einem *global Britain* schwärmen, entspricht nirgendwo auf der Welt außerhalb Europas eine korrespondierende Bereitschaft, verstärkt auf Großbritannien zuzugehen. Im Zweifelsfall wird ein Schwellenland wie China, Indien oder Brasilien größeres Interesse daran haben, seinen Zugang zum EU-Binnenmarkt zu verbessern als zu einem britischen Markt, der kaum mehr als ein Zehntel des EU-Binnenmarktes ausmacht.

Der Brexit bietet reichliches Anschauungsmaterial für kollektive Psychologie. Einerseits zeigt er, wie gefährlich es ist, der Unzufriedenheit Vorrang vor der Suche nach realistischen Alternativen einzuräumen. Andererseits erinnert das Abstimmungsverhalten der Bevölkerung und des Parlaments an kognitive Dissonanz und den Perseveranzeffekt, mit der die Psychologie individuelles Fehlverhalten beschreibt: Ein hohes Ziel wird angestrebt, lässt sich jedoch nicht konkret beschreiben. Folglich ist es schwer anzugeben, welche konkreten Schritte auf dieses Ziel hinführen. Wenn konkrete Schritte vorgeschlagen werden, werden diese zurückwiesen. Man will das Ziel, verweigert aber alle Wege, die zu diesem Ziel hinführen könnten. Der Perseveranzeffekt bewirkt, dass man an ursprünglichen Eindrücken und Überzeugungen festhält, auch wenn eindeutige Hinweise dagegen sprechen, einfach weil die Einsicht, man habe sich geirrt, zu demütigend ist und der Stolz nicht zulässt, dass man diesen Irrtum eingesteht. Theresa May hatte in einem Punkt Recht: Der Brexit wird nicht dadurch erreicht, dass ständig "Nein" gesagt wird, sondern nur dadurch, dass man sich auf eine positive Alternative zur bestehenden EU-Mitgliedschaft einigt.

Vielleicht hilft es, zum Abschluss die Worte zu zitieren, mit denen sich Sir Geoffrey Howe[15] am 13. November 1990 als Abgeordneter aus dem Unterhaus verabschiedet hat:

"As long ago as 1962, Harold Macmillan argued that we had to place and keep ourselves within the EC. He saw it as essential then, as it is today, not to cut ourselves off from the realities of power; not to retreat into a ghetto of sentimentality about our past and so diminish our own control over our own destiny in the future.

The pity is that the Macmillan view had not been perceived more clearly a decade before in the 1950s. It would have spared us so many of the struggles of the last 20 years had we been in the Community from the outset; had we been ready, in the much too simple phrase, to "surrender some sovereignty" at a much earlier stage. If we had been in from the start, as almost everybody now acknowledges, we should have had more, not less, influence over the Europe in which we live today. We should never forget the lesson of that isolation, of being on the outside looking in, for the conduct of today's affairs.

We have done best when we have seen the Community not as a static entity to be resisted and contained, but as an active process which we can shape, often decisively, provided that we allow ourselves to be fully engaged in it, with confidence, with enthusiasm and in good faith.

We must at all costs avoid presenting ourselves yet again with an over-simplified choice, a false antithesis, a bogus dilemma, between one alternative, starkly labelled 'co-operation between independent sovereign states' and a second, equally crudely labelled alternative, 'centralised, federal super-state', as if there were no middle way in between.

---

[15]Sir Geoffrey Howe war über zwanzig Jahre lang in führender Position in der britischen Regierung: Chancellor of the Exchequer, Foreign Secretary, Leader of the House of Commons, Deputy Prime Minister und Lord President of the Council.

We commit a serious error if we think always in terms of 'surrendering' sovereignty and seek to stand pat for all time on a given deal – by proclaiming, as my Right Honourable Friend the Prime Minister did two weeks ago, that we have 'surrendered enough'.

The European enterprise is not and should not be seen like that – as some kind of zero sum game. Sir Winston Churchill put it much more positively 40 years ago, when he said: 'It is also possible and not less agreeable to regard this sacrifice or merger of national sovereignty as the gradual assumption by all the nations concerned of that larger sovereignty which can alone protect their diverse and distinctive customs and characteristics and their national traditions'. I have to say that I find Winston Churchill's perception a good deal more convincing, and more encouraging for the interests of our nation, than the nightmare image sometimes conjured up by my right hon. Friend, who seems sometimes to look out upon a continent that is positively teeming with ill-intentioned people, scheming, in her words, to 'extinguish democracy', to 'dissolve our national identities' and to lead us 'through the back-door into a federal Europe'.

The eleven others cannot impose their solution on the twelfth country against its will, but they can go ahead without us. The risk is not imposition but isolation. The real threat is that of leaving ourselves with no say in the monetary arrangements that the rest of Europe chooses for itself, with Britain once again scrambling to join the club later, after the rules have been set and after the power has been distributed by others to our disadvantage. That would be the worst possible outcome.

The tragedy is—and it is for me personally, for my party, for our whole people and for my right hon. Friend herself, a very real tragedy—that the Prime Minister's perceived attitude towards Europe is running increasingly serious risks for the future of our nation. It risks minimising our influence and maximising our chances of being once again shut out. We have paid heavily in the past for late starts and squandered opportunities in Europe. We dare not let that happen again. If we detach ourselves completely, as a party or a nation, from the middle ground of Europe, the effects will be incalculable and very hard ever to correct." [14]

Zum Abschluss lassen sich zwei berühmte Zitate Churchills abwandeln:

„*The European Union is the worst form of Government except for all those other forms that have been tried from time to time.*"

„*The British can always be counted on to do the right thing…after they have exhausted all other possibilities.*"

Quellen

1. Edward Shils: *British Intellectuals in the Mid-Twentieth Century*, Encounter, April 1955, neu abgedruckt in Edward Shils: *The Intellectuals and the Power* (Chicago University of Chicago Press 1972), S. 172
2. Sir Geoffrrey Howe: *The European Communities Act 1972*, International Affairs 49/1 (Januar 1973), S. 1–13)
3. Vernon Bogdanor: *Beyond Brexit. Towards a British Constitution*, I.B. Tauris (London 2019), S. 64
4. *House of Commons Debates* (20 Jan 1972), Hansard 829, col 681
5. Nicola Sturgeon, Interview with Andrew Marr, BBC 15. Dezember 2019 (https://www.youtube.com/watch?v=Pl6W1ww3Las, 17. Dezember 2019)
6. *Get Brexit Done, Unleash Britain's Potential, The Conservative and Unionist Party Manifesto 2019*, S. 48
7. Constitution Reform Group (https://www.constitutionreformgroup.co.uk, 18. Dezember 2019)
   Michael Howard, der ehemalige Anführer der Konservativen Partei, versucht, derlei Tendenzen entgegenzutreten: "*So, those two things have led to a significant increase in the power of the judges at the expense of parliament and indeed government.*

Sometimes in order to reach the result they want to achieve, they distort the meaning of the act of parliament of which they are interpreting." Matha Busby: *Michael Howard claims judges 'distorted' law in prorogation ruling*, Guardian 28. Dezember 2019 (https://www.theguardian.com/law/2019/dec/28/michael-howard-claims-judges-distorted-law-in-prorogation-ruling, 5. Januar 2020)

Richard Ekins: *Protecting the Constitution*, Policy Exchange 28. Dezember 2019 (https://policyexchange.org.uk/publication/protecting-the-constitution/, 5. Januar 2020)

8. Vernon Bogdanor: *Beyond Brexit. Towards a British Constitution*, (London, I. B. Tauris 2019)
9. The Civil Servant: *Watch out, Whitehall. Dominic Cummings has some tough love in store for us*, Guardian 16. Dezember 2019 (https://www.theguardian.com/commentisfree/2019/dec/16/whitehall-dominic-cummings-boris-johnson-civil-servants, 18. Dezember 2019). Der anonyme Autor war an der Operation Goldammer beteiligt. Er hatte zuvor eine ganze Reihe ähnlich kritischer Beiträge veröffentlicht. (https://www.theguardian.com/profile/the-civil-servant, 18. Dezember 2019)
10. Rajeev Syal: *Civil service union tells PM: don't make our members break the law*, Guardian 11. September 2019 (https://www.theguardian.com/politics/2019/sep/11/civil-service-union-tells-pm-dont-make-our-members-break-law, 18. Dezember 2019)

Richard Johnstone: *'If no deal is the settled will of government, the country needs a civil service that will deliver it' – unions condemn calls for Whitehall Brexit rebellion*, Civil Service World 29. August 2019 (https://www.civilserviceworld.com/articles/news/'if-no-deal-settled-will-government-country-needs-civil-service-will-deliver-it'-–, 18. Dezember 2019)
11. *John Bercow: Five memorable moments from a decade as speaker* (https://www.youtube.com/watch?v=Xn5THTi6Zbg, 18. Dezember 2019). Die Redewendung ist ein Euphemismus, der phonetisch Assoziationen mit obszönen Ausdrücken weckt, die allerdings selbst unter heutigen Umständen keinen

Platz im Parlament haben (*I don't give a fig, I don't give a fuck*).

12. *Letter from the Prime Minister to Jean-Claude Juncker, President of the European Commission*, 2. Oktober 2019 (https://www.gov.uk/government/publications/uk-proposals-for-a-new-protocol-on-irelandnorthern-ireland, 3. Januar 2020)

    Heather Stewart: *Brexit: MPs pass withdrawal agreement bill by 124 majority*, Guardian 20 Dezember 2019 (https://www.theguardian.com/politics/2019/dec/20/brexit-pm-asks-britons-to-move-on-as-mps-debate-withdrawal-bill, 5. Januar 2020)

    Diesen Vorstellungen hat Michel Barnier sofort widersprochen: "*We know that competing on social and environmental standards – rather than on skills, innovation, and quality – leads only to a race to the bottom that puts workers, consumers, and the planet on the losing side. Thus, any free-trade agreement must provide for a level playing field on standards, state aid, and tax matters.*" Nadeem Badshah: *Boris Johnson dances around Varadkar's claim of 'hard' Brexit*, Guardian 21. Dezember 2019 (https://www.theguardian.com/politics/2019/dec/21/johnson-dances-around-varadkar-claims-he-is-on-hard-brexit-path, 5. Januar 2020)

    Auch Leo Vardkar sprach von einem härteren Brexit als erwartet und warnte davor, sich auf einen Wettbewerb einzulassen, in dem Großbritannien versucht, die EU in Standards zu unterbieten (*race to the bottom*)

    Im gleichen Sinn äußerte sich David Sassoli, der Präsident des EU-Parlaments.

13. Boris Johnson: *PM statement on priorities for the government in the House of Commons* (Regierungserklärung), 25. Juli 2019 (https://www.gov.uk/government/speeches/pm-statement-on-priorities-for-the-government-25-july-2019 und: https://www.youtube.com/watch?v=3_GMhoqz6w0, 3. Januar 2020)

14. Sir *Geoffrey Howe Resignation Speech, 13. November 1990*, The Britpolitics Treasury. https://www.britpolitics.co.uk/speeches-sir-geoffrey-howe-resignation/, 3. Januar 2020)

Literaturhinweise

Das vorliegende Buch will Zeitgeschichte schildern. Es deckt einen Zeitraum ab, für den es noch keine andere Darstellung in Buchform gibt. Es stützt sich deshalb auf Quellen, die über Medien oder im Internet zugänglich sind, sowie auf persönliche Gespräche.

Der Brexit ist ein Thema, das inzwischen viel Aufmerksamkeit auf sich gezogen hat. Fast wöchentlich erscheinen neue Titel auf dem britischen Buchmarkt. Einige dieser Titel versuchen, sich dem Thema in typisch englischer Weise humorvoll-satirisch zu nähern, andere sind wenig mehr als polemische Pamphlete, wieder andere versuchen, mit wissenschaftlichen oder pseudowissenschaftlichen Argumenten zu beweisen, dass der Brexit unabsehbare Vorteile bringt oder dass er in ebenso unabsehbares Verderben führt. Die meisten Bücher sind kurzfristig verfasste Darstellungen, die entweder wenig analytische Tiefe mitbringen oder erkennbar parteiisch sind.

Wer sich von Deutschland aus ein eigenes Bild machen will, ist auf aktuelle Quellen angewiesen. Unter Zeitungen und Zeitschriften stehen Economist und Financial Times unangefochten an erster Stelle. Der Guardian ist inzwischen zu der am breitesten aufgestellten englischen Tageszeitung geworden. Die editorische Linie ist pro-Remain und pro-Labour. Dies gilt es bei der Lektüre zu berücksichtigen.

Informative Internetseiten bieten das Institute for Government, UK in a Changing Europe (Anand Menon), Chatham House und die Bank of England. Nahezu alle Banken, Wirtschaftsprüfer und strategische Beratungsfirmen publizieren regelmäßig zum Brexit. In Deutschland ist Gabriel Felbermayr, Präsident des Kieler Instituts für Weltwirtschaft, ein ausgewiesener Experte für den Brexit. Um die Argumente der Brexit-Befürworter kennen zu lernen, lohnt sich ein Blick auf die Homepage von Brexit Central oder des Institute for Economic Affairs. Das Institute for Directors und die British Chambers of Commerce publizieren Analysen und Forderungen aus Sicht der Industrie.

Für die historischen Hintergründe des Brexit sind unübertroffen die Werke von Tim Shipman (Politischer Herausgeber der Times):

All Out War (London Collins, 2017)

Fall Out (London Collins 2017)

Tim Shipman hat angekündigt, einen weiteren Band zum Brexit im Frühjahr 2020 zu publizieren.

Einen glänzenden, detaillierten Überblick über die Entwicklung der britischen Geschichte im Verhältnis zum Empire und zu Europa bietet Benjamin Grob-Fitzgibbon: *Continental Drift. Britain and Europe from the End of Empire to the Rise of Euroscepticism* (Cambridge CUP 2016)

Sehr instruktiv ist das gemeinsam von Jason Farrell und Paul Goldsmith verfasste Buch *How to Lose a Referendum* (London Biteback 2017)

Wer einen Bericht aus nächster Nähe lesen will, sollte zu Craig Olivers *Unleashing Demons* (Falkirk Hodder&Stoughton 2016) greifen.

Aufschlussreiche Betrachtungen des Brexit aus irischer Sicht finden sich in Tony Connelly: *Brexit & Ireland* (London

Penguin 2017) und in Fintan O'Toole: *Heroic Failure* (London Head of Zeus 2018). Eine hervorragende Zusammenfassung der Brexit-Problematik aus der Sicht eines irischen Ökonomen, der in Oxford unterrichtet und teilweise in Frankreich lebt, bietet *A Short History of Brexit* von Kevin O'Rourke (London Penguin, 2019[2]).

Die beste Darstellung der verfassungsrechtlichen Probleme, die der Brexit aufwirft, findet sich bei Vernon Bogdanor: *Beyond Brexit. Towards a British Constitution* (London I.B. Tauris 2019)

GPSR Compliance
The European Union's (EU) General Product Safety Regulation (GPSR) is a set of rules that requires consumer products to be safe and our obligations to ensure this.

If you have any concerns about our products, you can contact us on

ProductSafety@springernature.com

In case Publisher is established outside the EU, the EU authorized representative is:

Springer Nature Customer Service Center GmbH
Europaplatz 3
69115 Heidelberg, Germany

www.ingramcontent.com/pod-product-compliance
Lightning Source LLC
LaVergne TN
LVHW010333260326
834688LV00036B/698